Dios y la Existencia

EL PENSAMIENTO DE RUDOLF K. BULTMANN

Xabier Pikaza

editorial clie

EDITORIAL CLIE
C/ Ferrocarril, 8
08232 VILADECAVALLS
(Barcelona) ESPAÑA
E-mail: libros@clie.es
http://www.clie.es

El Pensamiento de R. K. Bultmann. DIOS Y LA EXISTENCIA
ISBN: 978-84-8267-872-6
Depósito Legal: B 21908-2014
FILOSOFÍA
Pensamiento Cristiano
Referencia: 224816

ÍNDICE

II
TEÓLOGO LIBERAL (1908-1922)
RELIGIÓN Y LA TRADICIÓN SINÓPTICA

III

UN FUERTE DEBATE
TEOLOGÍA DIALÉCTICA Y DESMITOLOGIZACIÓN

ÍNDICE

II
TEÓLOGO LIBERAL (1908-1922)
RELIGIÓN Y LA TRADICIÓN SINÓPTICA

III
UN FUERTE DEBATE
TEOLOGÍA DIALÉCTICA Y DESMITOLOGIZACIÓN

IV
SÍNTESIS Y CONCLUSIONES
UNA TEOLOGÍA BÍBLICA CRISTIANA

Prólogo

Rudolf Karl Bultmann (1884-1976) ha sido un protestante universal, estudioso de la Biblia, maestro y modelo de exegetas. Su figura ha crecido con el tiempo, y de su producción nos importan no sólo sus grandes libros, aún imprescindibles para el estudio del Nuevo Testamento, sino en especial sus trabajos de juventud, dedicados a la filosofía de la religión, en los que analiza el trasfondo cultural y el aporte existencial de la Palabra de Dios. Esos trabajos están siendo estudiados con mucha detención, tras casi cien años de ser publicados, pues conservan una fuerte actualidad[1].

Por el éxito de su propuesta, y por la cantidad de críticas que ha recibido, tanto en línea protestante como católica, R. Bultmann es una figura imprescindible para interpretar no sólo el cristianismo, sino la cultura actual, en un mundo convulso, que corre el riesgo de perder los grandes ideales de humanismo y religión que han venido guiando su historia. Él empalma con Kant y Schleiermacher, y también con el vitalismo de principios del siglo XX, haciéndonos dialogar con Heidegger, para insistir de nuevo en el

---

[1] El siglo XX ha sido tiempo de grandes teólogos protestantes, quizá los mayores desde el XVI, entre ellos A. Schweitzer y K. Barth, P. Tillich y D. Bonhöffer, O. Cullmann y N. Söderblom, E. Jüngel y E. Käsemann... De éstos y otros muchos he tratado en mi *Diccionario de Pensadores Cristianos* (Verbo Divino, Estella 2010), donde he destacado en especial a R. Bultmann, famoso por su labor académica y por su programa "misionero", centrado en la desmitologización o interpretación existencial del Nuevo Testamento. De su vida y pensamiento quiero ocuparme en este libro.Dediqué a la obra Bultmann varios trabajos de mi primera etapa de investigador, hace cuarenta años, como podrá verse en la bibliografía; más tarde prologué y edité sus dos obras principales en lengua castellana (*Historia de la Tradición Sinóptica, Teología del Nuevo Testamento*); ahora, culminado mi curso académico, con cierto tiempo y reposo meditativo, he podido volver a su pensamiento, enriquecido y redimensionado con el paso del tiempo.

mensaje central del Nuevo Testamento, descubriendo a Jesús como Palabra, con los grandes testigos del cristianismo primitivo (Pablo y Juan).

Bultmann nos lleva también a la raíz de la Reforma Protestante, con su deseo de recuperar la revelación bíblica, frente al posible ritualismo y a los riesgos de una filosofía muy anclada en temas ontológicos. Su intento era y sigue siendo bueno, incluso necesario, pero debe ser bien matizado desde las nuevas propuestas y preguntas que plantea nuestro tiempo. Es muy posible que Bultmann no tenga respuesta para todas las cuestiones actuales, pero él quiso y supo trazar y recorrer un camino de intensa fidelidad a la Palabra de Dios, desde la cultura de su tiempo, en medio de inmensas convulsiones, ante las dos Guerras Mundiales, que marcaron a fuego su pensamiento.

Con la Primera Guerra Mundial (1914-1918) sintió la necesidad de superar el optimismo cultural neokantiano, que desembocado en un ideal de progreso, divinizado por gran parte de los pensadores de su tiempo, y por eso se unió a la escuela de renovación teológico-social más importante del protestantismo en el siglo XX: La Teología Dialéctica, influida básicamente por K. Barth. Frente al riesgo nazi de la Segunda (1939-1945) quiso lanzar su propuesta de desmitologización, que no era sólo un intento de superar los mitos posibles del entorno de la Biblia, sino (y sobre todo) los nuevos mitos de su entorno, de manera que todavía hoy (2013) esa propuesta conserva gran parte de su validez.

Ciertamente, no es el único autor del siglo XX que podemos y debemos recuperar, y yo mismo le he comparado varias veces con O. Cullmann, uno de sus antagonistas, empeñado en abrir un camino de estudio más positivo de la historia[2]. Pero es quizá el más significativo. En una línea convergente me parece necesario recuperar el impulso de otros pensadores protestantes de frontera, entre los que quiero recordar a K. Barth, D. Bonhöffer y P. Tillich, a los

---

[2] Así lo he mostrado en una obra, complementaria de ésta, titulada *El pensamiento de O. Cullmann* (Clie, Terrasa 2014).

que deberían añadirse algunos católicos (K. Rahner, Hans U. von Balthasar, H. de Lubac...) y ortodoxos (S. Boulgakov, P. Florenski...), pues pueden ofrecernos gran ayuda para recrear el cristianismo y restaurar las iglesias, en ese comienzo del tercer milenio. Sin la ayuda de esos y otros teólogos semejantes resulta imposible pensar el cristianismo en el siglo XXI.

Estudiar a Bultmann es navegar sobre el "mar" abierto del pensamiento cristiano (y en especial protestante), en la gran corriente que pasa por Kant y se enriquece con las aportaciones de F. Schleiermacher y H. Cohen (¡filósofo y judío!), con W. Herrmann y los maestros de la Teología Dialéctica (especialmente K. Barth), en diálogo con el existencialismo de M. Heidegger, ante los nuevos retos de la teología de la liberación, como indicaré al final de este libro. En Bultmann convergen dos siglos de riquísimo pensamiento (arriesgado, pero fértil) con los que debemos dialogar, recorriendo un camino que dividiremos en cuatro capítulos:

1. Punto de partida. Kant, Schleiermacher y W. Herrmann. No he comenzado con Hegel, sino con Kant, no sólo por su sobriedad expositiva, sino por el carácter radical de sus planteamientos, para recuperar así mejor el carácter práctico del cristianismo. Desde ese fondo he querido retomar la inspiración de Schleiermacher, que ha sido "padre" de gran parte del pensamiento protestante de finales del siglo XIX y principios del XX. A su lado, como el mejor representante de la teología y del protestantismo cultural y liberal, he debido situar a W. Herrmann, pues una parte de la teología actual sigue situándose allí donde él la dejó, hace más de cien años.

Éste es, como verá el lector, un capítulo de tipo introductorio, dedicado a los antecedentes y al contexto teológico de Bultmann. Por eso, quien quiera estudiar directamente su aportación podrá dejarlo a un lado, al menos en una primera lectura del libro.

2. Bultmann, teólogo liberal: Religión y exégesis científica. Muchos trabajos actuales sobre Bultmann se centran en su obra exegética madura, de estudio positivo de la Biblia, o en su programa de hermenéutica existencial. Pero no podremos entender esos aspectos de su obra a no ser que los veamos al trasluz de sus primeras opciones culturales, sociales y eclesiales, en el seno de la "teología liberal", entre el 1908 y 1922.

Los teólogos más "progresistas" de ese tiempo corrían el riesgo de diluir el cristianismo en un tipo de progresismo (¿imperialismo?) cultural, de tipo idealista, ciego a la tragedia de la vida. Pero la misma dureza de la historia (guerra 1914-1918) despertó la conciencia cristiana de algunos teólogos como Bultmann, que no renegaron de su etapa "liberal", pero optaron por superarla. Sin el recuerdo de esta primera etapa de su vida, con su formación y sus primeros trabajos de tipo cultural y religioso no podrá entenderse el desarrollo posterior de Bultmann.

3. Teólogo dialéctico y existencial: Desmitologización. El período "dialéctico" (1922-1928) marca la gran transformación (casi "conversión") de Bultmann, que acepta básicamente el programa teológico de K. Barth y la exigencia de volver a la raíz "divina" del cristianismo, recuperando la paradoja de Jesús y la transcendencia de Dios, centrada en la Cruz. Bultmann será desde entonces un teólogo cristiano, en el sentido estricto de ese término, manteniendo, en contra de muchos de sus críticos, la identidad del evangelio.

Desde ese fondo, precisamente para acentuar con más fuerza la identidad del cristianismo, él propuso y desarrolló de forma consecuente un programa de "desmitologización", es decir, de interpretación personal (existencial) del Nuevo Testamento, valiéndose de algunas intuiciones de su amigo M. Heidegger, marcando así gran parte de la teología de mediados del siglo XX, fuertemente influida por el existencialismo.

4. Visión sistemática: Teología del Nuevo Testamento. Este capítulo final expone la obra madura de Bultmann, su teología unitaria del Nuevo Testamento, centrada en la experiencia de Jesús, desde una perspectiva pascual. Le han acusado de caer en un gnosticismo existencial, alejado de la historia. Pero él se ha defendido afirmando que el evangelio sólo se puede acoger (y entender) en un contexto de fuerte decisión personal, en línea de gratuidad y de apertura a los "pecadores" (es decir, a los distintos).

Sea como fuere, su obra ha quedado abierta (no truncada), de manera que debe expandirse y completarse, asumiendo quizá elementos más vinculados al despliegue y sentido de la historia, partiendo quizá de la nueva exigencia de liberación histórica que late en el pensamiento cristiano de comienzos del siglo XXI[3].

Los cuatro capítulos se implican y entrelazan mutuamente, partiendo del primero, de tipo más general e introductorio, hasta el último que quiere abrirse a los problemas y tareas de la actualidad. Así he querido situar a Bultmann en el centro del proyecto cultural y teológico más importante del siglo XX, en diálogo constante con otros pensadores, no sólo teólogos, sino también filósofos. En ese sentido esta obra puede interpretarse como una visión de conjunto o panorama de la teología cristiana (protestante) del siglo XX.

He recreado y escrito totalmente de nuevo esta obra, en la segunda mitad del año 2012. Pero ella recoge cuarenta años de investigación sobre el tema, que comenzó con mi tesis doctoral en filosofía (sobre Bultmann y Cullmann) y continuó en varios trabajos que dediqué a su vida y obra. Tengo además la satisfacción de haber editado y prologado en castellano sus dos obras fundamentales: *Teología del Nuevo Testamento* (1981) e *Historia de la Tradición Sinóptica* (2000)[4].

Este libro recoge y expone el pensamiento básico de R. Bultmann, pero también su influjo en la teología cristiana, en los últimos cuarenta años, con una referencia final al desarrollo de la

---

[3] En esa línea será conveniente completar el argumento de esta obra con la obra paralela que he dedicado a *El Pensamiento de O. Cullmann*, Clie, Terrasa 201, donde he destacado la exigencia de una hermenéutica teísta de la historia, con su compromiso político y social.

[4] Mis trabajos sobre Bultmann aparecen recogidos en bibliografía final. Esa bibliografía recoge las obras fundamentales de Bultmann, divididas por etapas y después en conjunto, con otras fuentes y bibliografía secundaria. Allí presento también las fuentes bibliográficas fundamentales, con las siglas que utilizo en las notas a pie de página.

teología en lengua castellana. Es un libro escrito desde una perspectiva católica, pero quiere ser exquisitamente respetuoso por la opción confesional de Bultmann (en una línea protestantes, luterana), apareciendo así como ejercicio de ecumenismo activo.

Sólo he podido escribir esta obra por el interés (y a petición) de los amigos de la Editorial Clie, especialmente de Alfonso Ropero, a quien se la quiero dedicar, en sintonía personal y comunión cristiana. Me ha ocupado un largo tiempo y mucho trabajo, que sólo he podido realizar con la ayuda de mi mujer (M. Isabel Pérez), que ha sabido comprender mi dedicación a la obra y que, además, ha preparado y corregido el manuscrito, a lo largo de sus varias redacciones. No ha querido firmar conmigo la obra, como hubiera sido justo. Pero quede aquí constancia de que quizá lo mejor de ella le pertenece, no sólo por su amorosa compañía, sino por su duro trabajo, en largos meses de fin de verano y otoño.

San Morales, Salamanca
Otoño 2012

I

PUNTO DE PARTIDA
KANT, SCHLEIRMACHER, W. HERRMANN

En la teología y cultura cristiana del siglo XIX y principios del XX han influido otros autores, especialmente Hegel. Pero el más significativo, quien ha marcado con más fuerza el protestantismo del Norte de Europa, y la cultura moral y religiosa de occidente, ha sido Kant, de manera que se le ha podido llamar nuevo padre de la iglesia. Con él ha querido empezar mi andadura, para insistir después en Schleiermacher y W. Herrmann, inspiradores e impulsores fundamentales del pensamiento de R. Bultmann[1].

Como he dicho ya en la introducción, éste es un capítulo introductorio, que no trata de la vida y pensamiento de Bultmann, sino de su entorno filosófico-teológico, representado por aquellos que le han precedido y han marcado su obra en una línea sobre todo teórica (filosófico-teológica), fijándome especialmente en

---

[1] Sólo podremos entender a Bultmann si le situamos en ese entorno, en la perspectiva del "protestantismo cultural", definido por los grandes pensadores alemanes que empiezan en Kant (al final del siglo XVIII) y culminan en los neokantianos de principios del siglo XX. Ciertamente, él aporta una gran novedad. Pero su obra se sitúa en el contexto de una filosofía y teología de la "modernidad", que sólo ahora (principios del XXI), tras dos siglos largos de dominio, empieza a resquebrajarse, no por su fracaso, sino precisamente por su éxito, como seguiré indicando.

Kant, Schleiermacher y W. Herrmann. De sus maestros y compañeros en el campo de estudio de la Biblia y de su entorno religioso trataré en el próximo capítulo, al ocuparme ya directamente de la vida y obra de Bultmann.

Quien conozca los presupuestos teóricos y el contexto filosófico-teológico del protestantismo alemán de principios del siglo XX puede dejar este capítulo y comenzar el libro directamente con el segundo. Quien no sea experto en esos temas será bueno que comience leyendo este capítulo, pues de lo contrario tendrá dificultad en entender el resto. Se trata de un capítulo introductorio, de tipo genérico (esquemático), pues no he podido penetrar en la entraña de los temas, sino sólo presentarlos de un modo general, para situar así después el pensamiento de R. Bultmann.

1. Kant, la religión en los límites de la razón pura

Empiezo con Kant pues, aunque no ha sido un teólogo en sentido estricto, él ha marcado toda la teología protestante del siglo XIX, especialmente a partir de los años setenta, con el desarrollo de eso que suele llamarse neo-kantismo. No me interesa la obra de Kant en sí (en su totalidad), sino sólo aquellos libros y temas que influyen de un modo especial en la teología.

Éste es, como he dicho, un capítulo introductorio. Quien conozca bien la filosofía alemana con y a partir de Kant puede pasar de largo. No voy a estudiar una por una las tres obras clave (las tres críticas kantianas), ni su influjo en el pensamiento posterior, sino sólo su aporte religioso, de tipo racional, elaborado en un ambiente de austero moralismo cargado de tintes pietistas, dentro de una tradición luterana abierta a la Ilustración[1]. Su postura se expresa en estas frases lapidarias:

> Dos cosas me llenan de una siempre creciente admiración, de una reverencia que es mayor cuanto más me ocupo de ellas: El cielo estrellado encima de mí y la ley moral de mi interior... Las veo ante mí, las combino, de forma inmediata, en la conciencia de mi vida[2].

---

[1] Cf. H. Noack, en *Introducción* a Kant, *Die Religion*, XI. Sobre el tema de la religión en Kant he tratado en *Dios es Palabra, teodicea cristiana*, Sal Terrae, Santander 2003. Para situar el tema, desde diversas perspectivas, cf. K. H. Weger, *La crítica religiosa en los tres últimos siglos*, Herder, Barcelona 1986. Orientación básica en J. A. Estrada, *Dios en las tradiciones filosóficas* I-II, Trotta, Madrid 1994/1996; E. Jüngel, *Dios, misterio del mundo*, Sígueme, Salamanca 1985; H. Küng, *¿Existe Dios?*, Cristiandad, Madrid 1979; W. Pannenberg, *Una historia de la filosofía desde la idea de Dios*, Sígueme, Salamanca 2001; W. Schulz, *El Dios de la metafísica moderna*, FCE, México 1961; A. Torres Queiruga, *La constitución moderna de la razón religiosa*, Verbo Divino, Estella 1992.

[2] Cf. Kant, *K. Praktischen* V. 253.

El cielo estrellado (en una línea abierta a la experiencia de sublimidad, como en la *Crítica del Juicio*) y la ley moral (vinculada al imperativo categórico en *la Crítica de la razón práctica*) marcan las notas de su visión religiosa. Posiblemente, Kant no tuvo distancia para vincular de un modo consecuente sus tres críticas, y en especial las dos últimas (moral y estética), pero ellas definieron el protestantismo posterior, en un contexto marcado por los ideales de la Ilustración. Dentro de nuestro trabajo podemos dejar a un lado el tema estético (experiencia de sublimidad) para centrarnos en el alcance racional y moral de la religión.

1. Religión, sentido básico. Identidad moral del cristianismo

Kant supone que moral y religión son en el fondo lo mismo, y que sólo se distinguen por sus perspectivas. La *moral* funda la tarea de la vida y de la acción de los hombres sobre la esencia de la voluntad, y así la presenta como una expresión del ser humano que se va haciendo a sí mismo, de un modo universal (valioso para todos). La *religión* expone esa misma ley moral como un mandato positivo de Dios (y como experiencia de sublimidad).

La moral empieza estudiando la acción del hombre, tal como se condensa y expresa en el "imperativo categórico" y postula como fundamento y garantía de la acción buena la existencia de un Supremo Ordenador y Juez. La religión quiere fundar la moral en Dios y así la entiende como expresión de una presencia especial o revelación de lo divino a la que el hombre responde un tipo de obediencia sagrada y de culto. La moral se explicita en el surgimiento de una buena sociedad; la religión interpreta esa buena sociedad como Reino de Dios sobre la tierra[3].

Moral y religión no son por tanto disciplinas distintas, sino expresiones de una misma realidad profunda, mirada desde ángulos

---

[3] El camino que lleva de la moral a la religión consiste en el «Erkenntnis aller Pflichten als göttlicher Gebote». Cf. Kant, *K. Praktischen V.* 205; *Die Religion* 108-109.

distintos. La moral es puramente racional y deriva de las normas de la buena voluntad; la religión, en cambio, se apoya y sostiene en impulsos sensibles, en tradiciones y recuerdos, que aparecen como revelación de Dios, en una línea que podría vincularse con la estética. De todas formas, Kant ha insistido menos en la estética, centrándose en la unidad y complementariedad entre religión natural (más vinculada a la moral) y religión positiva (donde los mandamientos morales aparecen como expresión de una revelación sobrenatural). Desde ese fondo, como introducción a lo que sigue (y en último término al pensamiento de Bultmann), he querido fijar cuatro momentos importantes de la visión de Kant sobre la religión natural, las religiones positivas, el sentido de Jesús y la revelación bíblica[4]:

1. Religión natural. Kant ha querido trazar los principios de una religión del hombre en cuanto tal, que estaría centrada en la ética, ofreciendo unas normas filosóficas que marcan su conducta, en la línea de la *Crítica de la Razón Práctica.* Ciertamente, Kant afirma (en este libro dejamos a un lado su *Opus Postumum,* publicado el año 1920, a partir de notas que él había ido tomando y que dejó sin publicar), que existe un Dios eterno (juez final de la conducta humana), pero añade que ese Dios no actúa desde fuera de las cosas (de un modo sobre-natural), ya que su revelación se identifica con los principios racionales (morales) de la vida, sin necesidad de leyes y ceremonias religiosas especiales.

La verdadera religión se identifica, según eso, con el cumplimiento del deber, que vincula racionalmente a todos los hombres, de manera que la "iglesia" es la humanidad, unida por un mismo imperativo de conducta; la función del culto la ejerce el servicio al bien de todos. Por eso, las confesiones y comunidades religiosas han de expresar simbólicamente la verdad de la razón humana (la unión de la humanidad), de manera que las asambleas sagradas, las lecturas y cantos litúrgicos deben entenderse como medios para cumplir

---

[4] Sobre religión en Kant, cf. A. Cortina, *Dios en la filosofía trascendental de Kant,* Pontificia, Salamanca 1981; J. Gómez Caffarena, *El teísmo moral de Kant,* Cristiandad, Madrid 1983; G. E. Michelson, *Kant and the Problem of God,* Blackwell, Oxford 2000; R. Rovira, *Teología ética,* Encuentro, Madrid 1986.

mejor los mandamientos éticos. Esa Iglesia no tiene dogmas particulares, y en ella todos los hombres son iguales ante Dios y ante la razón, sin diferencia de clérigos y laicos. Sólo importa el cumplimiento del deber, y la esperanza en el Dios que retribuye a los hombres según su conducta.

La religión racional no tiene sacramentos ni profesa verdades especiales descubiertas por personas santas con revelaciones sobrenaturales, porque Dios se manifiesta por igual a todos, a través de la razón, y actúa (se revela) solamente por medio de la buena voluntad. Por eso los hombres no pueden apelar a oraciones o sacrificios especiales, pues la única oración verdadera es el cumplimiento de las leyes racionales, que pueden entenderse como mandates divinos. Nada puede llamarse sobrenatural, pues todo es natural, expresión de la moral humana[5].

2. Religiones positivas. Kant sólo acepta y valora la religión racional o perfecta, propia de todos los hombres que se vinculan mutuamente a través del cumplimiento de unos deberes éticos. Sin embargo, él sabe que ese ideal resulta difícilmente realizable: Los hombres no se mueven por bellos pensamientos racionales, sino que necesitan sensaciones, ejemplos e impulsos externos. En esa línea ayudan las religiones positivas que apelan a verdades reveladas (que serían sobrenaturales)[6].

El valor de esas religiones depende de su cercanía respecto al ideal ético. Hay religiones todavía muy alejadas de la pura verdad moral; son de tipo cultual (sacrificial, primitivo), y suponen que Dios puede ayudar a los hombres porque así lo quiere (por elección sobrenatural y por prácticas rituales), sin necesidad de que ellos asuman una conducta honesta. Pertenecen a un tipo más perfecto las primeras religiones morales que exigen el cumplimiento del deber, y entre ellas destaca el judaísmo; sin embargo, sus leyes no lle-

---

[5] Cf, *Die Religion* 109-110;112-11; 134-5, 156-159; 168-9; 215-216; 236 ss.
[6] Cf. *Die Religion* 219-227. Los "ilustrados" no necesitan religión positiva, les basta la religión de la razón. Pero los menos ilustrados o incultos la necesitan, pues sin ella se pierden, no logran alcanzar la verdad.

gan a la perfección, porque destacan el cumplimiento externo y se dirigen solamente a un pueblo concreto, ofreciéndole recompensas en esta misma tierra[7].

En un plano superior, el cristianismo protestante aparece como religión estrictamente moral, independiente del culto y dirigida a todos los hombres; sus leyes no se imponen desde fuera, como fuerza irracional, sino a través de la libre voluntad de los creyentes racionales, que tienden por sí mismos hacia lo bueno. El cristianismo histórico no es sólo una verdad de tipo moralista, sino que tiene aspectos de revelación histórica (que al fin deberán superarse); no se limita a presentar el ideal con motivos puramente racionales, sino que lo concreta en Jesús, a quien concibe como Enviado de Dios y fundador de la Iglesia. En ese plano aparece como religión "positiva". Pero, en su sentido más profundo, es una religión "racional", pues Jesús viene a manifestarse en ella como modelo de virtud, como un símbolo de moralidad, no como Hijo de Dios en sentido ontológico o dogmático[8].

3. Jesús, símbolo de moralidad. Kant no rechaza la figura de Jesús, pero no como ser de naturaleza divino, sino como maestro de moralidad, y en esa línea puede llamarle incluso "Cristo", aunque en sentido simbólico, como expresión de la humanidad que actúa moralmente, el hombre en el que Dios se agrada, y que puede recibir, por tanto, el título de Hijo. Desde ese fondo podemos decir que Jesús es la Palabra, como signo de moralidad universal, pues todas las cosas importantes parecen vincularse (simbólicamente) en la Palabra de Dios, que es la razón del Universo.

Siendo un hombre de este mundo, Jesús ha sido y sigue siendo una especie de encarnación de la buena conducta, el ideal en el que

---

[7] La única que vale por sí misma es la natural-moral-racional. Las religiones positivas son pasajeras, y tienen valor en la medida en que se identifican con la religión racional. Cf. Kant, *Die Religion* 56-7, 117, 139-142.

[8] Kant, *Die Religion* 63 ss, 141-142. Sobre el cristianismo de Kant, cf. K. Barth, *La Theologie* 135-173. Kant no habla del Jesús histórico, sino que alude a él con nombres simbólicos: Enviado de Dios, Hijo del Hombre, Modelo, Fundador de la Iglesia, Maestro del Evangelio… Cf. *Die Religion* 238.

deben medirse las obras de los hombres. Aunque ha sido un hombre histórico, los cristianos le veneran como símbolo ideal de moralidad, y así pueden llamarle Enviado de Dios, aquel que ha cumplido plenamente la exigencia del "imperativo", un hombre que ha sabido mantener firme su conducta en medio de la tentación, siendo incluso condenado a muerte. Su figura tiene gran valor porque ha unido la enseñanza y el ejemplo de su vida, siendo fiel al ideal de la moralidad, hasta la muerte. Por eso él puede aparecer como símbolo del hombre que agrada a su Dios, hasta el día de hoy[9].

Evidentemente, Kant no puede tomar a la letra los milagros de Jesús, y así explica su vida y su muerte (y el símbolo de su resurrección) desde una perspectiva racional. Ciertamente, los primeros cristianos dijeron, de forma simbólica, que Jesús había resucitado tras su muerte penetrando en un estadio superior de vinculación a Dios y de plena felicidad (Ascensión). Estas palabras, tomadas en sentido material son imposibles (contrarias a la razón); por muy perfecto que sea, el cuerpo humano es incapaz de transformarse divinamente. Sin embargo, ellas son ilustrativas, pues indican la importancia suprema de una vida que es fiel a los principios de la moralidad[10].

4. Biblia, libro simbólico. La Biblia está de acuerdo con el orden racional, y expresa su verdad, pero lo hace con símbolos religiosos y entre narraciones antiguas que deben reinterpretarse en términos racionales y morales. . La filosofía descubre la verdad de la razón y la expresa de una manera general, en leyes universales. La Biblia, en cambio, expresa esa verdad de un modo concreto, por

---

[9] *Die Religion* 63-4.

[10] Las palabras y acciones de Cristo tendían a fundar el reino de Dios sobre la tierra, y lo hicieron con gran dignidad, poniendo de relieve lo que implica llamarse y ser ciudadanos de un estado divino que ha de unir a todos los humanos. Por eso, el Reino de Dios se identifica con el "orden moral" de la humanidad. Cf. *Die Religion* 142-144; 150-152; 163-164. En esa línea, Kant protesta contra la interpretación *política* de Cristo tal como había sido propuesta en los *Wolfenbüttelsche Fragmenten*, de S. Reimarus, publicados por G. Lessing, de 1774 a 1777, tras la muerte del autor. Según Kant, las palabras de Jesús (Hijo de Dios) han de entenderse en un plano moral y religioso. Pero él no admite el valor material de los milagros y prodigios de Jesús. *Más aún,* la Trinidad del Dios cristiano carece de sentido real, sólo implica diferencia de nombres.

medio de ejemplos e historias. La moral filosófica presenta el bien y el mal como efecto de la libre voluntad de los hombres; todos caminamos hacia el juicio del Eterno. La Biblia, en cambio, apela a diversos ejemplos, pudiendo personificar el Bien en Dios y el Mal en el Diablo[11].

La Biblia muestra con hechos y ejemplos la verdad moral y religiosa de los hombres, pero lo esencial no son los hechos y sucesos que ella narra, sino su sentido. Además, los hechos históricos aparecen en ella de manera críticamente imperfecta e insegura, conforme al bajo nivel cultural de los judíos antiguos; y eso sucede también en los escritos del Nuevo Testamento. Por eso, no se pueden aceptar sin más como históricos todos los relatos de la Biblia, que por otra parte no son fundamentales para la vida de los hombres ilustrados, pues lo que importa no es la historia externa, sino la enseñanza moral interpretada de acuerdo con las normas racionales[12].

La Escritura Judeo-cristiana es importante; más aún, ella es norma de fe de la Iglesia. Pero es una norma que ha de ser cuidadosamente interpretada, conforme a su verdad racional: (a) La Biblia es un libro histórico, por eso, sus hechos han de interpretarse simbólicamente, como ejemplos y signos de la verdad eterna de la razón. (b) Sus palabras han de ser comprendidas conforme al ideal de la pura verdad de la razón en la que reside la plenitud humana. Sólo así puede ascenderse, a través de la palabra escrita, hasta la vida eterna, que alienta en el fondo del espíritu de Dios.

Según esto, el cristianismo se sitúa en dos planos. (a) En su aspecto externo, como religión revelada, el cristianismo tiene forma histórica, ligada a unos hechos del pasado (Jesús como ejemplo), y a unos libros revelados (Biblia), que han de tomarse como un medio, para llegar a través de ellos al plano superior, a la moral eterna. (b) En un plano superior ya no importan los hechos, ni se puede apelar a revelaciones particulares (como las del mismo Jesús), y el cristianismo aparece así como religión de la razón

---

[11] Kant, *Die Religion* 14; 85 ss.
[12] Cf. *Die Religion* 85 ss, 122; 186.

práctica (universal, para todos los hombres), pues ha descubierto y proclama el sentido de la moralidad, como expresión de una ley divina y eterna[13].

El hombre que ha llegado a través de la mediación histórica de Jesús al centro de la verdad no puede quedarse ya en un plano exterior, contingente, pues no puede conseguir la bendición de Dios por medio de reuniones litúrgicas y ritos. El Bautismo no vale por sí mismo, sino sólo como símbolo de entrada en el reino de Dios. La Eucaristía no puede entenderse en forma de sacrificio agradable a Dios, sino como testimonio de unión fraterna entre los hombres, en nombre del Señor. La auténtica religión es el cumplimiento del deber.

Desde el centro de la verdad, el hombre ilustrado comprende que para ser aceptable a Dios no hay más camino que una vida honesta. Es impiedad suponer que hay algo más valioso que el cumplimiento del deber moral. Querer relacionarse con Dios e influirle a través de oraciones litúrgicas especiales o de ritos es magia, y va en contra de la esencia racional de la religión. Un hombre o mujer que pida a Dios favores especiales se opone a la verdad de Dios y de la religión. Orar en verdad significa mantenerse firmes en la exigencia del cumplimiento moral[14]

Todo esto se puede resumir en un principio general: La religión perfecta no necesita milagros, ni ritos, ni elementos sobrenaturales. No hay más autoridad que la pura razón que se sabe ligada a Dios por la exigencia del deber. Esto significa que no puede hablarse de revelaciones particulares, ni de gracia especiales. Todo lo que va más allá de la pura razón natural carece de base, es inútil. Basta siempre la razón cuando se quiere conocer y cumplir la voluntad divina: «Esta fe no encierra misterio alguno; se limita a expresar la relación moral que une a los hombres con Dios»[15].

---

[13] *Die Religion* 122, 124-5; 182.

[14] *Die Religion* 182; 225-227. No existen deberes especiales con respecto a Dios. Nada podemos darle; es vanidad querer cambiarle. Por eso, amar a Dios no es más que cumplir su voluntad con nuestra propia perfección moral. Cf. *Die Religion* 171.

[15] Cf. *Die Religion* 156: «Dieser Glaube enthält eigentlich kein Geheimnis, weil er lediglich das moralische Verhalten Gottes zum menschlichen Geschlechte

2. Religión natural, moralidad

Kant ha tenido gran influjo en la teología del siglo XIX y principios del XX. Por medio de él (aunque no sólo por él) ha entrado en la teología protestante una visión de la moralidad que ha sido decisiva para entender la religión y, más en concreto, el cristianismo. La esencia del cristianismo no es el pensamiento (ortodoxia), sino la acción (ortopraxia). Esta visión ha logrado un peso muy fuerte (y en parte positivo) en el despliegue filosófico y religioso de Occidente, pasando del plano del pensamiento al de la voluntad: Lo que importa no es conocer sin más el mundo, sino cambiarlo (cambiar la vida de los hombres). Pero, al mismo tiempo, esta visión ha supuesto algunos riesgos, pues ha implicado un posible acortamiento del cristianismo, como anunciaré desde aquí y mostraré a lo largo de este libro:

a. Religión moral. Kant había pretendido superar dos posturas que a su juicio eran extremas: El empirismo británico de Hume (que corría el riesgo de entender la religión como un simple fenómeno externo) y el racionalismo de algunos filósofos franceses alemanes (que insistía en el carácter ontológico de la religión). También quiso superar, como buen ilustrado, un tipo de "historicismo" (vinculación de la verdad con la historia), poniendo de relieve el valor eterno, necesario, de la religión, identificada con un tipo de moralidad universal y supratemporal, que puede vincularse con el ideal estético (sublimidad, cielo estrellado), pero que de hecho la desborda.

Dios se identifica con un ideal moral, de tipo "eterno" (por encima del cambio de los tiempos), descubierto y cultivado por los hombres, sin necesidad de revelaciones externas. Eso significa que no existe una "historia" de la revelación, pues las religiones históricas (positivas) son formas simbólicas de expresar el valor universal de la conducta racional de los hombres, que es siempre idéntica. Según

---

ausdrückt; auch bietet er sich aller menschlichen Vernunft von selbst dar und wird daher in der Religion der meisten gesitteten Völker angetroffen». Cf. también 191, 195, 199, 216, 221.

eso, la verdadera religión es puramente "racional", como Kant la formula, más allá de los hechos de la historia, aunque haya sido formulada de forma simbólica por el cristianismo[16].

b. Sin contenido teórico o dogmático. Kant identifica la religión con el cumplimento moral, sin teorías ni dogmas sobre Dios, pues los dogmas no son más que símbolos que ayudan a entender el valor del Dios moral y la importancia de la acción humana (es decir, del "imperativo ético", que sería el único dogma real de la nueva religión). En esa línea, la existencia objetiva de Dios acaba siendo secundaria, pues él es básicamente un postulado que hace posible la unión de aquello que está implicado en el cumplimiento moral (felicidad de los justos). Para garantizar es felicidad (recompensa) habla Kant de Dios, pero quitándole todos sus posibles valores "metafísicos" o positivos, en sentido religioso.

Este Dios de la religión moral (de la voluntad que busca el bien) no hace milagros, no se revela en formas especiales, no guía positivamente la historia, con premios o castigos arbitrarios, sino que aparece ante todo como signo y garante de la moralidad humana. Pudiera decirse que en principio no era necesario, pero de forma sorprendente, él viene a mostrarse al final como un *«Deus ex machina»*, apareciendo tras la muerte de los hombres, para garantizar la unión entre moral y felicidad.

Éste no es el dios de la tradición cristiana, sino un principio filosófico, garantía del valor y eficacia de los principios morales que Kant ha vinculado con el "imperativo categórico". Ha dejado de alentar el mundo, no "late" con su misterio en la realidad que conocemos, no es el Dios de los profetas de Israel, ni el de Jesús. Todo lo que existe se explica de manera racional, sin su influjo, aunque al final se muestra como garante de la moralidad humana[17].

c. Religión intemporal. Kant busca la verdad eterna de la razón, por encima del cambio de los tiempos. Ciertamente, en un sentido,

---

[16] Cf. J. B. Lotz, *Kants Grösse und Grenze* en *Der Mensch im Sein*, Freiburg, Herder 1967, 99 ss.
[17] *Ibid* 106.

él admite un tipo de "historia exterior", que desemboca en el triunfo de la razón eterna (Ilustración). Más aún, él piensa que la humanidad se dirige a través de la economía (de un tipo de libre comercio) a la reconciliación final entre los pueblos. Pero, en sentido estricto, él no puede hablar de un valor histórico de las religiones, ni siquiera del Antiguo Testamento, entendido en forma de camino que lleva a la revelación final de Dios en Jesucristo.

Según eso, no existe una "historia de la salvación", ni se puede hablar del valor redentor de la vida de Jesús y de su muerte en la Cruz. Lo que pudiéramos llamar revelación de Dios en Jesús no es un acontecimiento histórico, pues el mensaje de Jesús es sólo un signo del valor definitivo de la racionalidad ética. Por su parte, las iglesias no son más que agrupaciones de hombres y mujeres que se reúnen para expresar y ratificar el valor salvador de la moralidad.

Eso significa que el judaísmo y cristianismo no se pueden interpretar como una historia de salvación progresiva, con un comienzo, un camino y una meta escatológica, pues la salvación es siempre la misma, por encima del tiempo. El enviado de Dios (Jesús) no tiene un valor distinto, exclusivamente suyo: Es sólo el ejemplo, la expresión de un ideal que cada uno de los hombres ha de asumir, recreándolo en su vida interna. Por eso, la Iglesia no puede separarse del resto de los hombres, sino que debe aparecer en forma de sociedad de individuos que se unen porque tienen el mismo ideal moral y quieren ayudarse mutuamente a realizarlo, animándose, dándose ejemplo, para así abrirse a todos los hombres racionales del mundo[18].

d. Lo natural es lo sobrenatural. Cada uno de los hombres repite un esquema racional. Nadie puede salvarle desde fuera, no hay pecado original, ni mediación (o influjo) de un mesías. Cada uno debe

---

[18] Existe una sola humanidad, y se actualiza en cada uno de los hombres. Todos comienzan de cero; todos tienden a dar solución al idéntico problema, sin apelar a hechos objetivos, sin apoyarse en ninguna historia salvadora, pues no se puede hablar de un "tiempo de salvación". Sobre el influjo de la concepción temporal (histórica) de Kant en la obra de Bultmann y Kant, cf. J. Moltmann, *Theologie der Hoffnung*, Kaiser, München 1966, 39-44, 51 ss.

hacerse moralmente a sí mismo, sin gracia ni perdón externo, sin influjo histórico de Dios. Ciertamente, podemos afirmar que Dios ha puesto sus leyes sobre el mundo y que ha dado a los hombres un entendimiento y unas fuerzas para actuar y por eso podemos postular su presencia al fin del tiempo, como juez definitivo. Pero él no interviene en la historia de los hombres, ni va mostrando su voluntad a través de prodigios.

Por eso, lo que podemos llamar "revelación" de Dios se identifica con las leyes racionales de la moral. Todas las religiones son sólo aproximaciones al ideal de la pura voluntad que descubre el valor de sus normas morales, viéndolas como reflejo de la misma voluntad divina. No existen realidades ni acontecimientos de tipo sobrenatural, pues, de existir, irían en contra del valor de la razón, que es la fuerza más alta, y conoce lo que somos y seremos. Cristo y la Escritura deben presentarse solamente como personificaciones del ideal racional y de sus verdades morales. Esta postura kantiana representa la culminación del amplio movimiento iluminista que ha sacudido la Europa culta del siglo XVIII. La razón, el hombre natural es lo absoluto.

3. Herencia religiosa de Kant

Este pensamiento de Kant, y de otros muchos que pueden situarse en su línea, culminando la Ilustración del siglo XVIII, ha marcado, de forma directa o indirecta, el pensamiento religioso de la modernidad, y lo sigue haciendo todavía. Desde ese fondo puede entenderse la historia posterior de la religión y de la teología protestante[19]:

---

[19] Kant es racionalista (e inmanentista), pero, en un momento dado, acude a un postulado externo: el Dios que permite combinar la bondad del individuo con la dicha o premio que merece su acción. El "cielo" de Kant no es el gozo de la idea (contemplar a Dios), sino el premio de la acción (que se cumpla la justicia con los hombres buenos). En ese contexto, podríamos decir que, según Kant, el hombre es un ser que, con su misma conducta, plantea unas preguntas que él no pude responder con su mente.

En una línea convergente, Bultmann concebirá al hombre como una existencia abierta, que no puede resolver por sí mismo sus problemas, de manera que necesita una "revelación" superar para descubrir y alcanzar su verdad. Sin embargo, hay una diferencia. (1) Según Kant, la misma razón, incapaz de responder al

a. Más allá de Kant, idealismo transcendente o metafísico. En un momento dado, a principios del siglo XIX, Kant fue comentado y transformado por el idealismo metafísico, en una línea marcada por Fichte y, sobre todo, por Hegel y Schelling. En esa línea, el Absoluto no aparece ya como meta de la acción moral, sino como origen y camino, sentido y plenitud de la realidad humana, en clave de pensamiento. Kant había negado el conocimiento de la realidad externa, pues la mente se conoce básicamente sólo a sí misma (conoce las leyes que guían su conocimiento), de manera que el único saber real del hombre es de tipo moral. Pues bien, desarrollando presupuestos de Kant, los grandes idealistas dirán que la realidad se centra en el despliegue de la mente, entendida de un modo absoluto, de forma que por ella penetramos en el fondo divino del alma. Dios no es realidad objetiva, ni ideal moral, sino el despliegue y sentido del mismo conocimiento humano.

De todas formas, el sustrato del pensamiento kantiano permaneció firme a lo largo de los cambios, de manera que su línea de pensamiento tuvo gran importancia en el pensamiento teológico del protestantismo alemán, como seguiremos viendo. En esa línea han trabajado muchos grandes pensadores protestantes del siglo XIX, identificando la revelación de Dios con el despliegue humano. La teología aparece así como expresión (estudio) del Dios que se muestra y revela (se hace) a sí mismo a través de los hombres. Según ese presupuesto, la historia racional de la humanidad se identifica en el fondo con la revelación racional de Dios que se despliega (se vuelve consciente) a través de las religiones y del pensamiento, y de un modo especial a través del cristianismo[20].

b. Contrapunto de sentimiento, F. Schleiermacher. Pero el dominio del idealismo de matriz kantiana y (sobre todo) de expresión hegeliana nunca fue absoluto. Hubo muchos que protestaron,

---

enigma de su origen, puede y debe postular la existencia de un Juez Final que haga justicia. (2) Según Bultmann, el hombre por sí mismo no puede salir de sí mismo; Dios, si viene, será siempre un *don,* algo distinto, auténtica gracia, reflejada y realizada en Cristo.

[20] Cf. V. Delbos, *De Kant aux Postkantiens,* Aubier, París1940; H. Schlier, *Biblische Theologie des Neuen Testamentes,* LTK: 2, 445.

como S. Kierkegaard (1813-1855), que ejercerá después (en el siglo XX) un gran influjo. Pero entre todos, en el contexto de la teología protestante, el más significativo fue F. Schleiermacher, de quien trataré a continuación. A su juicio, la religión no es moral (como quería Kant), ni idea (como quiso Hegel), sino sentimiento que liga el corazón del hombre con el mismo corazón o sentido de la realidad (que es lo divino). La religión no se identifica con la moral (contra Kant), ni con el despliegue histórico de la idea (contra Hegel), sino que expresa las raíces divinas del alma, olvidadas en siglos de teoría racional, como sentimiento que nos vincula con nuestra realidad eterna.

En sí mismo, Schleiermacher ha influido menos que Hegel, tanto en su tiempo (primer tercio del siglo XIX) como después, pero su visión del sentimiento interior, como experiencia de vinculación con Dios, constituye un elemento esencial de la religión, que ni Kant ni Hegel habían valorado de forma suficiente. Pues bien, pasado el tiempo de predominio de Hegel (mediados del siglo XIX), muchos filósofos y teólogos alemanes retomaron de un modo más estricto los planteamientos de Kant, pero con elementos de la visión de Schleiermacher. En esa línea, podemos afirmar que Kant y Schleiermacher (a quien ahora estudiaremos) fueron los nuevos "padres" del pensamiento protestante alemán[21].

Esta vuelta a Kant se produjo en el último tercio del siglo XIX, pero en teología fue un retorno enriquecido con aportaciones de Schleiermacher. Frente al idealismo absoluto de Hegel, volvió a triunfar un moralismo práctico, mucho más realista, con elementos de experiencia vinculada al sentimiento. En este contexto surgió y se desarrolló el neokantismo liberal de la "escuela" de Marburgo, a finales del siglo XIX y principios del XX, donde, más que como Juez (en la línea de Kant), Dios aparece como idea del bien que regula el proceso moral de los humanos.

---

[21] No puedo evocar las visiones Hegel o Kierkegaard, que abren otros caminos importantes en la teología posterior. Me detendré en Schleiermacher (principios del siglo XIX) y después en A. Ritschl y W. Herrmann (hacia el 1870), para situar desde ellos el pensamiento del joven R. Bultmann.

Dios no es una realidad objetiva, ni es un imperativo legal, sino meta siempre postulada e inalcanzable de la vida humana. La religión aparece así como culminación de la moral, expresión de una tendencia infinita del hombre hacia su plena realidad, como veremos al exponer el primer pensamiento de Bultmann. Pero antes de ocuparme de los neokantianos, para situar y comprender mejor la obra de Bultmann, debemos estudiar la aportación de Schleiermacher.

2. Schleiermacher, la teología protestante

F. D. E. Schleiermacher (1768-1834)[1] nació en Breslau, Silesia, y tuvo una intensa educación cristiana. De joven formó parte de los hermanos moravos (husitas), marcados por un profundo sentimiento religioso, opuesto al racionalismo dominante. Recibió después el influjo de Kant y abandonó la visión religiosa de los hermanos moravos, rechazando la redención sustitutiva de Jesús, vinculada a un tipo de gracia "exterior" a la vida humana.

No intentó encontrar al Absoluto en el plano de la idea, sino vivirlo y sentirlo, en una línea vinculada con el romanticismo del ambiente, representado por su amigo F. Schlegel (1772-1829). Antes que teólogo fue predicador y así quiso destacar el fondo religioso de la vida, y en especial el sentido del cristianismo, entendido como experiencia personal de inmersión en lo divino. El año 1799 publicó en Berlín, de forma anónima, un libro fundamental, titulado *Discursos sobre la religión*[2].

---

[1] Fue profesor y rector de la Universidad de Berlín y ha influido de forma decisiva en el pensamiento protestante del siglo XIX y principios del XX. Su teología se contiene en dos obras básicas; una de juventud (*Reden* 1799; versión cast. *Sobre la religión: discursos a sus menospreciadores cultivados*, Madrid 1990), donde definía la experiencia religiosa como "intuición del universo", contacto inmediato y vivencial que nos liga a la verdad originaria, haciéndonos capaces de sentirla y de vivir partiendo de ella; y otra de madurez (*Der christliche Glaube* 1821-1822, versión cast. *La Fe cristiana*, Salamanca 2013), en la que sitúa el fenómeno religioso más allá de moral y metafísica, en el lugar donde, superando los aspectos más externos de su vida, el hombre acoge y despliega la vivencia (intuición, sentimiento) de su propio ser infinito. En esa línea, Schleiermacher ha colocado la Religión en el centro de la modernidad (Ilustración), desbordando el nivel de la búsqueda *racional* (razón pura) y de la *transformación científica el mundo* (razón práctica).

[2] Para situar a Schleiermacher, cf. W. A. Johnson, *On Religion* 4-8 y E. Hirsch, *Geschichte* 493-496. Sobre el influjo de Kant en Schleiermacher, cf. A. Schlatter,

1. Intuición y sentimiento: "Discursos" (1799).

El racionalismo ilustrado del XVIII había interpretado la religión como puro pensamiento: El hombre descubre con su mente la existencia de Dios y contempla su obra en la marcha del mundo. En contra de eso, Kant la había situado en el campo de la voluntad: Ser religioso es cumplir la ley de la razón moral y esperar que Dios nos juzgue (postulando su existencia). Eso es la piedad: Obrar bien. Schleiermacher acepta el valor parcial de ambos principios (la metafísica intenta conocer el universo; la moral quiere actuar, organizar la vida humana), pero sitúa la religión en otro plano, en el nivel del sentimiento.

Como había dicho Pablo (cf. 1 Cor 1, 18-25), el hombre en general quiere conocer el mundo (metafísica, griegos) y realizar grandes obras (moral, judíos). El evangelio, en cambio, no es un conocimiento metafísico de verdades, ni un programa de acción moral, sino descubrimiento y confesión de Dios en la Cruz de Jesús. En esa línea sitúa Schleiermacher la experiencia religiosa, pero sin destacar la cruz de Jesús (como Pablo), sino el sentimiento de los hombres: La religión no construye ideas, ni contempla objetos, sino que quiere dejarse descubrir por lo profundo, penetrando así en el mismo corazón divino del cosmos; ella es la experiencia del espíritu que se sabe tocado y traspasado, poseído, por lo Eterno[3].

Die philosophische Arbeit seit Cartesius, nach ihrem ethischen und religiösen Ertrag, Betelsmann, Gütersloh 1910, 203. Sobre el fundamento filosófico de Schleiermacher cf. T. K. Oester-Reich, *Die deutsche Philosophie des XIX Jahrhunderts und der Gegenwart,* en F. Ueberwegs, *Grundriss der Geschichte der Philosophie* IV, Mittler, Tübingen 1951, 112 ss. E. Hirsch, *Geschichte* 504-505, 513 ss. acentúa el influjo de Fichte sobre Schleiermacher presentándolo como decisivo en la elaboración del concepto de *yo*, de la *autoconciencia* y de la presencia de lo infinito en lo finito. Visión opuesta en F. Hertel, *Das t. Denken* 183-184, 197. Cf. también L. Cristiani: DTC 14 (1939) 1495-1508.

[3] Por la metafísica, el hombre edifica sistemas transcendentes de pensamiento, clasifica el universo y lo divide en sus distintos planos, y así traza las leyes que guían los cambios del mundo, pero sigue viviendo en un plano superficial, no llega hasta la raíz y la entraña de la realidad. Por la moral estudia la conducta de los hombres y traza el sistema de leyes y deberes que le guían a lo largo de la vida. Pero la moral tampoco ella puede poner al hombre en relación con el sentido divino del cosmos, con el Dios trascendente. Cf. *Reden,* 24-25. Sobre el inten-

Metafísica y moral aprisionan al hombre en lo finito; todo está en ellas poblado de leyes, de límites y de deducciones; procesos evidentes y faltos de misterio. Por eso, las almas que pretenden vivir y alimentarse en lo infinito no logran encontrarlo en el orden y/o caos de este mundo. Pues bien, con notas que recuerdan al Platón más elevado y con palabras de tono romántico, Schleiermacher protesta contra la esclavitud de la razón ilustrada (que busca al Absoluto por la idea) y también en contra de la crítica kantiana que sofoca lo infinito del alma en la dureza de las leyes teóricas o prácticas. De esa forma se afana por hallar un espacio en el que pueda respirar con libertad buscando lo eterno, a través del amor y la añoranza que vincula al hombre con el Infinito. Todo su esfuerzo se concentra en el descubrimiento y cultivo de un sentido más hondo de la vida (de un sentimiento) que desborde el nivel del pensamiento y de la voluntad y que nos ligue con lo eterno[4].

Según eso, la religión nos conduce hasta el centro de la Realidad y de esa manera nos permite descubrir y contemplar al Infinito; no se ocupa de ideas mentales, ni de leyes morales, sino del proceso interior que pone al alma en contacto con Dios. La religión no piensa (metafísica) ni actúa (moral), sino que intuye el universo y contempla su sentido, poniendo al hombre en unión con lo divino. Solamente en ese plano encuentra Schleiermacher el lugar propio de la religión, por encima del conocimiento teórico de la ciencia y de la acción de la moral. No le importa que cambien las teorías, ni que la filosofía pretenda ser atea (como ha de serlo en su campo), pues la religión tiene sus fundamentos propios y distintos[5].

---

to ético de Schleiermacher, cf. K. Barth, *Geschichte* 242; F. Hertel, *Das t. Denken* 60 ss. Schleiermacher afirma que no pueden mezclarse moral y religión, pues las leyes morales nada tiene que ver con la religión que lleva al hombre más allá del mundo. Cf. *Reden* 24-5, 58-62. Sobre religión y moral cf. S. Eck, *Schleiermacher: RGG* 5 (1913) 303- 307.

[4] *Reden* 80-82, 90.

[5] Cf. *Reden* 29; E. Hirsch, *Geschichte* 512; F. Hertel, *Das t. Denken* 46, 54, 116; W. A. Johnson, *On Religion* 131.

En un sentido, esta visión de Schleiermacher puede concebirse como culmen de la filosofía kantiana, en la línea de la *Crítica del Juicio* (razón estética), como ha señalado parte de la tradición protestante. Kant, con su giro copernicano, deseaba llegar al fondo moral de la vida, pero no había logrado encontrar los fundamentos propios de la religión, viéndola así como un apéndice de la moral. Schleiermacher quiso superar esa postura, descubriendo y desarrollando, al lado y por encima del pensar (entendimiento) y del obrar (voluntad), la potencia más alta del alma, que es el sentimiento.

Esta potencia suprema se expresa a través de la intuición del Eterno, que puede expresarse a través de cada una de las realidades concretas, pero sin agotarse en ellas, tanto en una partícula de tierra como en la grandeza de los mundos siderales. Por medio de las cosas (en el fondo de ellas) y en nosotros mismos descubrimos el fondo original de la Realidad, el universo, siempre idéntico y trascendente. El misterio de la religión consiste en sentir la presencia más honda de esa Realidad, intuirla (sin tener que modelarlo con el entendimiento o transformarla con la voluntad). En esa línea se había situado (según Schleiermacher) la experiencia radical de Jesús, que descubrió el rostro del Padre eterno, presencia providente, entre los lirios del campo. En ella avanza la experiencia de los grandes personajes religiosos que han sabido dejarse dominar y sorprender por el Espíritu profundo de la realidad sagrada[6].

Esa intuición del universo sagrado (Espíritu Absoluto) surge y se despliega en el encuentro del hombre con el mundo, como fantasía creadora que nos pone en contacto con lo divino. Es un sentimiento que forma parte de la vida profunda del sujeto, y se vincula con la imaginación y la fantasía (razón estética). Pero, al mismo tiempo, es signo (revelación) de una fuerza superior que se impone y nos domina o sobrecoge internamente. No es una mera experien-

---

[6] La esencia de la religión es «weder Denken noch Handeln, sondern Anschauung und Gefühl»: *Reden* 29. Cf. también 41, 44-48. W. Herrmann, *Kants Bedeutung für das Christentum*, en *Schriften* I, 116 ss. Cf. Eck, *Schleiermacher*: RGG 5 (1913) 313.

cia subjetiva; tampoco un conocimiento exterior de los objetos, sino una vivencia total de la Realidad, vinculada al sentido profundo de la Vida que se revela en nosotros.

Esta vivencia tiene un carácter radical de desvelamiento: Es dejarse poseer, llenar y dominar por lo infinito; mejor dicho, es descubrir la propia realidad (la libertad más honda) en el más allá de lo divino. No es una cosa que nosotros hagamos, sino, más bien, algo que nos sucede, la revelación de lo divino en nuestra vida. Lo grande y lo valioso no es aquello que pensamos y queremos, sino lo que somos o, mejor dicho, el hecho de que Dios sea en nosotros: Que el Absoluto se exprese en nuestra vida, de manera que podamos descubrir en él nuestras raíces, la verdad de lo que somos.

La religión se funda y condensa por tanto en una revelación de lo divino (del Universo) que se abre en nosotros y nos muestra el secreto de su ser (haciendo así que podamos conocernos en él). El pensamiento moral de Kant se expresaba en la acción del sujeto que construye formas mentales (leyes) y organiza la propia conducta. La intuición de Schleiermacher se funda en el influjo y presencia de Dios (Universo, Absoluto) en la vida del hombre religioso. Es como luz que viene, como un cuerpo superior (no material) que nos toca. De esa forma ejerce su acción sobre nosotros el Espíritu eterno. Sólo porque nos influye podemos contemplarlo[7].

El sol de los espacios materiales hace sentir su fuerza sobre el ojo de la carne. El sol de los mundos eternos inflama las pupilas del alma. Su fuerza es tan grande, que puede cegarnos, de manera que olvidemos el mundo finito. Sólo unos sentidos sanos pueden captar la sensación externa; sólo un alma limpia y clara puede sentir y acoger la presencia de lo eterno; el alma no crea esa imagen de Dios, la recibe y escucha su música más alta, pero debe estar preparada, si quiere comprenderla.

---

[7] *Reden* 29, 31: la religión quiere dejarse llenar, dominar y llevar por la fuerza del universo... «Von seinen unmittelbaren Einflüssen will sie sich in kindlicher Passivität ergreifen und erfüllen lassen». Cf. F. Hertel, *Das t. Denken* 98-99; E. Hirsch, *Geschichte* 520-521; W. A. Johnson, *On Religion* 33-35. En esta línea puede hablarse de un *«higher realism»* (pág. 35), por encima de moral y metafísica.

Nada mejor que el amor para expresar este misterio. El sentimiento religioso es como el recuerdo de la amada que aparece sin cesar en las pupilas interiores del amante; como una vida interior que sólo se entiende desde la perspectiva del encuentro entre los hombres; quien ame de un modo profundo y se sienta así amado por otro, sentirá la presencia infinita que le llena y fundamenta, le enraíza y hace humano. El hombre vive inmerso en el Universo Sagrado (lo divino), que actúa sin cesar y que le influye constantemente.

Entendida así, la religión es una intuición radical que pone a los hombres en contacto inmediato con la verdad original, más allá de todo sistema y conocimiento intelectual. Religión es unión inmediata con el Ser originario. No hay en ella división de sujeto y objeto, sino encuentro radical, casi fusión con el Ser del Universal. En este campo no se puede hablar de conceptos, sino sólo de una intuición superior que no puede objetivarse, pues forma la parte más honda de nuestra propia vida. Esta experiencia religiosa nos sitúa ante el misterio de Dios y del alma inmortal, en el principio de toda realidad[8].

Kant pensaba que la religión es un apéndice de la moral. En contra de eso, Schleiermacher asegura que la religión es lo primero, y así emerge de la propia vida interna —intuición y sentimiento—, donde reside la esencia del hombre; la moral tiene un valor, pero viene siempre en segundo momento. Algunos han podido acusar a Schleiermacher de panteísta, pero esa acusación no tiene en cuenta su contexto.

No se le puede llamar panteísta, aunque a veces parezca que diviniza el universo en su conjunto (en la línea de la Naturaleza de B. Espinoza). Tampoco se le puede llamar teísta en el sentido tradicional de los ilustrados, pues no interpreta a Dios como un objeto. Schleiermacher defiende al mismo tiempo la inmanencia de Dios en la vida y su absoluta transcendencia. Dios no es el mundo, ha-

---

8 *Reden* 32-33, 38, 42, 50 ss.

bita en el mundo; Dios no es el hombre, pero habita en el hombre, como hondura de su propio ser.

Schleiermacher siente veneración por Espinoza, pero no acepta sin más su visión filosófica (con su divinización de la naturaleza). Ambos mantienen una misma reverencia ante el cosmos. Sin embargo, el Dios de Schleiermacher se sitúa por encima del mundo, no se identifica sin más con la naturaleza. Dios no puede presentarse como objeto y por lo tanto es imposible definirlo como cosa, es independiente de los hombres, pero no se puede separar de la vida humana y de la naturaleza cósmica. Dios y el Mundo (la Naturaleza) se implican, pero también se distinguen mutuamente, uniéndose en el Hombre. Schleiermacher sabe que Dios no es el Mundo (Universo), pero tampoco es otra cosa (distinto del mundo); da la impresión de que él ha querido dejar borrosas las fronteras entre Dios y el mundo, sabiendo sin embargo que existen[9].

Una problemática semejante se plantea también al hablar de la inmortalidad del alma. A primera vista pudiera parecer que Schleiermacher niega la pervivencia de los individuos (da la impresión de que por la muerte se identifican con lo divino). De esa forja deja en la penumbra la identidad del hombre, a quien no concibe como ser individualista cerrado en sí mismo, sino como viviente que debe realizarse a sí mismo en contacto con los demás. Sólo con una nueva y más honda visión de la persona entendida como encuentro mutuo y complementariedad cósmica podrían valorarse plenamente sus aportaciones[10].

---

[9] Cf. A. Carlino, en C. Fabro, *Historia de la filosofía*, Rialp, Madrid 1965, 200-202; R. Herrmann, *Schleiermacher*: RGG 5 (1961) 1432; W. A. Johnson, *On Religion* 30. En la obra madura de Schleiermacher desaparece su tinte panteísta. En esa línea son significativas algunas páginas de *Reden* 31, 69, 71-2. Dificultades semejantes se encuentran en toda filosofía que intente presentar con claridad el sentido (independencia y relación) de los hombres con el mundo, en el ámbito abierto del ser divino.

[10] Cf. *Reden* 72-3; F. Hertel, *Das t. Denken* 85. Ser inmortal no significa *existir egoístamente*, perpetuar cada uno su vida separada, sino integrarse en la gran humanidad (cuerpo de Cristo), que es al mismo tiempo presencia de Dios entre los hombres.

2. Sentimiento de absoluta dependencia. "Doctrina de la fe" (1821/1822).

La obra juvenil de Schleiermacher había sido una apología de la hondura religiosa de la realidad, condensada en forma de intuición y sentimiento, una armonía musical compuesta a partir de la unidad de diferentes emociones y estados interiores de los hombres religiosos. No importaban demasiado las formas concretas de la religión; solamente el espíritu religioso podía tomarse como internamente valioso.

Pues bien, en esa línea, con el paso de los años, sin cambiar la dirección esencial de su pensar, se irán precisando sus intuiciones. El 1806, la segunda edición de sus *Discursos* (*Reden*) introduce variaciones importantes: Deja en un segundo plano la intuición, para insistir en el sentimiento. Además, no habla ya del «universo» como fondo infinito de las cosas, sino que pone de relieve la transcendencia divina (un Dios más personal) más allá de las realidades de este mundo[11].

Su segunda gran obra (*Der ch. Glaube, La doctrina de la fe*, 1821/1822), intenta precisar el valor y contenido del sentimiento religioso, desde una perspectiva más centrada en el cristianismo, y en esa línea define la religión como sentimiento de absoluta dependencia (inmersión creadora en el Dios creador), expresando de manera consecuente los elementos básicos de la intuición y el sentimiento que se unen e identifican ahora con la experiencia de absoluta dependencia, tal como se expresa en la relación personal del hombre con Dios, por medio de Cristo[12].

Schleiermacher sigue distinguiendo el sentimiento del conocimiento y de la voluntad, en la perspectiva anterior. Tanto la praxis (acción) como la teoría (conocimiento) sacan al hombre de su verdad interior, y le llevan fuera de sí mismo (al mundo de las cosas, lo

---

[11] *Reden* 75. Cf. K. Barth, *La Theologie* 247, E. Hirsch, *Geschichte* 559, y W. A. Johnson, *On Religion* 52-3.

[12] Para situar mejor la obra contamos ahora con el prólogo de A. Cordovilla a la edición castellana, donde interpreta la teología de Schleiermacher como "pneumatología". Cf. *La Fe cristiana*, Sígueme, Salamanca 2013, 7-26).

objetivo). Por el contrario, el sentimiento le vincula consigo mismo y con el mundo, más allá del nivel de lo objetivo, de manera que pueda descubrir y desplegar su vida interna, como ser "habitado" por Dios, en dependencia absoluta y en absoluta libertad[13].

El sentimiento no es un producto del sujeto, algo que él hace, sino que «le acontece» y recrea: Es una expresión de la presencia de Dios en la vida del hombre, que no sale fuera de sí mismo, sino que descubre en su interior la presencia de Aquel que le fundamenta y le ofrece realidad. La piedad del hombre religioso no consiste en conocer verdades; si así fuera, estaría en situación de privilegio el sabio. Su grandeza no reside en lo que hace, no se encuentran en sus acciones religiosas, pues a nombre de religión se han realizado atrocidades.

La piedad del hombre religioso reside únicamente en su experiencia interna. Evidentemente, no todo sentimiento puede llamarse religioso, sino sólo el que nos hace conscientes de que somos absolutamente dependientes, poniéndonos en relación con lo divino. Sus notas fundamental son: a) nos hace conscientes; b) de nuestra absoluta dependencia); c) sin hacernos caer en el panteísmo; d) vinculándonos a Jesucristo[14].

a. Nos hace conscientes... La religión es "conciencia de Dios", es decir «autoconciencia» en lo divino. En el plano del saber y el obrar no podemos tener nunca una conciencia absoluta de nosotros mismos; nuestro ser está siempre determinado por un objeto, por aquello que queremos y pensamos, perdidos en las cosas que existen y que nosotros modelamos. Por el hacer y el pensar nunca podremos llegar a nuestro interior más profundo; por más que intentemos separar las capas que por todas partes nos envuelven, nunca podremos penetrar hasta el misterio de la realidad, de forma que no hacemos más que añadir hilos nuevos a los hilos del tejido del que estamos revestidos.

---

[13] *Der ch. Glaube* I, 14, 16, 18. Cf. W. A. Johnson, *On religion* 65 ss.

[14] «... dass wir uns unsrer selbst als schlechthin abhängig, oder, wass dasselbe sagen will, als in Beziehung mit Gott bewusst sind», *Der ch. Glaube* I, 23. Cf. 18,19, 21, 23, 24-25.

Sólo de un modo se puede alcanzar la plena autoconciencia: Olvidando los objetos y penetrando hasta el ser puro de nuestro interior, donde habita Dios. sin pensar ni obrar, en actitud de total acogimiento. Sólo entonces podremos sentirnos desnudos (ante nosotros mismos), pero totalmente abiertos a lo extraño, a lo divino, plenamente dependientes. En esa línea advertimos que la esencia de la vida interior consiste en la absoluta dependencia, es decir, en nuestra vinculación esencial a lo divino. Igual que los objetos conocidos dependen de nosotros, así también nosotros, de un modo más profundo, nos sentimos dependientes de (es decir, ligados a) la plenitud del ser divino.

La autoconciencia inmediata consiste en el hecho de sabernos a nosotros mismos, sin ninguna exigencia de intermedios. Esa autoconciencia sólo puede lograrse cuando el hombre llega al nivel de la absoluta dependencia, siendo en lo divino, superando la oposición de sujeto con objeto, encontrando su verdad y conociéndose a sí mismo en un nivel de trascendencia. De esa manera, al verse como es, al saberse fundado fuera de sí mismo, al descubrir su propia realidad, el hombre encuentra a Dios en el mismo fondo de su alma. Conciencia de sí mismo, es decir, conocimiento propio, y conciencia de Dios, estar fundado en lo divino, son momentos que se exigen mutuamente y se encuentran por siempre unidos[15].

b. De nuestra absoluta dependencia... Hay sentimientos de relación particular, como el de los hijos respecto a sus padres, el de unos ciudadanos respecto su patria. En esa línea, en este mundo objetivo y externo, no existen sentimientos absolutos, pues nosotros somos más que nuestros sentimientos e influimos en las cosas del mundo y en los otros, incluso en los padres y en la misma patria. En ese contexto, en relación con las cosas del mundo y del entorno humano, no existe en el hombre ni plena libertad, ni absoluta dependencia. Estamos con las cosas (con los otros), pero tenemos nuestra propia diferencia. Influimos en las cosas, damos forma a los

---

[15] *Der ch. Glaube* I, 30, 33-4. Esta postura es el núcleo del pensamiento religioso de W. Herrmann (de Dios conocemos sólo aquello que en nosotros hace: *Schriften* II, 314) y del joven Bultmann; cf. GV I, 36.

objetos; sin embargo, no podemos hacerlo de forma absoluta, pues las cosas exteriores no dependen del todo de nosotros.

Quisiéramos ser totalmente libres, creadores, sólo nosotros (por nosotros mismos), pero no podemos. ¿Cómo lograremos encontrarnos y ser lo que somos? Sólo de una forma: Penetrando en el plano interior de nuestra vida y descubriendo así que somos totalmente independientes (dueños de nosotros mismos) siendo "dependientes" de Dios. Aquí reside la paradoja radical de nuestra vida, y para descubrirla debemos superar el plano de las cosas externas y de nuestros pensamientos, todo lo que hacemos, para llegar a nuestra verdad más honda, hasta nuestra "independencia" como seres dependiente de (existiendo en) Dios.

De esa forma encontramos a Dios y en él nos encontramos a nosotros mismos, sintiéndonos plenamente dependientes al existir en lo divino. El sentimiento de absoluta dependencia no puede derivar de la conciencia del mundo y sus objetos, pues en ese plano seguimos estando divididos (no alcanzamos nuestra unidad profunda). Sólo en lo profundo advertimos que nuestra actividad y nuestro ser, proviene de (se funda en algo-alguien) que es distinto y que, sin embargo, es nuestra propia realidad[16].

c. Sin hacernos caer en el panteísmo. El hombre no se pierde y se destruye en Dios. Schleiermacher protesta contra aquellos que han interpretado su pensamiento en forma panteísta, como si el hombre

---

[16] Cf. *Der ch. Glaube* I, 26-7. Éste es centro de la vida del hombre. Todo lo que tiene un valor religioso no es más que el desarrollo de la verdad original de Dios. Nos sentimos absolutamente dependientes de Dios, siendo en él independientes. Sólo de este modo se revela Dios, como misterio en que somos. Ver a Dios fuera de esta unión fundante con él significa corromperlo. No podemos conocer a Dios como un objeto; solamente lo vemos con aquello (Aquel) que está implicado en nuestro sentimiento de absoluta dependencia. Es el origen, el de dónde que ha instalado nuestro ser y el mundo en aquella realidad concreta en que existimos. En la religión, el hombre se descubre y siente «von anderwärts her» (*Der ch. Glaube* I, 28); «sich-schlechthin-abhängig»; «sich-seiner-selbst-als-in-Beziehung-mit-Gott» (*Ibid* 30). Se podría añadir, completando el tema esbozado en los *Discursos*, que este sentimiento aparece fundado de algún modo en el amor, como don total del hombre que se abre a lo divino en entrega confiada. Cf. W. Schultz, *Schleiermacher* 25 ss.

debiera renunciar a su autonomía y disolver su realidad (negarla) en Dios. Las formulaciones de este nuevo libro de 1821/1822 (*La fe cristiana*) no son ya las de 1799 (*Reden*), y ahora tiene mucho más cuidado en mantener la diferencia entre Dios y el mundo (el hombre), dentro de su radical vinculación.

Dios se expresa en el Universo, pero no es el Universo, de manera que no puede confundirse con el mundo en su conjunto, ni con ninguna de sus cosas en particular. Dios no es tampoco, simplemente, un aspecto de la vida de los hombres, que no son absolutos, sino dependientes siendo de esa forma independientes (en Dios). Identificándose con la hondura del hombre, Dios es siempre más, de manera que podemos entrar en comunión con él.

Schleiermacher ha formulado así una teología esencialmente paradójica, superando la lógica del pensar (Razón Pura) y del hacer (Razón Práctica). Su vivencia de Dios (experiencia de radical independencia en Dios, de quien dependemos) expresa una lógica nueva, que rompe y supera todas las normas anteriores de la vida. Ese sentimiento de absoluta dependencia no es algo pasajero o secundario, algo en lo que pensamos un momento para abandonarlo luego. Ese sentimiento es "todo" lo que somos, el momento básico de nuestra vida, aquello que nos define e identifica. El hombre es "sentimiento de Dios", y sólo de esa forma se define a sí mismo, se distingue de todas las restantes realidades. El hombre no es una cosa entre cosas, ni "Dios en sí", sino sentimiento y presencia de Dios en el Universo[17].

d. Es un sentimiento vinculado a Jesucristo. En su libro anterior (*Reden* 1799), Schleiermacher suponía la existencia de un contacto inmediato de los hombres con el centro espiritual del universo, aunque añadía que todos, a no ser algunos pocos elegidos, necesitaban la ayuda de mediadores que despertaran el sentido de lo eterno que parecía muchas veces dormido, latente. Los mediadores son hombres santos que revelan en su vida el poder del Universo (del Dios del Universo), pudiendo así convertirse en luz

---

[17] Cf. *Der ch. Glaube* I, 175-177.

para otros. Esos hombres eran enviados de Dios, traductores de su voz y su misterio; son los que en el mundo roturan un camino a lo divino.

Pero, en sentido estricto (el año 1799), esos mediadores no eran absolutamente necesarios; lo ideal sería que los hombres pudieran ponerse en contacto inmediato con lo eterno, cada uno por sí mismo, todos por igual. De todas formas, ya en ese primer momento, Schleiermacher pensaba que el mejor modelo de vinculación con Dios era Cristo, pues su vida fue una lucha contra toda forma religiosa vacía de hondura. Jesús aparecía ya como presencia privilegiada de lo eterno, de manera que en él se expresaba la unión de lo divino y de lo humano. De todas formas, él no podía llamarse el único, excluyendo a los otros mediadores y caminos que llevan a lo eterno[18].

En su nuevo libro *Doctrina de la fe* (1821/1822), Schleiermacher insiste más en Jesús y le pone en el centro del cristianismo, no sólo como un "signo" divino, sino como el mediador definitivo entre Dios y los hombres. En esa línea puede afirmar que Jesús es divino y humano, aunque añade que es preciso tener mucho cuidado, y no complicar su figura utilizando conceptos de naturaleza y persona que nunca han logrado claridad y han sido causa de largos errores. Cristo es un hombre; existe en el mundo y tiene las notas de todos los humanos. Pero es también, al mismo tiempo, Hijo de Dios y así actualiza el ser de lo divino, porque la conciencia divina le llena de forma perfecta[19].

Nosotros, en general, estamos perdidos en las cosas. Nunca llegamos a la pura conciencia de Dios, no podemos verle con claridad, no somos perfectos. Por el contrario, Cristo es conciencia absoluta de Dios, de tal modo que lo divino se expresa de un modo

---

[18] Cf. *Reden* 5, 7, 53-55, 163-168 (con alusiones a Jer 31, 31-34 y Joel, 3, 1-7).

[19] También Bultmann se opondrá a la cristología de las dos naturalezas entendidas en un plano objetivo (credo de Nicea: 325), pero intentará salvaguardar el hecho Salvador, el acontecimiento decisivo de la revelación de Dios en Cristo. Sin embargo, Schleiermacher tiene más dificultad en confesar la experiencia única de la presencia y acción de Dios en Cristo.

perfecto en su vida humana. Esta conciencia de Dios era su fuerza motora. En ella se mantuvo siempre y actuó fundado en ella. Por eso se le puede llamar el Hijo del Eterno. Para hablar de su poder o de su fuerza, no es preciso referirse a pretendidas resurrecciones o ascensiones a los cielos; lo divino en Jesús era y sigue siendo su conciencia de Dios.

Schleiermacher ha elaborado en esta línea una intensa teología del sentimiento religioso centrado en Jesús, a quien presenta como mediador de Dios entre los hombres. La conciencia divina de Jesús era tan intensa que no podía dejar de extenderse a su entorno y después a toda la humanidad, originando una forma más plena de comunión religiosa con Dios. Sólo por él, la naturaleza de los hombres llega a saciarse de la conciencia divina; por él han descubierto sus seguidores que tienen un fondo divino, que son presencia de Dios.

El influjo de Jesús ha sido tan grande que puede decirse que sólo por él han llegado los hombres al encuentro pleno con Dios. Cristo actúa de esa forma como Redentor, pues nos eleva a la altura de la conciencia divina originaria, y así puede salvarnos, redimirnos, haciéndonos conscientes de Dios, ofreciéndonos un nuevo nacimiento. Pero él no puede entenderse como Hijo de Dios (ser divino) en un sentido ontológico[20].

3. Riesgos: ¿Sin Dios real, sin persona humana?

Según Schleiermacher, la religión no se ocupa de cosas externas, ni tiene un objeto o contenido que pueda oponerse a otros objetos, sino que se sitúa en un plano interior y expresa el sentido de la realidad profunda (divina) que no puede convertirse jamás en ob-

[20] Schleiermacher distingue de un modo gradual la religión del conjunto de los pueblos (todos han llegado a tener de algún modo conciencia de Dios) y la religión de los cristianos, que han podido desarrollar por Jesús la conciencia plena de Dios. Las narraciones evangélicas y los dogmas posteriores de la Iglesia, con las acciones litúrgicas, son una expresión de esa conciencia de Dios en nuestra vida. Cf. *Der ch. Glaube* II, 43-46, 51-57, 90-91, 147 ss.

jeto, ni hacerse un ídolo en el mundo. De esa forma, por medio de la religión, el hombre alcanza la fuente original que está escondida más allá de la oposición de los contrarios, allí donde los diversos momentos (mi fondo verdadero, el Dios presente) se implican, coexisten y son uno para y en el otro.

Entendida así, la religión no es una creación subjetiva del hombre. No es el hombre el que traza (inventa, modela) los rasgos de Dios, sino que es Dios el que fundamenta y sostiene la figura del hombre. No hacemos a Dios, sino que Él nos hace, y en Él somos humanos y alcanzamos nuestra independencia dependiendo de él. De esa forma le conocemos al conocernos a nosotros mismos, existiendo en él. Conocer a Dios es conocer su presencia en nuestra vida[21].

Esta concepción teológica de Schleiermacher tiene aspectos muy valiosos, pues ha logrado descubrir un elemento esencial de la religión, por encima del moralismo de Kant o del idealismo de Hegel. Pero corre el riesgo de volverse insuficiente, pues tiende a desconceptualizar, desobjetivizar, despersonalizar y des-divinizar a Dios. Podemos aceptar su motivo básico, su intuición fundamental, superando el racionalismo ilustrado, el moralismo kantista y el idealismo de Hegel, pero sólo podremos recuperar su sentido más hondo si elaboramos mejor sus presupuestos, insistiendo en el valor de la historia, de la realidad social y del mismo mundo (como seguiremos diciendo al final de este libro, cuando evoquemos las limitaciones de Bultmann):

---

[21] Cf. K. Barth, *Theologie* 266-270. Por medio de Cristo la conciencia perdida y turbada del hombre en el mundo se convierte en conciencia de Dios, testimonio de su presencia en el mundo. Cristo aparece así como conciencia más honda de Dios, pero, según Schleiermacher, no se le pude llamar divino, en el sentido estricto del término. Para superar una cristología de la "mera conciencia divina" de Cristo, y para definirle como presencia del Dios transcendente, Schleiermacher habría necesitado quizá un medios conceptuales distintos. Eso es lo que hará Bultmann, al menos de forma básica, partiendo del análisis existencial de Heidegger, que le permite centrarse en el acontecimiento salvador de Cristo, de manera paradójica, superando el subjetivismo anterior. Para una visión crítica del tema, cf. F. Hertel, *Das t. Denken* 107-108. Cf. W. Schultz, *Schleiermacher* 15-6, 42-3; W. A. Johnson, *On Religion* 30.

– *Contra el riesgo de una des-objetivación total, necesitamos la historia.* Ciertamente, las realidades superiores, entre las cuales destaca lo divino, no pueden presentarse como simples objetos en los que nosotros influimos de manera externa. Sin embargo, no podemos hablar de una absoluta oposición sujeto-objeto, ni quedarnos en un puro subjetivismo donde sólo importa nuestra "conciencia de Dios", sino que debemos descubrir a Dios en cuanto tal (no como algo puramente subjetivo) en nuestra conciencia. En esa línea debemos insistir en la mutua implicación, en el encuentro real de Dios con los hombres, de unos hombres con otros, a lo largo de nuestra historia, dentro del mundo.

Con Schleiermacher afirmamos que Dios no es un objeto, no es una cosa más. Pero debemos añadir que tampoco es un simple dato de nuestra conciencia, sino que debemos descubrirle y aceptarle como la Realidad Fundante (no simplemente subjetiva), en la que estamos y somos. En esa línea afirmamos que Dios tiene un ser-en-sí que no se puede reducir a su ser-en-nosotros (en nuestra conciencia). Por eso, el hombre, el hombre no es pura "conciencia de" Dios sino que tiene una realidad propia; y Dios no es simple dato de nuestra conciencia, sino que es también en sí mismo (es Realidad absoluta). El hombre es libre en Dios, y Dios es la Libertad originaria, ante (y para) los hombres. En esa línea podemos y debemos hablar de una historia del encuentro de los hombres con Dios.

– *Riesgo de despersonalizar.* Schleiermacher ha tenido a concebir a Dios como experiencia de totalidad del hombre, pero olvidando quizá que es persona. En esa línea llega a decir: «Cuando más totalmente desaparezca vuestro propio ser, de forma más clara se os hará presente el universo (lo divino)»[22]. Esas palabras son verdaderas en un sentido, pero resultan muy ambiguas, pues no se puede afirmar que el hombre desaparece al sentirse y saberse dependiente ante Dios, sino todo lo contrario: A mayor dependencia más independencia. Es preciso superar un planteamiento que enfrenta de

---

[22] *Reden* 92. Evidentemente, podemos insistir en la dependencia absoluta del hombre respecto a lo divino. Sin embargo, aun dentro de tal dependencia, y fundándose en ella, el hombre debe mostrarse activo en su misma relación con lo divino Cf. W. Schultz, *Schleiermacher* 37.

forma disyuntiva al hombre y a Dios; el crecimiento del uno no implica la disminución del otro.

Ciertamente, en un sentido, Schleiermacher puede afirmar que, en el fondo, el ser propio (personal) del hombre es más elevado cuanto más depende de Dios, y es más independiente siendo radialmente dependiente. Sin embargo, esa perspectiva parece que está inoperante en la mayor parte de su obra. Insistiendo en la "dependencia" del hombre, él debería haber insistido también en su autonomía creadora de los hombres, en sentido individual (cada uno en sí mismo) y social (a través del mutuo influjo entre los hombres), superando así el riesgo de un puro subjetivismo de la conciencia.

– *Riesgo de des-divinizar*. En los *Discursos* (1799) resulta muy claro el influjo romántico. Schleiermacher intenta evitar que Dios parezca un objeto, no le quiere convertir en una cosa que se puede manejar. De esa manera, al no ser algo concreto, Dios tiende a convertirse en todo (no dejando espacio para el hombre). En la *Doctrina de la fe* (*Der ch. Glaube*, 1820/1821), puede parecer también que nuestros símbolos religiosos carecen de entidad real, de manera que, paradójicamente, por un lado, podría decirse que no existe Dios (sólo hay signos divinos del hombre) y, por otro, podría contestarse que sólo existe Dios, que no existe humanidad, ni historia ni conflicto social.

Por eso, en un sentido, Schleiermacher parece desdivinizar a Dios, es decir, destruir su identidad divina, su personalidad concreta, su acción en la historia. En esa línea, los cristianos confiesan que la Biblia es el libro concreto de la historia concreta de un Dios concreto y personal, que actúa en la vida de los hombres. Parece que Schleiermacher lo ha olvidado, corriendo así el riesgo de identificar la religión con un simple momento de la conciencia humana[23].

Estos riesgos de Schleiermacher responde a un mismo fallo: Su falta de comprensión de la realidad histórica, su forma de entender el pensamiento, en línea de conciencia (sentimiento interno),

____

[23] Cf. G. Wobbermin, *Schleiermacher*: RGG 5 (1931) 177-1788; J. B. Torrance, *Interpretation and understanding in Schleiermacher's Theology: Some critical questions*: Scottish Jour, of Theol. 21 (1968) 275.

sin reconocimiento del valor de la historia de la comunidad hmana. Schleiermacher supera en un sentido el kantismo; pero sigue dentro de su esquema de pensar, en un contexto de oposición entre sujeto y objeto (como si toda la realidad fuera subjetiva).

En esa línea, el conocimiento de Dios puede acabar siendo un puro sentimentalismo, sin contenido real (sin necesidad de apelar a la historia de Jesús) y sin exigencia de justicia, es decir, de compromiso a favor de los pobres (en contra de la formulación repetida del Antiguo Testamento, cuando afirmaba que conocer a Dios es conocer y cumplir la justicia con los necesitados y oprimidos). Schleiermacher quiere superar a Kant, pero da la impresión de que sigue prendido en sus presupuestos subjetivos[24].

4. Más allá de Schleiermacher, una historia abierta

Schleiermacher afirma que la fe y la teología no se ocupan de verdades que deben ser creídas (en una línea de objetivismo y conceptualización) ni de leyes morales (en un plano de conducta externa), sino de la creencia en cuanto tal, es decir, del sentimiento interno del creyente, pasando de la *fides quae* –verdades que se creen– a la *fides qua*, que se identifica con la experiencia creyente. Así aparecía en los *Discursos* (1799) juveniles, donde decía que no importan las verdades, ni los conceptos, ni las ideas, sino el sentimiento interno de presencia del Espíritu del cosmos, del ser infinito, en cada una de las cosas y los hombres. Así sigue diciendo en la *Doctrina de la fe* (1821/1822), aunque con una novedad; Ahora quiere construir una dogmática que exprese con palabras y conceptos lo que implica el sentimiento de absoluta dependencia.

Tomadas en sí mismas, las fórmulas dogmáticas no son más que revestimientos externos, sin mucha importancia; lo que importa es la conciencia del creyente, el sentimiento interior, en un momento de la historia. El centro de la religión no está en el dogma, ni en la moral, sino la experiencia vital del creyente. Los conceptos son siempre poste-

---

[24] Tema clave del libro de P. Miranda, *Marx y la Biblia*, Sígueme, Salamanca 1971.

riores, derivan de esa experiencia, y sirven para mostrar a los demás su contenido; también son posteriores las obras morales de la ética kantiana. Eso significa que la objetivación conceptual y la aplicación práctica (moral) resultas secundarias: No son parte de la fe, ni de la religión, aunque puedan derivarse de ella. Lo que importa es la experiencia[25].

Ciertamente, Schleiermacher tiene razón al protestar contra el dominio de la idea y de la ley moral, y es bueno que haya querido buscar la identidad de Dios, en una perspectiva de sentimiento. Pero, en contra de su opción subjetivista, debemos añadir que el Dios del sentimiento incluye un elemento "conceptual", expresable en palabras o símbolos, y, sobre todo, un aspecto práctico de compromiso a favor de los demás, especialmente de los que parecen expulsados de la sociedad triunfante.

La experiencia originaria del misterio (sentimiento de absoluta dependencia), no puede cerrarse en un plano puramente subjetivo, sino que ha de expresarse en un tipo de conocimiento superior (teología, ortodoxia) y en un gesto de acción comprometida y concreta a favor de los pobres (ortopraxia). El mismo sentimiento ha de hacerse fuente de compromiso y creatividad social, de manera que los hombres y mujeres, vinculados a Dios por el sentimiento, puedan vincularse entre sí mismos por un compromiso de ayuda mutua y de ayuda a los más pobres.

Ésta debe ser la tarea que brota del esquema teológico de Schleiermacher: Lograr que el sentimiento sea experiencia de nuevo nacimiento, en gesto de hondura cognoscitiva y de compromiso al servicio de los demás. Ciertamente, en un sentido, el mismo Schleiermacher ha querido abrir un camino en esa línea, aunque sus soluciones nos parecen limitadas.

---

[25] Cf. *Reden* 36, 114. *Der ch. Glaube* I, 105, 119. La base de la formulación dogmática ha de ser la descripción de los «Gemütszustände»: *Der ch. Glaube* I, I, 163, 165. K. Barth, *Théologie* 272, ha condenado con fuerza el subjetivismo de Schleiermacher quien, a su juicio, ha convertido la religión en una conciencia piadosa (subjetiva) del creyente. En la misma línea le ha criticado R. Bultmann, GV I. 87 ss. De todas formas, pensamos que ese juicio no está plenamente justificado, como indica G. Wobbermin, *Schleiermacher*: RGG 5 (1931), 176 ss; Schleiermacher ha destacado el *acto* del creyente, pero sin negar del todo su intencionalidad, su tensión hacia el objeto, Dios.

– Schleiermacher: El cristianismo es sentimiento universal de unión con lo divino. En esa línea, K. Barth ha dicho que Schleiermacher identifica en el fondo la teología con un tipo de experiencia religiosa (con una filosofía del sentimiento), de manera que el cristianismo no es más que una forma elevada de conciencia religiosa universal y subjetiva. Dios y el hombre estarían unidos a través de una experiencia interior, sin necesidad de realidades religiosas objetivas. Al identificar religión, filosofía y cristianismo, la gracia de Dios y su presencia ontológica en Cristo dejarían de ser necesarias.

Para Schleiermacher, el cristianismo debería entenderse como el tipo *más perfecto* de "filosofía religiosa", es decir, como una forma elevada de experiencia de profundidad del hombre. Cristo sería el ejemplo más hondo de la vida religiosa, de manera que su redención se reduciría a marcarnos el camino, a fin de que también nosotros podamos alcanzar unos sentimientos y una conciencia religiosa como la suya. Ese Cristo no puede darnos nada, sino señalarnos aquello que debemos encontrar en el misterio de nuestro interior, al dejarnos penetrar por lo divino.

En esa línea, la Biblia es sólo un testimonio más de la conciencia religiosa universal. Más que la historia concreta de Israel y de los primeros cristianos importaría la experiencia religiosa del conjunto de los hombres. En esa conciencia revela Dios sus verdades, en ella se comunica. Por eso, el cristianismo sería una forma especial (quizá la más perfecta) de la "filosofía eterna", el descubrimiento de la interioridad divina de la vida humana[26].

---

[26] K. Barth, *Theologie* 245-6, 253, 271, afirma que Schleiermacher ha elaborado una teología cristiana *sin Cristo*, es decir, sin historia. En ese contexto se situaría el antijudaísmo de *Reden* 186 ss. Según Schleiermacher todas las religiones tienen parte de verdad en cuanto nacen del mismo sentimiento o conciencia de infinito; no existen por tanto religiones superiores especialmente reveladas, cf. *Reden* 114, 122-3. Para un planteamiento del tema, cf. W. A. Johnson, *On Religion* 37; W. Brandt, *Der Heilige Geist und die Kirche bei Schleiermacher*, Zwingli, Zürich 1968, 15 ss.

En esa línea, en último término, Schleiermacher identifica la religión con un tipo de conciencia (sentimiento) de inmersión en la divino, sin necesidad de un Dios personal que se revela y actúa en la historia. No hay, por tanto, gracia de Dios; todo es conciencia divina del hombre. Por eso, las diversas religiones se dis-

– Más allá de Schleiermacher: El cristianismo es historia de la salvación. Ciertamente, Schleiermacher no niega la importancia de la historia en un plano externo (cultural), y así admite un progreso de la humanidad, pudiendo decir incluso que la conciencia religiosa se va purificando en el transcurso de los tiempos. En esa línea podría hablarse de una esperanza de futuro, de un tiempo en que el mismo Espíritu de Dios llenará de un modo intenso a cada uno de los creyentes, y a la comunidad cristiana, de manera que ya nadie necesite la ayuda de un mediador que le enseñe. Dios será cercano cada uno, todo en todos. Pero esa esperanza no implica una historia real, un progreso en el camino de la fe, la acción de unos mediadores.

Schleiermacher no puede hablar de un despliegue sucesivo de la salvación, pues, a su juicio, la historia externa en cuanto tal (en un plano social, temporal) está condenada siempre al fracaso, es puro tiempo que pasa. La religión no nos salva "en la historia", sino que nos saca de ella, para introducirnos en un espacio interior "liberado" del mundo, vinculado a Dios, fuera del cambio de los tiempos. Pues bien, en contra de eso, el cristianismo implica algún tipo de "historia" de la salvación, centrada en Cristo y abierta hacia el futuro de la justicia, como ha puesto de relieve O. Cullmann.

Éste es el tema clave, que seguirá dirigiendo el argumento de este libro, hasta su mismo final (posible alianza entre la teología existencial y el compromiso de liberación histórica del cristianismo). Se trata de saber si el Cristianismo (Judeo-Cristianismo) es una religión "histórica", centrada en la encarnación histórica de Dios en Jesucristo y en la salvación como transformación escatológica de la humanidad, o si es una "religión gnóstica", centrada en un conocimiento o experiencia interior de Dios, en la intimidad de la conciencia; en esa segunda línea se sitúa Schleiermacher[27].

---

tinguen solamente en grado, por la madurez y pureza de su conciencia de Dios, en una línea que puede compararse a la religión "espiritualista" del helenismo tardío. Cf. W. Schultz, *Schleiermacher* 40-43 y 91-3. Desde ese fondo se entiende la novedad que aporta el movimiento dialéctico en la visión de Bultmann.

[27] En el fondo la diferencia está en saber si aceptamos la salvación de Dios en Cristo (por la Cruz) o si nos salvamos sólo por nosotros mismos. Parece que Schleiermacher no acepta la mediación real de Cristo en la salvación, ya se entienda de

Schleiermacher ha tenido una importancia excepcional en el mundo protestante y sus obras han iluminado la teología de muchos a lo largo del siglo XIX y principios del XX. En un sentido, él ha hecho posible que la religión conserve cierta independencia contra aquellos que han querido convertirlo una simple moral o metafísica, ofreciendo una alternativa al absolutismo hegeliano, triunfante en dos primeros tercios del siglo XIX, y al ateísmo creciente de la sociedad.

Pero, en un sentido más profundo, su postura resulta insuficiente, pues se centra en la conciencia y no en la realidad social y no parece valorar la novedad del cristianismo, como seguiré indicando. Ciertamente, la conciencia es importante; más aún, ella define el sentido más hondo de la vida humana, entendida como sentimiento, es decir, como vivencia y conciencia de la realidad, desde una perspectiva humana. Pero cerrada en sí la conciencia no basta, pues ella tiene una historia, y un entorno esencial (reciprocidad de conciencias), y una referencia objetiva (es decir, una intencionalidad, es conciencia "de", y en nuestro caso "conciencia de Jesucristo", que es el centro de la fe cristiana[28].

---

forma histórica (Cullmann) o existencial (Bultmann). De eso seguirá tratando este libro. De eso he tratado en *El Pensamiento de O. Cullmann*, Clie, Terrasa 2013.

[28] En un primer momento Schleiermacher tuvo poco influjo, pues la teología hegeliana parecía imponerse en Alemania a mediados del siglo XIX. Los discípulos de Hegel, entre los que destacan F. Ch. Baur (1792-1860) y B. Bauer (1809-1882), parecían dominar la escena protestante en Alemania y tendían a identificar la historia de la religión con el despliegue de la idea, que se expresaría plenamente en Cristo, interpretando a su vez los orígenes cristianos de manera dialéctica, como oposición y superación de las tendencias representadas por Pedro, Pablo y Juan. El mismo A. Ritschl (de quien hablaré) se mantiene hegeliano hasta 1857. Cf. H. Timm, *Theorie* 19 ss. La realidad aparecía como una expresión del gran Espíritu (Idea) que viene a realizarse a lo largo de la historia.

Pero en los años siguientes muchos pensaron que el "sistema" hegeliano destruía la libertad del cristianismo, de forma que, en la segunda mitad del siglo XIX abandonaron, el "sistema", apelando nuevamente a Schleiermacher y de un modo especial a Kant. El influjo de Schleiermacher y el intento de superar con su ayuda a Hegel, para redescubrir la novedad del hecho cristiano, constituyen uno de los aspectos más valiosos de la teología protestante a partir del año 1870 (guerra franco-prusiana). Cf. F. Hertel, *Das t. Denken* 29; K. Barth, *Evangelische Theologie im 19 Jahrhundert*, TS 14, Zollikon, Zürich, 1957, 4 ss. En las páginas que siguen estudiaré primero las bases neokantianas de la teología de finales del siglo XIX para destacar después, la vuelta a Schleiermacher (evocando en especial a W. Herrmann).

3. Neokantianos, filosofía y religión

El retorno a Kant (marcada sobre todo por el deseo de superar un tipo de idealismo) marcó una nueva etapa en el mundo cultural germano, sobre todo en el ámbito teológico del protestantismo, en el último tercio del siglo XIX, tras el largo predominio de Hegel. Esa "vuelta" fue, ante todo, un fenómeno alemán (de tipo filosófico), pero tuvo gran influencia teológica y cultural en el conjuanto de los países europeos.

Muchos habían empezado a sentir que las tesis del idealismo resultaban aventuradas (poco firmes) y, no teniendo otras opciones mejores, sobre todo en el mundo académico así volvieron a los principios de las críticas kantianas, para abrir nuevas vías de pensamiento, en unos años definidos por el gran optimismo de la "belle époque", tras el triunfo prusiano sobre Francia y el renacimiento de los "estados nacionales" (Alemania, Italia…) a partir del 1870[1].

Los neokantianos quisieron liberarse del absolutismo hegeliano, pero rechazando, al mismo tiempo, el escepticismo contra las grandes metafísicas. Buscaban unas bases filosóficas seguras, realistas, abiertas al optimismo, capaces de justificar la nueva política cultural y colonial de Europa, que se sentía llamada a exportar su dominio político y su visión racionalista al mundo entero. En esas circunstancias, en vez de crear un pensamiento nuevo,

---

[1] El neokantismo fue un fenómeno básicamente "universitario", vinculado sobre todo a las universidades de Marburgo y de Baden. No fue una filosofía pura, sino que vinculó elementos procedentes de otros pensadores, sobre todo en el campo del conocimiento y de la acción moral. Cf. M. Pascher: *Einführung in den Neukantianismus: Kontext, Grundpositionen, praktische Philosophie*, Fink-Verlag, München 1997.

muchos filósofos y teólogos acudieron de nuevo a Kant (y en menor medida a Schleiermacher)[2].

El pensamiento de Kant vino a tomarse de un modo casi sistemático, como signo de modernidad y expresión de la madurez del hombre ilustrado, del progreso de la ciencia y del valor del cristianismo liberal, empeñado en un tipo de compromiso ético (entendido, claro está, desde la perspectiva política, social y colonial, de Europa), aunque relacionando las tres críticas, que no se toman ya como método o pensamiento introductorio, sino como expresión de la tiple verdad: La teoría, construida a partir de la *Crítica de la Razón Pura;* la ética, estructurada según los principios de la *Crítica de la Razón Práctica;* y la estética, elaborada conforme a la tendencia de la *Crítica del Juicio.*

El cristianismo aparece así vinculado a la "gran cultura" de Occidente, que estaría centrada en Alemania y debería extenderse al mundo entero. En esa línea, para encontrar su lugar en el campo del saber humano, la religión debería presentarse como epílogo de la ética (H. Cohen), o centrarse en la base supra-racional de los tres campos culturales (P. Natorp). Así pensaban en Marburgo, lugar de más influjo de este nuevo pensamiento filosófico-teológico, que culminará desde nuestra perspectiva en R. Bultmann. De un modo progresivo, para situar su pensamiento empezaré tratando de dos filósofos (Cohen y Natorp), para ocuparme después de un teólogo, W. Herrmann, que vincula el idealismo kantiano con la visión del sentimiento religioso de Schleiermacher[3].

---

[2] Cf. J. Wendland, *Neukantianismus:* RGG 4 (1913) 741 ss. y K. Vornajausen, *Neukantianismus:* RGG 4 (1930) 504 ss. Así lo vio J. Ortega y Gasset, "Ciencia cultural y ciencia natural", *Obras Completas* VI, Rev. de Occidente, Madrid 1957-1965, 306: «Nada mejor podía hacerse en 1880 que adoptar a Kant. Pero, a la vez, eso quiere decir que no se podía hacer mucho. Cada época, si es de plenitud, necesita su propia, original filosofía. Como aquella no lo fue, tuvo que contentarse con un relativo anacronismo...». Cf. también "Kant", *Obras* IV, 51.

[3] J. Ortega y Gasset se formó en el centro del renacimiento neokantiano: «Marburgo era el burgo del neokantismo. Se vivía dentro de la filosofía neokantiana como en una ciudadela sitiada... El gobernador de la ciudadela, Cohen, era una mente poderosísima...». *Prólogo para Alemanes,* en *Obras* VIII, 27. Cf. *Goethe desde dentro,* en *Obras* IV, 403-4, donde compara su intento de superar el neokantismo con M. Heidegger.

1. Hermann Cohen (1842-1918), un principio

H. Cohen, el más importante de los pensadores neokantianos, quiso sistematizar con categorías morales el valor y contenido de la religión. Más que el imperativo categórico, entendido en clave legal, le interesó la apertura de la razón práctica, dirigida en forma religiosa hacia el ideal moral de la humanidad, de un modo cercano al platonismo[4].

El saber de la razón pura se organiza a través de unas hipótesis de tipo ideal (casi matemático) que guían, modelan y regulan nuestro encuentro con el mundo (en el campo de la teoría) y, sobre todo, nuestro comportamiento ético (en el campo de la práctica): Conocer significa engendrar lo conocido, por medio de leyes científicas, que son valiosas pero han de mejorarse sin cesar, pues nunca se llega en esa línea a la perfección definitiva. Pero más importancia que las razones científicas tienen para el hombre los ideales de la razón pura práctica, forjados por la voluntad racional que tiende y avanza hacia un futuro de perfección que nunca podrán alcanzar, pero que guían sin cesar su marcha. Esos ideales carecen de existencia externa, pero actúan como línea de orientación y meta de la vida.

La filosofía traza así las normas básicas de la conducta humana, de manera que la voluntad se legisla a sí misma por ellas, es decir, determina las leyes que deben guiarla en su proceso de realización, pues el hombre es un ser que se hace a sí mismo, aunque nunca puede llegar a realizarse plenamente, ya que siempre está en camino, de un modo que pudiéramos llamar mesiánico, aunque del

---

[4] H. Cohen fue el mejor ejemplo de Ilustración del judaísmo, que quiso aceptar como propia la cultura europea (alemana), llevándola a su mayor refinamiento. Siguen siendo clásicos sus estudios sobre Kant y su intento de identificar un judaísmo moralista con el despliegue y verdad del ser humano, fundado en el pensamiento práctico. En las reflexiones que siguen me fijaré en su *Ethik* (1904). En ese contexto sigue siendo importante su comparación de las ideas de Platón con el neokantiano. Cf. W. Herrmann, *Schriften* II, 90, y J. Ortega y Gasset, *Prólogo para alemanes*, en *Obras*, VIII, 35-6. Al final de su vida, H. Cohen recuperó el aspecto más estrictamente religioso y confesional de la religión, apareciendo como uno de los creadores del judaísmo contemporáneo.

mesías original judío pasamos así al mesías racional, que se identifica con la humanidad futura[5].

Al promulgar las leyes morales, la voluntad se determina a sí misma, y engendra sin cesar su realidad interna (su *Selbst*), como un Dios que se va desplegando (creando) a sí mismo. De esa manera, el hombre se vuelve responsable de su acción, dueño de sí, siempre en camino. ¿Hacia dónde se dirige? Hacia la plenitud del Bien y la Justicia, en la línea de aquello que los grandes profetas de Israel llamaron "cumplimiento de la voluntad divina". En ese sentido se puede afirmar que caminamos hacia Dios; pero, con este nombre no indicamos un objeto o realidad cerrada, sino que Dios se identifica con el futuro siempre abierto del hombre, con la humanidad plena, el ideal que debemos buscar[6].

Esa tendencia moral que nos dirige hacia la Idea del bien más hondo es la expresión de nuestra realidad, y nos dirige ante una meta que nos desborda, es decir, ante aquello que aún no somos (y nunca podremos alcanzar) y así nos mantiene siempre en movimiento. El hombre es Dios en camino; Dios es la meta del hombre, y no puede convertirse nunca en concepto cerrado, como una realidad independiente y externa, pues no está separado de la voluntad humana, sino que existe como meta postulada de un camino hacia el que tendemos. Dios no es Alguien (Algo) que está fuera de la voluntad, sino la expresión (profundidad) del ser humano que tiende hacia su futuro, realizándose a sí mismo y sabiendo que no podrá alcanzar jamás su plenitud, pues lo divino es el mismo camino[7].

---

[5] Cf. Cohen, *Kommentar* 27-29, 169, 192 y *Ethik* 99. La ética había alcanzado ya con Sócrates el centro de la filosofía (*Ethik* 1). La novedad de Kant ha estado en descubrir el sentido de la voluntad como exigencia y testimonio del hacerse humano (*Ethik* 28). El *Selbst* o identidad humana es siempre *Aufgabe*, una tarea que no puede realizarse ni acabarse nunca. Cf. *Ethik* 341, 345, 347.

[6] Cf. *Ethik* 55-6, 350 ss. 367 ss. W. Herrmann se opondrá a la postura de H. Cohen, diciendo que el hombre no puede ser pura "apertura inalcanzable", pues la misma apertura presupone la existencia de una meta, el *Selbst* pleno del hombre. Cf. W. Herrmann, "H. Cohens Ethik", en *Schriften* II, 107 ss.

[7] Cf. *Ethik* 203 ss, 216. De esa forma retoma elementos de la tradición filosófica que pueden compararse con los de Santo Tomás de Aquino. Pero Santo Tomás

Siendo profundamente judío, aunque en los momentos básicos de su magisterio filosófico no fue practicante, H. Cohen puso el ideal moral de los profetas por encima de la existencia histórica de Israel y de la misma figura de Jesús, pero identificando ese ideal con el mismo progreso de la humanidad. No le interesaron al principio las religiones particulares, ni aún las más altas (como el judaísmo histórico), ni una figura religiosa concreta (como Jesús), sino el cumplimiento de la ley moral, el camino de los hombres hacia el futuro (y sentido) de la humanidad.

De todas formas, su inspiración judía le liberó del panteísmo y de la idolatría. Por eso, nunca identificó a Dios con el mundo, nunca le convirtió en algo objetivo, algo a la mano, ni en un plano general, ni en sus manifestaciones concretas. Su religión se identificaba con el ideal humano, una especie de impulso para obrar que busca una meta inalcanzable, en línea de reconciliación de la humanidad consigo misma, pero sin identificar a Dios con la humanidad en general ni con alguna realidad del mundo o de la historia. Dios está siempre por encima, en la justicia, en el futuro de los hombres (aunque su camino parecía vinculado al destino social y cultural de un occidente judeo-cristiano, centrado en Alemania).

El Dios verdadero abre un camino infinito de futuro. Así se mostró en Israel donde la idea religiosa se expresó en forma mesiánica, como experiencia de que llegando la nueva humanidad y de que caminamos hacia ella. Así sucedió también en el mensaje de Jesús, anunciando el Reino que nunca puede convertirse en un objeto ya acabado. La eternidad divina no se manifiesta, por tanto, en la existencia de un tiempo eterno (por encima de los cambios) ni en un tipo de espacio infinito (fuera del mundo conocido), sino en el progreso de la misma voluntad humana, abierta hacia el futuro de su realización ideal.

La religión moral aparece según eso como una "marcha" que jamás se cumple del todo, de manera que nos mantiene siempre en

---

concibe el *Bien* como ser realísimo; Cohen, por el contrario, lo convierte en *atracción* que, no existiendo en sí, nos impulsa hacia ella misma. Cf. *Ethik* 216.

camino, en un proceso positivo, en línea de perfeccionamiento moral. Lo que define la religión es el camino, no la meta. Lo que marca la espiritualidad es el progreso moral que se expresa de un modo privilegiado en la historia de la cultura (de Europa). Cielo y tierra pasan, pues la figura de este mundo cambia y termina, pero voluntad permanece para siempre y con ella permanece y avanza el camino moral.

H. Cohen no acepta el mito griego (platónico) del alma inmortal o de las ideas eternas, pues los hombres concretos mueren. Pero afirma que sigue viva y progresa la conciencia moral de la humanidad, abierta hacia un futuro mesiánico de plenitud, que no se limita a Israel, sino que se abre hacia el mundo entero. La verdad eterna se identifica con la actuación de la voluntad, en línea recta, no en círculos de eterno retorno de lo mismo, como había postulado de un modo en parte paralelo, aunque muy distinto, F. Nietzsche (1844-1900)[8].

En esta línea, se podría afirmar que la verdadera esencia de Dios es el optimismo del hombre, esto es, su capacidad de avanzar hacia la "idea", el entusiasmo por el despliegue de la razón, la creencia del progreso que no acaba. La naturaleza física tiene su propia consistencia; nada se crea, nada se destruye; todo cambia. Algo semejante sucede en la moral; existe una ley de conservación de su energía, en un camino de progreso, que en el fondo se identifica con Dios. La idea de Dios confirma que la acción moral carece de metas cerradas. Ella es garantía de vida y futuro contra toda quietud o pesimismo.

Dios no es un concepto, no tiene fronteras precisas. No es espíritu o persona ni posee vida alguna, sino que es un ideal que ofrece la seguridad del camino del hombre que no puede nunca cerrarse en aquello que ha sido. La transcendencia de Dios significa que él no se encierra en ninguna forma clausurada de pensamiento o de vida. No podemos concretar a Dios en ninguna ley, pues él se expresa siempre como un más allá que nunca podemos alcanzar y poseer[9].

---

[8] Ambos, Nietzche y Cohen, destacan el carácter "divino" de la voluntad, pero en perspectivas morales distintas, en línea de progreso moral o de superación de toda moral (eterno retorno de lo mismo). Sobre Cristo y Dios, cf. *Ethik* 32-3; 405-414.
[9] Cf. *Ethik* 430-1, 449, 454-458, 468-469.

Según Kant, Dios era un presupuesto o postulado ético más que una persona. Pero Kant estaba convencido de que la misma vida de los hombres exigía un premio personal (eternidad) y un Juez Justo capaz de garantizarlo (Dios). También H. Cohen entiende a Dios como un postulado del obrar humano, pero no lo toma como persona, sino como idea siempre abierta de progreso, sin posible objetivación, sin carácter personal.

Eso es lo divino: El hombre que debe madurar en un plano moral. Todo el resto es mito. La verdad, el futuro de la religión consiste en disolverse dentro de la ética. La religión debe perder su aspecto mitológico, su fondo metafísico y convertirse en expresión del camino del hombre hacia una meta que siempre le transciende. Sólo convirtiéndose en moral, la religión llegará a cumplir su cometido cultural, humano[10].

2. Paul Natorp (1854-1929), un camino

H. Cohen ha trazado el panorama general del pensamiento moralista neokantiano, y su visión aparece como el trasfondo en el que puede y debe entenderse la filosofía de Bultmann. Pero en

---

[10] La religión es un ideal moral del hombre. Más que el fondo del que surge la conciencia humana, es el blanco hacia el que tiende. Este Dios de Cohen parece identificarse con el progreso moral de la humanidad, con el ideal de bien y de justicia a que tendemos. Cf. *Aesthetik* 426 ss; *Ethik* 405 ss. En tiempo antiguo la moral se había fundado en las religiones (*Die Nächstenliebe im Talmud*, Elwert, Marburg 1888, 6). Sin embargo, la única verdad de la religión ha sido siempre su contenido moral; el resto era mito (*Ethik* 56 ss.). De todas formas, él reconoce que las religiones han abierto un camino; por eso, su labor ha sido, y será todavía, valiosa, al menos durante algún tiempo. Cf. *Ethik* 591-2.
Pues bien, como he indicado ya, en los últimos años de su vida, H. Cohen se fue haciéndose cada vez más judío, hasta aparecer, por su obra póstuma (*Die Religion der Vernunft aus den Quellen des Judentums. Eine jüdische Religionsphilosophie*, 1918), como guía de un movimiento israelita de recuperación nacional y espiritual. El ideal religioso de la moral sigue siendo valioso, pero la revelación positiva de Dios en Israel asume cada vez más importancia. S. H. Bergmann, *Fe y Razón. Introducción al pensamiento judío moderno*, Paidós, Buenos Aires 1967, ha situado a Cohen al comienzo de un camino por el que siguen F. Rosenzweig, M. Buber y otros judíos pensadores posteriores.

ese panorama se inscriben después muchas variantes, que vinculan el idealismo con el vitalismo y con diversas formas de entender el sentimiento, en una línea en la que influirá de un modo importante Schleiermacher, como veremos al hablar de P. Herrmann y, de manera especial, de R. Bultmann. Para situar el tema empezaremos evocando el pensamiento de P. Natorp[11].

En un primer momento, Natorp sistematizó la visión de Cohen, y puso de relieve el valor original de la cultura, entendida como creación humana, que se expresa en la teoría (lógica), la técnica (ciencia), la organización social (ética) y la creación artística (estética), que configuran y dan forman (*bilden, gestalten*) a la realidad humana. Por eso, si quiere tener sentido y justificar su tarea, la religión debe vincularse a la cultura, y contribuir a su despliegue. Pero, en su expresión concreta, ella ofrece otros rasgos, que Cohen no había sistematizado:

– *En la línea de Cohen, religión como experiencia de futuro*. Ella forma parte del patrimonio cultural de la humanidad, y mantiene la esperanza del camino que nos lleva a unos estadios más perfectos de bien y de justicia, sobre el mundo. Así lo descubrieron los sabios de Grecia y los profetas de Israel, y posteriormente el cristianismo, que ha definido a Dios como amor y esperanza de futuro. No se puede hablar de Dios en sí, pues lo divino es el amor como meta y principio de la vida de los hombres. En ese sentido, religión es signo de la cultura, pero ella nos conduce, al mismo tiempo, más allá de toda acción humana, hacia un horizonte de plenitud y reconciliación moral inalcanzable.

– *Religión, experiencia de origen y arraigo*. Pero, al mismo tiempo, dirigiéndonos hacia una meta siempre inalcanzable, la religión nos enraíza en el centro y base de la vida. Ella nos conduce hasta

---

11 A diferencia de Cohen, Natorp es de tradición cristiana, y eso le permite valorar mejor el origen sagrado de la vida, la vinculación originaria del hombre con el cosmos, en un momento en que, con la guerra mundial (1914-1918), se está destruyendo el idealismo moralista anterior. Cf. J. Klein, *Natorp*: RGG 4 (1960)1321ss. P. Natorp condensa su pensamiento en *Religion* 5-13; *Philosophie* 25ss. Sobre el optimismo básico que imperaba en el tiempo de Natorp, y sobre la crisis posterior, cf. E. Brunner, *Das Ewige als Zukunft und Gegenwart*, Siebenstern, München 1965, 15 ss.

el fondo inexpresable de la existencia humana, en una perspectiva vital (de sentimiento) más cercana a Schleiermacher: La esencia de la religión se identifica con la sensación inmediata y poderosa de que podemos alcanzar y abrazar en su raíz originaria (divina) todas las cosas del mundo. Ese sentimiento nos fundamenta en el fondo vital de la existencia, como experiencia del origen y de arraigo: Es la fuerza creadora que estando en la raíz de toda forma concreta de vida puede concretarse después en las diversas formas culturales de la lógica-ciencia, la ética y la estética.

– *Una experiencia, un sentimiento*. En esa línea, sin abandonar expresamente el idealismo moralista de Cohen, Natorp afirma que el hombre es también experiencia vital y sentimiento, como afirmaba Schleiermacher, pero sin aceptar su "objetivismo religioso", es decir, sin admitir la posible existencia de un Dios personal con quien el hombre (el creyente) era capaz de establecer un contacto estricto, de tipo confesional. Eso significa que existe un sentimiento divino, pero no un "Dios" objetivo a quien pueda sentirse. No se puede hablar de un Dios en sí, sino sólo de la hondura divina (trascendente) de la vivencia humana. Según eso, en realidad, todo lo que conocemos y sentimos es cultura humana, pero una cultura ampliada, en clave de experiencia, más allá del puro moralismo de Cohen[12].

---

[12] Cf. *Religion* 16-17, 18, 23-28, 32; *Philosophie* 100-111. Éstos son los elementos básicos de esa "apertura religiosa" de la cultura, que se extiende más allá de sí misma, sin dejar nunca de serlo, ni romper sus límites.

– *El pensamiento teórico (filosofía)* ofrece un sistema de conceptos cada vez más precisos, pero no alcanza nunca al Absoluto en sí mismo, fuera de la cultura, sino que se mantiene siempre en el camino, en las formas, condiciones y presupuestos del mismo pensamiento. En esa línea, todo lo que sabemos y podemos decir (incluso la religión) es pura cultura, creada por el hombre, que se trasciende a sí mismo, pero siempre dentro de los límites de lo humano.

– *La* ética quiere impulsar la acción de hombre a través de unas ideas reguladoras, buscando una meta de perfección, pero sin poder alcanzarla, pues no hay nada fuera de la búsqueda humana. Por eso, a través de la ética no se puede alcanzar nunca el Bien absoluto y objetivo, fuera del hombre. Lo eterno, lo perfecto, es solamente un anhelo de la mente. Nunca podemos presenta a Dios como realidad externo, como algo fuera del hombre.

– *La estética* es la culminación de la cultura y se expresa en la fuerza creadora de los hombres. El arte supera el conflicto que enfrenta el ser y deber ser (lógica y moral), pero no puede llegar por sí mismo hasta un Dios objetivo, más allá de

En esa línea podemos afirmar que la religión es cultura (¡no hay nada fuera de su círculo!), pero ella aparece, al mismo tiempo, como expresión de la conciencia radical del sujeto humano, que es cultura desbordándose a sí misma, en forma de *Erlebnis o* vivencia supra-cultural. Esta conciencia se define en términos cercanos al sentimiento de Schleiermacher, como experiencia del poder que todo lo abarca y no tiene forma alguna, como descubrimiento del seno maternal de donde brotan los actos concretos de la vida y las diversas formas (creaciones) culturales.

Ese sentimiento originario no tiene nunca un objeto ya fijado, no se puede expresar en formas culturales, pero es como la fuente de la que manan todos los objetos; por eso mismo carece de límites. En esa línea, paradójicamente, siendo para el hombre todo lo que él puede saber y sentir, la cultura se abre hacia un espacio más hondo, más allá de sí misma. En esa hondura, que parece tener rasgos "irracionales" (transculturales) se funda de hecho la cultura, más allá de sí misma. Es como si la conciencia (=cultura) se fundara en un mar inconsciente del que nos sabemos nada, pero que está ahí, en la raíz de nuestra vida, como iba mostrando la psicología de S. Freud (1856-1939) en esos mismos años, a principios del siglo XX.

Natorp se acerca de esa forma a Schleiermacher, pero, en contra de Schleiermacher, afirma que ese sentimiento originario de la "realidad fundante" (más allá de la cultura) no puede llevarnos a postular la existencia de un Dios personal. Si es que lo hiciera, si apelara a un Dios objetivo, la religión rompería sus límites e inventaría un objeto, como una especie de castillo en el aire, entrando en contradicción con la cultura.

Eso significa que no puede hablarse de la existencia de un Dios personal, sino sólo de "lo divino", de un sentimiento de divi-

---

sus fantasías creadoras, ni puede postular un contacto inmediato con las fuentes de la realidad; necesita un *Stoff,* una materia en que expresarse, no tiene acceso al ser en sí de Dios, del que no podemos decir nada, ni saber si existe o no existe. Cf. *Religion* 28-9; *Philosophie* 44, 72 ss.

nidad, pero sin Trascendencia real. El sentimiento religioso vale en sí mismo, como expresión del fondo divino de la vida, pero no nos permite hablar de un Dios persona, ni de una revelación positiva de su salvación, como quieren las religiones[13].

3. Religión, una experiencia vital, con Cohen y Natorp

Schleiermacher situaba el problema religioso más allá de la oposición entre sujeto y objeto, como sentimiento interno que liga al hombre con el Poder más alto, con la Fuerza infinita y transcendente en la que puede arraigarse plenamente su conciencia. Partiendo de su base, desde un fondo neokantiano, eran posibles dos posturas: Convertir a Dios en ideal (Cohen) o reducir la religión a puro sentimiento, sin referencia personal a Dios (Natorp).

---

[13] Ésta es la paradoja de P. Natorp. (1) Por un lado afirma que todo es cultura. (2) Pero, al mismo tiempo, añade que debemos admitir la fuerza y el valor (el impulso) del sentimiento interior que, siendo infinito, no puede plasmarse nunca del todo en ninguna forma externa, un sentimiento que no es cultura, pero que está en el fondo de todos los datos culturales, como un inconsciente que es trasfondo y sentido de toda conciencia. Natorp puede añadir, en esa línea, que las religiones no quieren otra cosa que indicar (reflejar y proclamar) de un modo inicial y simbólico el sentido de esa vida original en la que se funda y consiste nuestro ser de humanos.

Entendidas así, las religiones son valiosas, pero tienden al "pecado" de ofrecer un contenido objetivo a esa conciencia subjetiva, postulando su Transcendencia real (cultural). No queda, por tanto, otra cosa que el ser infinito de la vida cultural que se está haciendo. Lo divino no es la idea a que tendemos (Cohen), sino la misma fuerza inexhaurible, original y final, del sentimiento que sustenta nuestra vida, sin objetivarse nunca en ella. Según eso, Dios es sólo un signo de lo que nos desborda, sin poder objetivarse nunca.

La realidad de Dios se identifica en el fondo con la del hombre que se despliega y realiza a sí mismo, partiendo de la fuerza original, siempre la misma y siempre nueva, del sentimiento interno, entendido en forma potencia activa. Por eso, el ocaso de los dioses, que es el ocaso y crepúsculo de todos los valores objetivos de occidente (¡todos están muriendo!), puede y debe significar el surgimiento de los hombres. Cf. P. Natorp, *Religion* 35-38, 40-46; *Philosophie* 109, 113; *Ethik*, prol. a 2.ª ed., XIII; W. Herrmann, "Die Auffassung der Religion in Cohens und Natorps Ethik", en *Schriften* II, 202-219.

– *El primer Cohen* concebía a Dios como ideal. No es un objeto porque nunca se "actualiza" (objetiviza), ni posee unos límites que puedan precisarse en forma conceptual, sino que es una especie de signo, una frontera mental que nos abre en línea de infinito; no existe en sí, sino como apertura perenne del ser humano.

– *Natorp* presentaba a Dios como fuerza vital originaria. Ciertamente, admite el carácter "divino" del ideal de progreso, pues el hombre necesita una base que le fundamente y le permita tender hacia la meta. Esa base es el sentido e impulso divino del sentimiento, que no cesa de mostrarse en imágenes concretas, pero sin necesidad de un Dios en sí.

Limitamos, según esto, con dos infinitos: La idea inalcanzable (Cohen) y el fondo inexpresable pero siempre activo del principio de la vida (Natorp). El arco de nuestra realidad concreta se mueve entre esos polos, como expresión de una humanidad que surge de un fondo infinito de vida y tiende a un fin también infinito de divinidad (pero sin Dios en sí). En medio se extiende siempre la cultura con sus formas limitadas y concretas, pero nunca definitivas. Los abismos de la idea y del sentimiento originario marcan nuestros límites, son como puntos de mira que abren la cultura hacia el más allá. Aquí radica eso que llaman religión: El tender ilimitado hacia la idea (Cohen); la corriente sin fronteras del sentimiento interno (Natorp).

¿Puede haber manera de unir ambos extremos? Quizá sí, según la primera intuición de Schleiermacher: El mismo sentimiento o fuerza religiosa, que nos hace tender hacia la Idea que nunca logramos alcanzar (Cohen), nos une al Ser primero, a la misma realidad original de la que todo brota (Natorp). Sólo allí donde se vinculan y complementan esos dos extremos podríamos hablar de un Dios personal (aunque superando los presupuestos primeros de Cohen y Natorp, en una línea que ellos mismos parecen iniciar al final de sus vidas).

El hombre no existe nunca aislado (solo), con su idea de Meta inalcanzable y su sentimiento de Origen, sino que el sentimiento más hondo puede mostrarle que él se encuentra "acompañado" por un sujeto distinto, de tipo personal, que es Dios, el Dios que le permite ser persona, vivir en libertad, como intentará mostrar el pensador neokantiano y teólogo cristiano W. Herrmann, de quien hablaremos, pero ya Cohen y Natorp, en los últimos años de su vida, habían dado algunos pasos en esa dirección, abriéndose a la posibilidad de un Dios personal[14].

Estaba surgiendo por entonces, en el entorno de la Gran Guerra (1914-1918), una fuerte reacción vitalista, que empezó a sentirse no sólo en Marburgo, sino en otras universidades alemanas. El fenómeno resulta normal: Al predominio del pensamiento racional suele seguir, una fuerte reacción sentimental o vitalista. Al racionalismo iluminista y kantiano había seguido hacia el año 1800 un despertar romántico, cuyo representante fue Schleiermacher. También ahora (hacia el 1914), el culturalismo neokantiano tiende a ser sustituido por un fuerte vitalismo, que exalta las fuerzas, muchas veces oscuras, de la vida, como veremos en concreto al hablar de Bultmann.

Fueron muchos los que, dentro de Marburgo, sintieron, en ese entorno de guerra, la necesidad de romper la cárcel cultural en que se había encerrado el idealismo moralista neokantiano, poniendo de relieve el valor primario de la vida. J. Ortega y Gasset, filósofo español, discípulo de Cohen y de Natorp, sintió que esa búsqueda de la vida y de sus implicaciones constituía la mayor tarea humana de aquel tiempo. Pues bien, en la culminación de la obra de los grandes maestros, Cohen y Natorp, aparece ya el despliegue de esos gérmenes vitalistas. Sus posturas finales nos servirán para enmarcar las soluciones del último Herrmann y del primer Bultmann[15].

---

[14] A diferencia de Cohen, Herrmann afirmará que la religión no puede disolverse en una idea ética, pues tiene una función distinta, de encuentro personal con lo divino, por encima de las normas e ideales de la pura moralidad. A su juicio, la religión será la experiencia de un Poder Espiritual (una Presencia personal) que nos visita y enriquece. No es una simple expresión de la meta futura a la que tenemos, ni es pura memoria del pasado del que provenimos, sino experiencia de encuentro personal: Es la vivencia de dejarse sorprender, iluminar y realizar en diálogo (encuentro) con Dios, como fuerza más alta (persona) que se nos manifiesta y dialoga con nosotros. Cf. W. Herrmann, *Schriften* II, 224-230; P. Natorp, *Religion* 94-5, 112-3, VII. .

[15] Eso lo confirma J. Ortega y Gasset, cuando afirma que ya en el año 1911 se respiraba en Marburgo un ambiente de reacción en contra del culturalismo

– *H. Cohen* publicó el año 1915 un nuevo libro sobre el sentido de la religión[16]. Teóricamente las cosas siguen como antes; todo gira en torno a los valores de la ética que lleva, por medio de los grandes profetas de Israel, al Dios que es futuro de los hombres. También Platón había descubierto que el Bien es la idea más alta, aquella que siendo la meta a la que todo tiende, unifica los diversos planos de la vida humana. Pero Cohen dice ahora algo nuevo: La religión no puede disolverse dentro de la ética. No basta el ideal de la pura humanidad, ni el Dios de la moral. Es preciso llegar más allá, descubrir a los hombres como individuos, amarles en concreto, encontrar un sentido a sus vidas.

Así aparece el sentido y tarea de la religión, mostrando el valor vital de cada individuo, llamado a cumplir su tarea al servicio del todo, descubriendo de esa forma su responsabilidad. En esa línea, Cohen recupera las intuiciones básicas de Schleiermacher, superando el nivel kantiano y presentando la religión como el sentimiento del hombre concreto, de su sufrimiento y de su búsqueda, en la línea de los Salmos de Israel, que no pueden entenderse ya sentido idealista. La religión nos lleva a descubrir en el centro del alma individual una nostalgia por Dios, nostalgia que es la auténtica expresión de nuestra vida.

En general, los profetas de Israel no llegaron al nivel más hondo de Dios, sino que quedaron en la ética, dominado por la exigencia de justicia. Por eso es necesario completar (y superar) su postura con la de los Salmos, que sitúan el tema de Dios en un plano de sentimiento y oración. La religión se despliega de esa forma en el nivel de la nostalgia por Dios, en el ansia de redención, en la tendencia hacia una meta de plenitud personal.

Cohen supera así el nivel del culturalismo anterior, llevándonos, con los Salmos y algunos pasajes de los mismos profetas, más allá de

---

neokantiano y de las posturas idealistas. Cf. *Prólogo para alemanes, Obras* VIII, 41; *El tema de nuestro tiempo* (1923), *Obras* III, 178, 183 ss.

[16] Cf. *Der Begriff* 9-10, 32, 77, 92, 94-102; *Philosophische* 383, 198 ss., 408. Cf. W. Herrmann, *Der Begriff der Religion nach H. Cohen, Schriften* II, 318 ss. En su obra póstula (*Religion der Vernunft aus den Quellen des Judentums*, 1919), Cohen acentúa todavía el aspecto individual de la religión. Cf. J. Klein, *Cohen*: RGG 1 (1957) 1846-1847.

la pura cultura, por encima de la pura obligación ética, más allá de la tensión humana hacia un bien infinito. En esa línea, él afirma que la religión hace posible que el hombre confiese su pecado y se acoja en lo divino. El Dios de la moral era una idea. Sólo la religión (y en especial el judaísmo) abre la puerta que lleva al Dios verdadero. No puedo precisar aquí mejor la postura del último Cohen, pero es evidente que, de un modo casi vitalista, él se ha situado cerca de la visión bíblica (cristiana) de W. Herrmann y del primer Bultmann.

– *P. Natorp* desarrolla en este tiempo un pensamiento aún más vitalista, mostrando así, en sus cursos de 1922-1923, el extremo a que conduce, por antítesis, el radicalismo culturalista neokantiano (pasando de la idea moral a la experiencia vital concreta). Sin embargo, él no presenta la vida del hombre religioso de forma individual, como hace Cohen, pues, a su juicio, Dios no se muestra en forma de persona que salva (en línea más judía), sino como abismo de vida que se manifiesta por encima de mi existencia personal (en una línea que parece más cercana a un paganismo cósmico).

El último Natorp admite todavía el valor de la cultura; sabe la importancia de la crítica kantiana y reconoce la importancia de la teoría y de la práctica. Sin embargo, lo que a su juicio importa de verdad es la vida. Por eso, el menester propio del filósofo consiste en descubrir la fuerza, las tendencias y preguntas de la vida concreta de los hombres (en una línea que podría compararse a la de F. Nietzsche: 1844-1900)[17].

La vida es manantial incesante de realidad. Ella es lo que vale y no las ideas, que son siempre secundarias. Vivir significa estar surgiendo, hacerse. En esa línea, la categoría fundamental del nuevo pensamiento de Natorp es la *poiesis,* expresión de un proceso en el que todo nace, dioses y hombres, dentro del mismo despliegue del tiempo. La ciencia y la moral son fijaciones momentáneas de ese proceso creador que nunca acaba. Lo absoluto es el despliegue de la vida, que es presencia y parusía del misterio. Por eso, el conocer verdadero

---

[17] La obra clave de Natorp en este momento es *Philosophische* (1922-1923), con introducciones de H. G. Gadamer y H. Knittenmeyer (cf. págs. XVIII y ss). Cf. págs. 3-4, 11-12, 291-2, 337-339, 362-368, 272 ss.

consiste solamente en intuir el movimiento, captar el constante brotar de las cosas desde el centro vital en el que tienen consistencia.

Dios es la fuerza original que actúa sin cesar y que no puede convertirse en un objeto inmóvil. De esa manera, él aparece como proceso creador, por encima del binomio que divide objetos y sujetos, hombres y cosas. Su fuerza se expresa en todas las realidades, y viene sin cesar al mundo porque todo es un momento de su epifanía. La obra de Natorp culmina así en una especie de panteísmo evolutivo y vital, de carácter marcadamente místico. A su juicio, la existencia individual es secundaria, lo que importa es el proceso universal de la vida, a diferencia del último Cohen, que insiste en el valor individual de las personas que oran y se sienten cerca del Dios personal. De esa forma se separa también de W. Herrmann que ha puesto el acento en el hombre como persona, que se descubre a sí mismo al abrirse hacia lo eterno[18].

---

[18] Cf. *Philosophische* 406-407. En esa línea pueden leerse los trabajos del joven F. Gogarten (1887-1967), editados por J. Moltmann (*Anfänge* II, 94), en los que evoca la impresión que le produjo en Natorp. En esta línea podría trazarse un paralelo el último Natorp vitalista y el joven Bultmann, también vitalista. Pero el joven Bultmann se mantiene dentro de un esquema cultural claramente neokantiano y no separa la *poiesis* del conocer teórico; por otra parte, el Dios de Bultmann tiene siempre los rasgos de un don y no se puede confundir en modo alguno con la fuerza de la vida que se impone, que nos hace. Por su parte, en ese momento (1922-1923), Natorp se enfrenta con la teología dialéctica, representada por Gogarten, que concibe a Dios como ser totalmente distinto (trascendente) y al hombre como dominado por pecado.

Natorp reconoce la fuerza "trágica" del planteamiento de Gogarten, admitiendo que se encuentra en la línea de Pablo y de Lutero, de Pascal y de la mística alemana, al afirmar que Dios "nos mata" cuando quiere darnos vida. Responde, sin embargo, que ése es un modo de pensar inaceptable: Es cierto que estamos alejados de Dios pero, a la vez, brotamos de su mismo centro. No salimos de Dios para perdernos, sino que formamos parte de su eternidad: Somos hijos naturales del Señor, aunque hayamos perdido la conciencia de ello, olvidando lo que somos. En ese contexto se sitúa la diferencia entre los dos pensadores. Natorp no conoce más que la pura naturaleza que en el fondo le acerca al panteísmo. Gogarten (en una línea desarrollada también por Bultmann) ha llevado hasta el extremo la intuición de la gratuidad sobrenatural de Dios, de las que hablará Herrmann. En ese contexto vitalista se sitúan algunas de las obras fundamentales de M. Scheler (1874-1928) y H. Bergson (1859-1941).

4. Wilhelm Herrmann, la vida interna de Cristo

En el principio de la renovación de la teología protestante alemana de finales del XIX y principios del XX se sitúa *A. Ritschl* (1822-1899), que había comenzado siendo hegeliano, en la línea F. Ch. Baur, patriarca de la Escuela de Tubinga, donde estudió y escribió sus primeras obras, para convertirse después en orientador de los nuevos teólogos neokantianos. Ritschl mantuvo siempre una visión idealista, pero superó el pensamiento absoluto de Hegel, con la ayuda de Kant y Schleiermacher, y ello le permitieron descubrir el carácter moral del mensaje de Cristo, resaltando al mismo tiempo sus valores emotivos.

En esa línea, él comenzó a insistir en la importancia de la vida de los individuos: La evolución de la presencia de Dios en la humanidad no se realiza ya de la naturaleza ni del espíritu humano en general (en el nivel de la idea), sino a través de la vida concreta de los hombres, que van elevándose moralmente. Desde ese fondo, interpretó el cristianismo como un difuso panteísmo moralista, de tipo evolutivo y personal, en una línea que terminará volviéndose dominante en el protestantismo alemán de finales del siglo XIX[1].

Entre los discípulos de A. Ritschl destaca A. von Harnack (1851-1930)[2], y en nuestro contexto W. Herrmann (1846-1922), a

---

[1] Cf. H. Timm, *Theorie* 45, 55, 61, 72 ss; J. Wendland, *Neokantianismus:* RGG 4 (1913) 744 ss.

[2] Su obra más conocida en el campo teológico es «*Das Wesen des Christentums*» (*La Esencia del Cristianismo*, 1900), un libro convertido pronto en texto clásico del *liberalismo* (cristianismo cultural) contra el que se alzará la *teología dialéctica*, hacia el 1920. Cf. H. Timm, *Theorie* 13 ss., y R. Bultmann, en prólogo a A. Von Harnack, *Das Wesen des Christentums*, Siebenstern, München 1964, 7 ss.

quien podemos considerar como representante fundamental de la teología alemana a finales del siglo XIX y principios del XX. Partiendo del absolutismo hegeliano, y a través del panteísmo moralista de la Escuela de Ritschl, Herrmann ha terminado elaborando una visión claramente existencial del encuentro de Dios con los hombres. Su desarrollo teológico es importante no sólo por sí mismo, sino por el hecho de que, partiendo de su obra y enfrentándose luego con ella, dos discípulos suyos, K. Barth y R. Bultmann, abrieron unos caminos decisivos en la teología XX, de manera que él puede tomarse como promotor y testigo de un despliegue teológico del que vivimos todavía.

Herrmann empezó defendiendo posturas hegelianas, y a sus treinta años (1876) interpretaba el cristianismo desde una perspectiva unitaria identificando filosofía y teología, realidad exterior (naturaleza) y bien moral del hombre. Es cierto que el mundo está subordinado al quehacer moral, pero aun así forma parte de la unidad del «Reino», que consta de tres elementos vinculados: *Dios*, como fondo de toda realidad; *el hombre,* que busca su plenitud a través de la moral; y *el cosmos,* concebido también como expresión de la idea.

Pues bien, superando ese principio hegeliano, Herrmann termina centrando su pensamiento (y la realidad) en el desarrollo de la conciencia moral, entendida como expresión de un despliegue humano, y como signo de una presencia de Dios. De esa forma, el mundo pierde su importancia. Todo se centra en la verdad del hombre, que se expresa en forma de proceso moral, que se abre (abre a los hombres) hacia el Infinito de un Dios que va tomando rasgos personales[3].

---

[3] Sobre el pensamiento de Herrmann, cf. F. W. Sticht, *Die Bedeutung* y H. Timm, *Theorie.* A partir del año 1884 Herrmann se va liberando del absolutismo hegeliano, pero sin llegar aún al «supramoralismo existencialista» de período final, como muestran sus trabajos: *Warum bedarf unser Glaube geschichtlicher Tatsachen?* y *Kants Bedeutung für das Christentum,* publicados en *Schriften* I, 97 ss. y 101 ss. Este período de Herrmann podría compararse con el *«panteísmo moralista»* de Ritschl y de sus discípulos, en la línea del «Kulturprotestantismus» (protestantismo cultural).
Pues bien, a partir de 1887, Herrmann supera no sólo el idealismo de Hegel, sino también el optimismo (panteísmo) moralista, declarando que Dios no es objeto ni meta de ninguna tendencia natural del hombre; sino que está más allá

En esa línea, W. Herrmann se esforzó por conceder a Dios una realidad propia, con autonomía, afirmando que es más que el simple avance moral de la humanidad y presentándole como realidad transcendente, para terminar diciendo que él (Dios) se revela cuando y porque quiere (tiene libertad). Esa visión, desarrollada durante más de 30 años (1887-1918) tanto en la Universidad de Marburgo, como en sus publicaciones (libros, artículos que recrean lo esencial en formas nuevas), determina casi todos los planteamientos posteriores de la teología protestante alemana de finales del XIX principios del XX. Como iré destacando, su postura fue renovadora, pero continuó hallándose lastrada por tres limitaciones que hemos visto ya en Schleiermacher y aparecerán en Bultmann, como diré al fin de este libro[4]:

1. Acosmismo. El mundo sigue apareciendo como objeto de una ciencia en la que el hombre proyecta sus propias visiones mentales. Ciertamente, Herrmann afirma (con la gran tradición teológica cristiana) que el mundo no es mera apariencia, sino una realidad; pero añade que no se puede entender como camino que lleve hacia Dios, de forma que resultan inútiles los caminos que el hombre ha trazado para llegar por ese medio (desde el mundo) a lo divino. Es preciso que salgamos del cosmos y que entremos en nosotros mismos si queremos escuchar la voz divina.

---

de lo que puede lograr nuestra cultura, de manera que los hombres no podemos alcanzarle ni siquiera a través de una buena conducta. Sólo si él se abre de forma voluntaria, es decir, si se revela, podemos llegar a su misterio. Ni la naturaleza (hegelianismo), ni el progreso moral o cultural (discípulos de Ritschl, neokantismo), pueden ponernos en contacto con el Dios verdadero, que es siempre un don, un regalo que los hombres no podemos alcanzar por nosotros mismos.

Dios muestra su rostro a través de una experiencia interna, que se expresa por la mediación de Cristo. No estamos ya ante un *auto-revelación absoluta* de Dios en el hacerse de la idea, como en Hegel, sino ante una experiencia concreta de revelación que se manifiesta en el hombre individual, cuando le cambia el corazón. Cf. "Der Begriff der Offenbarung" (1887), *Schriften* I, 127-129 y „Der geschichtliche Christus der Grund unsres Glaubens", *Schriften* I, 161.

[4] Cf. H. Timm, *Theorie* 16-17; J. Moltmann, *Theologie der Hoffnung*, Kaiser, München 1967, 44. Me fijaré especialmente en un trabajo de Herrmann: *Der Begriff der Offenbarung* (1887), *Schriften* I, 127 ss.

2. Ahistoricismo. Tampoco la historia es camino de Dios. Los antiguos cristianos habían creído que ella formaba parte de la revelación de Cristo, y así lo había seguido afirmando una parte de la escuela hegeliana. Pero Herrmann rechaza esa visión, afirmando que los hechos del pasado son un dato muerto y sólo tienen interés para la ciencia; lo único que importa es la presencia inmediata de Dios en cada uno de los hombres. Por eso carece de sentido hablar de una salvación futura; todo se concentra en el eterno presente de Dios en cada uno de los creyentes.

3. Individualismo. Las dos afirmaciones anteriores desembocan en la negación de la "comunidad", es decir, del valor de las relaciones sociales y de la misma iglesia como mediadora de salvación. La pregunta por Dios se entiende, según Herrmann, de manera puramente individual, y está vinculada al destino de cada unos de los creyentes, solitarios ante el misterio, separados de los otros hombres. La respuesta de Dios es también individual, y aparece como vivencia de un poder que sale a nuestro encuentro de forma personal.

Herrmann recoge así la mejor herencia neokantiana y la vincula con la teología de Schleiermacher, dentro de la tradición luterana. (a) En un plano, afirma que debemos aceptar la cultura, con sus leyes de tipo científico y moral; pero añade que en ese nivel no podemos alcanzar el rostro verdadero de Dios o de la realidad, pues la cultura nos mantiene entre normas generales y estructuras que nosotros mismos formulamos. (b) Debemos ir más allá de la cultura y del cumplimiento moral. Por encima de lo que piensa y hace en el mundo, el hombre es un ser que se busca y se hace a sí mismo. En ese contexto no valen ya los ideales neokantianos, de manera que para entender y cultivar la religión hay que apelar a los Evangelios, en la línea de Lutero, llegando de esa forma a lo infinito, como había pensado Schleiermacher[5].

---

[5] Th. Mahlmann, *Das Axiom des Erlebnisses bei W. Herrmann*: Neue Z. für S. Theologie 4 (1962) 11-88, ha visto una oposición total entre el Herrmann neokantiano que se fija en el valor de la cultura, y el Herrmann vitalista, que se apoya en la vivencia del Dios que sale a nuestro encuentro y nos domina. Pero H. Timm, *Theorie* 127 ss, le ha criticado, con razón, diciendo que el plano moralista (neokantiano) plantea la pregunta, mientras que la experiencia interna (vitalismo)

1. Razón humana, una búsqueda

Herrmann acepta el modelo idealista neokantiano, afirmando, en ese plano, que conocer es, en el fondo, engendrar lo conocido: El hombre encuentra en las cosas aquello que el mismo ha puesto en ellas. Por eso es imposible descubrir al Dios trascendente a través de la cultura, tal como ella se expresa en sus tres caminos de ciencia (conocimiento), moral (acción) y arte (belleza).

– *Valor de la cultura.* Herrmann sabe que es valiosa, y añade que en los últimos decenios ha experimentado cambios importantes, en la línea de los descubrimientos científicos y de los avances técnicos. En ese nivel, reconoce y acepta el valor del progreso, compartiendo el optimismo racional que se extiende por doquier en la "belle époque": La razón somete las fuerzas del caos y establece un orden sobre el mundo[6].

– *Limitación.* Sin embargo, la cultura no puede responder a todos los problemas de la vida humana; ella sólo ofrece un campo de luz limitado entre los horizontes de tinieblas que se extienden sin fin por arriba y por abajo. Por abajo está el caos de la materia, la naturaleza desnuda que el hombre pretende ordenar sometiéndola a leyes; por arriba está Dios, siempre inaccesible a los esfuerzos de la ciencia. Por más que el hombre quiera dominarlo todo, nunca podrá hacerlo, pues sin cesar le sorprenden hechos nuevos, acontecimientos y sensaciones que brotan de un abismo que la ciencia no conoce y no ha podido estructurar en sus leyes todavía.

---

ofrece la respuesta, de manera que entre los dos aspectos se establece una dialéctica interna y necesaria.

Pienso que la unión de elementos kantianos con respuestas vitalistas (o hasta existenciales) constituye una nota fundamental del pensamiento de Herrmann, siendo un elemento distintivo de gran parte del pensamiento del siglo XX. Se supone que en el plano del conocimiento conceptual estamos encerrados en esquemas de este mundo; no hay Dios ni trascendencia, no hay misterio verdadero. Sólo fuera de ese plano, en la vivencia individual, podemos *postular* un contacto con lo eterno, a través de una experiencia religiosa o de la irrupción del hecho salvador en nuestra vida.

[6] *Die Wirklichkeit Gottes, Schriften* II, 298; *Dogmatik in der Gegenwart, Schriften* II, 31. El año 1908 Herrmann destaca el nacimiento de nuevas potencias políticas, la industria, las nuevas preocupaciones sociales. Cf. *Die religiöse Frage in der Gegenwart, Schriften* II, 115 ss.

Avanzan los conocimientos culturales, pero, al mismo tiempo, se abren siempre nuevos misterios en el fondo de la realidad. La ciencia va penetrando en un campo desconocido, que podemos definir como misterio. Pero ese misterio (hueco) no puede identificarse con Dios, que no es la materia original, siempre desconocida, ni el abismo de nuestra actividad psicológica… Dios, si existe, está más allá de nuestra naturaleza y de nuestra cultura[7].

Ni la naturaleza (abismo cósmico y vital), ni la cultura (que nosotros hacemos y pensamos) pueden demostrar la existencia de Dios. Por nosotros mismos – por lógica, moral o estética– somos incapaces de descubrir la existencia de un poder que nos trascienda, como había señalado Kant, que liberó la fe (vida profunda del hombre) de toda servidumbre respecto de la naturaleza y la cultura. La religión (con su afirmación de la existencia real y de la acción de Dios) está más allá de todo lo que el hombre puede saber por sí mismo[8].

Ciencia y filosofía no saben si hay Dios, de manera que son vanos los intentos de fundar una nueva metafísica religiosa. Aquellos que quieren probar de esa forma la existencia de Dios le confunden con el mundo, le convierten en un objeto más (quizá más grande), pero niegan su verdadera singularidad. Es cierto que podemos postular la existencia de un ser más alto (un juez moral), pero en esa línea no salimos del campo de los ideales y deseos humanos, de manera que Dios, a ese nivel, sigue siendo creación subjetiva, un ídolo. Por otra parte, el hombre vive en la naturaleza, pero nunca puede cerrarse simplemente en ella, pues no está "hecho" y terminado, sino que se hace. Por eso su verdad se encuentra en el futuro[9].

---

[7] Cf. *Die Religion unserer Erzieher, Schriften* II, 324-5. Así lo afirma Herrmann contra Natorp, en *Die Religion in Cohens und Natorps Ethik, Schriften* 225 ss.

[8] Cf. *Kants Bedeutung für das Christentum, Schriften* I, 116 ss; *Dogmatik in der Gegenwart, Schriften* II, 35-37; *Die Religion unserer erzieher, Schriften* II, 326.

[9] Desde ese fondo ha valorado Herrmann la cultura. Es cierto que ella no puede llevarnos a Dios, pero debe situarnos sobre el mundo de tal modo que podamos ser capaces de escuchar la posible llamada divina. Dios no está en la ciencia, pero sólo quien haya recorrido los caminos culturales de la ciencia y siga mantenién-

El verdadero ser del hombre no es naturaleza, ni cultura, ni es un proceso de búsqueda sin más. La verdad del hombre (el ser de Dios) es un regalo, un don de vida y realidad que nos sobrepasa, de un modo paradójico. (a) Por un lado debemos seguir caminando: si dejamos de buscar nunca alcanzaremos la plena libertad, el sentido de la vida, lo divino. (b) Pero, al mismo tiempo, debemos saber que no por mucho avanzar podremos alcanzar nuestro destino, pues la plenitud de nuestra vida sólo la podremos recibir y disfrutar como don de Dios. A Dios no le alcanzamos por haber caminado, pero sólo a quien "camina" (se prepara), con conciencia pura, podrá alcanzarle, no porque él haya caminado, sino porque Dios lo ha querido (se le ha revelado).

El cumplimiento de la ley no basta. Por muchas cosas buenas que haga, el hombre no logra llegar a lo divino. Pero sólo quien busca la verdad y es fiel a los mandatos de la ley, podrá acoger a Dios cuando le llame. El cumplimiento moral es necesario, aunque en sí mismo, no basta. Es bueno que seamos "cumplidores", pero sabiendo que Dios no viene porque cumplamos lo mandado, sino porque él así lo quiere, de un modo gratuito. Ciertamente, es necesaria la apertura incesante hacia el bien, según la ley (como sabía H. Cohen y la moral neokantiana). Pero esa apertura moral, el cumplimiento del deber, no basta. El caminar es infinito y el hombre por sí mismo no puede llegar hasta la meta; por eso necesita una respuesta que le llegue de fuera sin que podamos exigirla expresamente, pues si lo hiciéramos dejaría de ser una respuesta (libre).

Ésta es la ley más honda de la vida, formulada en principio por San Pablo y retomada por Lutero. El hombre natural vive perdido en este mundo, destruido, dividido. Ésta es la forma de vida

dose abierto podrá descubrir su presencia positiva. Cf. *Die Wirklichkeit Gottes, Schriften* II, 293-274, 298; *Die Wahrheit des Glaubens, Schriften* I, 143 ss. En esa línea, Herrmann parece volver a una especie de *platonismo realista*, contrapuesto al puro *idealismo* de los neokantianos, postulando por encima del mundo material (y de toda la cultura) la existencia de un ser más elevado: lo divino. En esa línea se opone al catolicismo que, a su juicio, ha convertido la religión en ciencia al fundarla en la demostración de la existencia del ser divino. Cf. *Gottes Offenbarung an uns, Schriften* II, 153 ss; cf. pág. 265.

del ateo, atrapado en el río de las cosas que pasan, como en una cárcel. El mucho conocer no nos libera de esa prisión de las cosas; todo lo que podemos conseguir es ordenarla internamente, estructurarla conforme a nuestros ideales. Tampoco nos libramos a través de nuestro esfuerzo. Nada existe en el mundo que pueda salvarnos: La falta de interés y de trabajo destruye nuestra vida; el puro trabajar es inhumano y nunca *alcanza* aquello que desea. Ésta es la situación de aquel que se cierra en las cosas, sin dejar que Dios llegue a encontrarle y elevarle, perdido en sí mismo[10].

No todo da lo mismo. Es fundamental el cumplimiento de la ley, es decir, el desarrollo moral, la búsqueda del bien de los demás, en la línea de la ética kantiana (obra de tal manera que tus acciones sirvan para el bien de la humanidad). Pero, al mismo tiempo, sabemos que la pura ley no basta: Somos búsqueda de Algo (de Alguien) a quien no podemos alcanzar por nosotros mismos. Eso significa que estamos divididos, y que no podemos descubrir nuestra esencia verdadera (salvarnos) por nosotros mismos. De esa forma, quizá sin saberlo, confesamos que estamos buscando a Dios.

---

[10] Cf. H. Timm, *Theorie*, 132 ss. y F. W. Sticht, *Die Bedeuntung*11, 18-20. Cohen, israelita, habla del Dios al que se puede llegar desde el esfuerzo moral; Herrmann, cristiano profundamente influido por Pabla, responde que las obras del hombre, por sí mismas, terminan siempre en un fracaso, pues no logran llevarnos a Dios. El conocimiento de Dios es pura gracia. Cf. *Dogmatik in der Gegenwart, Schriften* II, 71; *Die religiöse Frage in der Gegenwart, Schriften* II, 133-137. Desde aquí pueden precisarse nuestros los tres niveles de la vida.

– *Naturaleza y cultura*. Formamos parte de un mundo natural, somos seres cósmicos (biológicos), dentro del conjunto de la realidad. Así buscamos nuestra naturaleza, pero nunca podremos alcanzarla en su estado original, sino que la vamos modelando a través de la cultura, sin encontrarnos nunca a nosotros mismos.

– *Pregunta y camino*. En un plano superior somos pregunta, un camino de realización. En este contexto se sitúa la filosofía "vital" (personal), cuya misión consiste en desvelar el sentido de nuestra búsqueda humana, pero, a través de ellas, no podemos forzar la realidad imaginando una respuesta o respondiendo por nosotros mismos, pues todo lo que hacemos y pensamos desemboca, en el mejor de los casos, en un gesto de espera.

– *La fe, una respuesta*. Finalmente, puede darse una respuesta, que ha de entenderse como don de Dios, vida que nos salva. Se trata de un don que debemos aceptar de modo libre por fe, no por conocimiento ni por méritos morales, un milagro constante que nos saca del mundo natural y cultural (de lo que somos, pensamos y hacemos), situándonos ante el misterio de Dios, es decir, ante su revelación

La pregunta religiosa se identifica, según eso, con la misma vida, en su plano más profundo, más allá del conocimiento y de la moralidad. La ciencia no logra descubrir a Dios, superando nuestra escisión. Tampoco la moral, aquello que hacemos, logra dar sentido a nuestra vida. Eso significa que no somos una cosa, sino una pregunta a la que nosotros, por nosotros mismos, no podemos responder. Somos un enigma y no podemos resolverlo por nosotros mismos. No somos Dios, no podemos divinizarnos. Sólo contamos con la vida en forma de camino y pregunta que debemos recrear cada día, procurando ser fieles al deber, transparentes a la verdad. Podemos y debemos preguntar, pero la respuesta (la vida verdadera) no está ya en nuestras manos, sino sólo en las de Dios, si es que existe y quiere respondernos[11].

2. Revelación, llamada de Dios

Conforme a lo anterior, la religión se sitúa por encima de la naturaleza y la cultura, como dice Herrmann, a través de una formulación en la han influido dos factores importantes: (a) Por un lado Kant, con su crítica del conocimiento "teórico", científico,

---

[11] *Der Christ und das Wunder, Schriften* II, 193. Cf. *Schriften* II, 134, 156 ss; *Dogmatik in der Gegenwart, Schriften* II, 52-3. Cf. *Schriften* II, 214-215; 271 ss. La valoración de lo individual y la exigencia de no objetivar (de superar el nivel de conocimiento de la ciencia) separa a Herrmann de H. Bergson (1869-1941), quien, según Herrmann, quería presentar de manera científica y universal la fuerza creadora de la vida, ignorando que el misterio de los hombres no puede alcanzarse por ciencia o cultura, sino que se encuentra más allá de todas las leyes; sólo aquel que escucha la voz de la fuente de su vida, aquel que acoge la voz interior del Señor que le llama puede conocerle. Cf. *Neu gestellte Aufgaben der evangelischen Theologie, Schriften* II, 260-261.
Este análisis anuncia elementos que aparecerán después en Heidegger. Es cierto que Herrmann no ha llegado a la ontologización del hombre a partir de su *estar en el mundo,* desde su dispersión en las cosas y el tender hacia un futuro auténtico; sin embargo, su análisis de la realidad cristiana le sitúa en esa línea. Por eso, pudiéramos decir que, en el fondo del moralismo neokantiano, W. Herrmann ha logrado presentar un valioso vitalismo existencial. Utilizando términos de Bultmann, la búsqueda es un *Existential,* pues responde a la misma estructura de los hombres; pero la respuesta (*Existentiell*), implica una decisión concreta, fundada en la presencia divina.

de Dios. (b) Por otro Schleiermacher que, siguiendo a Lutero, ha puesto de relieve el valor autónomo de la fe religiosa, entendida como vivencia de un Poder superior que nos salva del mundo y nos une con su propia hondura (es decir, con lo divino).

En esa línea, quizá en contra de Schleiermacher, Herrmann añade que la religión no es un dato de necesidad cósmica, ni el despliegue de una potencia natural, sino una entrega libre y voluntaria, una palabra de respuesta personal al Dios que llama. Ciertamente, los hombres pueden tener la vaga intuición de un poder que podría salvarles, pero eso no es más que un comienzo, una pregunta, no una necesidad, de manera que, al final, tenemos que quedar en silencio, no podemos exigir a Dios que venga, sino dejarle en libertad, pues él sólo podrá manifestarse como Dios de un modo libre, si él así lo quiere.

Entendida así, la religión no es un elemento "natural" y necesario de la realidad, sino un encuentro personal y libre. No podemos exigirle nada a Dios. Sólo si él viene libremente (porque quiere), y si nosotros le acogemos libremente (porque queremos) podremos hablar de una experiencia religiosa[12]. Nuestra necesidad y desamparo puede gritar en busca de Dios; pero ese grito no es testimonio de su presencia, ni exige su venida, pues él viene porque quiere, y comienza por sobrecogernos, acallando nuestras voces y deseos, porque siempre es más grande que aquello que buscamos.

Dios supera en su venida los deseos del hombre y desborda sus preguntas. Así transciende aquello que habíamos buscado, y él mismo lo realiza (se realiza y despliega) en nuestra vida, de una manera más alta, por experiencia superior, de trascendencia. Ciertamente, Dios es universal, habla a todos y les dice en el fondo lo mismo (que están salvados); pero lo hace libremente y de manera personal, uno por uno, a aquellos que le escuchan. Entendida así,

---

[12] Cf. *Dogmatik in der Gegenvart, Schriften* II, 17-18, 33, 55; *Neu gestellte Aufgaben der evangelischen Theologie, Schriften* II, 266-269; *Die Wirklichkeit Gottes, Schriften* II, 295; cf. *Schriften* II, 40 ss; *Religion, Schriften* I, 293; *Gottes Offenbarung an uns, Schriften* II, 150 ss.

la fe no es un sistema de creencias o dogmas que se deben aceptar, sino un encuentro personal con el Dios que salva[13].

A juicio de Herrmann, el error de gran parte de la teología (incluso de Schleiermacher) ha consistido en presentar la religión (revelación) como un conjunto de verdades, interpretando así el cristianismo en forma de doctrina. Pues bien, oponiéndose a esa forma de entenderla, él afirma que conceptos y dogmas son algo secundario, porque la revelación es una experiencia de encuentro y salvación personal, presencia de Dios que nos cambia internamente. Dios es transcendente, siempre nos desborda. Pero, al mismo tiempo, debemos añadir que sólo podemos conocerle en la medida en que actúa en nuestra vida. Por eso no podemos hacernos una imagen suya, no podemos encerrarle en un concepto y decir lo que es, pues sólo le conocemos por aquello que él hace en nosotros, no como un objeto o una cosa que podamos manipular, sino como una persona, a la que podemos conocer en la medida en que entramos en contacto con ella[14].

De esa forma conocemos a Dios sabiendo lo que él hace en nosotros. Las tinieblas de nuestra vida no pueden disiparse por sí solas; por eso cuando descubrimos más al fondo de ellas la luz sabemos que hay Alguien que ha venido a iluminarnos y nos ha capacitado para confesar nuestra verdad y ser libres sobre el mundo. Ya no estaremos condenados al progreso sin fin de la cultura; no tendremos que buscar día tras día el sentido de nuestras acciones. Dios está en nosotros y en él tenemos todo aquello que buscamos y somos, la verdad de nuestra vida[15].

---

[13] Cf. *Der Begriff der Offenbarung, Schriften* I, 127 ss. *Die Religion unserer Erzieher, Schriften* II, 327; *Dogmatik in der Gegenwart, Schriften* II, 25, 61, 86, y *Schriften* II, 128 ss; *Die Religiöse Frage in der Gegenwart, Schriften* II, 121.

[14] Cf. *Dogmatik in der Gegenwart, Schriften* II, 72-3. Cf. también *Schriften* II, 229; *Neu gestellte Aufgaben der evangelischen Theologie, Schriften* II, 272. En este contexto dice Herrmann que si Dios no fuera trascendente, la religión sólo sería otra forma de estar-el-hombre-en-el-mundo. Cf. *Schriften* II, 27 ss. Pero, siendo transcendente, Dios es aquel que actúa, y así conocemos lo que hace en nosotros: «*Von* Gott können wir nur sagen, was er an uns tut», en *Die Wirklichkeit Gottes, Schriften* II, 314.

[15] *Unser Glaube an Gott, Schriften* II, 247 ss; *Gottes Offenbarung an uns, Schriften* II, 160-1; *Die Wirklichkeit Gottes, Schriften* II, 293 ss; *Die Religion unserer Erzieher, Schriften* II, 329.

En este contexto interpreta Herrmann las palabras de Ph. Melanchton (1497-1560): «Conocer a Cristo es conocer sus beneficios»[16]. De Dios sabemos lo que él realiza en nosotros; de nosotros conocemos aquello que Dios mismo ha puesto en nuestra vida. No podemos hablar de Dios en sí, ni del hombre en sí, sino del encuentro de Dios con el hombre. De esa forma, Dios nos hace superar el mundo; nos lleva más allá de la ciencia y sus leyes; nos hace independientes de las obras; nos introduce en la vida creadora que no alcanzamos tampoco por el arte. Dios nos hace independientes de la realidad natural que nos tenía esclavizados, y de la cultura que nunca lograba responder a nuestras preguntas.

3. Más allá de la historia, la vida interna de Jesús

Ni la naturaleza ni la historia son lugares religiosos, según Herrmann. La naturaleza exterior no puede salvarnos, ni tampoco la historia, pues lo que salva no son objetos, ni acontecimientos exteriores, sino sólo la experiencia concreta de la presencia de Dios en los hombres[17]. Cada uno sólo puede apoyarse en su experiencia, en aquello que vive por sí mismo. Cada uno ha de en-

---

[16] «Hoc est Christum cognoscere, beneficia eius cognoscere» (Melanchton, *Loci Communes*, 1521). Estas palabras constituyen un hilo conductor de la teología posterior de Bultmann; no se trata de conocer el «hecho de Cristo en sí mismo», sino lo que él hace en nuestra vida. Cf. *Der Begriff der Religion nach Herrmann Cohen, Schriften* II, 321.

[17] Cf. *Die Wirklichkeit Gottes, Schriften* II, 301, 303, 319-11. La vivencia religiosa no se puede objetivar (*Schriften* II, 63). Herrmann se opone a la forma en que Hegel ha unido lo divino, el cosmos y la historia. A su juicio, la fe es una salida del mundo; por eso es preciso que nos mantengamos en la historia, pero como si no viviéramos en ellas. Toda la religión es para Herrmann sobrenatural. Dios nos saca del mundo, del cosmos y de los mismos pensamientos que podamos crear con nuestra mente; así se nos muestra en un plano más alto. La realidad sobrenatural (presencia de Dios) es para Herrmann el único milagro, que no se expresa en unos hechos que rompan la armonía y sucesión de las leyes naturales, sino como nueva realidad, como presencia y actuación de Dios, que sin romper las formas del mundo, nos lleva a una dimensión más alta de realidad. Cf. *Der Christ und der Wunder, Schriften* II, 173 ss.

contrar su religión personal, descubriendo la hondura divina del fondo de su vida[18].

En ese sentido no se puede hablar de un progreso religioso, pues Dios es puro presente, sin ayer ni mañana. Por eso, cada vez que nos dejamos llenar (y llevar) por su presencia salimos del tiempo y nos situamos de un modo inmediato, sin pasado ni futuro, en la presencia de lo eterno, esto es, ante aquello que no cambia. No podemos formular unas leyes históricas de la religión, pues la experiencia religiosa es siempre idéntica a sí misma: Es intuición de la presencia de Dios en la vida humana. Esa intuición tiene, lógicamente, dos facetas: Por un lado es búsqueda humana de Dios; por otro lado es presencia de Dios en la vida del hombre[19].

La presencia de Dios nos permite penetrar en la dimensión profunda de la realidad, en las raíces del mundo que la ciencia no logra vislumbrar. En ese plano ya no puede hablarse de conceptos ni de fórmulas o leyes. Todo en Dios es misterio, vida secreta que debemos contemplar con reverencia, incluso allí donde la realidad se vuelve más dura. Avanzando en esa línea, en los últimos momentos de su vida, jubilado ya, alejado de la enseñanza universitaria, Herrmann ha podido valorar teológicamente la experiencia horrible de la guerra del 1914-1918. La intensidad de los combates,

---

[18] Cf. *Der Christ und der Wunder, Schriften* II, 197 ss; *Unser Glaube an Gott, Schriften* II, 254. Herrmann afirma que toda la vida de Jesús ha estado transida, atravesada, de milagros. Pero ellos no son hechos materiales, tal como se narran, externamente, en los relatos evangélicos, sino algo más profundo: Son signos de la presencia de Dios que se revela y que transforma internamente con su hondura aquello que en lo externo sigue hundido en unas leyes conocidas por la ciencia, como recordará Bultmann hablando de la desmitologización. En este contexto sitúa Herrmann la controversia entre Erasmo y Lutero. Erasmo presenta la libertad humana de forma racional, y por eso le cuesta comprender que Dios sea libre. Lutero, en cambio, destaca de tal forma el poder de Dios que tiene dificultad para entender la libertad humana. Pero, bien mirados, Dios y el hombre se implican mutuamente. Cf. *Der Widerspruch im religiösen Denken und seine Bedeutung für das Leben der Religion, Schriften* II, 235 ss.

[19] Cf. *Dogmatik in der Gegenwart, Schriften* II, 46, 65 ss y *Der Christ und der Wunder, Schriften* II, 198. El mundo aparece así como una expresión de la obra de Dios en el ser humano. Cf. *Die Religion unserer Erzieher, Schriften* II, 326. F. W. Sticht, *Die Bedeutung* 36 ss.

la vuelta a la barbarie hicieron estallar en mil pedazos la confianza en el progreso moral que los discípulos de A. Ritschl habían tomado como esencia de la religión cristiana. Terminaba la "belle époque", el tiempo de optimismo religioso con sus ideales de progreso.

Herrmann estaba preparado para ello, pues había superado hacía tiempo el idealismo moralista y así pudo descubrir, sobre los combates de la vida, la mano de un Dios que trasciende todas las ideas e ideales de la cultura, como fuente de fe en medio de la gran batalla de la historia, en el centro de un misterio que nos desborda, más allá de todo idealismo racional. Así descubrió en el fondo de la existencia humana un abismo de violencia y lucha que no logramos dominar (como aparecía de forma especial en la guerra). Pues bien, en esas circunstancias, cuando toda ayuda y salvación desaparece, Dios puede mostrarse y se muestra omnipotente, por encima de la quietud o inquietud de la naturaleza, por encima de la barbarie de los combates, revelándose de un modo distinto en Jesucristo[20].

El valor de la religión (y en especial del cristianismo) se condensa para Herrmann en la vida de Cristo y en el mensaje de la Escritura. Todo aquello que los hombres han buscado y deseado (la presencia de Dios) encuentra su expresión más alta en Cristo y en la Biblia, dos realidades que se implican mutuamente: La vida interna de Jesús se transmite por medio de la Biblia; el contenido más hondo de la Biblia es la misma vida interna de Jesús. En esa línea, más que la historia de Jesús, a Herrmann le importa su figura mística: El Cristo de la fe como revelación espiritual de Dios, signo supremo de la vida, la expresión más alta de una humanidad que habita cerca del misterio.

---

[20] La revelación de Dios hace que las cosas pasen del plano de lo comprensible y científico al nivel de la veneración, del recogimiento y la acción de gracias. Cf. *Dogmatik in der Gegenwart, Schriften* II, 62, 68; *Unser Glaube an Gott, Schriften* II, 250; *Die Religion unserer Erzieher, Schriften* II, 342. Cf. H. Timm, *Theorie* 14, que contrapone la «Kulturtheologie» del siglo XIX a la «Wort-Gottes-Theologie» del siglo XX. A pesar de todo, Herrmann seguirá siendo un nacionalista religioso y un patriota místico, a diferencia de R. Bultmann, que verá la guerra del 1914-1918 de un modo más elevado, más allá del patriotismo de su maestro. Cf. *Vom geheimnisvollen* 572 ss.

Cristo ofrece, a su juicio, la imagen más perfecta del misterio religioso: Es el hombre que ha buscado sin descanso y ha cumplido de un modo radical los preceptos morales, apareciendo así como expresión de una vida que se deja iluminar y transformar por la Vida de Dios. Creer en Jesús no es tomar como ciertas sus palabras ni tampoco es aceptar los hechos externos que cuentan los evangelios, sino escuchar la voz del Dios Eterno que se ha mostrado en su vida de una forma perfecta; aceptarle y comportarse según su modelo. Así lo muestra el Cristo de la fe, el hombre ideal, perfecto, revelación de Dios[21].

Para que Jesús adquiera importancia en nuestra vida debemos sacarle del pasado y acogerle como realidad presente (superando las anécdotas e historias concretas de los evangelios, deformados por tradiciones a veces pocos fiables históricamente). Por eso debemos distinguir con M. Kähler el *Jesús de la historia*, que vivió en el pasado, y el *Cristo de la fe* siempre presente. Herrmann no puede identificar la religión con un acontecimiento sucedido en otro tiempo. A su juicio, la crítica bíblica de los últimos decenios (finales del siglo XIX, principios del XX) ha mostrado la fragilidad de la imagen histórica de Jesús que hemos ido construyendo. Fundar la fe en los hechos que narra el Nuevo Testamento es apoyarnos sobre arenas movedizas[22].

Herrmann no parece haber dudado de la existencia del Jesús histórico, en contra de algunos críticos radicales. Por eso puede referirse a su personalidad como profeta galileo y a la profunda influencia que ejerció en su entorno. Más aún, en contra de aquellos que querían debilitar el cristianismo diciendo que el Evangelio de Juan había sido creado en gran parte por una comunidad cristiana,

---

[21] Cf. *Die Religiose Frage in der Gegenwart, Schriften* II, 147. Cf. *H. Cohens Ethik, Schriften* II, 110-111.Cf. *Gottes Offenbarung an uns, Schriften* II, 167.

[22] Cf. *Der Geschichtliche Christus der Grund unseres Glaubens, Schriften* I, 163 ss., y *Dogmatik in der Gegenwart, Schriften* II, 66-68, 69, 81 etc. M. Kähler expone su visión en *Der sogenannte historische Jesus und der geschichtliche, biblische Christus* (1892). Herrmann ha sido de los pocos teólogos del tiempo que ha sabido valorar la importancia de esta obra, asumiendo en gran parte sus ideas, "superando" así la historia.

Herrmann añade que ese mismo hecho sirve para mostrar la historicidad de Jesús, pues sólo un hombre con gran influjo en su entorno ha podido suscitar un lenguaje tan grandioso como el que nos ofrece el cuarto Evangelio.

De todas formas, él no descarta la posibilidad de que la crítica bíblica pueda demostrar un día que Jesús no ha existido. En ese caso, toda la tradición que se ha formado en torno a su figura habría sido un resultado de la fantasía humana, un tejido de motivos religiosos provenientes de distintas culturas, que llegó a cristalizar en una imagen muy concreta: Jesús de Nazaret. Herrmann piensa que esa conclusión radical es siempre posible; y no podemos descartarla a nombre de una falsa seguridad cristiana. Pero aunque se llegara a demostrar que Jesús no existió él seguiría ofreciendo la imagen más alta de Dios entre los hombres, el modelo de toda nuestra búsqueda interna.

Lo que importa no es la historia de Jesús, sino la imagen de su Vida en nuestra vida, tal como aparece a través del evangelio. Una vez que el hombre ha llegado a descubrir esa imagen nada ni nadie puede destruirla. La figura de Jesús "es" vida interna y por lo tanto se mantiene por encima de todos los intentos de la crítica científica que solamente conoce lo que pasa en el plano de la letra y de la historia[23].

Dicho eso, debemos añadir que el Nuevo Testamento no transmite sólo la experiencia interior de Jesús, sino también el testimonio de una serie de hombres religiosos que han desarrollado a partir de él una intensa conciencia de Dios cuyo testimonio aparece

---

[23] Jesús expresa el valor de la vida interna de Jesús, una realidad que pertenece al plano del espíritu, sin necesidad de historia externa. Quien penetre en la vida interior de Jesús descubrirá que ella es verdadera, como signo del hombre que camina en búsqueda de Dios y del Dios que se le manifiesta. Ese Jesús interior es el Cristo Mesías, no un hombre histórico, más allá del plano de los hechos de la historia; salimos del mundo y sus objetos y alcanzamos la misma realidad profunda: Dios y el hombre que se encuentran. Cf. *Schriften* II, 64, ss; 83-84, 197 ss; 255-256; 298; 336-338; *Dogmatik in der Gegenwart, Schriften* II, 83-4; 338; *Die Bedeutung der Geschichtlichkeit Jesu für den Glauben, Schriften* II, 289; *Die Religion unserer Erzieher, Schriften* II, 337 ss; *Die Religiöse Frage in der Gegenwart,* en *Schriften* II, 147 ss.

en la Escritura. En esa línea, la Biblia no ofrece revelaciones objetivas, ni doctrinas que se deben aceptar, ni hechos que debemos venerar, sino el testimonio de una revelación que ha cristalizado en la figura (histórica y/o simbólica) de Jesús), a quien vemos como expresión de la verdad religiosa del corazón del hombre.

En esa línea, la teología cristiana necesita unir siempre la vivencia individual del hombre, que penetra en el centro de su alma (como ha visto Schleiermacher), y la palabra de la Biblia, es decir, el testimonio y ejemplo de la vida interior de Jesús y de otros hombres del pasado. La tradición de la Biblia nos ayuda a descubrir nuestro interior, superando nuestra dispersión interna llegando a la unidad de lo divino[24].

Para descubrir el espíritu de la Biblia hay que liberarse de la cárcel de la letra y de la misma crítica científica. Lo que importa no es aquello que se pueda demostrar en un plano histórico, sino aquello que el hombre asume (hace suyo) en la vida. Lo que importa de verdad no es un tipo de cristianismo historicista o dogmático, sino la religión, que ha llegado a su forma más pura con Cristo, la que vivieron los profetas, portadores de la voz divina, y los seguidores de Jesús, a quien llamamos Cristo. Él no ha querido fundar una nueva religión, pues ya existía la verdadera, sino purificarla, profundizando en ella de una forma radical,

---

[24] Cf. *Schriften* II, 256; *Gottes Offenbarung an uns, Schriften* II, 158, 164-5; *Dogmatik in der Gegenwart, Schriften*, II, 19 ss. Los milagros "físicos" de los que habla el Evangelio muestran así su verdad: Son la expresión simbólica de la presencia del poder divino y trascendente en la vida del maestro galileo (*Schriften* II, 182-3). La misma resurrección del Señor ha perdido su importancia física, y aparece como testimonio del poder divino que moraba en Jesús. Cf. *Schriften* II, 257. Podríamos comparar esta postura con la de los sentidos (histórico y alegórico) de la exégesis medieval; pero la exégesis medieval aceptaba la realidad de ambos sentidos, subrayando su relación simbólica. Herrmann, en cambio, prescinde de la historia; sólo le importa el espíritu. Esta visión se asemeja mucho a la que veremos en Bultmann. Sin embargo, el Bultmann maduro sostiene que la vida histórica de Jesús es un elemento esencial del Evangelio (en forma paradójica), y que la resurrección de Cristo, aunque no sea física, es la expresión real de La victoria de Jesús sobre el pecado y el mundo. Sobre la imagen de Jesús en Herrmann, cf. Timm, *Theorie* 139-140, y F. W. Sticht, *Die Bedeutung* 49 ss.

definitiva, para que descubramos y recorramos los caminos de auténtica vida que se ha expresado en diversas partes de la tierra[25].

4. Síntesis final, valoración

Herrmann ha vuelto a encontrar la esencia de la religión por encima del objetivismo moral de Cohen, del subjetivismo psicológico de Natorp y del absolutismo idealista de los hegelianos. Así ha querido resaltar la transcendencia del Cristo de la fe (no del Jesús histórico), a quien presenta como signo de la búsqueda y experiencia radical de los hombres. Esa opción sigue siendo muy valiosa, pero no ha logrado superar los riesgos de Kant y Schleiermacher (que volveremos a encontrar en el fondo de la obra de Bultmann):

– *Des-conceptualiza y des-mundaniza la religión,* la convierte en puro sentimiento, sin contenido propio. No hay conocimiento de Dios, no podemos tener ninguna idea de su realidad. Según Herrmann, la vida religiosa sólo puede expresarse en formas de vivencia (existencial), independiente de todos los conceptos. Eso supone que ella no tiene ninguna relación con el mundo externo, con la vida del hombre en el mundo, pues se despliega y realiza en el encuentro secreto, en el contacto individual del hombre con lo divino; por eso, en el desarrollo de su vida religiosa, el creyente debe separarse del mundo, de sus formas y valores.

– *Des-historifica y des-socializa* la religión, afirmando que ella no tiene pasado ni futuro, sino que es siempre la misma, y así aparece cada vez de nuevo en la vida de los hombres. Los creyentes no se salvan por hallarse incluidos en un proceso redentor, ni en una iglesia, ni por asumir un compromiso de liberación social, sino por su experiencia de intimidad sagrada, por el descubrimiento de la presencia de Dios en la hondura de su vida, fuera de todos los lazos sociales. Da la impresión de que la historia y la sociedad están en manos de un "mundo condenado", sin Dios. En esa línea, Herrmann niega el

---

[25] Cf. *Unser Glaube an Gott, Schriften* 247 ss, 252; *Die Wirklichkeit Gottes, Schriften* II, 291; *Die Religion unserer Erzieher, Schriften* II, 332.

valor histórico de Cristo y de los dogmas cristianos (encarnación y resurrección concreta) y la mediación social de la Iglesia, fijándose sólo en la presencia de Dios en nuestras almas.

Algunos críticos han podido añadir que Herrmann ha descristianizado el Cristianismo, es decir, ha negado sus elementos mesiánicos, su vinculación con el proyecto de Jesús y con el Reino de Dios en la línea israelita, disolviendo el evangelio en una especie de helenismo intemporal, recreado en la línea de Kant y Schleiermacher. En ese sentido podemos llamarle "gnóstico", un defensor del valor eterno de la religión universal, simbolizada por Jesús, pero sin historia real, sin encarnación social.

Herrmann acepta la religión humana, pero no puede defender la singularidad del cristianismo, pues toda religión es igualmente un signo de la gracia de Dios, expresión de su presencia. Por eso, la venida de Cristo pierde su concreción, su necesidad, y se concibe como expresión simbólica de aquello que acaece siempre que un hombre busca a Dios y le recibe de un modo verdadero. En el fondo de esta pérdida cristiana de Herrmann se encuentra el abandono de Israel, es decir, la superación del proyecto histórico y social del "Reino de Dios" en la línea del judaísmo. No existe verdadera creación, no hay autonomía real del hombre ante Dios.

Eso significa que, en último término, la revelación de Dios (la religión) se identifica con una experiencia interior de cada creyente. Por eso, ya no puede hablarse de una presencia especial de Dios que se encarna en la historia de los hombres (cristianismo), ni tampoco de una revelación concreta de Dios entre los hombres. El cristianismo ha perdido su raíz judía, y de esa forma ha quedado sin identidad mesiánica.

Cristo no es "hijo de Dios", en sentido trascendente, sino un hombre más (aunque muy significativo): Aquel que por su interna perfección ha podido convertirse en "idea" de todos los que buscan y se dejan encontrar por lo divino. Esta idea de Jesús como ejemplar o símbolo perfecto, es lo que importa cuando hablamos de su Buena Nueva; todo el resto es secundario. Por eso, a pesar de que desea defender el cristianismo, Herrmann corre el riesgo de interpretar la religión (revelación) como dato psicológico, como una vivencia interior, sin inserción en la historia real del mundo, que así queda en manos de lo no divino (y en el fondo de lo diabólico).

Ciertamente, su psicología religiosa es más profunda que la de Cohen y Natorp; (Dios desborda los datos culturales o del simple pre-consciente). Más aún, él va más allá de Schleiermacher, que corría el riesgo de interpretar la religión como una simple función natural de la interioridad humana. Pero, en sentido estricto, el Dios de Herrmann es el último reducto del alma de los hombres, una condensación del humanismo espiritual, en una línea que podríamos llamar de "helenismo religioso".

Eso significa que Herrmann se mantiene dentro del círculo teológico de Schleiermacher. No podemos hablar de un Dios del cosmos, no existe una historia salvadora, ni un Dios personal y trascendente. Dios es la hondura de nuestro sentimiento. De esa forma sigue encerrado en un inmanentismo teológico[26].

---

[26] Esta visión de Herrmann continúa apareciendo, casi intacta, en el primer Bultmann: La religión se identifica con la experiencia religiosa de aquellos que han superado una visión "cosista" del mundo, encontrando las raíces más profundas de su alma en el ser de lo ser divino. Pero, como seguiremos viendo, en un momento posterior, a partir del año 1920, Bultmann ha comenzado a superar los planteamientos de Herrmann, acentuando (con la teología dialéctica de K. Barth) la absoluta transcendencia de Dios, el valor único de la revelación de Cristo y la necesidad de la gracia; pero también entonces él seguirá negando, de algún modo, el valor del mundo, de la historia y de la comunidad.

II

TEÓLOGO LIBERAL (1908-1922)
RELIGIÓN Y TRADICIÓN SINÓPTICA

Rudolf Karl Bultmann (1884-1976) es quizá el teólogo protestante (cristiano) más significativo del siglo XX, no sólo por la densidad de su pensamiento, sino porque ha vinculado los diversos planos y momentos del pensamiento religioso, en sentido científico (exégesis), filosófico (hermenéutica existencial) y teológico (interpretación). Su vida y obra, que puede entenderse como una parábola del cristianismo europeo (occidental) del siglo XX, se divide en tres momentos principales:

– *Período liberal* (1908-1922). Empezó manteniendo posturas neokantianas, cercanas a las W. Herrmann, pero recibió el impacto de la Gran Guerra (1914-1918) y abandonó su visión idealista (moralista y "progresista") de la vida. En ese tiempo desarrolló una fuerte teoría de la religión y escribió su obra cumbre sobre la "Historia de la Tradición Sinóptica".

– *Dos crisis: Teología Dialéctica y Desmitologización.* De 1922 a 1928 se unió al movimiento de la Teología Dialéctica, rechazando y superando así el moralismo del período anterior, para destacar la trascendencia de Dios por encima de todo pensamiento y de todo ideal humano. En un contexto semejante se puede situar su programa posterior de desmitologización del Nuevo Testamento (1941), que él formuló en medio de la Segunda Guerra mundial, en contra de los nuevos mitos políticos y sociales.

– *Una teología básica del Nuevo Testamento*. A partir de 1928 desarrolló una intensa labor teológica, que se expresa en su "Comentario al Evangelio de Juan" (1941) y, sobre todo, en su "Teología del Nuevo Testamento" (1953). Partiendo de esa última obra podremos presentar los valores y las limitaciones de su proyecto teológico, desde nuestra nueva situación cultural y religiosa (2013).

En este capítulo estudiaré su obra de juventud, es decir, su período "liberal" (1908-1922), dividiendo el tema en cuatro secciones desiguales. (1) *Vida y formación teológica*. Será breve y servirá de introducción encuadre para lo que sigue. (2) *Teoría de la religión*. Bultmann estuvo muy interesado por la identidad y tarea de la religiòn, tanto en un plano cultural como filosófico, y su aportación sigue siendo muy significativa. (3) *Orígenes del cristianismo*. Como historiador, Bultmann así quiso fijar el sentido y despliegue del movimiento de Jesús, desde una perspectiva palestina y helenista. (4) *"Historia de la tradición sinóptica"*. Fue la primera y, para muchos, la más significativa de sus obras, de manera que algunos la consideraban (exegéticamente) la más importante del siglo XX.

1. Vida, formación teológica

1. Esbozo biográfico

Nació el 20 del 8 de 1884, en Wiefelstede (Oldenburg, Baja Sajonia, Alemania). Por línea paterna y materna, era descendiente de ministros protestantes. Pasó su niñez en una aldea, llamada Rastede, donde su padre fue Pastor de la Iglesia Luterana, y estudio en su escuela (*Volksschule*) de 1892 a 1895. Más tarde vivió a la pequeña ciudad de Oldenburg, donde trasladaron a su padre, y allí cursó el bachillerato en el *Gymnasium* o Instituto Humanista (1895-1903).

De esos tiempos ha recordado siempre las clases de religión y literatura (griega y alemana), y también el teatro, junto con la música a la que fue siempre muy aficionado. Empezó a estudiar teología en Tubinga (1903-1904), donde le influyó K. Müller, historiador de la iglesia. Cursó luego dos semestres en Berlín (1905), siendo discípulo de H. Gunkel y A. von Harnack. Vino finalmente a Marburgo (1906-1912) y allí estudió con los grandes neokantianos, licenciándose en Teología, en 1910, con un trabajo realizado bajo la dirección de J. Weiss y luego de W. Heitmüller, sobre la predicación de san Pablo y la diatriba de los cínicos griegos[1].

Por entonces se inició como *Lehrer* o docente de religión en el Gymnasium (Instituto de Segunda Enseñanza) de Oldenburg (1906-1907). Luego fue *Repetent* (repetidor, maestro auxiliar) de

---

[1] *Der Stil der paulinischen Predigt und die kynisch-stoische Diatribe*, FRLANT 13, Vandenhoeck & Ruprecht, Göttingen 1910. El mismo Bultmann ha ofrecido un esbozo de su vida, *Autobiographische Bemerkungen und Skizzen*, recogido en K. Barth – R. Bultmann, *Briefwechsel 1922-1966*, TVZ, Zürich 1971, 313-324.

teología en el *Seminarium Philippinum* de Marburgo (1907-1912), alternando así la docencia y la especialización bíblica. Culminó su carrera en 1912, escribiendo bajo la dirección de A. Jülicher (1857-1938), experto en las parábolas de Jesús, su tesis de habilitación sobre *La Exégesis de Teodoro de Mopsuestia*. Ese mismo año fue nombrado *Dozent* (profesor auxiliar) de Nuevo Testamento, en la Universidad de Marburgo, donde permaneció por cinco años (1912-1916)[2].

Si prescindimos de sus meses de enseñanza en Oldenburg (entre 1906 y 1907), Bultmann pasó sus años de especialización teológica en Marburg (1906-1916), como estudiante, *repetitor* (ayudante para tareas prácticas) y profesor auxiliar, dedicado no sólo a la Biblia, sino a la filosofía y filología griega. Fueron tiempos fecundos, de aprendizaje y amistad con algunos de los mayores exegetas (J. Weiss, W. Heitmüller, A. Jülicher), teólogos (W. Herrmann), filósofos (H. Cohen, P. Natorp, N. Hartmann), filólogos (C. Jensen, F. Pfister) e historiadores del arte (R. Günther). De algunos hemos hablando ya, de otros tendremos que hablar en lo que sigue.

De un modo especial le influyeron W. Heitmüller, especialista en historia de las religiones, y M. Rade, redactor de *Die Christliche Welt*, órgano oficioso de la teología liberal, donde Bultmann publicó sus primeros trabajos de pensamiento y filosofía de la religión. Fueron años de apertura cultural y de múltiples encuentros, años de interés comprometido por un nuevo cristianismo. Allí empezó un camino denso de enseñanza universitaria (hasta la jubilación, 1951) y de relaciones fecundas con amigos y discípulos[3].

---

[2] La tesis quedó inédita. Ha sido publicada, a título póstumo, por H. Feld y K. H. Schelkle, *R. Bultmann. Die Exegese des Theodor von Mopsuestia*, Stuttgart-Berlin 1984. Sobre su labor en estos años, cf. W. Schmithals, *Die Theologie R. Bultmanns*, Mohr, Tübingen 1966, 1-22. J. Ortega y Gasset, "Goethe desde dentro", *Obras completas* IV, Rev. Occidente, Madrid 1957,403-404, ofrece un bello retrato del ambiente de Marburgo, en aquel tiempo, aludiendo sobre todo al influjo que ejercía el pensamiento de su "alcaide", H. Cohen.

[3] Por consejo de H. Schlier, uno de los amigos de Bultmann (cf. K. Barth – R. Bultmann, *Briefwechsel* 317, 324), elaboré entre 1970 y 1972 mi tesis doctoral en filosofía, comparando la hermenéutica de Bultmann y Cullmann. Bultmann tenía casi noventa años y no pudo ayudarme. A pesar de ello, quiso agradecerme personalmente el envío de la tesis publicada (*Exégesis y filosofía*...), en carta manus-

En 1916, en medio de la Gran Guerra, fue llamado como profesor extraordinario a Breslau, Silesia (hoy Polonia), y allí permaneció por cuatro años, hasta 1920. Fueron tiempos de conflictos, de fuertes miserias y grandes necesidades. Su hermano mayor cayó en la guerra (en el frente de Francia) y él mismo debió trabajar con mucha intensidad para subsistir. El año 1917 se casó con Helene Feldmann (1892-1973), tuvo dos hijas (y una tercera, que nacería en Marburgo), y pudo elaborar básicamente la *Historia de la tradición sinóptica*, que aparecerá el año 1921.

En otoño de 1920 le invitaron como profesor ordinario (catedrático) a Giessen, donde sucedió a W. Bousset y trabajó con satisfacción, pero en otoño de 1921, fue llamado a Marburgo, como sucesor de Heitmüller. Este era su hogar académico, su ciudad cultural; por eso vino y se quedó definitivamente, a pesar de otras invitaciones (en 1930 le llamaron a Leipzig), hasta su jubilación (1951) y muerte (1976)[4].

Los diez primeros y fecundos años de su docencia de Marburgo (1921-1931) son fundamentales para su desarrollo teológico, entre la primera y segunda edición de su *Historia de la Tradición Sinóptica*. Fueron los tiempos de su encuentro con la teología dialéctica y el existencialismo, como luego veremos. Después llegaron los años duros del nazismo y de la segunda guerra mundial (de 1933 a 1945). Sin oponerse frontalmente al régimen de Hitler (como hará K. Barth), Bultmann se distanció de él y formó parte de la *Bekennende Kirche* (Iglesia Confesante y libre), siendo marginado por ello[5]. Su

---

crita, lamentando no poder juzgar su contenido, pues sus ojos estaban tan cansados que los médicos le prohibían leer. Desde aquí, pasados cuarenta años, quiero agradecer su interés por la obra.

[4] Sigo utilizando los datos del mismo Bultmann; cf. K. Barth – R. Bultmann, *Briefwechsel* 315-316.

[5] En los años difíciles de Hitler, Bultmann formó parte de la Iglesia Confesante (*Bekennende Kirche*), y se opuso a los intentos homicidas del nazismo. En medio de la guerra (1941), enfrentándose a la mitología nazi, publicó un pequeño manifiesto sobre Mito y Nuevo Testamento (*Neues Testament und Mythologie*) que ha tenido la fortuna de centrar las discusiones teológicas de los años posteriores. Tras la guerra, a partir del 1945, Bultmann se convierte (con K. Barth) en la figura más saliente de la teología protestante de lengua alemana. Sus posturas centrales fueron compartidas por generaciones de profesores y estudiantes, que

hermano murió en un campo de concentración. Tras la derrota nazi, participó en el resurgimiento de su universidad de Marburg y fue reconocido como maestro, especialmente en Gran Bretaña y USA[6].

En el momento inicial de su carrera, Bultmann no fue un escritor prolífico, al menos en el campo bíblico. Entre 1912 (habilitación) y 1921 (primera edición de la *Historia de la Tradición Sinóptica*), aparte de algún trabajo ocasional sobre exégesis[7], sólo publicó unas pocas recensiones sobre libros de tipo bíblico y filosófico-teológico. Más que la Biblia en sí parecía importarle el pensamiento religioso. Por vocación y estudio, vino a situarse en un lugar donde confluían tres grandes corrientes culturales: filosofía, teología liberal e historia de las religiones. Ellas determinan no sólo el principio, sino todo el transcurso de su obra exegética[8].

---

interpretaban la Palabra salvadora de la Biblia (Cristo) como voz que nos llama y nos transforma, en sentido existencial.

[6] He precisado las posturas de Bultmann y Barth ante el nazismo, a partir de su correspondencia epistolar (*Briefwechsel*, 138-176), en *Bultmann y Barth* 304-312. Bultmann es menos radical en su condena del nazismo (*Nazi-Terror*, cf. *Briefwechsel* 316), pero él no era suizo y tenía menos libertad que Barth. En ese contexto (cf. *Briefwechsel* 318) se sitúa su participación en las *Shaffer Lectures* (1951, Yale USA) y en las *Gifford Lectures* (1955, Edinburgh UK).

[7] Cf. "Das religiöse Moment in der ethischen Unterweisung des Epiktet und das Neue Testament": ZNW 13 (1912) 97-110.177-191y "Die Frage nach dem messianischen Bewustsein Jesu und das Petrus-Bekenntnis: ZNW 19 (1920) 164-174. Bibliografía en Bultmann, *Exegética* 483ss. Estos trabajos fueron publicados en ChW (*Christliche Welt*), revista oficiosa del "cristianismo liberal", dirigida por su amigo M. Rade, y han sido recogidos por J. Moltmann, en *Anfänge der dialektischen Theologie* I-II, Kaiser, München 1963 y 1966

[8] Cf. R. Bultmann, *Autobiographical Reflections*, en C. W. Kegley, *The Theology of R. Bultmann*, SCM, London,1966; H. Schlier, *Bultmann*: LTK 2, 769. Sobre los pensadores y teólogos del entorno de Bultmann, cf. R. Bäumer, *W. Herrmann*, LTK 5, 275-6; J. Moltmann, *Anfänge* II, 10; G. Gloege, *K. Barth*: RGG I (1957) 894; H. Bouillard, *Karl Barth*, Aubier, Lyon 1957, 80 ss; F. W. Sticht, *Die Bedeutung* 67-8; R. Bultmann, *W. Heitmüller*: ChW 40 (1926) 209 ss. Entre sus primeros trabajos, cf. R. Bultmann, *Die neutestamentliche Forschung 1905-1907*: Monatsschrift für Pastoraltheologie 5 (1908) 124-132; 154-164; *Die Schriften des Neuen Testaments und der Hellenismus*: ChW 25 (1911) 589-593; *Vier neue Darstellungen der Theologie des Neuen Testaments*: Monatsschrift für Pastoraltheologie 8 (1912) 432-443; *Urgemeinde*: RGG 5 (1913) 1514-1523.

2. Formación filosófico-teológica

Como buen neokantiano, Bultmann ha sido heredero del protestantismo liberal de finales del siglo XIX, que interpretaba la Biblia (y todo el cristianismo) como expresión del proceso y progreso moral del ser humano, entendido como sede fecunda de la divinidad. En ese contexto, el estudio de la Biblia formaba parte de la "realización" o construcción (*Bildung*) cultural del hombre ilustrado. Los protestantes liberales no aceptaban lo sobrenatural: No creían en la irrupción especial de Dios, ni en los milagros exteriores (materiales), ni en la objetividad de la historia salvadora. La Biblia era para ellos un testimonio del avance espiritual del ser humano, que ha venido a culminar de algún modo en Jesucristo.

1. Idealismo bíblico, crisis escatológica. En esta perspectiva he de recordar de nuevo a los maestros que más influyeron en su obra, que fueron A. Ritschl[9] y especialmente a W. Herrmann, de quien he tratado en el capítulo anterior[10]. Ambos entendieron la Biblia como manual de moral idealista para educar a la gente buena, deseosa de alcanzar la meta de perfección ética.

Al lado de ellos podemos recordar a *A. Harnack* (1851-1930), que era más historiador que teólogo, pero la hondura y claridad de sus exposiciones le convirtieron en "gurú" de los protestantes "cultos" de finales del siglo XIX y principios del XX. Su libro sobre *La esencia del cristianismo* (*Das Wesen des Christentums*, 1900) afirma que el mensaje de Jesús se centra en la bondad paterna de Dios y en el valor infinito del alma humana. Bultmann fue su discípulo, pero acabó superando su postura, como seguiré indicando.

---

[9] He citado en el capítulo anterior a *A. Ritschl* (1822-1899), inspirador del protestantismo liberal.

[10] Bultmann ha reconocido su deuda con Herrmann en K. Barth – R. Bultmann, *Briefwechsel* 314, 317. Cf. también H. J. Kraus, *La teologia biblica. Storia e problematica*, Paideia, Brescia 1979, 293-296; Th. Mahlmann, "Wilhelm Herrmann" y T. Rendtorff, "Adolf von Harnack", en H. J. Schultz, *Tendencias de la teología del siglo XX*, Studium, Madrid 1970, 41-46 y 47-52.

Estos "maestros" (Ritschl, Harnack, Herrmann) y casi todos los profesores de aquella generación, a finales del siglo XIX y principios del XX, en plena "belle époque", creían en un Jesús espiritual y progresista, mensajero de moralidad, signo de la presencia interior de Dios en el proceso de la vida humana, identificando así la revelación de Dios con el despliegue de la conciencia moral y con un tipo de maduración social. Pensaban hallarse al final de un camino que llevaba desde Jesús (moralidad fundante), por medio de Lutero (justificación por la fe) y de Kant (ética formal), al descubrimiento de la más honda realidad humana. Culminaba con ellos el "progreso" religioso y social, simbolizado por el Mensaje de Jesús.

Pero, como fuerte presagio contra ese moralismo progresista, J. Weiss había mostrado hacía tiempo, en su estudio sobre el Reino (*Die Predigt Jesu vom Reiche Gottes*, 1992), que el mensaje de Jesús ha de entenderse en forma apocalíptica, como anuncio del fin de los tiempos, y no como un refuerzo bondadoso de los valores de la modernidad. En esa línea avanzó A. Schweitzer (*Geschichte* 1906) en su historia de la investigación de la vida de Jesús. Pero los grandes liberales no quisieron escucharles: ellos, representantes de la buena Europa culta y kantiana, habían encontrado la verdad y podían dictar su magisterio a los restantes pueblos del mundo[11].

2. Escuela de la historia de las religiones. Bultmann, filósofo de la cultura y teólogo liberal, ha sido también un estudioso vinculado a la Escuela de la Historia de las Religiones (*Religionsgeschictliche Schule*), entre las que quiso situar el cristianismo, abriendo una línea que sigue abierta tras un siglo. En esa línea, quiso situar la fe cristiana en el trasfondo de los cultos helenistas e interpretó el evangelio de Juan (al menos parcialmente) a la luz de la gnosis y del mandeísmo.... Influido por la teología dialéctica, Bultmann acentuará más

---

[11] Como he destacado en el capítulo anterior. Cohen y Natorp habían anunciado ya la crisis de la modernidad. Los teólogos fueron más lentos en advertirlo. Para una visión de conjunto de los temas que siguen cf. W. G. Kümmel, *Das Neue Testament. Geschichte der Erforschung seiner Probleme*, Alber, Freiburg/München 1970; S. Neill, *La Interpretación del NT*, Edicions 62, Barcelona 1967; K. Barth, *La Théologie.*

tarde la singularidad del cristianismo, pero seguirá afirmando que esa singularidad ha de entenderse en diálogo con las religiones del entorno[12]. Éstos han sido sus inspiradores o maestros principales:

– *A. Deissmann* (1866-1937) fue filólogo e intérprete del Nuevo Testamento, pero la tradición le recuerda especialmente por sus trabajos de religión comparada, que sitúan el cristianismo a la luz del pensamiento filosófico y de la religiosidad popular antigua. El estudio de los papiros, que reflejan el lenguaje normal de la mayoría de la población, le permitió conocer las condiciones culturales y sociales del primer cristianismo helenista. Su obra clave, *Luz desde el Oriente* (*Licht vom Osten*, 1908), sirvió de ayuda a Bultmann y se lee todavía con provecho.

– *W. Heitmüller* (1869-1926) estudió los "misterios" cristianos (bautismo, eucaristía) desde el trasfondo religioso del antiguo Oriente, entendiéndolos así en perspectiva helenista, no judía, y destacando el carácter mistérico del cristianismo de Pablo y de las comunidades helenistas. Esas comunidades cristianas helenistas habrían sido las creadoras del cristianismo, centrado en el mito de Cristo, no en el mensaje de Jesús. Heitmüller fue maestro y amigo de Bultmann, al que inició en la interpretación de las religiones[13].

– *W. Bousset* (1865-1920) fue el autor más conocido de la Escuela y ofreció una visión de conjunto muy influyente sobre la historia y literatura del judeocristianismo y helenismo. Sus trabajos más extensos (*Die Religion des Judentums im Späthellenistischen Zeitalter* (1903) y *Kyrios Christos. Geschichte des Christusglaubens von den Anfängen des Christentums bis Irenaeus* (1913) son quizá unilaterales, pues entienden el judaísmo de un modo legalista y tienden a

---

[12] La preocupación de Bultmann por la historia de las religiones culmina en *Das Urchristentum im Rahmen der antiken Religionen*, Artemis, Zürich 1949. El gran especialista G. van der Leeuw, *Fenomenología de la religión* (original de 1933), FCE, México 1964, afirma que Bultmann "tuvo tal participación en el contenido (del libro) que a menudo me sobrepasó, estimulándome siempre" (pág. 9).
[13] Bultmann le dedicó un recuerdo emocionado: "Wilhelm Heitmüller": ChW 40 (1926) 209-213. Sobre la escuela de la historia de las religiones, cf. H. J. Kraus, *O. c.* 187-187; W. G. Kümmel, *O. c.* 261-286.

vincular el cristianismo con el helenismo más que con la tradición judía, en una línea que puede aproximarse al gnosticismo... A pesar de ello siguen siendo fundamentales para situar el cristianismo en el entorno judaísmo y también con el helenismo[14].

Estos presupuestos religiosos resultan hoy en parte discutibles, pues la separación entre religión moralista judía y mito/misterio helenista no es tan clara. Por otra parte, la afirmación de que el cristianismo ha nacido con Pablo (no con Jesús) debe matizarse mucho. También fue excesiva la importancia que Bultmann concedió al mito helenista, y poco matizada su visión del influjo gnóstico en Juan. Pero los motivos básicos de su proyecto continúan vigentes y su interés por el diálogo religioso, silenciado parcialmente por sus discípulos (más interesados que el maestro por la singularidad del cristianismo), ha vuelto a encenderse a principios del siglo XXI.

El evangelio no se puede aislar de los restantes fenómenos religiosos del entorno, sino que debemos situarlo en el contexto de los cultos del Cercano Oriente, en diálogo con las grandes religiones. En este fondo se inscribe el interés de algunos representantes de la antropología cultural por la relación entre pensamiento cínico y cristianismo, tema que Bultmann estudió en su tesis doctoral y que ahora vuelve a estar de moda[15].

---

[14] Ambas obras se vienen editando regularmente a lo largo del siglo XX. La primera fue adaptada por H. Gressmann (1925) y prologada por E. Lohse (1966). La segunda ha sido prologada y recomendada por el mismo Bultmann (cf. "Geleitwort zur fünften Auflage", Vandenhoeck, Göttingen 1964, V-VI), quien la considera básica para el estudio del Nuevo Testamento. Los presupuestos de W. Bousset, su visión del judaísmo legalista y su interpretación helenista del cristianismo han marcado la exégesis del siglo XX, con su grandeza y sus limitaciones.

Bultmann no ha caído en las simplificaciones de esa escuela (vinculadas con una presentación poco objetiva del judaísmo y con una exaltación aria del helenismo), pero su planteamiento ha sido unilateral. Cf. G. F. *Moore, Judaism in the First Three Centuries of the Christian Era* I-III, Cambridge, Mass. 1927-30; E. P. Sanders, *Paul and Palestinian Judaism*, SCM, London 1977; *Jesus and Judaism*, SCM, London 1985. Para una nueva (y distinta) visión de conjunto del cristianismo primitivo en su entorno religioso, cf. L. W. Hurtado, *Señor Jesucristo. La devoción a Jesús en el cristianismo primitivo*, Sígueme, Salamanca 2008

[15] Cf. Bultmann, *Der Stil*. Entre los defensores de la *conexión cínica y gnóstica* del cristianismo F. G. Downing *Christ and the Cynics*, JSOT Press, Sheffield 1988

De esa forma vinculó exégesis científica, historia de las religiones y teología de Herrmann. Pensó que el cristianismo no es una religión histórica, sino una experiencia de interioridad sagrada que nos libera del paso destructor del tiempo, y nos permite descubrir la raíz eterna de la vida, a partir de Jesús de Nazaret, un judío ajusticiado por los romanos. Pero, en su verdad profunda, afirmó que es una experiencia interior de vinculación con lo divino, más allá de la historia, añadiendo que debe entenderse en el contexto cultural de la historia de las religiones.

y B. Mack *El Evangelio perdido. El documento Q.,* M. Roca, Barcelona 1994. En esa línea se sitúa gran parte de la investigación de *Jesus Seminar,* en incluso. J. D. Crossan, *Jesús. Vida de un campesino judío*, Crítica, Barcelona 1994. Los descubrimientos arqueológicos y literarios de mediados del siglo XX (rollos de Qumran, libros gnósticos de Nag Hammadi) han ofrecido nueva base para el estudio del tema, superando la unilateralidad de una oposición simplista entre judaísmo y helenismo, entre moralidad y mito.

2. Teoría de la religión. El hombre, un ser desajustado

Un aspecto menos conocido de su obra es su teoría de la religión, desarrollada en esta primera etapa, antes del año 1922. Bultmann había crecido en un ambiente neokantiano, donde dominaban las visiones de Kant y Schleiermacher, con las de Cohen, Natorp y Herrmann, ya estudiadas. Pero él trazó su propio camino y ofreció una aportación muy significativa, vinculada al despliegue del vitalismo, tras la guerra del 1914-1918. Desde ese fondo interpretó la religión como conciencia de absoluta dependencia, más allá de la naturaleza y la cultura.

El idealismo moral de Marburgo había interpretado la religión como exigencia de cumplimiento ético. También Bultmann conoce esta postura y la sigue en cierto modo. Sin embargo, ya muy pronto, él descubre y presenta la religión desde el contexto (trasfondo) de la tensión sobre la que emerge la vida de los hombres. Dios se manifiesta así a partir de la oposición entre naturaleza y cultura, en el lugar donde el hombre queda sin amparo, de forma que no puede contentarse con la ciencia ni arrojarse ciegamente al torbellino de la vida natural. En esa situación, quien permanezca a la espera y aguarde podrá escuchar la revelación divina, el poder superior que le llama y le realiza, superando las fronteras del mundo natural y la cultura.

Al principio, al menos hasta el comienzo de la guerra mundial (1914-1918), Bultmann pensaba que el camino de Dios se expresa y culmina en el cumplimiento de los deberes morales, como experiencia de madurez ética y de búsqueda infinita de perfección, conforme a una experiencia compartida por los grandes pueblos desarrollados. Pero el horror y tragedia de la guerra le llevaron a descubrir que el Dios divino no es un ideal de moralidad, sino que se manifiesta por encima de la oposición que contrapone naturaleza y cultura. Los hombres estamos divididos: Formamos parte de un mundo misterioso, pero al mismo tiempo somos aquello que nosotros mismos realizamos[1].

1. Dios misterioso y revelado. Un sermón en medio de la guerra

La experiencia religiosa tiene, conforme a lo anterior, dos momentos: (1) En un sentido se identifica con idea moral de los hombres. (2) En otro sentido, ella marca una ruptura entre aquello que el hombre tiene y lo que busca, entre lo que anhela y lo que encuentra, en un plano más vital que moralista. En ambos momentos Dios aparece como Bien supremo, expresión de un nivel de realidad más alto en el que podemos definirnos como seres humanos capaces de actuar conforme a un ideal de moralidad, pero movidos también por la gran tragedia de una vida llena de riesgos de violencia.

La identificación de Dios con el ideal ético aparecía en Kant y volvía a formularse en W. Herrmann. Pero ahora, en el centro de la Guerra, cuando los ideales moralistas de progreso liberal quebraban, se hizo necesaria una nueva experiencia de Dios, en línea más vital, como muestra Bultmann en su sermón sobre *El Dios misterioso y revelado,* en la fiesta de Pentecostés del 1917[2].

---

[1] Divididos entre naturaleza y cultura, los hombres se siente conducidos por Alguien o Algo más grande: Dios o el Destino. En este contexto surge la experiencia religiosa. Cf. F. W. Sticht, *Die Bedeutung* 87 ss. En su *Introducción* a A. Von Harnack, *Das Wesen des Christentums,* Siebenstern, München 1964, 11 ss, Bultmann habla del valor eterno del liberalismo; cf. también *Karl Barths,* 321, 361, 369; *Das religiöse,* 183 ss. Pero superando ese nivel idealista, Bultmann descubre que la esencia de la religión consiste en la vivencia de Dios, que se impone al hombre y que le lleva más allá de todo lo que sea simplemente humano, aunque ella aparezca anunciada de algún modo en la tendencia hacia el bien, hacia el perfecto cumplimiento de los deberes morales. Cf. *Religion und K.* 451; *Vom Geheimnisvollen* 572 ss y recensión a W. Classen (*Leben Jesu*): ChW 33 (1919) 469.

[2] Cf. *Vom geheimnisvollen* (Pfingstpredigt, 1917; sobre I Cor 2,9 ss.), 572-576; 577-578. Sólo un Dios misterioso, lleno de contradicciones y enigmas, puede iluminar

1. Pentecostés, el Espíritu en medio de la guerra. El encuentro con Dios nos concede un punto de apoyo por encima de la dureza del tiempo, más allá del mundo, y, al mismo tiempo, nos permite contemplar con ojos nuevos los caminos de la tierra, descubriendo las huellas del eterno en cosas que pudieran parecer carentes de sentido, en una guerra que chocaba con los ideales de modernidad optimista de la *belle époque*.

La religión aparecía entonces como una fuerte intuición del misterio del universo, más allá de un moralismo idealista. No es un deseo piadoso, infantil e ilusionado de descubrir lo bueno en el fondo de las cosas, sino que nos lleva a captar la poderosa presencia del Señor aún en aquello que mirado de un modo racional no comprendemos: En las nuevas experiencias que nos ciegan, en el miedo, en la tragedia de la guerra y en la misma derrota y en la muerte.

En ese fondo se sitúa un sermón de Pentecostés, en medio de la guerra (1917). Dos imágenes igualmente poderosas dominaban su mente. Recuerda los años antiguos, cuando celebraba esta fiesta en el campo (en un ambiente de idilio rural): era tiempo alegría, primavera de la naturaleza, campanas, experiencia de Dios en el mundo. Pero el año anterior (1916) había celebrado ya la fiesta del Espíritu Santo rodeado por heridos de guerra. En medio del dolor, entre ojos que preguntan sin hallar respuesta y lágrimas silenciosas ha sido incapaz de hablar, no ha podido celebrar el misterio.

En su experiencia luchan así dos imágenes. Paz y guerra. En los días antiguos, nos dice, creíamos haber llegado a la armonía que no acaba; nos sentíamos transportados por un bien universal, por un sereno poder de alegría. Dios estaba escondido en el orden y ritmo de las cosas. Pero, ahora, descubrimos nuevos poderes y enigmas: Ha surgido un estallido horrible, una inmensa oposición de abismos

---

nuestra vida, impidiendo que ella se hunda en un "reposo inerme" de muerte, pues, de otra manera, perderíamos la fuerza para vivir, experimentar y crear desde la riqueza de la Vida: «Gott muss ein geheimnisvoller Gott sein, voll von Widersprüchen und Rätseln. Sonst käme Stillstand in unser inneres Leben, sonst würden wir die Kraft verlieren, aus der Lebensfülle Erleben zu schöpfen» (*Ibid* 575).

que parecen arrastrarnos. Por eso, desde el centro de la guerra, rotos los ideales optimistas de la teología liberal, se pregunta: ¿Dónde se encuentra la verdad? ¿Fue el pasado de paz ideal un mero sueño? ¿O vivimos ahora engañados en medio de la guerra?

En esa situación, Bultmann afirma que no podemos retornar a los tiempos pasados de paz en la naturaleza, pues la época de los ideales de paz impoluta ha terminado. Pero tampoco podemos quedarnos sin más en el presente, como si la guerra fuera inevitable. Existieron antaño momentos de auténtico trabajo, de alegría y libertad espiritual, tiempos de humanidad. Pues bien, en ese contexto, la experiencia de la guerra nos permite descubrir otras facetas propias de la vida: No sólo el riesgo del dolor y la opresión (con el odio), sino la entrega generosa de aquello que somos y tenemos, en medio del riesgo de la muerte. En esta situación, no podemos quedarnos en el presente, ni volver sin más al pasado. Seguimos siendo lo que fuimos; pero ahora hemos podido descubrir aspectos distintos, que exigen e implican respuestas nuevas. Ciertamente, el contexto en que vivimos nos da miedo; pero si sabemos dejarnos transformar por la presencia misteriosa del Espíritu podremos descubrir la mano del Señor que allí habita.

Esta situación nos manifiesta aspectos olvidados de la vida, que también son regalo de Dios, una ofrenda que debemos aceptar agradecidos. Sólo si sabemos inclinarnos y venerar el misterio podremos llegar hasta el Eterno, al Señor que sigue siendo inmensamente bueno en medio del horrible destino de la guerra. Esto no quiere decir que debamos perpetuar la lucha, sino todo lo contrario, nuestro esfuerzo ha de estar dirigido a superarla; pero, dado que hay guerra y estamos en ella, debemos asumir su destino, mostrándonos ante Dios como somos, desnudos, llenos de hendiduras interiores, perdidos en la gran batalla de la vida, pero enriquecidos por su gracia.

La guerra ha mostrado que hay en nosotros un inmenso potencial de muerte... Pues bien, en medio de esa muerte, y de la lucha del mundo, podemos y debemos descubrir a Dios de un modo más alto. Antes estábamos engañados, ahora sabemos que Dios es más misterioso que todo lo que en tiempo antiguo habíamos pensado.

El hombre que busca a Dios nunca puede terminar fijado en un tiempo anterior, ni puede rechazar el camino. Cuando la paz y el progreso parecían el único futuro habíamos tendido un velo a nuestro propio corazón; por eso no podíamos ver plenamente a Dios todo. Ahora, el estallido de la guerra ha rasgado ese velo, ha destruido nuestra soberbia y engaño, pues estábamos utilizando el nombre de Dios para hacer nuestro mundo. Por eso debemos abrirnos con *nostalgia* confiada y miedo reverente, esperando que Dios se manifieste y pueda cambiarnos.

2. Paz en la guerra. Una religión vitalista. También la tragedia es elemento de la vida, pues nos sitúa ante el arrojo de la entrega, la muerte y el fracaso. Sólo muriendo a lo que fuimos podemos llegar a lo que Dios quiere que seamos. Sólo aceptando nuestros propios males le dejamos al Señor un camino abierto. Sólo cuando fracasan nuestros ideales egoístas puede revelarse el Dios que es siempre distinto de aquello que pensamos. Al creer en el progreso de los hombres, al sentir el ideal de la armonía moral sobre las cosas, habíamos trazado de una forma ingenua los rasgos de lo Eterno. Ahora vemos que él es más grande, es infinito; está lleno de enigmas y misterios, como en un cruce de gérmenes opuestos.

Los hombres somos un secreto, los unos ante los otros, y para empezar a desvelarlo debemos acercarnos reverentes y agradecidos, ofreciendo lo que somos y esperando siempre que los otros nos abran su misterio. Nada puede conseguirse en este campo por medio de la fuerza. Lo mismo sucede con Dios: No podemos arrancarle su secreto, ni encerrarle en una fórmula. Sólo podemos acercarnos a lo divino nuevamente cada día, con nueva reverencia y con un miedo que está lleno de confianza. Sólo así podremos captar los rasgos contrapuestos, paradójicos, de su rostro. Cuando pensamos alcanzarlo se nos marcha, cuando creemos conocerlo se nos muestra otra vez misterioso y lejano. Su riqueza es infinita. No podemos encerrarlo en nuestros rasgos; por eso estamos siempre alcanzándole y perdiéndole[3].

---

[3] Éste es el misterio de Dios, lleno de contradicciones y enigmas: «Voll von Widersprüchen und Rätseln» (*Ibid* 575).

Toda nuestra vida es una búsqueda incesante de sus huellas enigmáticas, secretas, fugitivas… Dios se vincula así con el camino misterioso, infinito, de nuestra propia existencia. No se puede calcular su hondura con palabras; no existen para ella números o fórmulas. Dios es siempre más grande y se revela en alturas y honduras que no acaban. Nos lleva de oscuridad a oscuridad, de claridad a claridad, de tal manera que al descubrir su sentido nos muestra al mismo tiempo su misterio.

La sabiduría de Dios lo penetra y lo transforma todo. Se manifiesta como muerte, y en ella precisamente nos muestra la forma más noble de la vida. Él nos ofrece una corona de espinas, y al tomarla advertimos que es una diadema de victoria. En esa contradicción habita Dios; sólo en ella encontramos su armonía llena de contrastes. Permanecerán siempre los enigmas porque nunca podremos desvelar lo Eterno; pero al mismo tiempo, si sabemos acercarnos reverentes, crecerá la armonía del Dios infinito, el Señor que es a la vez enigma y gracia, luz y sombra, el Señor que nos mantiene en la gozosa espera, en el camino confiado, en el dolor gozoso de la vida. De esta forma podremos contemplar lo que no ha visto ojo alguno y no ha podido nacer en corazón humano.

Según esto, es necesario que veamos a Dios en nuestro mismo camino en el cosmos. El mundo natural no es un puro teatro que tenemos delante (en lo exterior), como si fuéramos sólo espectadores, pues nosotros mismos somos mundo y no podemos dejar de percibir su enigma, su dolor y su alegría, como regalo del Dios que está viniendo sin cesar a nuestra vida. Todo aquello que es real y verdadero es don de Dios, y nosotros no podemos crearlo con nuestro esfuerzo; no es una ley que nosotros inventamos, sino un regalo que tomamos de las fuentes de la vida, por encima de las cosas que podemos crear y encontrar por nosotros mismos[4].

---

4 Éste es el Dios misterioso (*geheimnisvolle*) y revelado (*offenbare*), que no se manifiesta en sentencias y palabras claras, sino en alturas y honduras siempre nuevas, en un camino que lleva por la oscuridad más oscura a la plena claridad: «Eine Offenbarung, die immer neue Höhen und neue Tiefen erschliesst, die des-

En este contexto podemos hablar del destino de Dios, que se hace presente en la vida de cada uno de los hombres, pues los hechos externos y las fuerzas brutas de la vida son las mismas para todos; sin embargo, cada uno de los hombres tiene que captar y acoger, haciéndola suya, la palabra que le ofrecen y dirigen esos hechos. Viendo a Dios descubrimos que todo contribuye al bien de aquellos que le aman. Pero es preciso que estemos bien dispuestos, a la espera. Quien crea que lo sabe todo y que por eso puede juzgar a los demás (y decidir lo que ha de venir) se atribuye un poder que sólo Dios posee, y de esa forma pierde su destino. Aceptar la propia llamada significa trabajar en confianza; estar preparados a entregar lo que se tiene, morir día tras día y permitir que Dios nos vuelva a despertar, es decir, que nos resucite. Quien crea que ha logrado modelar ya su existencia no hace más que levantar un ídolo; se ha empeñado en fabricar con sombras.

Mirada así, con los ojos de Dios, la vida se convierte en un milagro. No se trata de un prodigio externo, en contra de las leyes naturales, de las leyes racionales; si así fuera seguiríamos estando simplemente sobre el mismo mundo anterior, aunque un poco cambiado. El milagro constante es la presencia de un poder más alto en cada uno de los hechos y secretos de la vida. Nada es simple materia o ley científica modelada por nosotros; todo es presencia de Dios, que está viniendo desde el fondo de las cosas, como gran milagro[5].

El poder del milagro interior nos obliga a mantenernos en oración, es decir, en presencia del Eterno. Orar no significa pedirle a Dios favores mundanos, pues ante el Eterno esos favores pierden su importancia, todo se ha vuelto relativo. Mantenernos en total necesidad, en absoluto desamparo y seguir estando abiertos:

---

halb ihren Weg führt durch Dunkel und Dunkel, von Klarheit zu Klarheit» (*Ibid* 576). Véase también *Gott in der N.* 489-491. Cf. F. W. Sticht, *Die Bedeutung* 118 ss., 123 ss.; 513; F. Peerlick, *R. Bultmann* 35-6 (sobre Dios).

[5] Cf. *Vom Schicksal* 609-610. *Religion und K.* 451-2. No es un milagro de la naturaleza o la ciencia, sino de la vida y el destino (Wunder des Lebens, Wunder des Schicksals): *Vom Geheimnisvollen* 575. Cf. F. Peerlinck, *R. Bultmann* 110-111; W. Herrmann, *Schriften* II, 170 ss.

Así se hace oración. Sólo entonces puede fecundarnos la palabra de Dios que nos libera, el brillo de su rostro como regalo inmerecido y siempre nuevo. Ahí, en medio de la oración, se realiza el eterno milagro.

La vida del hombre sobre el mundo es un juego dialéctico de inquietud y reposo, de angustia y paz. En un sentido, la vida es turbación incesante. Se trabaja pensando en un mañana que no llega. Se busca el amor, se engendran hijos, se sufre y se desea...; siempre se persigue una quimera. Estamos descontentos, y buscamos el olvido en el trabajo intenso, en el hervidero de la vida que se agita, en las ocupaciones y pasiones. Huimos sin cesar; tenemos miedo de nosotros mismos. Pues bien, sólo si podemos mantenernos ante Dios daremos un sentido al gran problema que nosotros mismos somos. Así descubrimos que Dios no es un hermoso pensamiento, sueño relajado, una tranquila paz interna, sino que nos deja desnudos, helados y ardientes, como fuego que al quemarnos abre nuestra más honda herida. Por eso, muchas veces, tenemos miedo de nosotros mismos, escapamos, buscamos refugio en las cosas, y de esa forma nos alejamos del mismo Dios que es el sentido de nuestra vida[6].

La presencia de Dios nos sumerge en la mayor de las inquietudes: En la tragedia del pecado, en la nada del mundo, y en la inmensa soledad donde somos incapaces de asirnos a ninguna tabla salvadora. Sólo quien viva en medio de esa situación de muerte, quien sepa llegar a la raíz universal de las angustias, quien se descubra y confiese pecador, estará dispuesto para abrirse a la paz definitiva, paz que no viene del mundo, sino que es presencia de Dios. Eso es lo que el hombre necesita. Sin embargo, casi siempre, el "pecador" (el que no ha recibido la revelación) tiene miedo; prefiere refugiarse en un mundo de sueños que él mismo ha creado. La verdad parece un vacío en el desierto. Pero a medida que lo aceptamos

---

6 *Vom Beten*: ChW 36 (1922) 593-4. En esta línea se sitúan un pequeño análisis teológico que lleva el título de *Unruhe und Ruhe*: ChW 36 (1922) 569-570, que comienza citando estas palabras: «Man treibt uns über Hals; und wenn wir schon müde sind, lässt man uns doch keine Ruhe» (Lam 5, 5)..."Nos empujan con un yugo al cuello, nos fatigan sin darnos descanso" (versión de *Nueva Biblia Española*, Cristiandad, Madrid 1975).

y que iniciamos el camino vamos descubriendo que Dios mismo es quien lo habita y le descubrimos como un regalo, mayor que todo lo que somos y podemos desear[7].

2. Entre naturaleza y cultura, estamos divididos

Como acabo de indicar, en medio de la gran crisis del 1914-1918, Bultmann ha debido aceptar el fracaso de los ideales morales y optimistas del idealismo anterior. Ciertamente, él sigue admitiendo el valor de la cultura, pero no la puede aceptar ya como definitiva, porque el hombre es un ser internamente dividido.

1. Un elemento, no todo el hombre: la cultura. En un sentido, la historia universal puede entenderse como aquel proceso a través del cual los hombres conquistan o construyen su cultura. En un principio las fuerzas, elementos y valores de este mundo presentan rasgos religiosos; constituyen un ámbito divino que es oscuro, excitante y misterioso. Sin embargo, poco a poco, el hombre va organizando el mundo a través de la cultura, por medio de la geometría y la física, la filosofía y el derecho, el arte, la música y la moral, que van adquiriendo valor propio y se rigen por sus leyes, conforme a sus fines (que son fines del hombre).

La cultura ha ofrecido al hombre una fuerte autonomía. Dentro de los límites del mundo, nadie ni nada puede superarla, de manera que la religión no puede imponerse en ese campo en contra de ella. No sólo la ciencia y el arte poseen un valor independiente. También es independiente, en su plano, la moral y la filosofía, la psicología y la política. Todo existe y actúa en ese plano como si Dios no existiera, como si no hubiera religión. Más aún, conforme a la visión de los neokantianos, cada unas de las parcelas de la

---

7 «All unsere menschliche Unruhe wird zu einer Flucht vor Gott...». «Denn der Gedanke an Gott ist kein schöner Traum der Phantasie... Der Gedanke an Gott ist ein Stachel in der Seele und ein brennendes Feuer im Innern... Leben kommt nur aus Tod, Ruhe nur aus letzter Unruhe. Und nur wenn uns alle Unruhe der Welt versinkt vor der letzten grossen Unruhe, öffnet sich der Weg zur letzten Ruhe» (*Ibid* 569-670).

cultura (ciencia, moral, arte...) tienen leyes propias y absolutas; ninguna admite la injerencia de poderes extraños.

Es cierto que la moral parece unirse de forma más estrecha a la exigencia religiosa. Pero, siguiendo a Schleiermacher, Bultmann sabe que la misma voluntad humana es la que descubre y formula las leyes morales de su acción, trazando así su despliegue sobre el mundo (sin necesidad de una religión superior). En esa línea, el juicio moral (tanto en un plano individual como social) legisla y define lo que es positivo y negativo, lo que es bueno y malo para el hombre. La religión se mueve en un ámbito distinto de experiencia superior y gratuidad.

Según eso, la cultura puede definirse como el despliegue metódico (del poder) de la razón humana en cada uno de esos campos (ciencia, moral, arte). No es el reflejo o la expresión de un mundo de las cosas que carecen de valor independiente, previo al conocer, ni es tampoco un signo directo de Dios, sino un producto esencial de la actividad del espíritu, el despliegue de la mente racional que muestra externamente (crea) lo que en forma de potencia se esconde dentro de ella. No se trata, sin embargo, de un producto arbitrario, pues la razón se expresa en la cultura de forma metódica, bien organizada, siguiendo unas leyes generales. Es cierto que el hombre que forja la cultura lo realiza partiendo de sus fuerzas subjetivas, pero lo hace según normas y principios que se configuran de un modo universal y necesario, en cada uno de los tres campos citados[8].

La mente produce "objetos culturales" siguiendo sus propias normas, pero sus producciones no son nunca definitivas, pues hay siempre un más allá, un futuro que la cultura no puede alcanzar. La verdad total transciende a cada una de las verdades parciales, de manera que los hombres nunca alcanzaremos el bien pleno, la meta donde reposan nuestras obras y trabajos, ni el arte perfecto, acabado. Por otra parte, dependiendo de nosotros, ese más allá al

---

[8] *Religion und K.* 417-421. «Die Kultur ist die methodische Entfaltung der menschlichen Vernunft in ihren drei Gebieten, dem theoretischen, dem praktischen und dem ästhetischen. Für sie ist also wesentlich die Aktivität des menschlichen Geistes». Cf. F. W. Sticht, *Die Bedeutung* 109 ss.

que tiende la cultura depende también de la base de materia que debemos ordenar con nuestras leyes, dirigir con nuestras obras. La cultura necesita, según eso, dos elementos: (a) Un fondo natural de materia; (b) la mente de los hombres que la configuran. Por eso, ella, la cultura, no puede identificarse con Dios, como en algún momento pareció decir el neokantismo filosófico[9].

Ciertamente, organizamos las cosas a través de la cultura (ciencia, moral, arte). Pero, al mismo tiempo, somos naturaleza, y en ella parecemos encontrarnos alejados de nosotros mismos, perdidos en un espacio y tiempo que puede presentarse a veces como inquietante y fatídico. Ciertamente, vamos creando la cultura y así podemos instaurar nuestro mundo, poniéndolo al servicio de nuestra propia vida, pero sin nunca lograrlo. En este contexto de enfrentamiento entre naturaleza y cultura vivimos divididos, de forma que parece que nuestra existencia no tiene solución: No sabemos lo que somos (no nos conocemos nunca del todo), ni lo que podemos ser (lo que podemos alcanzar como humanidad)[10].

---

[9] En este contexto debemos formular de nuevo los planos de la cultura, que derivan de tres críticas kantianas y que han sido elaborados, de un modo o de otros, por todos los pensadores neokantianos y, de un modo especial, por W. Herrmann:

- *La ciencia* procura organizar la experiencia sensible y así manejarla según nuestros deseos, partiendo de los datos aparentemente inconexos y caprichosos de la naturaleza; sus poderes y fuerzas parecen dominarnos, y sin embargo nosotros los organizamos, pero sin conseguirlo nunca del todo. No podemos divinizar la ciencia, pero tampoco la naturaleza.

- Algo parecido realiza *la moral*. Su campo de acción son los impulsos naturales, las tensiones internas, las dificultades y resistencias de la vida humana. También aquí hace falta dominar con mano fuerte esos impulsos personales y sociales, abrir caminos, imponer el orden, pero nunca podemos lograrlo plenamente. En cada hombre recomienza la tarea, la exigencia de organizar la sociedad de un modo justo (a través de la ley moral). Pero tampoco podemos divinizar la ley moral, ni los impulsos naturales de la vida humana.

- Ciertamente, *el arte* transforma la materia y la pone al servicio de la belleza, organizada por los hombres; pero ellos no logran hacerlo plenamente: No pueden crear la música sin sonidos, ni pintura sin colores, ni poesía sin palabras. Por eso, no podemos divinizar la materia, ni la acción del arte. Vivimos, según eso, divididos entre la realidad externa y nuestra acción cultural, sin encontrar refugio en ninguno de los dos planos.

[10] *Religion und K.* 421, 450-451; *Sozialismus* 444. Cf. F. W. Sticht, *Die Bedeutung* 98 ss.

Una posible solución consistiría en divinizar la cultura, convirtiendo las leyes de la ciencia y de la moral y el arte en un absoluto; de esa forma podríamos buscar (crear) un mundo exacto, una máquina capaz de responder perfectamente, un sistema sin fallos. Pero de hecho no somos capaces alcanzar ese ideal (crear un mundo cerrado en sí y perfecto), y, además, si lo alcanzáramos, habríamos alcanzado un tipo de orden externo, pero ya no seríamos humanos, en el sentido actual del término. Contra esta postura, debemos afirmar que el hombre no puede divinizar su cultura, convirtiéndola en un ídolo, para quedar sometido a ella, pues de esa manera se perdería a sí mismo. La cultura no logra resolver todos los problemas, puede la vida del hombre ofrece unos aspectos de violencia y muerte (de responsabilidad y decisión, de angustia y desequilibrio) que él no puede resolver por sí mismo.

2. Entre dos extremos, naturaleza y cultura. En este momento (1920-1922) el optimismo culturalista de la *belle époque* había terminado, derrumbado por la guerra del 1914-1918, y así habían acabado las ilusiones de un orden liberal, justo y eterno. Muchos hombres y pueblos que se decían "cultos" habían sentido la amenaza de la muerte, se habían opuesto entre sí, respondiendo de forma violenta, como si fueran "salvajes" o, mejor dicho, peor que salvajes, unos contra otros. La Europa desarrollada y cristiana, que se pensaba capaz de llevar la cultura y la paz sobre el resto del mundo (sumido en la incultura), se ha venido a descubrir como enfrentada y dividida, luchando por cuestiones económicas y de orgullo nacional.

El mismo Dios de los cristianos, que parecía ligado al progreso, se ha mostrado incapaz de controlar y de impedir la guerra; más aún, ha estado envuelto en ella. Todavía más, oponiéndose al optimismo social y político de la cultura precedente, ha surgido en la Alemania de postguerra el nuevo ideal del comunismo, que a Bultmann le parece valioso, al menos en parte, pues sirve para denunciar los falsos dioses que algunos han vinculado con la ciencia, la cultura y el progreso.

Bultmann piensa ya en ese momento que la solución no está en refugiarse en ninguno de los dos elementos, ni en la naturaleza, ni en la cultura. (a) Es importante reconocer y aceptar los impulsos de la vida, con sus elementos buenos, pero también con sus riesgos (irracionalismo, violencia…); pero, en contra de un vitalismo ingenuo, la naturaleza en sí no puede salvarnos (b) Por otra parte, tampoco nos puede salvar la cultura en cuanto tal, ni su deseo de organizar pacíficamente la vida, a pesar de sus valores, pues ella se ha visto también envuelta en la guerra. Es necesario mostrar el valor real (aunque relativo) de la cultura, sin rechazar la verdad de la naturaleza. Para ello hace falta una instancia superior, un nuevo despertar que nos lleve a la verdad profunda de la vida[11].

El hombre vive siempre dislocado entre dos polos. Por un lado es cultura, porque quiere ordenar su vida y el mundo, pero su afán creador puede enfrentarle con otros seres humanos. Por otro lado, el hombre es un ser natural vinculado a un mundo lleno de valores, pero también de pasiones y fuerzas que no logra controlar. No puede salir de esa tensión. Sin cultura sería sólo un ser animal, movido por impulsos inconscientes; sin naturaleza no tendría misterios ni acicates. La naturaleza en sí puede ser peligrosa, pero también puede ser muy violenta la cultura, como se ha visto en la guerra. Sólo aceptando ambos rasgos y superando sus deformaciones, en medio de esa interna división, logra el hombre vivir su destino.

Puede suceder que ese "dislocamiento" entre naturaleza y cultura parezca simplemente un hecho oscuro, una equivocación de la vida, un laberinto sin salida. Si fuera así no habría más remedio que alzarse, rechazar la vida, o soportarla simplemente aunque carezca de sentido. Sin embargo, puede suceder que en el mismo

---

[11] *Gott in der N.* 490. En *Religion und K.* 452-453 Bultmann eleva su crítica contra el absolutismo moralista y el progresismo de la escuela neokantiana afirmando, ya en 1920 que el comunismo no se puede vencer por la fuerza, sino reconociendo su valor interno, y añadiendo que quizá llegará a dominar en todo el mundo: «Wer weiss ob er (der Kommunismus) nicht doch die ganze Welt unterwirft?». Cf. también *Sozialismus* 445. En ese contexto, en una perspectiva cercana a la de M. Weber, Bultmann afirma que sólo un nuevo nacimiento religioso podrá salvarnos del desastre y darnos fuerza para buscar un futuro: «Nur eine religiöse Neugeburt kann uns retten… und uns den Mut für die Zukunft geben»: *Religion und K.* 453. Cf. M. Weber, *El Político y el científico* (1918), Alianza, Madrid 1992, 216-217. He estudiado el tema en *Teodicea Bíblica*, Sal Terrae, Santander 2003.

centro de esa ruptura, entendida como destino inexplicable, seamos capaces de sentir la presencia de un poder superior que nos sostiene amorosamente y nos fundamente en la existencia. Advertimos entonces que no estamos perdidos. Por encima de la naturaleza y la cultura, nuestra vida puede descubrirse como gracia. Dejarnos regalar, sentirnos dependientes y gozarlo agradecidos: Tal es la esencia de la religión[12].

Naturaleza y cultura, cada una por sí misma, son relativas, no logran resolver nuestra tensión: No podemos identificarnos con aquello que hacemos, según nuestro trabajo, ni podemos convertirnos en esclavos de la naturaleza, dejándonos llevar por ella. Viviendo en la cultura, no podemos olvidar que somos naturaleza, y que Dios puede revelarse desde esas dos vertientes, como aquel que fundamenta nuestra vida, liberándonos de la pura pasividad natural y también de la acción de la cultura. Hacer (cultura) y dejar que Dios nos haga (desde el fondo de la naturaleza): Estos son los dos momentos implicados del secreto más hondo de la vida humana.

Nos descubrimos así como una realidad extraña, más allá de lo que somos y podemos por nosotros mismos. Debemos trabajar sabiendo que todo lo que hagamos será superado (acabará en la muerte), porque todo es relativo, un preludio que no puede llegar nunca a la meta. Nuestra vida parece así una maldición (un andar errabundo, sin alcanzar nuestro destino), y sin embargo no estamos condenados. En medio del trabajo que no cesa, perdidos en el mundo y dominándolo, podemos descubrir los signos centrales de nuestro ser auténtico, hundiendo las raíces en aquello que no cambia: El Dios eterno. Sólo de esa forma alcanzaremos el ser verdadero superando la tensión (naturaleza-cultura) en que vivimos inmersos. Tal es el quehacer de la religión. En ella descubrimos a Dios al descubrir nuestro profundo rostro humano[13].

---

[12] *Religion und K.* 451. La religión consiste en el «Sich-schenken-lassen», dejarse regalar por lo divino.

[13] *Gott in der N.* 513-514, 553-554; *Sozialismus* 444; *Religion und K.* 437. En este contexto, Bultmann apela expresamente a Herrmann, *Schriften* II, 213. En un contexto semejante escribió R. Otto su obra clave: *Lo Santo, Das Heilige. Über das Irrationale in der Idee des Göttlichen und sein Verhältnis zum Rationalen* (1917),

3. Esencia de la religión. El hombre busca, lo divino le encuentra

Siguiendo a Schleiermacher, Bultmann define la religión como *sentimiento* de absoluta dependencia; sin embargo, para evitar las interpretaciones de tipo psicológico no quiere hablar de sentimiento, sino de *conciencia*. Pues bien, en este contexto, dependencia "absoluta" no significa sujeción externa, como la del esclavo a su señor, ni es un sometimiento ineludible ante unos datos de la ciencia, sino un gesto personal del hombre que se pone en manos de un Poder que le sostiene internamente y que le invita a refugiarse de manera libre en su regazo.

La esencia de la religión no consiste en hacer algo, sino que empieza siendo lo contrario: El hombre tiene que dejarse hacer, dejarse regalar, sin poner obstáculo a la presencia del Dios que le arraiga y fundamenta en la vida. No se trata de entregarse con esfuerzo, pues en ese caso esa "presencia" seguiría siendo una actividad humana, sino de descubrir que hemos sido encontrados por Dios, dejándonos llenar por él, para que su presencia y gracia nos fundamente en la vida y nos recree, de manera que podamos descubrir lo que somos.

La religión nos pone en contacto con Aquel que es totalmente distinto, por encima de todo lo que sabemos e ignoramos. A través de la vivencia religiosa nos sentimos dominados, llevados y traídos, apoyados en la fuerza que nos ama y nos sostiene en lo más hondo, desde más allá de lo que somos y podemos por nosotros mismos. No podemos hacer nada, sino "ser", estar siendo desde Dios, sabiéndonos creados, redimidos, rescatados de la muerte, renovados[14].

---

poniendo de relieve el aspecto irracional (supra-racional) de la religión, en línea vitalista. He vinculado la visión de R. Otto y la de R. Bultmann en *El Fenómeno Religioso*, Trotta, Madrid 1999, insistiendo en sus semejanzas y diferencias. H. W. Schütte ha publicado una valiosa carta de Bultmann a Otto, del 16.IV.1918, con ocasión de ese libro, en: *Religion und Christentum in der Theologie Rudolf Ottos*, de Gruyter, Berlin, 1969, 130-139.

[14] Apelando al esquema de Schleiermacher, Bultmann define la religión como un sentimiento (*Gefühl*) o, quizá mejor, como una conciencia (*Bewusstsein*) de

En ese sentido he dicho ya que el hombre busca, pero sólo Dios encuentra (le encuentra). Así lo muestra Bultmann, citando unos versos de K. L. Immermann (1796-1840) que pueden traducirse, más o menos, así: «Me he fundado sobre una ley muy especial, por eso me buscáis en vano. Si un caminante encuentra mi templo, es que yo mismo le he buscado»[15]. La ley de la vivencia religiosa es distinta de las restantes leyes de la vida. Sobre este mundo encuentra aquel que busca; en la religión, para encontrar, un hombre tiene que ser encontrado. Por eso, cuando el hombre puede decir que ha llegado hasta Dios es que Dios mismo le ha buscado y encontrado.

En el momento en que Dios se pone en contacto con el hombre le hace ser (le da consistencia humana), le fundamenta y transforma. Éste es el milagro, la auténtica "redención", la vida verdadera. El hombre no puede crear la vivencia religiosa, sino que ha de dejarse recrear por ella, gozarla y convertirla en ley interna de su propia vida. Cuando esto se ha logrado el Poder Divino (que todo lo domina) se convierte en centro verdadero del hombre y su conciencia. Lo divino no esclaviza al hombre en modo alguno, sino que le libera y da vida.

En esa línea se sitúa la primera definición de Schleiermacher: *La religión es intuición del universo,* entendido en sentido sagrado. Llegando a lo divino, el hombre alcanza la altura desde la que pue-

---

absoluta dependencia: «Sie ist, wie ich nach Schleiermacher sage, das der schlechthinigen Abhängigkeit»…, es decir, la «schlechthinige Abhängigkeit» (*Religion und K.* 435). De todas formas, en *Sozialismus* 445 él emplea sin miedo la palabra *Gefühl* (sentimiento). Desde esa perspectiva puede hablar de una "ofrenda", es decir, de una entrega radical o «*Selbsthingabe*»: *Religion und K.* 435. Pero más que ofrecimiento del hombre, la religión es un "regalo", un dejarse regalar: *Sich-Schenkenlassen* (*Ibid* 435 nota). Por eso, la «auto-ofrenda» de la religión no puede verse como *acto* humano, pues la acción humana no puede suscitar por sí misma un acto auténticamente religioso. De esa forma opone Bultmann *Tun* y *Sein, Tat* y *Gnade,* hacer y ser, acto y gracia (cf. *Sozialismus* 444).

[15] Estos versos de K. L. Immermann se encuentran en el poema «*Merlín*», en el letrero escrito a la entrada del Santo Graal: «Ich habe mich nach eignem Recht gegründet, / Vergebens sucht ihr mich. /Der Wandrer, welcher meinen Tempel findet, / Den suchte ich!». La cita de Bultmann en *Religion und K.* 435, y *Sozialismus* 445. Cf. F. W. Sticht, *Die Bedeutung* 138 ss.

de contemplar las cosas, viéndolas como un todo lleno de unidad y de sentido. El hombre descubre de esa forma el plan eterno de Dios (y de su vida), de manera que su mismo destino y sus secretos aparecen transparentes, como signo y presencia del Señor. La experiencia religiosa consiste en adueñarnos del destino, unirnos a él y aceptarlo, descubriendo así la mano de Dios que nos modela[16].

La actitud interior del que quiere llegar hasta Dios (dejarse encontrar por él) se manifiesta en forma de *nostalgia*, como vivencia interior de una presencia originaria, añoranza de la patria y del descanso, esperanza (en una línea cuyo origen puede encontrarse en Platón y en San Agustín). Es nostalgia de amor y plenitud del hombre que se siente dividido entre su propia cultura y el mundo externo. Así se expresa la confianza de aquel que trabaja con todas sus fuerzas pero sabe que al final del camino está el dejarse llenar y dominar por el Señor que al amarnos nos destruye y da la vida. Más arriba del mundo, por encima de todas las obras culturales, se encuentra la vivencia suprema: Dejarse regalar, llegando de ese modo a ser un hombre verdadero.

Vista de esa forma la religión no puede tener una historia progresiva (como había querido el idealismo neokantiano), sino que en su raíz permanece siempre igual: Carece de formas o leyes objetivas que puedan transmitirse y mejorarse; todo se condensa en esa experiencia (conciencia, sentimiento) de vida regalada y fundada en lo divino.

Ciertamente, puede hablarse de proceso en el despliegue de los datos culturales que se encuentran ligados a la vida religiosa de los pueblos: así cambian los conceptos que la expresan, las leyes morales que se creen derivadas de la vida religiosa, las formas de culto... Pero

---

[16] Bultmann acepta la definición de Schleiermacher (*Reden*, 29) que interpreta la religión como *«Anschauung des Universums»* (contemplación del universo): Ella nos ofrece así, desde fuera del mundo, un punto de mira que nos hace comprender todo lo que está siendo en ese mundo; cf. *Religion und K.*, 451. En otra perspectiva, la religión se define como descubrimiento y despliegue del plan divino en la vida de los hombres: «Religion haben» (tener religión) significa «einen Plan Gottes in seinen Leben finden» (descubrir un plan de Dios para la propia vida; *Religion und K.* 451).

nada de eso es la religión en sí. Una y otra vez, en ese plano, hallamos solamente datos culturales que se encuentran más o menos unidos al hecho religioso, pero que no son la religión en sí, que tiene un fondo "supra-racional", como puso de relieve R. Otto en su investigación sobre *Lo Santo,* o quizá mejor, sobre *Lo Sagrado* (*Das Heilige,* 1917).

La cultura forma un conjunto ordenado de leyes que se van transmitiendo. La religión, en cambio, vuelve a nacer cada vez del descubrimiento de lo divino, y así se repite, siempre original e idéntica, pues consiste en dejarnos enriquecer y transformar por el poder de la Realidad. Ella no se puede objetivar en formas culturales; por eso es imposible transmitirla. No es un dato de este mundo, capaz de organizarse en un sistema. No puede ordenarse en un antes y después, sino que sitúa siempre al hombre ante la eternidad.

Delante de Dios las etapas de la historia son iguales; todas van pasando, y cada una vuelve a lo mismo. Los hombres de todos los tiempos necesitan dar un mismo salto, realizar una misma entrega para encontrar a Dios, antes o después, en este tiempo o en la antigüedad. Por eso, no hay historia de la religión. Existe solamente la pura eternidad y el puro tiempo; siempre frente a frente. En ese contexto surge la religión[17].

La religión es el encuentro del hombre con lo Eterno y se sitúa según eso más allá de todo dato psicológico, como experiencia paradójica de total trascendimiento. Por eso no puede objetivarse (convertirse en un sistema de ritos o dogmas, de estructuras sociales y mandatos de moral). Pero, si quiere expresarse en forma humana, ella necesita un soporte, una especie de campo de expresión que le permita desplegarse en la mente humana.

En ese sentido, las religiones se vinculan con unos estados anímicos, e incluso con leyes morales y mitos. Pues bien, según Bultmann, en este momento, el vehículo o signo que más se aproxima a la experiencia del cristianismo es la *esperanza escatológica* (como apa-

---

[17] Cf. *Religion und K.* 438- 453 (*Sehnsucht* 452); *Die Bedeutung der E.* 82; *Sozialismus* 444-445.

rece en el mensaje de Jesús), centrada en la conciencia de que Dios va a manifestarse muy pronto, de un modo distinto, inesperado.

Esa esperanza (tras el gran fracaso del optimismo racional en la guerra del 1914-1918) viene a presentarse como un impulso poderoso que lleva a plantear de un modo radical los preceptos morales: El tiempo acaba, es necesario trabajar en firme para que lo divino se revele en su novedad, en su diferencia. Todo se funda en Dios, pero todo depende también de nuestra decisión para escuchar su Palabra.

El mismo S. Pablo habla de esperanza para expresar una verdad estrictamente religiosa: Ha pasado ya la historia vieja, el tiempo de las obras de los hombres; Dios, y la nueva realidad está llegando. En esa línea, el Nuevo Testamento proclama la llegada del reino escatológico. Pues bien, todos sus símbolos e imágenes, su idea de la historia, no son más que un revestimiento externo; lo que importa es solamente el contenido religioso que se expresa a través de esas vestiduras: El tiempo del Señor transciende los bienes del mundo; por eso, quien le acepta puede decir que ha llegado el cumplimiento de la realidad, que vivimos ya los días del Señor.

Tampoco la *exigencia moral* posee, mirada en sí misma, un valor religioso. Sin embargo, es un medio importante; la venida del Señor se manifiesta en la vida de entrega a los demás, en el don de sí mismo. Jesús y las primeras iglesias de Palestina han expresado así la presencia del Eterno en la vida humana, aunque después las iglesias helenistas con San Pablo hayan presentado la venida y presencia de Dios a través del mito de Jesús: El Hijo de Dios desciende de los cielos, vence el mundo del pecado y abre un camino hacia su plenitud. Evidentemente, el mito no es sin más la religión; pero es una forma importante de expresarla y trasmitirla[18].

Lo signos humanos (especialmente los tres destacado: *nostalgia, esperanza escatológica, compromiso moral*) no son nunca el centro de la religión, sino sólo una imagen o soporte. El centro es la

---

[18] Cf. *Die Bedeutung der E.* 76, 83- 86; *Sozialismus* 443; *Das Religiöse* 183; *Ethische* 723-727.

presencia del Dios, que viene porque quiere, que existe en sí mismo y destruye (supera y recrea) las obras de los hombres. Ninguna otra cosa importa de verdad, ni la vida ni la muerte; sólo tiene valor definitivo la inmersión en la presencia del Dios que nos redime al libertarnos de este mundo[19].

4. Sobre naturaleza y cultura, una experiencia de fe

Desde ese fondo podemos volver a nuestro planteamiento, vinculando y separando la religión de los dos planos anteriores (naturaleza y cultura). La religión no es sólo cultura idealista, sino que ella nos vincula también con la naturaleza. Es utópico el pensar que somos simplemente (siempre) portadores de una cultura que es buena, creadores racionales positivos, seres limpios, desligados del gran caos de violencia de la tierra. La guerra ha mostrado el vacío de la ilustración moderna, la imposibilidad de identificar a Dios (la religión) con un tipo de progreso moral.

Nosotros, los europeos cultos, sabios ministros de un Dios racional, hemos construido una cultura que pensábamos "divina", pero que está llena de violencia y engaño, de opresión y mentira, y pues acaba dejándonos en manos de una guerra que es irracional y

---

[19] *Der Stil*, 81 ss. Bultmann estudia también el sentido de la religión dentro del mundo de la cultura y sociedad. La religión, nos dice, no es simplemente un elemento en la gran obra de *construcción del mundo;* si así fuera, perdería su valor de trascendencia. Sin embargo, ella tampoco se identifica con una experiencia cerrada en sí misma (dentro de un orden establecido), pues en ese caso perdería también su identidad. Por otra parte, la religión no puede convertirse en ascesis, pues en ese caso buscaría simplemente una forma distinta de estar en el mundo (en línea de negación), mientras que Dios se encuentra allá del comer y el ayunar, del gozar o el mantenerse en un riguroso control de la carne.

La religión es siempre una *fuerza crítica* con respecto a la cultura, pues nos sitúa ante el *más allá* que nunca se puede alcanzar a través de nuestras obras. Pero, al mismo tiempo, desde ese más allá, la experiencia religiosa nos introduce de nuevo en la cultura, con su exigencia de construir el mundo. En esa línea puede decirse que, rectamente comprendida, la religión es *el poder más revolucionario de la historia:* Mantiene el sentido crítico del hombre con respecto a cualquier logro de la cultura, pero, al mismo tiempo, nos introduce siempre nuevamente en ella, en gesto creador. Cf. *Sozialismus* 445-447; cf. *Das religiöse* 183 ss; *Religion und K.* 451.

muy racional (pero violenta), al mismo tiempo. Nos creemos muy racionales, pero nuestra razón está hecha de intereses y engaños, de violencias y poderes de muerte.

No podemos refugiarnos en la "buena naturaleza", pues ella tiene rasgos terribles. Pero tampoco podemos pedir asilo en la "buena cultura" que nosotros los ilustrados, idealistas, hemos construido, pues ella aparece también con rasgos de muerte (una muerte que nosotros hemos "perfeccionado" con nuestras máquinas de guerra). Sólo reconociendo ambos riesgos podremos escuchar la voz de Dios y descubrirle sobre la naturaleza y sobre la cultura. Esta es nuestra paradoja o polaridad esencial de la experiencia religiosa.

– *Somos creadores de cultura,* pero no podemos encerrarnos en sus creaciones, ni absolutizarlas, pues ellas pueden terminar volviéndose un signo de opresión y nos acaban dejando al fin en manos de la violencia, de la lucha de unos pueblos contra otros, empezando por la culta Europa. Además, tomada en sí misma, como esfuerzo creativo, la cultura cansa y agota al hombre, no le lleva a su verdad más honda. Por eso, debemos salir del laberinto de sus creaciones para volver a la experiencia inquietante y luminosa, irracional y liberadora de la naturaleza.

– *Somos naturaleza y debemos reconciliarnos con ella,* es decir, con nuestra base cósmica, ecológica. Dejar que el mundo nos guíe y, al mismo tiempo, sentirnos responsables de su vida. Ésa es también una experiencia religiosa, y ella nos vincula con la naturaleza. Pero eso no significa tampoco que nos quedemos en la pura realidad del mundo, como seres inconscientes, renunciando al valor de nuestras construcciones racionales (de tipo mental y social). En esa línea, como venimos indicando, también la naturaleza puede ser y es muy violenta.

Habitamos, pues, en una linde, somos seres liminares. No podemos abandonar la naturaleza, sacralizando nuestras creaciones culturales, pues ellas nos oprimen y terminan arrojándonos en manos de nuestra propia violencia. Tampoco podemos refugiarnos en la naturaleza, como seres inconscientes, encerrados en la irracionalidad vital del cosmos, pues el mundo en sí termina destruyéndonos también.

Somos seres de frontera, vivimos en la "raya", limitados y abiertos a la vez por la cultura y la naturaleza. Pues bien, al mismo tiempo, y por encima de eso, somos seres religiosos, con capacidad para buscar y acoger a Dios como misterio, más allá de lo que somos y hacemos. En esa línea podemos condensar lo dicho afirmando:

– *Siendo cultura, el hombre es también naturaleza.* Sin el mundo exterior no se puede dar la ciencia, ni la moral es posible sin las tendencias naturales de la vida, ni el arte sin colores, voces y figuras. Sólo porque vive en la naturaleza, y porque es naturaleza, el ser humano puede realizarse a través de la cultura. Por eso, la religión no es sólo ratificación sagrada del valor de la cultura o del progreso racional del ser humano.

– *La religión no es tampoco un retorno irracional a la naturaleza,* a los poderes interiores que nos llevan, más allá de la cultura, como parecía decir R. Otto (*Lo Santo,* 1917). Entregarnos por medio de ella en manos de la irracionalidad pura significaría perder la humanidad, renunciar al pensamiento. No podemos abandonarnos a la naturaleza, pero tampoco identificarnos sin más con la cultura. El humano se realiza a caballo entre dos campos, de manera que no puede encerrarse en ninguno de ellos. Pues bien, en la búsqueda nueva de ese centro, que no es naturaleza ni cultura, el hombre se abre al "fenómeno" religioso.

Somos seres dislocados: con un pie sobre el origen natural, con otro sobre las ideas y creaciones culturales. Somos naturaleza y a la vez señores de ella por cultura. Nuestra esencia es tensión entre *el no ser ya naturaleza* pura y el *no poder identificarnos con aquello que pensamos y hacemos* a través de la cultura. La dificultad no se resuelve absolutizando un polo. Ilusión sería buscar un refugio total en la cultura; retroceso y negación de nuestra vida sería retornar a la naturaleza y convertirla en diosa.

En esa, tensión (*Spannung*) o paradoja habitamos como seres religiosos. Aquí se sitúa la aportación religiosa de R. Bultmann por encima del racionalismo puro que parecían estar acabándose en aquel tiempo (1918-1922) y del irracionalismo puro que parecía estar naciendo por doquier, en una línea que podía llevar a una nueva barbarie política (nazismo) o espiritual (al puro vacío y a lucha interior entre los "dioses")[20].

No podemos olvidar naturaleza ni cultura. ¿Qué haremos? Asumirlas y transcenderlas, como nos permite y exige la *religión* interpretada como experiencia de encuentro con el Ser más alto, que no es naturaleza ni cultura, sino la Realidad fundante, que nos ofrece la posibilidad de reconciliarnos con nosotros mismos, en gesto de enraizamiento natural y creatividad cultural, abierta por gracia al encuentro de amor entre los humanos. La religión no es naturaleza ni cultura, sino *experiencia creyente:* Es fe en Aquel que nos ofrece la vida, es diálogo con Aquel que nos la sigue ofreciendo como tarea responsable, abierta al gozo de la comunicación gratuita.

Según eso, el creyente religioso *acoge el don de Dios por la naturaleza y lo expresa en su camino cultural*, entendido ahora como creatividad al servicio del amor, es decir, de la comunicación gozosa, no impositiva, entre los hombres. Esto significa que somos naturaleza, pero, al mismo tiempo, nos realizamos como cultura. Pues bien, en el fondo de naturaleza y cultura somos expresión y camino de fe, ya que estamos fundados (potenciados) por el Dios de amor que nos ofrece su asistencia fundante, su poder de creación y su promesa de plenitud (felicidad) eterna; creemos en él, somos seres religiosos.

No somos esclavos de un Dios que por fuera nos impone su potencia; ni somos una pobre creatura de un Señor que se goza en mostrarnos incesantemente su grandeza, para así aplastarnos. Debemos superar a este nivel las categorías del más y el menos, del señor y el siervo, del poder y la opresión e, incluso, del fuera y dentro de nosotros.

Lo divino existe y se muestra como profundidad de nuestra naturaleza (poder de nuestra realidad), siendo, al mismo tiempo, fuerza impulsora de racionalidad (cultura), pero superando al

---

[20] En esa línea han de leerse las afirmaciones sombrías y proféticas de M. Weber en su discurso sobre *El Político y el Científico* (1918).

mismo tiempo ambos niveles. Así hemos dicho que en el fondo de naturaleza y cultura, definiendo y sustentando de manera paradójica nuestra paradoja, Dios viene a desvelarse como presencia en la que se vinculan y culminan naturaleza y cultura en nuestra vida personal humana, de manera que podemos creer, aceptar su don y su presencia. Por eso somos imperfectos, siendo muy perfectos:

– *Un hombre que fuera sólo perfecto*, acabado y sin tensiones, integrado como los animales en la naturaleza o identificado como los autómatas en la cultura, no podría ser religioso; no podría amar, ni entregarse en manos de los demás; sería, paradójicamente, el más imperfecto de los seres conocidos.

– *Pero un humano sólo imperfecto,* condenado para siempre a su desgarramiento, incapaz de buscar la verdad y proyectar su vida y bien hacia el futuro, tampoco sería religioso; se hallaría simplemente hundido en la división de su existencia, sin más consuelo en la angustia que la muerte.

Evidentemente, la religión no es pura inquietud de saberse insatisfecho o expresión de una carencia pura. Pero ella no es tampoco el signo de la perfección ya conseguida, ratificación de nuestro ser acabado y pleno. Sólo en ese cruce de caminos, allí donde el humano debe transcenderse a sí mismo, pues la naturaleza no puede resguardarle ya, ni la cultura resuelve sus problemas, allí donde somos más de lo que somos, recibiendo como gracia nuestro ser, puede desvelarse el misterio superior y el ideal más alto del fenómeno religioso, como experiencia creyente.

No podemos entender la religión como un camino cultural de búsqueda infinita del bien (Cohen), ni a modo de experiencia de inmersión inconsciente en el mundo (Natorp), sino que ella empieza siendo un *sentimiento (conciencia) de absoluta dependencia.* En esa línea queremos avanzar con Bultmann, diciendo que ella (la religión) surge como experiencia de fe allí donde, buscando apoyo para hacerse, el ser humano se descubre fundado en un poder superior que le sostiene, haciéndole capaz de vivir en libertad. En ese contexto se revela lo divino, nace la religión.

La visión de Schleiermacher (religión como *sentimiento, Gefühl*) era buena, pero corría el riesgo de entenderla de manera inconsciente y vitalista, como algo que nos sobreviene sin que sepamos la razón ni la manera en que lo hace. Bultmann la define más bien como *conciencia (Bewusstsein)*: no es algo que nosotros hacemos (*Tat o Schaffen*, creación, cultura); tampoco es un puro estado psíquico, es decir, una emoción interna, ni pura irracionalidad, como suponía R. Otto, sino que es la conciencia personalmente cultivada de encontrarnos apoyados de manera gratuita en Aquel que quiere y puede fundar nuestra existencia, en gesto de fe, es decir, a modo de confianza originaria.

Dios no es un objeto inmóvil que encontramos en virtud de nuestro esfuerzo, al final de un gran camino. No es tampoco una idea superior que formulamos tras una búsqueda angustiante. Por eso, siempre que queremos llegar a conquistarle (conocerle) como algo ya dado (fuera de nosotros), fracasamos. El hombre busca a Dios, pero no puede encontrarle por sí mismo, ni en la naturaleza ni por la cultura. Siendo por sí misma insuficiente, esa búsqueda de Dios resulta necesaria, pues mantiene al hombre en tensión y sólo en ella puede desvelarse lo divino. Por eso, el encuentro religioso, siendo expresión de nuestro anhelo, es, al mismo tiempo, un signo de la acción gratuita de Dios que ha tomado la iniciativa, viniendo a buscarnos y enriqueciendo así nuestra búsqueda.

5. Religión, ruptura o milagro. Una respuesta creyente

En la línea anterior, la religión se puede definir como milagro, pues rompe la estructura cerrada de este mundo, tanto en un plano de naturaleza como de cultura. En la religión viene a desvelarse un poder más elevado que desborda todo lo que somos y podemos. Por ella nos ponemos en las manos de (creemos en) aquel que pareciendo destruirnos nos recrea. Prepararnos para el encuentro con el Dios que nos potencia y nos hace ser de verdad; esa es la esencia de la religión.

Éste es el fenómeno original y siempre nuevo de la fe religiosa. No somos esclavos de un Dios, seres dependientes, sometidos a su dictado. No estamos tampoco condenados a vagar sin rumbo, en manos de una vida inconsciente, irracional, que nos lleva al capricho de sus olas. Ni somos puramente racionales, como prometeos de una razón que está obligada a robar fuego a los dioses, creando de esa forma una cultura donde resguardarnos. No somos racionales puros (como quiso el neokantismo), ni irracionales puros (como querían por entonces otros), sino *amigos de lo divino,* seres llamados al encuentro con Dios, en medio de una historia que parece condenada a la pura violencia irracional o a la razón sin alma.

Parece que la vida es proceso de violencia y, por eso, son muchos los que han invertido el camino religioso y han entendido a Dios como garante de un Poder que tiene a los hombres sometidos. De esa forma, el primer gesto religioso sería el sacrificio destructor: Un tipo de violencia sagrada que aplaca la ira divina y expresa (ratifica) la sumisión de los humanos. Pues bien, en contra de eso, precisamente ahí, en el lugar donde el hombre emerge de la naturaleza, sin poder abandonarla, ni refugiarse sin más en la cultura ni identificarse con ella, superando el riesgo de una sumisión sacralizada a lo divino (falsa religión), surge la experiencia religiosa.

De una forma normal, la religión aparece desde el principio dividida, pudiendo presentarse como campo de disputa, lugar de posible opresión (se utiliza a Dios para esclavizar a los humanos) o de libertad (Dios les libera de la opresión cósmica). Junto a la *religión buena* (que los cristianos vinculan a Cristo y los budistas a Buda), que logra ofrecer a los humanos un camino de realización en libertad gratuita y comunión interhumana, ha podido elevarse desde hace siglos la *mala religión* que identifica lo divino con un tipo de opresión y/o idolatría.

— *Religión buena (verdadera)* es aquella en la que Dios busca al hombre, sale a su encuentro y le arraiga en su realidad de un modo creador, en actitud de gracia. Dios mismo suscita en nuestra vida la pregunta religiosa, siembra aquel afán que no nos deja descansar mientras caminamos, hasta haberle descubierto. Gracia suya es, según esto, la inquietud del corazón que busca, y la misma fe (adhesión) de aquel que ha encontrado (ha sido encontrado por Dios).

Pero, a lo largo de los tiempos, los hombres han podido invertir la figura de ese Dios de diálogo y de gracia, interpretándole como poder que planea por encima de los hombres y mujeres, exigiendo su sangre, justificando la opresión de los poderosos.

– *Hombre verdaderamente religioso* es, por su parte, aquel que, desbordando su base de naturaleza y superando sus mismas creaciones culturales, es capaz de descubrirse a sí mismo como regalado por Dios. Es libre siendo dependiente de Dios, amigo suyo al ser su siervo, viviendo en solidaridad gratuita con los hombres y mujeres de su entorno. En esa altura decisiva de su vida, el hombre se descubre como gracia (surge de un amor que le sostiene en la existencia) y como tarea (se pone en manos de Dios, convirtiendo su vida en un don para otros hombres). La religión verdadera es fuente de comunión y respeto humano, pero, de forma constante, muchas culturas religiosas han identificado su religión con un tipo de sometimiento mutuo, justificando con ella diversas opresiones e injusticias.

Eso significa que no puede hablarse de la religión en general, como si solo hubiera un tipo de experiencia religiosa. Tampoco podemos hablar de dos formas religiosas paralelas, una buena y otra mala, una de opresión otra de libertad, una de sumisión y otra de diálogo, sino que hay muchas formas intermedias. En principio, la religión verdadera tiene un carácter humanizador o creador, y se expresa en forma de diálogo con Dios (y con los otros seres humanos). Pero esa ha sido y sigue siendo una religión amenazada por el deseo de violencia (de dominio) de los hombres y mujeres que pueden utilizar lo sagrado como forma de dominio mutuo, como idolatría. Teniendo esto en cuenta podemos volver a nuestro esquema:

– *La religión tiene un fondo natural.* Desde tiempo antiguo, ella ha venido a presentarse como valor sagrado de este cosmos, modo primitivo de apertura del hombre hacia sí mismo y hacia el mundo. Así lo pensaban muchos vitalistas de aquel tiempo (principios del siglo XX), incluso el joven Bultmann. Pero él ha descubierto, tras la guerra del 1914-1918 que la divinización de la naturaleza se ha vuelto imposible: El hombre es más que cosmos, más que todas las pulsiones, instintos y tendencias de la vida. Por pensamiento y conciencia, el ha superado la inmediatez cósmica y no puede retornar a ella. El símbolo de la divinidad como pura madre cósmica que llama a los hombres a su paraíso natural se ha tornado inviable.

– *La religión tiene un momento cultural.* Así la concebían la mayoría de los ilustrados, desde Kant hasta los neokantianos de principios del siglo XX, los maestros de Bultmann. La religión ha sido un dato cultural y positivo para los deístas ilustrados y los moralistas neokantianos. Ella ha sido un dato cultural pero negativa para Marx y Freud. En medio de ese conflicto vivió el joven Bultmann. Pues bien, él descubrió después que era imposible divinizar a la cultura, pues el hombre es siempre más de lo que hace; mayor que sus teorías, más valioso que sus logros, sus esfuerzos, sus trabajos. Por eso es incapaz de crear un paraíso. Dios no se puede identificar con un elemento de la cultura.

Éste fue el descubrimiento Bultmann y de otros en el contexto de la guerra (del 1914-1918). Ellos comprendieron de esa forma algo que hoy nosotros sabemos aún con más claridad (año 2013): La religión no es sacralización cósmica ni creación cultural, pues el hombre está paradójicamente escindido, no por defecto sino por desbordamiento. No le sacia lo que hace, ni tampoco la corriente de Vida que atraviesa por su vida.

Precisamente en el lugar de esa ruptura se inscribe la religión, como gesto de fe, es decir, como confianza básica en Aquel que nos llama a la existencia. Por eso resulta tan extrañamente fuerte y peligrosa, pues define al ser humano como un viviente distinto de todos los restantes vivientes conocidos, situándole en su novedad personal, en el lugar del máximo riesgo, pero también de la mayor creatividad posible, en el camino de la fe[21].

---

21 La religión puede volverse máximo peligro. Al encontrarse *abierto* hacia el sentido más profundo de su vida, el hombre puede divinizar poderes de violencia que brotan de su mismo deseo, inventando así dioses de muerte. Sólo superando ese riesgo, escuchando la voz auténtica de Dios, el hombre puede descubrir y recorrer el camino de la religión como experiencia de libertad compartida, de comunión gratuita y de vida que supera a la muerte

3. Judíos y helenistas, la identidad del cristianismo

Bultmann no se ha ocupado únicamente del origen y sentido de la religión en general (en un plano más teórico), sino que ha destacado de un modo concreto y muy intenso la memoria de Jesús de Nazaret y la identidad del cristianismo. Ciertamente, él ha sido un exegeta y teórico de la religión; pero, al mismo tiempo, ha querido ser un teólogo cristiano, inmerso en la gran crisis del protestantismo liberal de los primeros años del siglo XX, que corría el riesgo de abandonar la identidad (la diferencia) cristiana.

En esa línea le preocupa la identidad del cristianismo como "religión". Pues bien, normalmente se decía en aquel tiempo (principios del siglo XX) que en el cristianismo del Nuevo Testamento no contiene una, sino dos religiones distintas.

– *La religión de Jesús*, profeta escatológico, y de sus primeros seguidores palestinos (de lengua aramea), que eran judíos y creían que Dios se hace presenta a través del cumplimiento moral, en una línea que, de hecho, está cerca de los postulados de la tradición kantiana, ya estudiados en el capítulo anterior, que de los gestos rituales y de las esperanzas escatológicas del judaísmo.

– *La religión de los helenistas, con Pablo*, que crearon el "culto" de Cristo (Hijo de Dios, Señor divino), al que interpretaron de una forma mítica, partiendo del recuerdo de Jesús, pero recreándolo en un contexto ontológico, como habían puesto relieve los autores de la "Escuela de la Historia de las religiones".

Éste era un tema histórico (estudio de los orígenes del cristianismo), pero, al mismo tiempo, tenía (y tiene) un fondo teológico.

Se trataba de saber dónde estaba la identidad del cristianismo y su posible "futuro". Muchos sentían que, manteniendo sólo una visión moralista de Jesús, buen judío, devoto de Dios Padre y amigo de los hombres (como podía decir A. von Harnack), el cristianismo quedaría diluido muy pronto por un racionalismo moralista, hasta desaparecer como religión (postura que mantienen algunos filósofos actuales, como J. Habermas)[1].

Otros, en cambio, afirmaban que el cristianismo era, ante todo, un mito helenista, que quizá debía recrearse para que pudiera tener un futuro. En este contexto se mueve gran parte del intento exegético y teológico de Bultmann, como indicaré, planteando un tema que volveré a tratar, desde una perspectiva distinta, al ocuparme de *La historia de la Tradición sinóptica* (1921) y en el contexto de la *crisis dialéctica* (1924-1927).

1. Esquema histórico, un cristianismo y dos iglesias

Según Bultmann, el cristianismo comenzó siendo un movimiento judío, en el que Dios aparecía como fuerza moral suprema. En ese contexto se situó Jesús con su mensaje central (¡convertíos!); él no presentaba a Dios como poder supramundano de carácter ontológico, sino como voluntad concreta de amor y justicia, que suscita en los hombres un gesto de obediencia y de compromiso a favor del Reino.

De todas formas, *Jesús no fue un simple testigo de la moral dominante del judaísmo* (que terminaba insistiendo en la importancia de las obras), sino un hombre abierto a la gracia de Dios. Según Bultmann, el Dios de Jesús no se fijaba en las obras externas (como las que buscaba un tipo de judaísmo tardío y legalista, en la línea de

---

[1] El problema sigue allí donde lo habían planteado, con R. Bultmann, muchos filósofos y teólogos de principios del siglo XX: Se trataba de saber si el cristianismo, tras haber ofrecido una gran aportación moral a la cultura de occidente, podría ya desaparecer como religión específica y distinta, como supone J. Habermas. Cf. J. M. *Mardones, El discurso religioso de la modernidad: Habermas y la religión*, Anthropos, Barcelona 1998.

sus maestros, entre ellos W. Bousset: 1865-1920), sino que se interesaba por el hombre interior, por su corazón y su entrega personal, en línea de amor, perdón y confianza.

– *Jesús histórico, un predicador moral.* Más que un creador religioso de tipo "ontológico" o ritual, el Jesús de la historia habría sido un mensajero de la rectitud moral. La vivencia religiosa ritualizada no parece haber tenido un papel importante en su mensaje, que se centrada en la confianza total en el Dios providente y que se expresaba en un optimismo sencillo (hasta ingenuo), en la línea de algunos salmos judíos de confianza en la providencia y de muchos gestos sacrales de los pueblos primitivos.

Es cierto que Jesús presenta también la salvación como una fuerza escatológica: Espera en un Reino de Dios que destruirá los sufrimientos y pecados de manera que se pueda establecer la verdadera justicia sobre el mundo. Pero su Reino no aparece de manera estrictamente religiosa (ontológica y sacral). Tampoco es religioso su concepto de Dios, vinculado a la idea del bien, un Dios que actúa como fuerza moral que exige y perdona, premia o castiga.

– *Los primeros cristianos de las iglesias de Palestina,* centradas en Pedro y en los Doce, y después en Santiago, el hermano de Jesús, siguieron moviéndose en el mismo horizonte mental y religioso. Ellos conciben a Dios como la buena voluntad que se mantiene por encima de la ley en la que parece haberse cerrado un tipo de judaísmo tardío; Dios se goza en los pequeños, les acoge y les perdona.

Los primeros cristianos vieron a Jesús como un predicador moral, como un maestro sabio que enseñaba buenas palabras sobre Dios Padre. Así le presentaban como profeta del Reino, y le esperaban, quizá, como Hijo del Hombre que vendrá al final, cuando se establezca ese Reino, promoviendo el orden de Dios sobre esta tierra. Ellos no fundaron una nueva religión, sino una secta especial valiosa al interior del judaísmo. Su nota distintiva era la conciencia escatológica: Se tomaban como el Israel escogido de los últimos tiempos. Esta convicción y no el hecho de pertenecer a una nueva religión les diferenciaba de otros movimientos judíos de aquel tiempo[2].

Esta visión, propia de Jesús y de la Iglesia de Palestina, cambió al predicarse y recrearse el mensaje pascual en las *iglesias helenistas*, herederas de una fuerte tradición mística y sacramental (vinculada al culto a los misterios y a la esperanza de una salvación trascendente). Los fieles de esas iglesias no podían contentarse ya con el mensaje de un profeta moralista, sino que desarrollaron un mito y un culto de tipo religioso, vinculado a la figura de Jesús a quien empezaron a ver como Hijo de Dos encarnado, es decir, como un ser superior, más que humano. Jesús no era para ellos un simple mensajero moral y escatológico, sino epifanía humana de la divinidad, presencia salvadora del Hijo de Dios que está en los cielos. El cristianismo dejó así de centrarse en la vida de los hombres como tales, para poner de relieve algo que, a juicio de los creyentes, era más que humano:

– *Los helenistas surgieron ya en la misma Jerusalén,* donde un grupo de judíos provenientes de la diáspora, de cultura griega, acogieron y quisieron trasformar el mensaje de Jesús, explicándolo con categorías de presencia y encarnación de Dios. En esa línea tuvo mucha importancia la conversión y ministerio de Pablo, que consolidó el influjo de las iglesias helenistas.

Pablo había sido un fariseo contrario a los cristianos, pero cambio de actitud a consecuencia de una vivencia religiosa, que le mostró el sentido divino de Jesús como Kyrios, Hijo de Dios, salvador de todas las naciones. Desde entonces su evangelio aparece como el culmen, la expresión más fuerte y clara de un tipo de mística (mito) y de rito helenista (no judío), el descubrimiento y culti-

---

2 Cf. *Ethische* 728. «Denn in dem, was uns von ihm *(Jesús de la historia)* erhalten ist, spielt das eigentlich Religiöse eine relativ geringe Rolle. Jesu Gottesglaube erscheint in manchen seiner Aussagen als ein kindlicher Vorsehungsglaube und naiver Optimismus wie er auch in Psalmen und Weisheit Israels, sowie in dem naiven Volksglauben vieler Zeiten und Kulturen lebendig ist» (*Ethische* 741). Para Jesús, la salvación «ist eine Grösse in der sich sittliche Ideale mit weltlichen Hoffnungen und frommer Ehrfurcht verbinden, jedenfalls nicht ein spezifisch religiöses Gut» (*Ibid.* 741). Cf. *Biblische Theologie*: ThR 19 (1916) 5 ss.; *Apostel und Jünger*: ThLZ 47 (1922) 271 ss; *Die Bedeutung der E.* 77, 83.

vo de un poder y una presencia superior que se introduce en el contexto de la vida humana: Lo que vale es la presencia del Espíritu de Dios y la unión misteriosa con su Cristo[3].

– *Los evangelios, empezando por Marcos, recrearon la visión helenista de Jesús,* y mitificaron su "vida" presentándole como el mismo Hijo de Dios, actuando en forma humana. Ellos no cuentan la vida humana de Jesús, con su mensaje moral (o lo dejan en un segundo plano), sino que exponen el mito del Cristo. Para ellos, Jesús ya no aparece como predicador de una verdad humana, al alcance de la opción y respuesta de los creyentes, sino como el mismo Hijo de Dios, es decir, como un Ser superior que está presente y actúa en el mundo.

Jesús ya no es el mensajero de una buena nueva, sino el mismo contenido (mito) de la Buena Nueva que anuncia la iglesia: Dios ha salvado a los hombres enviando sobre el mundo a su Hijo Divino, que es el Señor Universal (al que identifican con Jesús). Las comunidades helenistas y Pablo, seguidas después por los evangelistas, han creado así la figura clásica del cristianismo, aquella que ha logrado pervivir hasta los siglos XVIII o XIX en los medios cultos protestantes.

De esa manera, el cristianismo se convirtió en una religión de tipo "místico" (centrada en el misterio pascual de Jesús), donde lo que importaba era el rito y el culto (el mito) que a la moral, es decir, la vida concreta de los hombres, llamados a relacionarse entre sí y a descubrir (cultivar) la paz humana. Dios no es ya la simple Voluntad del Bien, a quien se obedece cumpliendo la ley, sino el Espíritu Superior, a quien se responde y celebra a través de una serie de gestos sacramentales o cultuales. La piedad no consiste en la abundancia de virtudes morales, sino en la visión y acogida de la presencia de Dios en lo profundo de los hechos y destinos de este mundo, sino que implica la unión con lo divino a través de vivencias místicas y gestos rituales (sacramentos). Con esto ha comenzado el verdadero cristianismo de la historia de Occidente.

---

[3] Así dice uno de los primeros trabajos exegéticos de Bultmann: *Urgemeinde*: RGG 5 (1913) 1521 ss. Cf. también *Ethische* 727-728; *Die Geschichte der s. T.* 226 ss.

Las dos formas de "religión", una de tipo simplemente moral (primeros discípulos de Jesús en Palestina) y otra de tipo mítico (cristianos helenistas, Pablo), presentan diferente contenido. Sin embargo, las dos se han vinculado y, de hecho, se han complementado a partir de la figura de Jesús. Las comunidades helenistas no han creado su mito de la nada, sino que lo han forjado a partir del Jesús de la historia; en esa línea, esas comunidades han seguido identificando al Salvador (Hijo divino) con el profeta moralista de Galilea.

Según eso, la imagen de Jesús recibió en cada caso unos rasgos bien distintos. (a) Por un lado, Jesús es el hombre concreto, que predica el reino y muere bajo el juicio de Poncio Pilato, en la línea de un judaísmo que quiere expresar en la tierra un ideal de moralidad nacional. (b) Por otro es el Hijo de Dios, divinidad mítica que ha bajado al mundo a fin de que los hombres puedan unirse a ella y alcanzar la vida eterna. Esta dualidad se refleja en los cuatro evangelios, partiendo del de Marcos[4].

Teniendo en cuenta lo anterior se pueden comprender las diversas maneras en que Bultmann ha entendido los textos del Nuevo Testamento, y en especial los evangelios. Por eso indica que antes de estudiar un texto es necesario saber si se refiere a Jesús como profeta galileo (comunidades palestinas) o si alude, más bien, al mito helenista del Kyrios (Hijo de Dios) que se habría encarnado,

---

[4] Cf. *Die Geschichte der s. T.* 226 ss; *Ethische* 729-730. Había varios elementos que unen las comunidades helenistas con las de Palestina, además de la figura de Jesús: Relaciones personales, antiguas tradiciones admitidas por los helenistas, esperanza escatológica... Por otra parte, el mismo San Pablo afirmará que la nueva presencia del Espíritu (realidad mítica) exige de los hombres un cambio de vida, en el plano moral (cf. *Ethische* 730-1).

W. Herrmann había afirmado ya que el Jesús de la historia pudo no haber existido, pues para el cristianismo bastaba el Cristo de la fe, como símbolo eterno de la unión de Dios con los hombres. Bultmann, en cambio, ha admitido siempre los dos estratos, de forma que nunca ha dudado de la existencia de Jesús ni del carácter moral-escatológico de su mensaje; eso significa que, a su juicio, el mito de Cristo ha estado siempre vinculado al Jesús de la historia. F. W. Sticht, *Die Bedeutung* 86 ss, ha estudiado este tema, pero quizá no ha valorado la implicación de estos dos aspectos (Jesús como predicador moral y Cristo como mito teológico).

tomando forma histórica, para revelar así el eterno camino de salvación de Dios entre los hombres.

En esa línea, normalmente, cuando el evangelio presenta afirmaciones religiosas (no morales) acerca del Cristo, como portavoz de la salvación de Dios, parece claro que se refiere al Cristo del mito helenista, y no al Jesús histórico. Pero los dos aspectos (el histórico/moral y el mítico) se han vinculado y completado en formas distintas, con variaciones y mezclas distintas. En esa línea, éste es un tema que habrá de estudiarse en concreto, en cada caso, como hace Bultmann, y como veremos en el próximo apartado (*Historia de la Tradición Sinóptica*)[5].

Esta distinción del Jesús de la historia (profeta moralista) y el Cristo de la fe (figura mistérica divina) está en el centro de la exégesis de Bultmann y de gran parte de los teólogos de su entorno y de sus sucesores, hasta el día de hoy. Los teólogos liberales han insistido en el Jesús moralista de la historia; los autores de *la Escuela de la Historia de las religiones* han acentuado el Cristo mítico de Pablo. En esa línea se puede distinguir dos actitudes, presentes en el mismo Bultmann.

– Como teólogo *liberal, él* concibe el cristianismo a partir del mensaje de Jesús e interpreta a Dios como expresión de un ideal de moralidad; lo que importa es la buena voluntad, el hecho de que, según el mensaje de Jesús, podamos elevarnos al Dios Eterno, cuyo Reino se realiza allí donde los hombres alcanzan su pureza ética.

– Pero, al mismo tiempo, como miembro de la *Escuela de la Historia de las religiones,* Bultmann ha insistido en el surgimiento del cristianismo como religión mística, a través del mensaje de los primeros cristianos helenistas y especialmente de Pablo. En ese

---

[5] Ciertamente, es válido el juicio de F. Theunis, *Offenbarung und Glaube bei R. Bultmann*: KM, V, Ergänzungsband I, 41: «La afirmación de un hecho salvador (*Heilsgeschehen*) ha sido un elemento constante en la evolución teológica de Bultmann». Pero no basta con hablar de un *hecho salvador,* sino que es preciso mostrar el sentido histórico o mítico de ese hecho. Cf. *Der Stil* 81; *Das Religiöse* 178 ss.

momento, Bultmann (con gran parte de los teólogos de su entorno, hacia el año 1920) se encontraba internamente dividido.

2. En un contexto de crisis. Cristo, un mito ya vacío

Conforme a la visión de la *Escuela de la Historia de las Religiones*, la iglesia que logró imponerse en el mundo antiguo no fue heredera directa de Jesús, sino de los helenistas y de Pablo, que fueron los verdaderos creadores del cristianismo, entendido ya como una religión mítica. De un modo consecuente, los teólogos de la historia de las religiones estudiaron el cristianismo desde la perspectiva del mito, con los valores y riesgos que eso podía implicar[6]. Esta problemática ha influido poderosamente en Bultmann, y se expresa en su *Historia de la Tradición Sinóptica* (1921):

– *El año 1917*, Bultmann creía que el mito (imagen) de Cristo reflejaba todavía la situación religiosa de los creyentes (en un contexto de guerra). Cristo es un signo de la sabiduría de Dios, misteriosa y visible, que se expresa en el contexto duro de una violencia que parece irracional, pero ayuda a mantenerse en medio de las adversidades: Las fuerzas del mal, el sufrimiento y la muerte forman parte de una revelación divina que nos sobrepasa y no podemos racionalizar ni comprender de un modo lógico. El Cristo crucificado y victorioso es portador de la "ciencia de Dios" que dirige el oscuro destino del mundo en que vivimos, transformándolo siempre en su misterio de luz y de tinieblas.

– *El año 1920*, Bultmann tiende a pensar que el mito de Cristo ha perdido su fuerza. Reconoce que ese mito y el culto del

---

6 *Ethische* 725-6. En la línea de Jesús moralista se habían situado de W. Baur y A. Ritschl: El hombre piadoso encuentra a Dios «in seinem sittlichen Wollen». Dios es «der heilige Wille des Guten», y el hombre religioso le descubre «wenn er das Gute will», cuando hace el bien. Éste habría sido el *reino de Dios* que anunciaba Jesús, éste seguía siendo el ideal de los cristianos liberales. En contra de eso, los partidarios del Cristo de la fe, situados en la línea de los teólogos de la Escuela de la Historia de las Religiones (W. *Bousset*, I. Weiss, W. *Wrede*, W. Heitmüller, H. Gressmann, R. Reitzenstein etc.), insistían en la necesidad de recuperar de alguna forma el mito de Cristo (cf. Bultmann, *Ethische* 726).

Kyrios han sido valiosos, que en otro tiempo tuvieron un verdadero contenido religioso, pero que ahora lo han perdido. No sabemos cómo será la imagen de la nueva sociedad religiosa. Estamos desorientados, sin salida. Más aún, en esa línea debemos reconocer que nos hallamos seriamente enfermos e ignoramos la forma en que Dios se nos revela, si es que de verdad estamos en manos de un poder de Dios o de los dioses, que parecen haber abandonado nuestra historia. ¿De qué forma podremos acoger a Dios y contemplarle? ¿Cómo seremos capaces de vivir su misterio?[7] .

Pues bien, en ese mismo tiempo (1920) Bultmann advierte que dentro del mundo cristiano está naciendo un poderoso movimiento, que es contrario al moralismo liberal, pero que tampoco se identifica con una nueva versión del mito helenista de Cristo. Al enfrentarse con ese movimiento añade que la solución no está en volver al optimismo de Jesús y de la primera iglesia palestina; no podemos fundar el nuevo cristianismo en un tipo de moralidad judía, como la del Jesús histórico. Pero tampoco podemos aceptar sin más el viejo mito de los teólogos cristianos de línea helenista.

— *Es necesario un nuevo gnosticismo que nos libere de la historia antigua de Jesús*, y que nos permita crear un mito más hondo, que nos ofrezca una nueva comprensión interior, es decir, un nuevo tipo de religión, un cristianismo distinto (pues las grandes iglesias oficiales se hallan muertas). Desde ese fondo, Bultmann reconoce la novedad de las propuestas de la primera edición de la *Carta a los Romanos* que K. Barth acaba de publicar (1919), insistiendo en el misterio de Cristo, no en la vida histórica de Jesús.

En esa línea se situaba por entonces F. Gogarten, cuando hablaba de un tipo de eternidad que no puede encerrarse en un tiempo

---

[7] En 1917 Bultmann creía que el mito Cristo era «das Bild das all dieses verkörpert», la imagen o signo de la renovación religiosa del cristianismo. Cf. *Vom Geheimnisvollen* 578. El año 1920 Bultmann ya no está seguro del valor religioso de la revelación de Dios en Jesús: «Wir kranken daran, dass wir nicht als religiöse Gemeinschaft klar und sicher hinweisen können auf das, was uns die deutliche Offenbarung Gottes ist. Denn so würde die Frage würdiger und tiefer gestellt sein: Was gilt uns eigentlich als die Wirklichkeit Gottes?» (*Ethische* 741).

ya pasado. Bultmann reconoce que esos dos autores (Barth y Gogarten) tienen un fondo de verdad: Solamente el culto y el mito, por encima de la pura moral y la historia de Jesús, pueden ofrecer una palabra nueva de salvación en este tiempo[8].

– *Los teólogos liberales* habían querido fundar la piedad religiosa en un hecho de la historia: El mensaje de Jesús, su antigua predicación en Palestina. De esa manera, ellos habían suprimido el culto y mito que son la expresión del carácter suprahistórico, viviente y eterno, de toda religión. Más aún, habían tomado como norma una forma de vida que no era ni siquiera cristiana, pues Jesús sólo fue un simple judío.

Bultmann que se llama a sí mismo liberal reconoce sin embargo que ninguna religión puede subsistir sin culto y mito. Por eso, si no es capaz de engendrarlos, el cristianismo y la iglesia de los teólogos liberales terminará siendo un episodio pasajero, acabarán muy pronto[9].

En este momento, después de la Gran Guerra, tras la caída del progresismo liberal, muchos pensaban que era preciso recrear algún tipo de mito religioso, vinculado o no a Jesús. No bastaba, como he dicho, el intento de aquellos que querían recuperar a Pablo, pues su proyecto místico pertenecía también al pasado, y no podemos adop-

---

[8] Esta piedad "moderna" puede recibir el nombre de *gnosticismo* en cuanto quiere liberarse de todas las fuerzas históricas. De esa manera, ella quiere convertir la *Geschichte* (lo que hay de hecho) en *Mythos* (aquello que nos permite ser de un modo distinto, viviendo en otra dimensión). En esta línea se mueve, a juicio de Bultmann, la *Carta a los Romanos*, de K. Barth (1919). Cf. *Ethische* 739. «Nur in Grössen, die sich über Zeit und Geschichte erheben, in Mythos und Kultus, komme der unerschöpfliche, stets neu geformte und zu formende Gehalt einer Religion zum Ausdruck. Auch das mit Recht» (*Ethische* 739).

[9] «Jesús war ein Jude und die palästinische Gemeinde war eine jüdische Sekte...». Jesús fue un judío, y la comunidad palestina una secta judía; por eso, una religión que se fundamente solamente en la predicación de Jesús será simple judaísmo (cf. *Ethische* 740). Bultmann sigue vinculado a la teología liberal (zu der auch ich mich rechne: *Ethische* 739); pero añade que una religión "liberal", sin culto ni mito desaparecerá pronto: «Wenn es der "liberalen Theologie" nicht gelingt, eigene neue Ausdrucksformen... Kultus und Mythus zu finden, so wird sie für die Geschichte der Kirche ebenso eine Episode sein, wie der Rationalismus» (*Ethische* 740). Eso significa que son necesarias en la iglesia: «Priesterliche oder prophetische Naturen» (*Ibid* 740).

tar su forma de cristianismo, recreándola de forma artificial[10]. Para renovar el mito se exigen mentes creadoras, sacerdotes y profetas.

Bultmann piensa que el viejo Jesús de la historia no basta. Por eso, mientras lleguen esos nuevos profetas y/o sacerdotes, creadores de una nueva religión, quizá postcristiana, mientras surja un nuevo culto con su mito, no tenemos más remedio que aceptar el presente: Rechazar lo que ya no dice nada, mantener aquello que aún puede servir, buscar nuevas formas de cristianismo (o de religión postcristiana).

Al mismo tiempo, como buen liberal, de origen neokantiano, Bultmann reconoce que la religión no es sólo una tarea moral, pero tampoco puede reducirse a puro mito, sino que ha de contener una vivencia profunda que se expresa en formas míticas, pero que las sobrepasa. Bultmann sabe que Dios está más allá de los postulados e ideales morales de los hombres, y así reconoce la importancia del nuevo deseo de "mística" que está apareciendo en la conciencia cristiana de Europa (año 1920), aunque añadiendo que no se puede abandonar el campo de la buena moral.

Está convencido de que debemos encontrar al Dios verdadero, más allá de nuestros propios pensamientos y trabajos (o, mejor dicho, descubrir su revelación y acogerle, dejándonos transformar por su presencia). Pero ¿cómo? Sabe, por un lado, que sólo cada persona, cada creyente, puede decidir sobre el sentido de su vida religiosa. Pero reconoce, al mismo tiempo, que lo importante no son nunca las formas de expresión ni los estados de la psique, sino sólo Dios, el Dios que en la mística es puro descanso, cuando el alma ha llegado a olvidarse de sí misma, el Dios que en la moral verdadera desborda lo que hagamos, descubriendo el interno destino que nos guía. Es como si estuviera buscando una nueva revelación. Así piensa cuando escribe su primera obra cumbre, la *Historia de la Tradición sinóptica*[11].

---

[10] En esa línea escribirá años más tarde A. Schweitzer su *Die Mystik des Apostel Paulus, Mohr*, Tübingen 1930.

[11] Significativamente (*Ethische*, 1920) se encuentra cerca de las propuestas y previsiones que formulaba por esos mismos años el sociólogo M. Webber, hablando de la necesidad de una nueva revelación de Dios.

4. Pervivencia de Jesús, historia de la tradición sinóptica (1921)

Este libro se publicó en un momento clave de la teología y de la vida de Alemania y Centroeuropa[1]. Eran tiempos de gran crisis política y social, con fuerte creatividad exegética y teológica (sobre todo en el campo protestante), y Bultmann estaba llegando a la plenitud de su vida, en el plano religioso (búsqueda de la identidad cristiana), intelectual (comprensión de la existencia humana) y práctico (análisis filológico). Sólo entonces, en medio de una gran generación de exegetas y pensadores cristianos, pudo escribir una obra como ésta.

Es un trabajo de filigrana literaria, que ha llenado la historia exegética de casi todo el siglo XX (y que sigue influyendo todavía, a principios del siglo XXI, en la visión de la historia que va de Jesús a los orígenes cristianos). Apareció en 1921, pero tardó cierto tiempo en convertirse en obra de gran éxito: la segunda edición llegó a los diez años (1931), la traducción inglesa a los cuarenta y dos (1963), la española casi a los ochenta (2000)[2]. Pero desde entonces ha sido y sigue siendo un texto vivo, un documento clave de la historia religiosa de occidente, tanto por su visión de Jesús como por la forma en que interpreta el despliegue moral y religioso de las primeras comunidades cristianas.

---

[1] *Geschichte der Synoptischen Tradition*, FRLNT 29, Vandenhoeck & Ruprecht, Göttingen 1921.

[2] *The History of the Synoptic Tradition*, Blackwell, Oxford 1963. La traducción fue elaborada por J. Marsh, discípulo de Bultmann, en los años en que apareció la segunda edición alemana de su obra (1931-1932). Yo mismo preparé ý prologué la traducción española: *Historia de la tradición sinóptica*, Sígueme, Salamanca 2000.

1. Punto de partida. Jesús de la historia, Cristo de la fe

Desde el comienzo de su obra teológica, Bultmann había querido unir el estudio del contexto histórico (social) y la exégesis bíblica, y así lo hizo, en esta obra preparada en plena crisis "liberal" y publicada tras la Guerra Europea (1914-1918), antes de su "conversión" al cristianismo dialéctico (que comenzará el año 1922). Estos soportes apoyan su trabajo:

– *Fondo histórico y social*. Los evangelios sinópticos recogen las tradiciones de unos hombres que han expresado su experiencia religiosa, sus preguntas y respuestas partiendo del mensaje de Jesús (en una línea moralista), pero han desembocado en la visión de ese Jesús como Cristo de Dios, Señor a quien sus fieles deben adorar en el culto sagrado. La experiencia recogida en esos libros no se puede tomar como definitiva, pues no que responde a los problemas y preguntas de la actualidad, pero ofrece el ejemplo y testimonio de aquello que han vivido y transmitido unos hombres significativos de las primeras generaciones cristianas.

La experiencia de esas generaciones se ha expresado en unos libros convergentes y distintos (sinópticos) de "historia religiosa", que surgieron en un contexto social bien determinado, como producto de la creatividad espiritual y social de las primeras comunidades, en el cruce entre el judeo-cristianismo de Palestina y el cristianismo helenista.

– *Aportación religiosa*. Los primeros cristianos expresaron su forma de entender y actualizar el mensaje de Jesús a través de sus tradiciones, en un momento en que la experiencia básica de las comunidades de Palestina se transformaba y recreaba de una forma mítica, en el nuevo contexto del cristianismo helenista, creando así la figura "religiosa" de la vida de Jesús (con sus milagros, dichos, pasión...), que los cristianos anteriores como Pablo no habían valorado de manera salvadora.

Al centrarse en esas tradiciones, Bultmann no quiso ofrecer una teología confesional cristiana, sino estudiar y presentar la visión de unos cristianos antiguos que expresaron su experiencia creyente reelaborando en forma mítica los recuerdos de la historia de Jesús.

Da la impresión de que Bultmann identifica (o al menos compara) su tiempo (año 1921) con el tiempo en que surgieron los sinópticos, en el momento de paso entre un cristianismo moralista (como de las primeras comunidades de Palestina) y un cristianismo místico y cultural (en las nuevas comunidades helenistas, impulsadas por Pablo). Algo semejante debería hacer su generación, pasando del cristianismo moralista neokantiano (liberal, optimista) a una experiencia nueva del Cristo salvador divino, que irrumpe en la vida de los hombres desde arriba, desde fuera, pero Bultmann no sabe todavía cómo.

En un sentido, lo que dicen los sinópticos forma parte del pasado: Es una expresión de la conciencia moral más antigua de los cristianos de Palestina, vinculada al despliegue del mito helenista que interpreta a Jesús como Señor divino, encarnado en la historia. Aquellos cristianos antiguos hicieron lo que pudieron, al trasvasar el evangelio en unos moldes helenistas, que ya no nos sirven, aunque pueden valernos de ejemplo.

Bultmann estaba convencido de que Dios podía influir (también ahora, año 1921) de manera intensa en la vida de los hombres, hablando a través de un silencio interior o quizá de nuevos mitos, descubriendo así nuevos rasgos del Cristo. En esa línea, él estaba dispuesto a admitir que la tradición de los sinópticos (con el paso del plano moral al religioso) podía ayudarnos a entender la nueva situación religiosa, y como profesional de la exégesis, él quiso investigar el tema[3].

---

[3] Como he venido diciendo, Bultmann proviene de la Teología liberal, vinculando en su vida y obra un racionalismo moralista y de una fuerte exigencia de honestidad científica. Esa teología le ha enseñado a trabajar de un modo riguroso y a separar los contenidos místicos de la fe cristiana y las fuerzas impulsoras (psicológicas y sociales) de las comunidades. Al mismo tiempo, la *Escuela de la Historia de las Religiones* le ha mostrado que el Nuevo Testamento no puede centrarse en el mensaje moral atribuido a Jesús y a la iglesia palestina, pues una religión no es sólo moralismo, como han sabido Pablo y los cristianos helenistas, que han elaborado el mito de Jesús Hijo de Dios, es decir, salvador universal. Desde

En los años anteriores (1908-1921), Bultmann había escrito diversos trabajos sobre la religión y cultura, como he venido señalando a lo largo de este capítulo. Pero su aportación fundamental está ligada a su estudio decisivo sobre la *Historia de la Tradición Sinóptica*, una obra de orfebrería crítica (literaria, histórica) donde fue fijando el surgimiento y despliegue de las formas (pequeñas unidades) que tratan de la vida y mensaje de Jesús, tal como se ha transmitido en las primeras iglesias, hasta desembocar en los evangelios sinópticos. Esta obra recoge y resume así su paciente labor de científico, vinculada a su visión de la historia del cristianismo y a su pensamiento teológico, y en ella ofrece su aportación "científica" más importante, vinculando análisis literario, historia social de las comunidades y trasfondo filosófico-teológico de la fe cristiana.

–Valores literarios. La historia de las formas considera los textos de la Biblia como resultado de una larga gestación que ha ido recogiendo, modelando y creando de un modo sucesivo los datos anteriores. Decenios de estudio científico habían pretendido resolver los problemas sinópticos postulando diversos documentos independientes al principio, unidos luego formando obras más amplias. Sin embargo, había muchos problemas por resolver (o, al menos, por plantear).

En ese contexto, fue un éxito indudable el que varios investigadores aplicaran, casi a la vez, el método de la historia de las formas (Bultmann, Dibelius, Schmidt...), estudiando unidades literarias que habrían tenido una vida y transmisión independiente antes de ser recopiladas en los sinópticos. Dentro de un marco histórico muy amplio (bautismo, vida pública, pasión y muerte de Jesús), cada pequeña narración constituye un todo independiente, y ha sido encuadrada en un orden preciso, en un tiempo y un espacio, por los evangelistas.

---

una perspectiva liberal se entienden sus palabras sobre los datos psicológicos que acompañan a los grandes creadores religiosos (GV I, 2; *Die Bedeutung der E.* 80-82; *Das religiöse* 181 ss) y su distinción entre el *núcleo* religioso y su envoltura (*Sozialismus* 443; *Urgemeinde*: RGG 5 (1913) 1522. Sobre la Escuela de la Historia de las Religiones, cf. F. W. Sticht, *Die Bedeutung* 67 ss; Bultmann, *Ethische* 726; *W. Heitmüller*: ChW 40 (1926) 209 ss.

– *Importancia social.* Las comunidades palestinas no sintieron la urgencia de forjar una vida de Jesús; les bastaba recordar sus palabras aisladas, transmitir su actividad de mensajero y profeta, dentro de unas comunidades judías (judeo-cristianas), que seguían moviéndose en el mismo contexto cultural de Jesús, destacando la necesidad de una conversión moral y la esperanza del Reino, que debía llegar muy pronto. Pues bien, las nuevas comunidades helenistas superaron ese contexto y vieron a Jesús como Kyrios, de manera que, sin desvincularle de sus bases históricas (ni separarlo del todo de Israel), le presentaron como un Dios salvador adorado en el culto (mito).

Ése fue un proceso teológico que debe entenderse desde las circunstancias de aquel tiempo (del 30 al 70 d. C.), en un contexto helenista, pues los griegos contaban historias de dioses que habían aparecido y actuado en forma humana. De una forma lógica, en un momento dado, los diversos relatos acerca de los hechos y palabras de Jesús (con sus sentencias de tipo profético y escatológico) podían y debían unificarse desde un trasfondo helenista, de tipo mítico y ontológico. Esos relatos no podían seguir estando aislados, separados los unos de los otros, en clave profética judía, sino que era preciso unirlos, y así se hizo, logrando presentar una visión unitaria del Hijo Divino actuando en el mundo. De esa forma se creó el mito de Jesús, Dios encarnado que se muestra (aparece y actúa) en la historia de los hombres.

– *Trasfondo teológico.* Los autores de sinópticos (tras el año 70 d. C.) no quisieron contar simplemente la vida histórica de un simple profeta crucificado (con su doctrina moral y escatológica judía), sino transmitir una idea teológica (una vivencia de fe), centrada en la visión de Jesucristo como Hijo de Dios y Señor (salvador) de los hombres, un "Dios judío" revestido con los ornamentos y signos de los dioses y señores del helenismo tardío. Esa transmutación o "transfiguración" de Jesús resultaba lógica, y se hizo de un modo casi natural, pues así lo exigía el nuevo "Sitz im Leben", el nuevo contexto vital y social (religioso) de los cristianos helenistas, que tuvieron que entender y acoger a Jesús en los moldes de su religiosidad y de su cultura mítico-filosófica.

Pues bien, para conseguir y "exponer" una imagen humana de ese Cristo mítico (Hijo de Dios) fue necesario trazar su historia, de un modo unitario. Eso es lo que hizo por primera vez el evangelio de Marcos, mostrando la estrecha unión entre el Dios cultual (un Kyrios que actúa sobre el mundo) y un hombre concreto, conocido con el nombre de Jesús de Galilea. Cuando se redactó ese evangelio se recordaba todavía, de manera más o menos unitaria, la vida de Jesús; sin embargo, la fuerza que unirá los diversos datos transmitidos es el mito de Cristo, de manera que los evangelios aparecerán como testimonio de la epifanía de lo eterno[4].

Bultmann escribió de esa manera una obra doble, con los valores y defectos que ella implicaba. (1) Como filólogo, formado en la mejor tradición de la cultura griega (¡mucho más que en la judía!), Bultmann quiso *leer* los textos básicos del Nuevo Testamento y en especial los sinópticos, como testimonio de la historia del primitivo cristianismo, y lo hizo desde las tradiciones helenistas. En el fondo, de un modo casi "natural" (sin necesidad de resaltarlo demasiado), a su juicio, el verdadero cristianismo de los sinópticos (centrado en la figura de Jesús, y no en la norma de vida que viene de Dios) ha de entenderse así como una creación griega más que judía. (2). Como filósofo y teólogo, Bultmann intentó *comprender* esos textos, en un contexto cultural modelado por la tradición helenista mucho más que por la judía; ese paso del judaísmo al helenismo constituye el acto de nacimiento del cristianismo.

No olvidemos que Bultmann forma parte de la gran tradición indo-europea (o quizá mejor indo-germana), convencida de la prioridad de los valores de la cultura helenista (indo-helenista) sobre la judía. Por eso tuvo gran dificultad en comprender la novedad israelita, el valor "religioso" del judaísmo de Jesús, de tal forma que

---

[4] H. Gunkel (1862-1932) aplicó primero el método de la historia de las formas al AT. Al NT lo hicieron, junto a Bultmann: K. L. Schmidt, *Die Rahmen der Geschichte Jesu* (1919), y M. Dibelius, *Die Formgeschichte des Evangeliums* (1919). Trasfondo teológico del trabajo de Bultmann en *Ethische* 727. Fondo literario y social en *Geschichte der s. T.* 153-4, 184-5, 211-213, 226-227.

él pensaba (quizá de un modo inconsciente) que sólo el helenismo había rescatado los auténticos valores de su mensaje y de su vida, convirtiendo así el movimiento moralista ingenuo del profeta nazareno en una religión universal[5].

La base judía de Jesús habría sido como una anécdota, un tipo de catalizador previo; lo importante fue la recreación helenista de su mensaje, en un contexto más universal de culto y rito, con elementos ontológico de "revelación" divina. En ese campo de cruce privilegiado de judaísmo y helenismo nació el cristianismo. Ese trasfondo nos permite entender mejor los cuatro momentos fundamentales del *consenso hermenéutico*, que está al fondo de la exégesis de Bultmann, en el área del Nuevo Testamento y en especial de los evangelios[6].

2. Cuatro contextos: Literario, mesiánico, escatológico y social

Bultmann no discute de manera expresa esos consensos, sino que los da por supuestos, tomándolos como base de la nueva

---

[5] Evidentemente, esta visión de Bultmann no tiene nada que ver con la traducción política del anti-semitismo nazi, que estallará a los pocos años en su nación alemana. Pero hay elementos convergentes. Bultmann y gran parte de su generación de filólogos e investigadores estaban convencidos de la superioridad de la cultura helenista y del cristianismo. En ese sentido, su visión del judaísmo resulta parcial y reductiva.

Entre los que han puesto de relieve el carácter limitado, y en el fondo falso, de la interpretación del judaísmo realizada por Bultmann podemos citar: P. von der Osten-Sacken, *Rückzug ins Wesen und aus der Geschichte. Anti-judaismus bei Adolf von Harnack und Rudolf Bultmann*: Wissenschaft und Praxis in Kirche und Gesellschaft 67 (1978) 106-122: P.G. Müller, *Altes Testament, Israel und das Judentum in der Theologie Rudolf Bultmanns*, en Id., *Kontinuität und Einheit. Für Franz Mussner*, Herder, Freiburg 1981, 439-472; A. Gerdmar, *Roots of Theological Anti-Semitism. German Biblical Interpretation and the Jews, from Herder and Semler to Kittel and Bultmann*, Brill, Leiden 2010, 373-411.

[6] Años más tarde, Bultmann quiso publicar algunos de sus textos breves, en una colección llamada GV, *Glauben und Verstehen* I-IV, Mohr, Tübingen 1933/1965. Traducción castellana de los dos primeros volúmenes: *Creer y Comprender*, Studium, Madrid 1974/1976. En este momento (1921), el título más adecuado de su obra hubiera sido *Leer y comprender* (*Lesen und Verstehen*).

ciencia bíblica. Precisamente por ello son más importantes, pues definen el planteamiento y resultados de su exégesis, formando así la *base comunitaria (social)* de su investigación. Sólo una "revolución[7] mental" (histórica, literaria, religiosa) podrá cambiarlos, como parece que está sucediendo ahora, a comienzos del siglo XXI, obligándonos a replantear el estudio de la historia de Jesús.

Cuatro son, a mi juicio, esos consensos de base que están en la raíz del cristianismo, tal como la vio Bultmann: uno *literario* (teoría de las fuentes), otro vinculado al *mesianismo*, otro *escatológico* (anuncio del fin) y el último *social* (creatividad de las comunidades cristianas). Los cuatro se sitúan en perspectivas y líneas distintas, de manera que no pueden sumarse de un modo progresivo, pero de algún modo se implican y forman el trasfondo de lectura evangélica de Bultmann. Así los presentamos, de forma esquemática.

1. Consenso literario. Fuentes escritas[8]. Habían ido sucediéndose hipótesis, hasta que, a partir de H. J. Holtzmann, *Die synoptischen Evangelien* (1863) y B. Weiss, *Einleitung in das NT* (1886), se fue imponiendo la teoría de que Mateo y Lucas habían redactado sus textos a partir de dos fuentes escritas: *Marcos*, que contiene un material de tipo histórico/dramático, organizado en forma casi biográfica, y los *Dichos* (*Logia* o fuente Q), un conjunto de sentencias de tipo sapiencial, profético y escatológico que la comunidad cristiana atribuía a Jesús. De la unión de esos materiales (Mc y Q), a través

---

[7] Cf. Th S. Kuhn, *La estructura de las revoluciones científicas*, FCE, México 1965.

[8] La teoría de las fuente o *documentos* del Pentateuco, desarrollada a partir de escritos de J. Wellhausen (1844-1918), reunidos en *Die komposition des Hexateuchs* (1885) supone que en la base de los cinco o seis primeros libros del AT habría dos documentos antiguos (J y E: Yahvista y Elohista), unidos hacia el 750 a. C, a los que se añadió tras el 620 el D (Deuteronomio) y más tarde (hacia el 500) el Sacerdotal o P, que sería responsable o inspirador de la redacción final del libro. Wellhausen se apoyó en trabajos previos de W. M. L. De Wette (1780-1849), sobre los textos jurídicos, y en las investigaciones de K. H. Graf (1815-1869), que había mostrado que ni el Deuteronomio, ni los profetas ni los libros históricos (de Jos a 2 Rey) conocían la ley sacerdotal (P). El consenso sobre los documentos del Pentateuco ha durado unos cien años, (de 1885 a 1985), pero ha empezado resquebrajarse a finales del siglo XX. Cf. A. de Pury (ed.), *Le Pentateuque en Question*, Le Monde de la Bible 21, Genève 1989.

de un proceso de vinculación y recreación, han surgido los sinópticos mayores, Mt y Lc. El Evangelio de Juan ha seguido un camino en parte diferente, pero asume también el modelo de fondo de Marcos, pero con discursos y ampliaciones místicas de tipo existencial[9].

Bultmann asume este consenso, presentando a Marcos como primer evangelista, en sentido literario y confesional: Él vinculó de forma coherente dos impulsos principales: (a) *La tradición judeocristiana de los dichos y hechos de Jesús*, antes dispersa y multiforme, expresada sobre todo a través de apotegmas o sentencias enmarcadas en una breve narración. (b) *El mito helenista del Cristo judío y universal* a quien concibe como Hijo de Dios y Señor venerado por los fieles en el culto.

Esas dos líneas estaban previamente separadas: los *judeocristianos* sólo recordaban a Jesús como profeta, no como ser divino (Cristo, Señor); en principio, los *helenistas* como Pablo, no se interesaban por los dichos y los hechos del Jesús histórico. Sólo en un momento posterior, tras la muerte de Pablo, algunos helenistas (como Marcos) vincularon el mito de Cristo con la figura y mensaje de Jesús, escribiendo la historia helenista de Jesús como Hijo de Dios, una historia que ha estado desde entonces en la base del cristianismo.

Marcos trazó de esa manera las líneas básicas del "imaginario" del cristianismo posterior, identificando temáticamente al Jesús histórico (judío) con el Cristo/Señor de la fe (en clave helenista), construyendo para ello una preciosa y muy precisa *narración pascual de la vida de Jesús*, centrada en el camino que llevó a su muerte y en

---

[9] H. J. Holtzmann (1832-1910) había estudiado las fuentes de los sinópticos, elaborando una *Teología del NT* (1885) que en algún sentido anuncia la de Bultmann, que luego evocaremos. B. Weiss (1827-1918) trabajó también sobre la introducción, exégesis y teología del Nuevo Testamento. Ambos mostraron que la forma más sencilla de entender la tradición sinóptica consiste en postular la prioridad de Marcos (primer evangelio) y la existencia de una Fuente complementaria Q (=Quelle). Cf. S. Neill, *La Interpretación del NT*, Edicions 62, Barcelona 1967, 131-171; W. G. Kümmel, *Das Neue Testament. Geschichte der Erforschung seiner Probleme*, Alber, Freiburg/München 1970, 177-200; H. Zimmermann, *Los métodos histórico-críticos en el NT*, BAC, Madrid 1969, 80-130.

el anuncio de su resurrección. Ese relato no puede entenderse en forma histórica o biográfica (no recoge los hechos de Jesús, ni el mensaje previo de la iglesia), sino que ha sido creado por el mismo Marcos (desde su comunidad helenista).

Marcos aparece así como el verdadero responsable de la reinterpretación histórica del mito helenista cristiano, cosa que Pablo no había logrado (o no había intentado, pues las circunstancias no estaban maduras para ello). En esa línea, el verdadero "paso" no es el que va del Jesús histórico (judío) al Cristo de la fe (helenista), sino al contrario: El momento fundador del cristianismo posterior es aquel en el que Marcos y otros reescribieron históricamente el mito del Cristo helenista, creando así la "figura" del Cristo que camina por la tierra, como auténtico Dios encarnado. En esa línea, el dato más novedoso no ha sido la mitificación de la historia de Jesús, sino la historificación del mito del Cristo[10].

Bultmann acepta también la existencia de la *fuente o documento Q*, con sus tradiciones judías radical (de amor al enemigo y de entrega de la vida) que pueden vincularse y se vinculan de un modo radical al "mito" del Cristo encarnado. Supone que fue escrito originalmente en arameo, siendo traducido luego al griego en un proceso de transformaciones y crecimientos que ya no podemos controlar. Es muy posible que Mateo y Lucas tuvieran ante sí versiones diferentes de esa "fuente", enriquecidas por aportaciones helenistas. Pero en su fondo, el material del Q resulta básicamente antiguo, de la comunidad palestinense.

Es posible que ese documento haya recogido también algunos dichos de sabiduría popular, anteriores a Jesús, adaptados a la tradición del evangelio, y puestos ya en boca del Mesías de la historia, como revelación de Dios. Jesús ya no aparece así sólo como un profeta o sabio judío en especial, sino como un sabio universal,

---

10 Esa interpretación de Marcos está en el fondo de una de las reelaboraciones más audaces y unilaterales de la historia del cristianismo primitivo: B. L. Mack, *A Myth of innocence. Mark and Christian Origins*, Fortrress, Philadelphia 1988. El Jesús de Marcos no sería un hombre divinizado sino un Dios humanizado en forma mítica.

que podrá aparecer más tarde con rasgos cínicos o estoicos, orientales u occidentales.

Este consenso sobre Mc y la fuente Q sigue en gran parte vigente todavía, de manera que en algún sentido nos hallamos en el mismo lugar donde Bultmann se hallaba (en la visión del origen del cristianismo), aunque podemos trazar algunas diferencias. Sobre el Q se han escrito libros infinitos y, sin embargo, es poco lo que podemos añadir con seguridad a las afirmaciones anteriores. Sobre *Marcos* podemos trazar algunas distinciones: La función que Bultmann le atribuye resulta por un lado excesiva (quizá no ha sido él quien ha creado la unión entre historia de Jesús y mito de Cristo, pues eso lo había hecho ya una iglesia anterior) y por otro insuficiente (Marcos es autor, no puro recopilador de tradiciones).

Podemos afirmar que Bultmann situó bien los problemas de la tradición sinóptica (apoyándose en Marcos y el Q), ofreciendo además una respuesta personal muy importante sobre este tema, que sigue siendo uno de los núcleos de discusión más significativos de la exégesis e historia bíblica hasta el día de hoy. Pero su aportación fundamental se sitúa en un plano anterior: En el estudio de las primeras tradiciones de la comunidad palestina y helenista[11].

2. Consenso mesiánico. Jesús profeta, el Cristo escatológico de Dios. La investigación bíblica de finales del siglo XIX se interesó por las fuentes del evangelio y por el sentido de la identidad del Jesús de la historia más que por el Cristo de la fe. En esa línea, las

---

[11] En la línea de su visión unilateral de Mc, ya citada, B. L. Mack, *El Evangelio perdido. El documento Q.*, M. Roca, Barcelona 1994, ha interpretado el Q como documento clave de una comunidad galilea (palestina) de seguidores de Jesús, que no creen en su divinidad, ni mesianidad. Bultmann quiso ser más sobrio, pero se movía ya en la misma línea. A su juicio, el Q reflejaría la experiencia y teología de unos judíos jesuánicos, que no aceptaban todavía el mito helenista (divino) de Pablo, recreado por Marcos. Como afirma G. Theissen (*Jesús histórico*, Sígueme, Salamanca 1999), las cosas pudieron ser más complejas.

Para una crítica de ese carácter "no cristiano" del Q, cf. Ch. M. Tuckett, *Q and the History of Early Christianity*, Clark, Edinburgh 1996. He desarrollado una visión de conjunto de la historia de la tradición evangélica previa a Marcos en *Introducción* a *La Buena Nueva de Jesús. Evangelio de Marcos*, Verbo Divino, Estella 2012.

"aportaciones" principales de Bultmann se encuentran ligadas a la obra de dos nombres fundamentales de la exégesis del Nuevo Testamento a finales del siglo XIX (Kähler y Wrede):

– *M. Kähler* (1835-1912) fue dogmático y exegeta, y vinculó el estudio de las fuentes de los evangelios con su interpretación creyente. Él descubrió y formuló, en un libro titulado *Der sogennante historische Jesus und der geschichtliche, biblische Christus* (1892), una "tesis" que desde entonces ha sido básica para muchos pensadores: el *Jesús de la historia fáctica* (*der historische Jesus*) fue un simple hombre (un profeta judío), al que debemos estudiar con métodos de critica científica; el *Cristo de la historia bíblica* (Cristo de la fe, *geschichtliche, biblische Christus*) fue y sigue siendo una figura suprahistórica, divina, adorada por los fieles. Kähler abrió así un abismo entre la *Historie* o realidad mundana de Jesús (sujeta al paso del tiempo) y la *Geschichte* o revelación salvadora (intemporal, supra-temporal) de Cristo, tal como ha sido desarrollada por la iglesia helenista y aceptada por el NT (en su testimonio creyente y en su predicación misionera). Eso significa que el NT no es un libro de historia sobre Jesús, sino de teología de las comunidades que han creído en él[12].

– *W. Wrede* (1859-1906) publicó el 1901 un libro sobre *El Secreto Mesiánico en los Evangelios* (*Das Messiasgeheimnis in den Evangelien*) donde, avanzando en la línea anterior de M. Kähler, presenta dos tesis que serán fundamentales para la teología bíblica posterior, asumidas por Bultmann y re-elaboradas a lo largo del siglo XX. (1) *Jesús* no se presentó como mesías, sino como un profeta israelita, predicador de conversión, maestro de moral, dentro del más puro judaísmo. (2) En contra de lo que se venía creyendo, *Marcos* no ha ofrecido un relato fidedigno de la historia de Jesús, sino que su evangelio es el resultado de una construcción teológica. El Jesús histórico no se sintió ni quiso ser mesías, sino que fue un simple y profundo maestro de moralidad. La figura del Cristo salvador y el

---

12 Nueva edición de la obra de Kähler en ThB 20, Kaiser, München 1961, con prólogo de E. Wolf (pags. 5-12). Cf. B. Lohse, "Martin Kähler", en H. J. Schultz, *Tendencias de la teología del siglo XX*, Studium, Madrid 1970, 17-22,

mesianismo cristiano es una construcción pascual de la iglesia, formulada de un modo destacado en Marcos[13].

Suele decirse que *Kant* negó el valor del argumento filosófico de la existencia de Dios para abrir de esa manera el camino de la fe (a Dios se le conoce sólo en perspectiva creyente). Pues bien, *Kähler y Wrede*, representantes máximos de la exégesis de finales del siglo XIX, negaron también el camino (y argumento) de la historia, para interpretar y presentar a Cristo en una línea creyente, como expresión de la fe de las comunidades.

Ciertamente, ellos sabían que la *historia* de Jesús es importante, y resulta necesario estudiarla en un nivel de ciencia. Pero su importancia como revelador de Dios (Cristo o Señor) no se sitúa a ese plano, sino en el ámbito de la revelación eterna de lo divino (en un contexto de fe, en un plano de mito). El verdadero centro de la religión cristiana no es ya el hombre judío que anunciaba la llegada del Reino de Dios, sino el Cristo Jesús que ha de venir al fin de los tiempos, para realizar el juicio de Dios sobre la tierra.

De esa forma, ellos rompieron el optimismo ingenuo de los idealistas neokantianos, que interpretaban a Jesús desde la perspectiva del progreso moral que se va expresando a través del despliegue de la historia. Quizá sin quererlo expresamente, ellos se encuentran en el fondo de eso que podemos llamar la *ruptura cristológica*. Con el fin del idealismo neokantiano (la caída de la fe en los ideales del progreso de la humanidad, en la línea de la religión moralista) se derrumbó el presupuesto inconsciente de la exegesis del siglo XIX: Jesús no había sido un buen ilustrado, un moralista kantiano o postkantiano, ni la iglesia puede interpretarse como una expresión de los valores modernos del progreso, sino que él fue un mensajero del juicio de Dios (aquel que ha de venir al final de los tiempos); por su parte, la Iglesia helenista fundó su fe en el mito del Cristo, Dios encarnado en la historia.

---

[13] Sobre Kähler y Wrede, cf. W. G. Kümmel, *O. c.* 281-285, 362-368; H. J. Kraus, *La teologia biblica. Storia e problematica* (1970), Paideia, Brescia 1979, 189-192, 296-301.

Jesús había sido un judío antiguo, que vivió en un ambiente social y religioso marcado por la expectación apocalíptica, y su mensaje no puede tomarse sin más como evangelio o buena nueva para nuestro tiempo. En contra de eso, *Cristo* fue una creación de la fe de los cristianos helenistas, algo que los protestantes ortodoxos aceptaban, mientras lo rechazaban los protestantes liberales. Así se completa y supera el *giro kantiano* de la teología. En un nivel, Jesús es pura *historia*: puede y debe interpretarse desde una perspectiva intramundana (sin valor salvador). Pero en otro nivel, Jesús ha venido a convertirse y a presentarse como mito o signo de un misterio (o de una fe) supra-temporal (es Cristo o Señor helenista).

Los primeros discípulos siguieron siendo buenos *judíos* moralistas, que transmitían las enseñanzas de su maestro Jesús. Pero los cristianos de *la iglesia helenista* recrearon su mensaje e interpretaron su vida (y su pascua) en clave de misterio "ontológico" religioso, viéndole como Presencia eterna de Dios. Fueron esos cristianos helenistas los proyectaron la figura mítica del Hijo de Dios sobre la historia de Jesús, recreándola de un modo poderoso, para crear así una religión "sobrehumana", fundada en el Dios que actúa desde arriba (desde fuera), no en el hombre que descubre en su verdad humana la verdad y plenitud de lo divino.

De la unión de esos planos (mensaje moral de Jesús, fe helenista en el Cristo superior que actúa sobre el mundo) ha surgido el *evangelio*, entendido como expresión sacral (eterna) de la vida del Hijo de Dios que se expresa en Jesús, desde una perspectiva monoteísta, en clave histórica y llena de hondura moral, cosa que los viejos mitos griegos y romanos no habían logrado. Esos mitos griegos (y romanos) eran muy valiosos, pero necesitaban tres grandes transformaciones para extenderse. (a) Una transformación moral, que permitiera distinguir el bien y el mal, como pudo hacer la figura de Jesús. (b) Una transformación histórica, que permitiera situar al salvador divino en un momento determinado y concreto de la historia, como el de Jesús. (b) Una transformación monoteísta, que permitiera concentrar todos los dioses en uno (el Dios judío) y todos los mediadores y mitos en uno (el mito salador de Jesús, Cristo crucificado).

Esta triple transformación (moral, histórica y teológica) hizo posible la unión radical de judaísmo y helenismo, a través de Jesús. Es como si mundo religioso helenista estuviera esperando una figura como la del Jesús judío para proyectar sobre ella sus más hondos valores, creando así la religión helenista universal del Cristo judío. Es como si el mundo religioso judío tuviera necesidad de un contexto helenista para universalizarse[14].

3. Consenso escatológico. Anuncio del Reino y fin del mundo. Bultmann devaluó, como he señalado, al Jesús histórico (judío moralista, crucificado), pero al presentarle después como profeta escatológico abrió de hecho un camino para entender y valorar su importancia, proyectado sobre su vida "histórica" el mito del Cristo, Hijo de Dios. Gran parte de los teólogos liberales habían visto a Jesús como un *sabio moralista,* un hombre capaz de comprender y expresar la hondura moral del alma y de unir a los hombres con la verdad de Dios Padre. Pero ese buen Jesús moralista había empezado a perder su importancia, pues empezaba a mostrarse ante muchos como un *mensajero apocalíptico,* un hombre que anunciaba, y de algún modo preparaba, la venida del fin de los tiempos: No enseñaba una moral universal, sino un corte final en la historia. Ese fue quizá el descubrimiento más sorprendente y paradójico de la exégesis de fines del siglo XIX.

La mayoría de los cristianos piadosos y de los "buenos" teólogos le habían aceptado como profeta de amor, con un mensaje que parecía capaz de ser integrado en los esquemas de una moralidad burguesa. El hecho de que algunos mitificaran su figura resultaba secundario: Bien interpretado, el mito podía ser positivo, hasta

---

[14] En el fondo de la hermenéutica de Bultmann sigue latiendo el famoso problema de G. E. Lessing (1729-1781): ¿Cómo puede manifestarse la eternidad de Dios en la historia cambiante de los hombres? ¿Cómo puede adquirir valor definitivo un hecho que se halla inmerso en la espiral de cambios del tiempo? Bultmann intentará responder a estas preguntas en su *Historia y escatología* (1957). En una perspectiva distinta se sitúan varios teólogos posteriores, como O. Cullmann, J. Moltmann y W. Pannenberg. Planteamiento sistemático del tema en J. de Kesel, *Le Refus de l'objectivation. Une interprétation du problème du Jésus historique chez Rudolf Bultmann,* An. Gregoriana 221, Roma 1981.

edificante para los buenos ciudadanos de la próspera Europa. Pues bien, lo extraño es que ahora, algunos de los exegetas más perspicaces, empezaran a entenderle como un *mensajero del fin del mundo*.

Un anuncio de ese tipo había parecido discordante en el tiempo de optimismo (antes de las guerras del 1914-1918 y 1939-1945). Los buenos liberales habían pensado que la oposición al mundo y su progreso, el terror ante el fin de la historia venían de otros frentes, de gente menos cultura; la Europa cristiana había alcanzado madurez y paz eterna, no necesitaba predicadores del fin del mundo. Pues bien, en contra de esa certeza optimista, se alzaba ahora Jesús como profeta apocalíptico, elevando un mensaje de choque (de juicio) y anunciando el fin del mundo. Estos son los dos autores que más habían contribuido a expandir esta visión.

– *J. Weiss* (1863-1914), hijo de B. Weiss, ya citado, el mismo el año en que Kähler había editado su estudio sobre el "Jesús histórico y el Cristo de la fe", publicó otro libro clave, titulado *El mensaje de Jesús sobre el Reino de Dios* (*Die Predigt Jesu vom Reiche Gottes*, 1892), demostrando, de un modo sencillo y convincente, que Jesús no se había preocupado de anunciar la bondad de la razón humano, ni el despliegue eterno del reino de las almas buenas, ni la paternidad genérica de Dios, sino que había sido más bien un profeta apocalíptico judío, que proclamaba en nombre de Dios algo que los cultos europeos no estaban preparados para oír: ¡Llega el juicio de Dios, el fin del mundo! Era como si Jesús volviera a la raíz más nebulosa del oscuro judaísmo "mítico", ahora incomprensible, oponiéndose al Israel eterno y al cristianismo del progreso racional[15].

– *A. Schweitzer* (1875-1965) avanzó en esa línea, escribiendo una *Historia (crítica) sobre la investigación de la vida de Jesús* (*Geschichte der Leben-Jesu Forschung*, 1906 y 1913), donde analizaba el contenido de las vidas escritas a lo largo de dos siglos (XVIII y XIX),

---

[15] Como he dicho ya, J. Weiss fue profesor de Bultmann y comenzó a dirigir su trabajo de investigación para la licencia en teología. Bultmann mantuvo siempre con él una relación familiar y amistosa. Cf. R. Bultmann, "Johannes Weiss zum Gedächtnis": *ThBlätter* 18 (1939) 242-246; K. Barth – R. Bultmann, *Briefwechsel* 314.

demostrando que los buenos y sabios exegetas ilustrados habían proyectado en Jesús sus presupuestos, sus mitos e ideales, sus deseos o sus miedos. Jesús había sido para ellos un pretexto, una especie de telón de fondo donde habían podido ir aplicando sus esquemas religiosos y sociales (las figuras de lo que debía haber sido el "hombre de Dios"). Pero Jesús era distinto de eso, era un profeta apocalíptico. Con este libro, A. Schweitzer colocó una especie de epitafio sobre la investigación anterior: Lo que había parecido ciencia exegética y literaria, triunfo de la racionalidad occidental, era ante todo un proyección ingenua (e interesada) de los racionalistas llamados cultos (pero poco honrados) de la ilustración europea[16].

Este descubrimiento del carácter apocalíptico de Jesús, unido a la condena de la historiografía anterior, marcó una verdadera *revolución hermenéutica*. Acababa así, de forma vergonzante (por interesada) y paradójica, la *first quest*, o primera investigación sobre la historia de Jesús. Weiss y Schweitzer no intentaban negar la identidad de Jesús, sino sustituir una historia falsa (de carácter moralista o mítico) por la verdadera, poniendo de relieve sus aspectos apocalípticos. Por su parte, el mismo Schweitzer ofreció al final de su obra una de las reconstrucciones más impresionantes de la vida y fracaso de Jesús, partiendo de una perspectiva de esperanza y fracaso escatológico.[17]

---

[16] A. Schweitzer aplicó a la investigación exegética sobre la vida de Jesús los principios de la "proyección religiosa" que Feuerbach había utilizado al hablar de Dios en su *Esencia del Cristianismo*. Los cristianos habían aplicado sobre Jesús (como en otro plano habían hecho sobre Dios), sus ideales y deseos, presentándole como soporte ideológico de su visión de la realidad humana.

[17] A. Schweitzer pensaba que Jesús había compartido la esperanza apocalíptica de Juan Bautista y otros profetas de su tiempo, aguardando la llegada inminente del reino. Se entendió a sí mismo como descendiente de David, mesías histórico, y pensó que Dios le había destinado para convertirse en Mesías celeste, Hijo del humano, que vendrá en las nubes para realizar el juicio universal. Tras un primer fracaso (Dios no avaló su anuncio de reino en Galilea) tuvo la certeza de que el mismo Dios quería hacerle Salvador trascendente, a través del sufrimiento, de manera que su muerte (necesaria) sería principio de reino.

Con esa idea subió Jesús a Jerusalén, para "forzar" la venida del Reino, pero el Reino no vino y él murió crucificado. Sobre ese fracaso de Jesús se ha construido la iglesia, empeñada en mantener su mensaje de moralidad, convertido en mito sacral. He ofrecido un resumen y juicio de esta hipótesis de Schweitzer en *Historia de Jesús*, Verbo Divino, Estella 2013.

Pues bien, a partir de ese momento, recogiendo las tesis de Weiss y de Schweitzer, la mayor parte de los investigadores, renunciaron a construir una imagen coherente de la vida de Jesús, pensando que sólo conocemos de ella algunas palabras aisladas, el sentido general de su mensaje escatológico (del fin del mundo) y el hecho de su muerte. Todo lo demás era interpretación pascual, mito helenista. Jesús no podía ofrecernos una base para recrear el cristianismo[18].

Bultmann supone, en este momento, que la vida de Jesús resulta prácticamente desconocida. Todo lo que digamos de él son proyecciones, a no ser su mensaje apocalíptico, tal como lo habían descubierto Weiss y Schweitzer. Pues bien, haciendo de la necesidad virtud, él pondrá de relieve el valor "providencial" de esa situación, pues nos permite superar el riesgo de quedar fijados en la mera historia de un Jesús moralista ingenuo, a fin de plantear así mejor los dos momentos de su identidad. (a) En un sentido histórico, como profeta apocalíptico judío, Jesús fracasó, pues su anuncio del fin no se cumplió: Murió en la cruz, este mundo continúa existiendo todavía. Ese fracaso y muerte de Jesús puede y debe vincularse al fracaso de todos los ideales humanos, tal como aparecen expresados en las grandes crisis históricas de comienzos del siglo XXI. (b). Pero surgió y sigue siendo valioso el mensaje eterno de su resurrección, interpretada de un modo helenista, como expresión del gran mito eterno de la presencia y/o acción de Dios en la vida de los hombres.

Aquí se anudan y despliegan los dos rasgos centrales del cristianismo. (a) *Fracaso del Jesús profeta apocalíptico judío*: La historia de las esperanzas de Israel ha terminado con Jesús, clavado en una Cruz, sin posible resurrección en un plano histórico; con Jesús han muerto, según los cristianos, todas las esperanzas históricas de la profecía. (b). *Experiencia pascual helenista*. Del Jesús de la historia (un apocalíptico fracasado) tenemos que pasar al Cristo de la

---

[18] Una parte de la obra de A. Schweitzer ha sido traducida con el título *Investigación sobre la vida de Jesús*, Edicep, Valencia 1990. Para mejor conocimiento de su vida e influjo, cf. G. Seaver, *Albert Schweitzer, el hombre y su obra*, Fabril, Buenos Aires 1964; S. Neill, *La interpretación del Nuevo Testamento*, EP, Barcelona 1967, 237-248; W. Bremi, *A. Schweitzer*, en H. J. Schültz (ed.), *Tendencias de la teología en el siglo XX*, Studium, Madrid 1970, 173-180.

fe pascual, expresado en formas helenistas, un mito poderoso que (según Bultmann) debería ser reinterpretado y aplicado a nuestra situación (año 1921).

De esa manera el mismo fracaso (muerte de Jesús) puede interpretarse y se interpreta como expresión de la "providencia", es decir, como principio de la nueva humanidad, fundada en la gracia de Dios, que salva a los pecadores y resucita a los muertos, conforme al mensaje radical de Pablo. Eso significa que no se puede recuperar al Jesús judío (en línea mesiánica nacional), sino solo al Cristo post-judío de las iglesias helenistas, en perspectiva univesal[19].

4. Consenso sociológico. Historia de las formas. Los momentos anteriores pueden culminar y culminan en el método de la *historia de las formas*, que debe añadirse al de las *fuentes literarias* (Q, Mc) ya evocado. Esta nueva perspectiva no niega la existencia de documentos literarios escritos (J, E, D y P en el Pentateuco; Mc y Q en los sinópticos), pero quiere probar y afirma que los textos capitales del Antiguo y Nuevo Testamento son el resultado de una *historia pre-literaria* mucho más rica y compleja, donde se refleja la vida de un grupo religioso que va descubriendo y creando sus propios relatos fundantes.

Este descubrimiento ha cambiado nuestra forma de mirar los evangelios sinópticos, que no puede entenderse como obra de unos escritores profesionales, que habrían creado sus textos de la nada, sino como recopilación (redacción) de tradiciones (formas) anteriores, que habían brotado y se utilizaban en la vida (*Sitz im Leben*) de las comunidades, que habían recreado la figura (dichos y hechos) del Jesús judío en línea helenista, partiendo del mito del Cristo. Eso significa que el verdadero cristianismo no ha sido fundado por unas personalidades superiores (es decir, por unos individuos concretos), sino por la nueva experiencia de unas comunidades que han captado la nueva situación que ha surgido en sus vidas tras Cristo.

---

[19] La discusión sobre la escatología de Jesús ha seguido abierta, determinando no sólo la teología del siglo XX, sino también nuestra visión de Jesús y el evangelio, como he mostrado en la Introducción a *La Buena Nueva de Jesús. El Evangelio de Marcos*, Verbo Divino, Estella 2012.

Los "redactores" de de la nueva "historia mesiánica de Jesús" (tal como ha sido recogida por Marcos y fijada en los sinópticos) no habían tenido autoridad para crear nuevos relatos históricos o ficciones, sino que escribieron sus textos a partir de la riqueza cultural y religiosa de la vida de sus comunidades, esperando que ellas asumieran como propios sus libros, cosa que hicieron. Según eso, en el fondo de los complejos narrativos y legales de la Biblia Cristiana (centrada en los Evangelios) subyacen tradiciones y unidades literarias anteriores, que han tenido su origen e historia (su *Sitz*) en la vida (*Leben*) de la iglesia, antes entrar en la Biblia. Así lo han mostrado algunos exegetas, ya citados, cuyo pensamiento se encuentra cerca del de Bultmann:

– *H. Gunkel* (1862-1932) mostró que un esquema de ese tipo aparece ya en la redacción de las tradiciones del Pentateuco judío (que así puede compararse con los evangelios cristianos). Asumiendo un esquema literario y religioso de la Escuela de la Historia de las religiones, Gunkel ha elaborado y aplicado las directrices básicas de la historia de las formas al Antiguo Testamento, primero en su trabajo sobre las tradiciones del origen y meta del tiempo (*Schöpfung und Chaos im Urzeit und Endzeit*, 1895) y después en su comentario al *Génesis* ([1]1901, [3]1910).

Los textos finales del Pentateuco (y de muchos salmos) recogen, a su juicio, viejas sagas y leyendas, himnos sagrados y leyes de tipo cultual o sacral transmitidas de viva voz. Antes de ser literatura escrita, la Biblia fue *tradición oral*: Textos repetidos, aplicados y recreados en diversos contextos de la vida (*Sitz im Leben*) del pueblo. Había, lógicamente, *leyes* que debían cumplirse en el ámbito social y sacral, *himnos* que se cantaban en el culto, *narraciones* para recordar, *leyendas* para explicar el origen y sentido de una institución etc. Por eso, antes de estudiarlas en la Biblia, debemos evocarlas y entenderlas en su ambiente o contexto originario[20].

---

[20] Cf. K. von Rabenau, *H. Gunkel*, en H. J. Schültz (ed.), *O. c.* 89-98. El mismo Gunkel aplicó su estudio al Nuevo Testamento, de un modo especial al Apocalipsis, como ha mostrado W. G. Kümmel, *O. c.* 313-328.

– *M. Dibelius* (1883-1947) publicó en 1919 su obra programática sobre *La historia de las formas del evangelio*[21], que ha dado nombre a la nueva "escuela" (*Formgeschichte*). En ella analiza las pequeñas unidades evangélicas de un modo sintético y constructivo, a partir de las necesidades de la *predicación* cristiana.

Bultmann se muestra en sintonía básica con Dibelius, tanto en la manera de valorar la tradición como en la de interpretar muchos textos concretos. Ciertamente, ofrece diferencias, sobre todo en la división de las formas (Dibelius habla de paradigmas y Bultmann de apotegmas...), pero ellas deben entenderse desde una fuerte coincidencia de fondo[22].

– *K. L. Schmidt* (1891-1956) publicó, siendo aún muy joven, el mismo año que Dibelius (1919), un libro programático sobre el entorno o contexto narrativo de la historia de Jesús en Marcos (*Die Rahmen der Geschichte Jesu*), mostrando el carácter secundario, es decir, teológico de ese esquema narrativo. Así llegó, desde otra perspectiva, a los mismos resultados de W. Wrede: Marcos no es un libro de historia sobre Jesús, sino una construcción teológica, fundada en la fe de la iglesia y/o en la capacidad narrativa del evangelista.

Así lo mostró analizando de un modo preciso el despliegue de la *historia de la pasión*, que no recoge los datos de una tradición

---

[21] Obra original *Die Formgeschichte des Evangeliums*. La 6ª edición (Mohr, Tübingen 1971), traducida al castellano por J. M. Díaz Rodelas (Edicep/San Jerónimo, Valencia 1984), lleva un epílogo de G. Iber y un prólogo de G. Bornkamm.

[22] Se ha solido decir que Dibelius es más tradicional y respeta mejor la historia de Jesús, mientras que Bultmann es más crítico; se ha añadido que Dibelius es más eclesial y valora más el mensaje de la primitiva comunidad cristiana, mientras que Bultmann es más crítico y destructivo. Por eso, muchos católicos han recibido mejor a Dibelius (al menos en teoría), rechazando duramente a Bultmann. No parece que esa distinción sea consecuente. Ni Bultmann ni Dibelius advirtieron tales diferencias.

Es claro que ambos pueden y deben completarse, uniendo la visión de conjunto (Dibelius) y el análisis concreto de formas y textos (Bultmann), como ha mostrado G. Theissen en el *Epílogo* a la edición castellana de la *Historia de la Tradición Sinóptica*, Sígueme, Salamanca 2000; pero la visión de fondo de ambos pensadores resulta semejante. En especial sobre Dibelius, cf. W. G. Kümmel, *O. c.* 332-337, 442-450; *Dibelius als Theologe*: ThLZ 74 (1949) 129ss.

antigua, como se había pensado, sino que es obra literaria y teológica del mismo Marcos. Pues bien, si Marcos ha sido "constructor" y responsable de ese núcleo central de su texto se podrá decir que el conjunto de los evangelios es resultado de la redacción de los evangelistas. Bultmann asume la tesis de Schmidt, tomándola como una de las claves de su reconstrucción de la historia de la tradición sinóptica[23].

Es normal que el estudio de la tradición sinóptica se centre en los relatos de la pasión (Mc 14-15), no sólo por motivos literarios,

---

[23] Cf. S. Neill, *O. c.* 292-296; W. G. Kümmel, *O. c.* 419-423. Semblanza teológico-exegética en O. Cullmann, "Karl Ludwig Schmidt 1891-1956", *Vorträge und Aufsätze*, Mohr, Tübingen 1966, 675-682 (=ThZ Basel, 12 [1956] 1-9). A las obras anteriores se podrían añadir otras, como la de M. Albertz, *Die synoptischen Streitsgespräche. Ein Beitrag zur Formgeschichte des Urchristentums*, Berlin 1921. Pero las citadas (Dibelius y Schmidt) bastan para situar y valorar la de Bultmann. Estudio general en H. Zimmermann, *Los métodos histórico-críticos en el Nuevo Testamento*, BAC, Madrid 1969, 131-232; K. Koch, *Was ist Formgeschichte*, Neukirchener, Neukirchen. 1974. Visión de conjunto, en E. V. McKnight, *Was is Form Criticism*, Fortress, Philadelphia 1969; A. Piñero y J. Peláez, *El Nuevo Testamento. Introducción al estudio de los primeros escritos cristianos*, Almendro, Córdoba 1995, 367-387.
Significativamente, el trabajo de Schmidt sigue estando en la base del estudio y de la controversia reciente sobre la tradición y redacción de los evangelios. Bultmann compartió su manera de entender la pasión de Marcos, afirmando, de manera provocativa, que ignoramos la razón última y la forma en que Jesús asumió su muerte, temas que, por otra parte, resultan secundarios, pues la fe no se afirma en ellos, sino en la confesión pascual, expresada en el "misterio" supra-histórico de la revelación de Dios en la resurrección.
Avanzando de manera consecuente en esa línea, B. Mack, *A Myth of Innocence: Mark and Christian Origins*, Fortress, Philadelphia 1988 y J. D. Crossan, *Jesús. Vida de un campesino judío*, Crítica, Barcelona 1994, tenderán un silencio total sobre la muerte de Jesús: Sabemos que murió, pero ignoramos cómo; probablemente fue arrojado a la fosa común, no podemos decir nada de su entierro y pascua, temas que han sido creados por la iglesia. Por eso, la fe cristiana debe separarse de las narraciones de la muerte de Jesús, con sus discursos sacrificiales o míticos sobre la entrega expiatoria. Ofrecen una perspectiva histórica distinta, más cercana a la tradición antigua de la iglesia, R. E. Brown, *The Death of the Messiah* I-II, Doubleday, New York 1994, y J. P. Meier, *A Marginal Jew*, I-IV, Doubleday, New York 1991 ss (=*Jesús, un judío marginal*, EVD, Estella 1998ss). También G. Theissen, *Colorido local y contexto histórico de los evangelios*, BEB 95, Sígueme, Salamanca 1997, 145-223, postula una tradición y redacción temprana para la historia de la pasión. He discutido el tema, proponiendo mi interpretación en *El Evangelio de Marcos*, Verbo Divino, Estella 2012 y en *La historia de Jesús*, Verbo Divino, Estella 2013.

sino por sus implicaciones teológicas. Es aquí donde el recuerdo de Jesús se ha expresado de manera, al parecer, más unitaria y coherente; aquí se vinculan y refuerzan (o chocan entre sí) las tradiciones pre-sinópticas y la confesión mesiánica (o mítica) de la comunidad helenista y especialmente de Pablo, que presenta la muerte de Jesús como acontecimiento salvador. Pues bien, la historia de la pasión de Jesús en Marcos (y en todos los evangelios) no recoge ya el relato de la muerte de un profeta apocalíptico judío, sino que anuncia y describe la muerte del Cristo Helenista, del Hijo de Dios.

La comunidad helenista ha proyectado su experiencia mítica sobre la historia del Jesús judío, reescribiéndola desde sus propios ideales místicos y sacrificiales. Fue esta comunidad la que "re-inventó" la historia de Jesús, proyectando sobre ella (sobre el profeta galileo) su experiencia religiosa, en un momento clave de transformación social, en la segunda mitad del siglo I d. C. Según eso, el Evangelio Cristiano no puede entenderse como descubrimiento particular de unos creadores aislados (ni siquiera de Pablo), sino como experiencia de la novedad radical de unas comunidades cristianas, en el lugar de cruce entre la herencia judía de Jesús y la novedad helenista de su descubrimiento como Cristo. En ese contexto se sitúa Bultmann cuando publica su primera edición de la *Historia de la Tradición Sinóptica* (1921), una obra que sigue siendo lugar de referencia obligada para el estudio de la tradición sinóptica y del cristianismo primitivo.

3. Nueva búsqueda teológica. Las dos iglesias.

Los consensos anteriores (literario, cristológico, apocalíptico y social) nos sitúan en el centro de una intensa problemática histórica y teológica, de tipo religioso. Como he dicho ya, al acabar la primera guerra mundial (1914-1918), Bultmann sintió un tipo de atracción por el socialismo, entendido como experiencia de vinculación supra-personal y de transformación de las relaciones humanas. En ese contexto se plantea el problema básico de la relación entre la historia de Jesús y la capacidad creadora de las comunidades cristianas, de la que he tratado ya inicialmente.

La comunidad judeo-cristiana de Palestina mantuvo básicamente el mensaje y esperanza de Jesús, pero con impulsos nuevos, que tendían a romper los odres viejos del monoteísmo moral de las tradiciones del Antiguo testamento. Asumiendo ese impulso, muy pronto las comunidades helenistas "inventaron" el mito del Cristo, a partir del recuerdo de Jesús, proyectando sobre él su experiencia de fe, y creando así la "historia mítica" del Cristo, Hijo de Dios, tal como aparece en los sinópticos y en Juan, definiendo toda la experiencia y teología posterior de la Iglesia hasta el día de hoy. En ese momento (entre el año 35 y el 70 d.C.) se ha fijado lo que será el cristianismo posterior, no sólo en su forma paulina, sino en la forma "narrativa" de los evangelios sinópticos, que toman también como base el "mito" de Jesús.

La *historia real de Jesús* quedó de esa manera en el trasfondo, como sustrato necesario pero en sí mismo insuficiente (como catalizador del gran cambio) y así vino a desplegarse la capacidad creadora de las comunidades helenistas que configuraron la historia mítica del Cristo trascendente, tal como aparece ya en los sinópticos. No lo hicieron negando su historia "real" e inventando un Salvador desde la nada, sino proyectado sobre el Jesús histórico de la Iglesia palestina (con su mensaje moral) el mito helenista del Hijo de Dios (Señor) como presencia salvadora, figura divina que los fieles veneran y acogen en el culto. Esta historia mítica de Jesús ha definido todo el cristianismo posterior, hasta el día de hoy.

De ese modo, los textos que parecían aludir a la historia real de Jesús (apotegmas y palabras proféticas o apocalípticas, parábolas y relatos de milagros...) quedaron recreados desde la perspectiva del "mito" helenista del Hijo de Dios, de manera que el Jesús que aparece en esos textos es ya el Cristo divino que actúa en forma humana (en una línea que culminará en el evangelio de Juan, cuyo protagonista es ya claramente el Dios encarnado). Aquí reside la novedad de los evangelios y del cristianismo, centrada en la proyección del mito del Cristo sobre la historia de Jesús, transformando y recreando así su figura de profeta moralista o apocalíptico (propia de las comunidades palestina) hasta llegar a convertirle en figura mítica (Hijo de Dios, Salvador trascendente).

La manera de unir ambos elementos resulta fascinante, de manera que al final de un intenso proceso de creación creyente, ha quedado fijada la visión de un Jesús que (habiendo sido un profeta moralista judío) se vuelve (sin dejar de ser hombre-profeta) en Hijo de Dios, presencia mítica del Absoluto. En ese contexto hablaron las iglesias de la "acción recreadora" del Espíritu Santo, que permitió entender de forma nueva (en un nuevo contexto religioso y ontológico) las tradiciones judías de Jesús, proyectadas sobre su experiencia pascual.

Bultmann ha trazado así, a través del estudio de los sinópticos, dos historias paralelas. (a) La historia de las comunidades cristianas, desde el tiempo de Jesús (año 30 d. C.), cuando empezaron siendo asociaciones especiales de judíos con una moral "elevada", hasta la redacción de los evangelios (años 70-90), con el surgimiento y despliegue de comunidades místicas (helenistas), centradas en el culto al Cristo judío como Señor divino. (b) La historia de las transformaciones del mismo Jesús, que, habiendo sido un profeta judío asesinado, fracasado (año 30), fue reinterpretado y convertido después por las comunidades en Hijo divino.

Bultmann ha escrito esa doble historia de un modo magistral, pero siempre en un plano hipotético, a través de un trabajo inteligente, pero frágil, de reconstrucción histórica, con división y ordenación de materiales históricos y teológicos muy complejos, que han marcado la historia posterior del cristianismo. Su esfuerzo ha sido ejemplar, pero muchos le acusan de perderse en un tipo de "círculo hermenéutico": Su visión de la tradición sinóptica le ha llevado a crear una interpretación "reducida" de la historia de Jesús; y por otra parte esa visión "reducida" de Jesús le ha permitido reinventar la historia de la tradición sinóptica.

Éste es, sin duda, un círculo, pero, bien entendido, puede resultar positivo y necesario. Lo que pasa es que, muy probablemente, ni Jesús fue sólo lo que dice Bultmann, ni las comunidades cristianas se dividieron sólo en palestinas y helenistas como él piensa. Parece que Bultmann no ha sabido valorar la aportación moral y apocalíptica, religiosa y cultural, del judaísmo del tiempo de Jesús y de la Iglesia primitiva, ni la variedad de las comunidades cristianas. Por eso, su visión de la historia de los principios de la Iglesia resulta, al menos, muy simplista, demasiado centrada en lo que él entiende como recreación helenista del cristianismo[24].

1. Profundización, una iglesia doble. Pasados más de noventa años de su publicación, esta obra de Bultmann sigue siendo esencial no sólo para entender su teología, sino para comprender la historia de la iglesia primitiva. En este contexto debo retomar su hipótesis de las dos primeras comunidades, a las que he venido aludiendo de forma constante, para señalar mejor sus limitaciones y valores. Empiezo presentando la visión de Bultmann:

---

[24] Bultmann conoce la riqueza y limitaciones de su método, de manera que en los momentos fundamentales de su exposición se muestra cauto y reservado, como al decir que necesitamos conocer mejor el sentido y amplitud de la comunidad *judeo-helenista* donde se vinculan los cristianos palestinos y helenistas, en una línea que sigue siendo muy discutida todavía (a comienzos del siglo XXI). Cf. F. Hahn, *Christologische Hoheitstitel. Ihre Geschichte im frühen Christentum*, FRLANT, 83, Göttingen 1962.

Los temas de fondo de esa *reconstrucción histórica* del cristianismo siguen influyendo en nuestro tiempo, aunque actualmente se tiende a no separar las dos comunidades, situando la novedad cristiana (la visión de Jesús, Hijo mesiánico de Dios) en los primeros años de la comunidad palestina. Cf. M. Hengel, *Judentum und Hellenismus: Studien zu ihrer Begegnung unter besonderer Berücksichtigung Palästinas bis zur Mitte des 2. Jahrhunderts vor Christus*, WUNT 10, Tübingen 1973; L. W. Hurtado, *Señor Jesucristo*, Sígueme, Salamanca 2003; J. D. G. Dunn, *El cristianismo en sus orígenes. Comenzando en Jerusalén*, Verbo Divino, Estella 2012.

En la raíz de la valoración creadora de las comunidades, que Bultmann presenta como responsables del surgimiento cristiano, puede haber una mezcla de *romanticismo* que exalta los valores del pueblo (*Volkgeist*) y de *socialismo* que acentúa la función de la colectividad (cf. trabajo ya citado, *Religion und Sozialismus: Sozialistishe Monatshefte* 28 (1922) 442-447). Más aún, su visión de la novedad (¿superioridad?) del helenismo sobre el judaísmo resulta, al menos, sospechosa. El desarrollo posterior de la *historia de las formas* ha insistido en los rasgos "formales" del desarrollo de las tradiciones, pero ha descuidado, quizá, las raíces del tema (relación de judaísmo y helenismo, novedad de Jesús y de su Iglesia primitiva).

En esa línea, tras casi cien años, el tema de fondo de la novedad "judía" de Jesús y de su Iglesia vuelve a estar en el centro de la discusión teológica, no sólo en el campo exegético (surgimiento de los evangelios), sino en la organización y disciplina eclesial. En ese sentido, el estudio de la historia de las formas sigue siendo un momento central de la historia de la Iglesia.

— *Iglesia judeocristiana*. Jesús y los cristianos más antiguos, de la comunidad palestinense (hebrea), que en el fondo mantenían su mismo mensaje, formaban una secta al interior del judaísmo. Ciertamente, el hecho de la muerte (fracaso mesiánico) de Jesús marcó ya ciertas diferencias: Los primeros cristianos creían que Dios había acogido de algún modo a Jesús en su gloria (cambiando así de perspectiva en la visión de su mesianismo), pero siguieron manteniendo básicamente su mensaje, y en esa línea proyectaron sobre él ciertas visiones de tipo apocalíptico (viéndole como Hijo del Hombre y esperando su vuelta); pero esas visiones han de entenderse como revestimiento simbólico del mensaje anterior de Jesús, determinado por su contexto cultural, de manera que en sí misma, la primera iglesia era una especie de asociación moral de buenas personas, reunidas por el recuerdo de Jesús.

Esos cristianos palestinos, a quienes podemos llamar pre-míticos (pues no admitían el "mito" de Jesús como Hijo de Dios resucitado) seguían transmitiendo sus palabras más significativas, que hablaban de la cercanía del reino de Dios, insistiendo en un tipo de libertad frente a la Ley judía y de confianza filial ante Dios. En ese contexto, ellos pudieron aceptar sentencias y esperanzas de otros sabios y profetas semejantes de aquel tiempo.

Ciertamente, ellos recordaban también algunos gestos ejemplares, sanadores, de Jesús cuya memoria aparece vinculada a la curación de los enfermos. Posiblemente lamentaban su muerte violenta, aunque era poco lo que podían contar acerca de ella. Parece claro que esperaban encontrarle de nuevo en la resurrección final, e, incluso, algunos afirmaban haberle visto ya como resucitado, aunque estas afirmaciones resultan secundarias, difíciles de controlar. En conjunto, las tradiciones que evocan esta imagen de Jesús pueden provenir y en parte provienen de la iglesia palestina.

— *Iglesia helenista*. Muy pronto, a los dos o tres años de la muerte de Jesús, siguiendo el ejemplo de algunos judíos que buscaban prosélitos entre los paganos, empujados por la discusión con otros grupos, menos favorables a Jesús, y también por la presión de las circunstancias, algunos seguidores antiguos de Jesús extendieron su mensaje y presentaron su figura entre judíos de cultura y tradición marcada por el helenismo y al hacerlo obtuvieron unos resultados sorprendentes. Estos, los nuevos convertidos de mentalidad helenista, acogieron y transformaron el mensaje evangélico y así recrearon la figura de Jesús, interpretándole de forma mítico-religiosa, como revelación salvadora de Dios. Ellos entendieron los datos anteriores en un nuevo paradigma cultural y religioso.

Los cristianos helenistas ya no estaban determinados por la visión de un Dios puramente lejano (separado de los hombres), ni entendían la religión como cumplimiento de unas buenas leyes morales, sino que interpretaban a Dios como principio sacral de la realidad que se revela a través de unas figuras divinas transcendentes que reciben culto religioso y pueden salvar a los hombres caídos. No tuvieron dificultad en entender a Jesús como ser divino que se revela en la tierra, muriendo por los hombres y resucitando después para salvarles. En esa línea, lo que era recuerdo humano de Jesús (cumplimiento moral de su mensaje), vino a convertirse en culto religioso de tipo mítico.

Estos helenistas no se limitaron a crear una nueva divinidad (había muchos dioses y misterios cúlticos en el entorno), sino que hicieron algo absolutamente novedoso: Identificaron al Cristo salvador divino con el mismo Jesús de Nazaret, profeta crucificado, relacionando al mismo tiempo su culto religioso con el cumplimiento moral de su mensaje. Por eso recrearon en forma sacral (mesiánica, divina) algunos aspectos de su historia, vinculando la tradición moral judía con la mística helenista, llamando a Jesús Kyrios, es decir, Señor divino. Ellos, los cristianos helenistas, son los responsables del tono y sentido sacral del evangelio, son en el fondo los creadores del cristianismo[25].

---

[25] Como he dicho ya, no todos han aceptado esta hipótesis de R. Bultmann (y de gran parte de la tradición exegética anterior). Por otra parte, el mismo Bultmann ha planteado después las cosas de otra forma... y los estudios históricos nos han llevado a superar muchas de las hipótesis anteriores sobre la separación estricta entre el judaísmo y el helenismo, como ha señalado M. Hengel, *Judentum und Hellenismus*. Visión de conjunto del tema en H. D. Betz, *Hellenism*: ABD 3, 127-135; R. Trevijano, *Orígenes del Cristianismo*, PT 3, Salamanca 1995, 59-89. Pero el tema, tal como fue planteado críticamente por Bultmann, sigue situándonos en el centro de la discusión sobre los orígenes del cristianismo, y debe reelaborarse todavía, en un plano histórico y teológico.

De manera consecuente, siguiendo su proceso exegético, Bultmann ha colocado la *ruptura o novedad cristiana* en el paso de la comunidad palestinense a la helenista. Ciertamente, él sabe que ese proceso ha podido tener varias etapas, pasando de las comunidades puramente judías de Palestina (Jerusalén), a través de las comunidades mixtas de judíos y helenistas (costa de Palestina, ciertas zonas de Siria), hasta las comunidades puramente helenistas de Pablo y de la iglesia posterior. Por otra parte, la misma vida de Jesús podía ofrecer motivos que permitieran la expansión mítica de su mensaje...

Sea como fuere, Bultmann piensa que el proceso culminó de manera clara, de forma que lo que había sido un grupo judío de tipo moralista vino a convertirse en una religión cultual (mítica) de tipo totalmente nuevo y de carácter helenista. De esa manera, la novedad estrictamente dicha, el nacimiento del cristianismo y de la iglesia, se identifica con la *interpretación helenista* de la vida de Jesús, tal como culmina, por ejemplo, en el evangelio de Marcos.

2. El cristianismo, creación helenista. Las primeras tradiciones de la iglesia hebrea (aramea) de Palestina recordaban a Jesús como un profeta moral y/o apocalíptico. Pero después, de un modo radical, las tradiciones helenistas le presentan como Hijo de Dios y Salvador. En este contexto se sitúa la creatividad cristiana, el gran "salto" que lleva de una religión "moralista" y apocalíptica, centrada en el cumplimiento de la voluntad de Dios (y en el juicio final, con la destrucción del mundo antiguo), a una religión mítica, fundada en la veneración de Jesús como Hijo de Dios y figura divina, al lado de Dios Padre, en una línea que ha sido recreada por el helenismo.

Esa ha sido la creación definitiva de la primera comunidad helenista, muy vinculada a Pablo, que ha re-interpretado el mensaje y figura de Jesús, viniendo a entenderle como Mesías y Kyrios, Hijo de Dios y Ser divino, de una forma aceptable para la mayoría de los habitantes del imperio romano-helenista. Unos desconocidos helenistas, cuyos nombres ignoramos, fueron los creadores de este cristianismo helenista, interpretando la resurrección judía de Jesús, que podía entenderse de forma simbólica (ha culminado su camino en Dios, volverá al fin de los tiempos....) como expresión de la realidad sacral y ontológica del Hijo de Dios: Dios ha elevado a Jesús, le ha introducido en su misterio, convirtiéndole en un ser divino que puede liberar (ha liberado) a los humanos de la muerte, mostrando así su realidad preexistente (es Señor eterno). Así pasamos de la "moral" e historia de los cristianos judíos (centrados en la esperanza apocalíptica, con la transformación de la realidad) a la mística de los cristianos helenistas, que reconocen a Jesús como presencia eterna de Dios.

Evidentemente, Bultmann no ha dicho que ese proceso sea falso o mentiroso, más aún, lo reconoce como positivo y necesario para la Iglesia posterior. Los helenistas no han querido engañar a otros "cristianos", sino que estaban convencidos de que habían descubierto la más honda verdad de Jesús, que se encontraba antes oculta, y así la presentaron y expandieron de forma misionera. Ellos, quizá sin advertirlo al principio de una forma clara, fueron los verdaderos creadores del cristianismo, pues reinterpretaron el mensaje moralista de Jesús en forma ontológica y sacral.

Se puede afirmar que los elementos básicos de la nueva religión ya existían, no sólo en el judaísmo, sino (y sobre todo) en el helenismo ambiental, con sus mitos divinos y sus cultos mistéricos. Sólo hacían falta darles una concreción, personificarlos en una figura concreta y poderosa. Eso es lo que hicieron los cristianos helenistas: Fueron ellos, y sólo ellos, los que lograron vincular y fecundar las dos mayores tradiciones de la historia de occidente (la ontología religiosa griega y el moralismo monoteísta judío), suscitando así el "milagro" del cristianismo, que es en el fondo más griego que judío, aunque esté centrado (personificado) en la figura recreada (majestuosa y humana) del Jesús judío[26].

El catalizador de esa unión sorprendente ha sido Jesús, a quien los «hebreos» (palestinos) habían visto ya como hombre-profeta

---

[26] Esta visión, quizá un poco simplista, de la unión de las dos tradiciones culturales y religiosas de occidente, sigue planteando un gran reto, no sólo a los investigadores de las religiones, sino a los mismos pastores de la iglesia cristiana, enfrentados con la validez y permanencia de la *veritas graeca* dentro de ella. Desde aquí ha de entenderse el mismo programa pastoral de la desmitologización de Bultmann, que después evocaremos.

(mensajero supremo del Reino), pero a quien sólo los helenistas descubrieron y presentaron como Dios-humanado. Como exegeta experto en el análisis de textos, Bultmann ha estudiado el aspecto moral (sapiencial) de las tradiciones que están al fondo de la figura y mensaje de Jesús profeta judío; como estudioso de la historia de las religiones, él ha podido reconocer los rasgos divinos del Kyrios o Señor helenista, encarnado ya en un profeta judío, que viene a presentarse así como representación definitiva de Dios en la historia de los hombres.

Desde ese fondo ha interpretado y presentado Bultmann la historia de la tradición sinóptica como testimonio del gran paso que va del Jesús moralista judío al Kyrios mítico (místico) de la tradición helenista, para pasar de nuevo (y proyectarse) desde ese Kyrios supremo al Jesús judío, que ahora aparece como Jesucristo, Hijo de Dios y Señor universal (definiendo todo el cristianismo posterior).

Ciertamente, Bultmann ha reconocido el carácter hipotético de su intento y de los puntos más oscuros de su reconstrucción de los orígenes cristianos (relacionados con relato de la muerte de Jesús, la experiencia pascual y la identidad de la comunidad judeo-helenista...). Pero en conjunto él se ha sentido seguro y así ha podido trazar, partiendo de las tradiciones literarias de la iglesia (apotegmas, logia, profecías, historias de milagros, leyendas, historias de pasión y pascua...) una visión coherente del proceso general de la tradición cristiana, partiendo de Jesús, pasando por las comunidades de Palestina, hasta llegar a iglesia helenista y a la redacción final de los evangelios sinópticos, y así lo ha recogido en su obra de 1921, en un momento en que seguía inmerso en la teología liberal de la que he venido hablando[27].

---

[27] A su juicio, el Jesús de la historia, recordado en la primera iglesia palestina, era sólo un ingenuo y confiado mensajero moral y escatológico; probablemente no fue ni siquiera una figura religiosa destacada. Sólo la iglesia helenista ha podido recrear era figura de Jesús profeta, proyectando sobre ella una visión transcendente de Cristo como mito redentor (Hijo de Dios, Señor universal), conservando elementos judíos, pero reinterpretados poderosamente desde la experiencia helenista del Dios que aparece en forma humana.

Al recrear de esa manera a Jesús profeta, los cristianos helenistas han logrado elaborar el mito más significativo y duradero de la historia de occidente. Pero, en ese momento (1921), Bultmann ya no estaba seguro de la viabilidad del.

4. Excurso. Una obra con historia, una obra actual

La obra clave de Bultmann apareció al año 1921, hacia el final de su período "liberal", cuando él estaba vinculado al pensamiento neokantiano, pero con deseo de superarlo. Poco después, el año 1922, comenzó la vinculación de Bultmann con la teología dialéctica y después con el existencialismo (con su programa de desmitologización). De esa forma cambiará su pensamiento teológico (es decir, su visión del cristianismo), pero su tarea (y su obra) exegética fundamental permanecerá sin cambios, ganando actualidad con el paso del tiempo, como muestran sus diversas ediciones y adaptaciones[28].

---

cristianismo, es decir, de la validez del mito de Jesús. El año 1917 había pensado todavía que el Jesús Crucificado y Viviente podía aparecer como expresión de la experiencia religiosa de occidente. Sin embargo, el año 1920, los intentos de actualizar su figura (como hace K. Barth en la primera edición de la *Carta a los Romanos*) no le parecen ya claros. Más aún, el tiende a pensar que no puede mantenerse ya el mito de un Jesús divino, de manera que quizá habría que recrearlo. Así pensaba el año 1921, cuando publicó su libro sobre la tradición sinóptica.

En esos años, Bultmann no se atreve a ofrecer un juicio definitivo sobre la validez o no validez del cristianismo: «Ich fälle kein Urteil über Recht oder Unrecht des ethischen und mystischen Typus der Religion. Ich frage auch nicht, ob sich beide Typen der Religion in einer höheren Einheit finde; das würde die Frage der Selbstbesinnung, um die es sich zunächst handelt, verschleiern» (*Ethische* 742; cf. *Ethische* 741-3). El primer intento conocido de presentar la "vida de Jesús" como leyenda cúltica (vida del Hijo de Dios) había sido el de Marcos. La unidad de la obra de Marcos, construida partiendo de las tradiciones antiguas y de escenas creadas expresamente por el mito (bautismo, transfiguración), no es de tipo biográfico, sino simbólico y místico. Mateo y Lucas adoptan el tipo literario de Marcos, y así lo hace de manera aún más intensa el evangelio de Juan.

Bultmann reconoce que los cuatro evangelios han cumplido una función muy importante y que han sido la base del cristianismo histórico de occidente; pero añade que, en ese momento (1921), posiblemente, han perdido su capacidad de convencimiento, de manera que sería necesario abandonar su mito (o crear uno distinto). Como vemos, él no estaba convencido de la viabilidad del cristianismo, tras la gran crisis de la primera Guerra Mundial, con el fracaso del "moralismo ingenuo" de la teología liberal neokantiana.

[28] Ésta obra ha tenido una poderosa historia posterior, que ha venido marcando su recepción en el campo de los estudios de teología y en la conciencia de la iglesia:

   – 1931. 2ª edición revisada y definitiva. Como indica el *Prefacio*, incluido en la edición castellana del 2000, Bultmann re-elaboró su obra, completando la bibliografía y precisando el sentido de algunos textos. En ella presentó también su

Esta obra de Bultmann constituye un monumento esencial para la investigación exegética de la historia de Jesús y del cristianismo primitivo. Pero ella debe situarse en el espacio más extenso de la exploración de las tradiciones y de la historia de Jesús, que podría dividirse, por comodidad, en tres períodos, que no deben interpretarse de modo cerrado.

– El primer período estuvo dominado por la *ilustración neokantiana* del siglo XIX (hasta la crítica clave de A. Schweitzer: 1906). Fueron muchos los que vieron a Jesús desde diversas perspectivas, proyectando sobre su historia y figura los propios presupuestos culturales, sobre todo en línea moralista. El influjo de ese período sigue vivo en muchos investigadores de tipo más sistemático. Pero, en general, esa forma de trazar la historia de Jesús quedó superada por el mismo Schweitzer.

---

nueva teología sobre el "mito" pascual de Cristo, a quien entiende ya como Señor divino y juez (salvador) de los humanos (en una línea más cerca a la Teología Dialéctica, de la que trataré en el próximo capítulo), pero sin tener que cambiar su exégesis de fondo. Ciertamente, asume algunos temas de su obra programática sobre *Jesús* (1926), pero sin cambiar su visión de la historia.

– *1971. Nuevas ediciones, con cuaderno complementario.* Ph. Vielhauer, discípulo de Bultmann, preparó las ediciones sucesivas (1957, 1958, 1961, 1964...). En ese contexto, Bultmann escribió, ya en 1958, un *Engänzungsheft* o *Cuaderno Complementario*, con ampliaciones bibliográficas al texto base de 1931. Ese Cuaderno, reelaborado por G. Theissen para la edición de 1971, ofrecía un panorama extenso (más de cien páginas de letra menuda), sobre estudios básicos aparecidos desde 1931 sobre el tema. Durante todos estos años, la obra de Bultmann sigue tomándose como texto clave para el estudio de la tradición de Jesús en los sinópticos.

– *1995. Edición con epílogo.* G. Theissen ha preparado la nueva edición (por ahora definitiva), sustituyendo el Cuaderno Complementario, que hubiera exigido una obra nueva y muy voluminosa (pues se han multiplicado al infinito los estudios sobre Jesús y la tradición sinóptica) por un *Epílogo* o *Nachwort* donde ofrece una visión panorámica y valorativa (no bibliográfica) sobre la investigación sinóptica en los últimos decenios (de 1931 a 1995). La traducción y edición castellana del año 2000 retoma el texto original de Bultmann (de 1931), con el Epílogo de Theissen, al que yo mismo he añadido un *Prólogo* para lectores hispanos. Tanto Theissen como yo seguimos afirmando que la obra de Bultmann conserva un hondo valor exegético, pero pensamos que ella debería ser resituada en un contexto histórico y teológico distinto.

– El segundo (que puede extenderse del año 1921 al 1960) está representado por Bultmann y algunos de sus discípulos, deseosos de entender el evangelio en claves de interioridad creyente o *compromiso existencial*, pero con mayor apertura a los valores de la historia. Como vengo diciendo, Bultmann aceptó básicamente la crítica de A. Schweitzer, pero quiso presentar a Jesús no sólo como mensajero del juicio de Dios, sino también como "profeta existencial", como indicará su libreo sobre *Jesús* (1926). En ese contexto fueron muy pocos los exegetas y teólogos protestantes de primera línea que se atrevieran a escribir una historia de Jesús.

– El tercero, que comenzaría en torno al año 1960 (con trabajos de E. Käsemann y G. Bornkamm) intenta recuperar (más allá de Schweitzer y de Bultmann) algunos elementos básicos de la historia de Jesús, y así se mantiene hasta la actualidad, se define por su *fidelidad crítica* a los textos y por el deseo de recuperar las claves de la historia de Jesús, desde las nuevas aportaciones de las ciencias "auxiliares" (arqueología, historia social etc.). Pienso que en ese contexto debería reescribirse una nueva *Historia de la Tradición Sinóptica,* que hasta ahora no ha sido, a mi juicio, bien elaborada. En esa línea resulta necesario recuperar el judaísmo de Jesús y de la Iglesia primitiva, en contra de la división estricta entre judaísmo y helenismo, con una visión más precisa de los centros de interés de la vida y mensaje de Jesús y de la experiencia de la Iglesia primitiva[29].

En ese contexto parece importante recuperar, de un modo crítico, la obra clásica de Bultmann, no para aceptarla al pie de la letra,

---

[29] El primer *quest,* del siglo XIX, estuvo dominada por la visión de un Jesús moralista e ilustrado. El segundo por un Jesús dialéctico y existencial. El tercero quiere poner relieve los aspectos más universales del evangelio, partiendo no sólo del helenismo en cuanto tal, sino de la historia de Jesús y de la primera comunidad cristiana. Estamos, quizá, a las puertas de la elaboración de un cristianismo "no helenista", tal como he presupuesto en *La historia de Jesús,* Verbo Divino, Estella 2013. Para el primer *quest,* cf. A. Schweitzer, *Von Reimarus zu Wrede,* 1906 (2ª ed.: *Geschichte der Leben-Jesu-Forschung* , 1913; edición parcial castellana: *Investigación sobre la vida de Jesús* San Jerónimo, Valencia 1990). Para el segundo, cf. J. M. Robinson, *A New Quest of the Historical Jesus,* SBT 25, London 1959; para el tercero: B. Witherington III, *The Jesus Quest. The Third search for the Jew of Nazaret,* Paternoster, Carlisle 1995; M. Borg, *Jesus in Contemporary Scholarship,* Trinity, Valley Forge PENN 1994.

sino para recrearla desde una visión más precisa de la historia de Jesús y del cristianismo primitivo.

– Algunos autores, sobre todo los católicos más tradicionalistas, le habían criticado sistemáticamente, pensando que negaba o relativizaba la historia de Jesús, convirtiendo el evangelio en mito y desligándolo de la autoridad de la Iglesia, entendida como criterio hermenéutico de interpretación de la Palabra de Dios. El evangelio de Dios quedaba así en manos de la pura facticidad histórica, sin identidad interior, sin trascendencia real[30].

– Por el contrario, otros (protestantes progresistas) habían aceptado sus visiones sin crítica ninguna, tomando sus presupuestos exegéticos como postulados evidentes, aunque muchos protestantes de línea más tradicional le han condenado y le siguen condenando, pues rechaza una interpretación literal de la Escritura; para estos últimos, Bultmann sería uno de los exegetas más peligrosos del siglo XX, por su origen liberal y por su interpretación existencial de la Escritura[31].

---

[30] Como ejemplo de recepción negativa de Bultmann, entre los exegetas católicos de prestigio, cf. P. Benoit, *Reflexiones sobre la 'Formgeschichtliche Methode*, en *Exégesis y Teología* I, Studium, Madrid 1974, 211-252 (= *Revue Biblique* 53 [1946] 481-512 y *Exégèse et Théologie* I, Cerf, Paris 1961, 62-90). La recepción de los manuales católicos ha sido "prudente": cf. J. Caba, *De los evangelios al Jesús histórico. Introducción a la Cristología*, BAC, Madrid 1976, 323-370; V. Manucci, *La Biblia como Palabra de Dios. Introducción general a la Sagrada Escritura*, DDB, Bilbao 1985, 280-284; J. M. Sánchez Caro, "Hermenéutica bíblica y metodología exegética", en *Introducción al estudio de la Biblia II*, EVD, Estella 1990, 384-390. P. Grelot, *Los evangelios y la historia*, Herder, Barcelona 1987; *Las palabras de Jesucristo*, Herder, Barcelona 1988 (= *Introduction à la Bible* III, Desclée, Paris 1986), ha elaborado su obra en diálogo crítico, pero siempre respetuoso, con Bultmann. Aceptación básica del método exegético de Bultmann en Pontificia Comisión Bíblica, *La interpretación de la Biblia en la Iglesia*, 1993.

[31] Fue importante la recepción positiva de O. Cullmann, *Les Récentes* études *sur la formation de la tradition* évangélique: RHPhR 2 (1925) 459-477, 564-579, que después mantuvo una fuerte polémica con Bultmann, como he mostrado en *Introducción* a O. Cullmann, *Cristología del Nuevo Testamento*, Sígueme, Salamanca 1998 y en *El Pensamiento de O. Cullmann*, Clie, Terrasa 2014. Pero, en general, el protestantismo más "ortodoxo" sigue criticando a Bultmann de un modo en general poco matizado. En ese contexto pienso que una recuperación crítica de Bultmann será muy positiva para protestantes y católicos.

Pues bien, ahora que ha pasado el tiempo de influjo inmediato de Bultmann, unos y otros, católicos y protestantes, podemos entender mejor su obra, para avanzar partiendo de ella. No se trata de ensalzarle ni de criticarle, sino de caminar con él, para retomar así la dinámica del evangelio, recorriendo la historia apasionante de la tradición sinóptica y de los orígenes del cristianismo[32]. Pienso que está llegando ya el momento de reescribir la *Historia de la tradición sinóptica,* en perspectiva ecuménica, tanto católica como protestante, logrando así un nuevo consenso en la investigación de los orígenes cristianos.

A modo de conclusión quiero recordar que esta obra de Bultmann (*Historia de la Tradición Sinóptica,* 1921) sigue ofreciendo un valiosísimo *material de trabajo,* que puede leerse de manera autónoma, sin necesidad de aceptar sus presupuestos "teológicos", desde la nueva situación histórica y social en que nos hallamos, pasado casi un siglo de su publicación. Es un libro honrado y denso, un trabajo arriesgado, pero y exquisito de filología griega y de reconstrucción de la historia de las tradiciones sinópticas. No es un *libro autónomo,* que puede comprenderse por aislado, sino *libro sobre un libro,* es decir, interpretación de las tradiciones incluidas y re-elaboradas en los sinópticos (Mc, Mt y Lc).

No es un libro fácil, que se lee y deja, como crónica de prensa, sino un estudio denso que recopila, compara e interpreta los textos fundamentales de la tradición sobre Jesús. Bultmann no ofrece una solución definitiva, pero nos sigue acompañando de una forma crítica, ayudándonos a situar los momentos básicos de la tradición sinóptica, que en gran parte siguen siendo valiosos, en un plano literario. Por eso es importante conocerle, para evocar, partiendo de él, los problemas religiosos fundamentales de principios del siglo XXI (como él tuvo en cuenta los problemas bíblicos y religiosos del primer tercio del siglo XX).

---

[32] Entre los trabajos más recientes, para el studio de la historia de Jesús, J. P. Meier, *A Marginal Jew,* I-IV, Doubleday, New York 1991/6 (=*Jesús, un judío marginal* I-V, EVD, Estella 1998); E. P. Sanders, *Jesus and Judaism,* SCM, London 1985; N. T. Wright, *The NT and the Victory of the People of God I,* SPCK, London 1992; *Jesus and the victory of God* II, SPCK, London 1996; J. D. G. Dunn, *Jesús recordado,* Verbo Divino, Estella 2009. He ofrecido una visión crítica y unitaria del tema en *La historia de Jesús,* Verbo Divino, Estella 2013.

III

UN FUERTE DEBATE

TEOLOGÍA DIALÉCTICA Y DESMITOLOGIZACIÓN

Tras la *Historia de la Tradición Sinóptica* (1921), Bultmann inicia un período de transformaciones que definen su pensamiento maduro y marcan de algún modo la teología del siglo XX, con sus grandes valores y también sus grandes riesgos. En pocos momentos de la historia cristiana se han pensado las cosas con más intensidad, pocas veces se han explorado de un modo más radical los principios cristianos:

– *Singularidad cristiana, teología dialéctica* (1924-1927): Superando los esquemas del período anterior, marcado por una visión liberal del cristianismo, entendido como mensaje moral de Jesús y/o como mito cristológico, Bultmann descubre y defiende con los teólogos dialécticos la singularidad del mensaje cristiano, fundada en la "diferencia" de Dios que rompe todos los esquemas y modelos de la cultura y la política del mundo. Sin esta insistencia radical en la novedad de Jesús, sin el descubrimiento de la «autonomía» de Dios, el cristianismo carece de sentido.

– *Interpretación existencial, desmitologización del Nuevo Testamento*. A partir de 1928, y manteniendo la singularidad cristiana,

Bultmann elabora una nueva hermenéutica del mensaje bíblico y del conjunto del cristianismo, en una línea de desmitologización, con los valores y los posibles riesgos que ello implica. La misma teología dialéctica, que ha puesto de relieve la trascendencia de Dios, le obliga a superar una visión "ontológica" del cristianismo, entendido como sacralización de unos determinados valores culturales. El evangelio se define, según eso, como una experiencia existencial, como con sacralización de unos determinados mitos.

A través de esta evolución, que será ya definitiva, Bultmann ha venido a convertirse en uno de los teólogos más influyentes discutidos del siglo XX: Sus antiguos compañeros "liberales" le acusan de haber abandonado los ideales de la Ilustración, al reconocer (con los dialécticos) la realidad de la revelación trascendente de Dios por Jesucristo y la «intervención» paradójica de Dios en la vida de los hombres, a través de la Cruz de Jesucristo. Por su parte, los cristianos más tradicionales le condenan por haber querido traducir el cristianismo en forma existencial, corriendo el riesgo (dicen) de diluir la realidad (novedad) del evangelio, como historia real. Estos dos grandes debates han marcado gran parte del pensamiento cristiano (protestante) del siglo XX; de ellos tratan los cuatro tremas este capítulo.

1. Identidad cristiana, teología dialéctica (1924-1927)

El 1922 (tras la *Historia de la Tradición Sinóptica*), Bultmann publica todavía varios trabajos de tipo claramente liberal[1]. Sin embargo, su visión presenta ya ciertas fisuras, como si algo no marchara en su línea de evangelio, como si tuviera necesidad de superar los planteamientos anteriores. Ésta es la sensación que produce todavía el extenso comentario que dedica a la segunda edición de K. Barth, *Carta a los Romanos*. Bultmann comprende el valor del nuevo libro, que se centra en el mensaje de juicio y salvación de Dios (no en visiones moralistas); sin embargo, no llega a captar su intención más profunda, pensando que sólo quiere mostrar la autonomía de la religión[2].

El año 1923 fue para Bultmann un tiempo de silencio, pues su planteamiento liberal había entrado en crisis (no su exégesis concreta de los textos sinópticos, pero si el trasfondo que define su sentido)[3]. De pronto, en 1924, de forma intensa, hasta violenta, él

---

[1] Entre los trabajos de tendencia liberal de 1922: *Gott in der N.*: ChW 36 (1922) 489-491, 513-4, 553-4; *Unruhe und Ruhe*: ChW 36 (1922) 569-570; *Vom Beten*: ChW 36 (1922) 593-4; *Vom Schicksal*: ChW 36 (1922) 609-510.

[2] La primera edición de K. Barth, *Carta a los romanos* es de 1919 y Bultmann publicó su juicio crítico en 1922 (Cf. *K. Barths* 1922). Ese mismo año (1922, en el prólogo a la 3.a ed. de su obra, K. Barth afirma que lo más sorprendente que le ha sucedido a su libro ha sido la cordial acogida de Bultmann, aunque, como veremos, esa acogida no fue tan positiva, como reconocerá el mismo K. Barth, *Theologie* 455.

[3] Durante ese año publica sólo algunas recensiones a libros sobre el NT y un trabajo sobre el trasfondo religioso del prólogo de Juan: *Der religionsgeschichtliche Hintergrund des Prologs zum Johannes-Evangelium*, en H. Schmidt, *FS Hermann Gunkel* II, Göttingen 1923, 3-26 (= *Exegetica* 10-35).

asume la nueva corriente teológica, representada por K. Barth y F. Gogarten, defendiendo la necesidad de elaborar una forma distinta y radical de presentar a Dios y al hombre, y su unión en Jesucristo. Así comienza su nuevo período[4]:

– *1924-1927. Años centrales del período dialéctico.* Bultmann supera las tesis liberales (que identifican el cristianismo con un tipo de moral) y va precisando su nueva visión de Dios, del hombre y de Cristo, vinculando la perspectiva trascendente (Dios se revela) y antropológica (el hombre recibe la revelación y queda transformado por ella). En estos mismos años va explicitando las nuevas bases filosóficas (existenciales) de su pensamiento.

– *A partir de 1928 Bultmann replantea su visión,* vinculando los principios de la teología dialéctica con un tipo de hermenéutica existencial, que a K. Barth le pareció peligrosa. Así lo muestra en un importante trabajo (*Die Bedeutung*) en que redimensiona las bases de la teología dialéctica desde una perspectiva existencial, como muestran sus escritos de 1929. No niega la intervención de Dios, pero quiere entenderla desde una perspectiva más antropológica, en una línea cercana a la filosofía de Heidegger[5].

De esa forma, los principios de la ruptura dialéctica se sitúan en el centro de la obra de Bultmann, que rechazará sus antiguas posturas liberales y esbozará una nueva figura del hombre cristiano, en la línea de K. Barth, aunque no comparta plenamente su manera de entender la "novedad" cristiana, de manera que tras un tiem-

---

[4] Pudiera pensarse que el año 1923 fue para Bultmann un tiempo de crisis, y que sólo el año 1924 aparece con ideas ya distintas. Cf. F. W. Sticht, *Die Bedeutung* 71-3. Su nueva *confesión de fe* dialéctica (*Die liberale*) apareció en Th. Blätter 3 (1924) 73-86 (=GV I, 1-25). Para comprender el sentido de la *teología dialéctica* (con la diferencia entre la 1.a y 2.a ed. de K. Barth, *Römerbrief,* cf. J. Smart, *The Divided Mind of Modern Theology. Karl Barth and Rudolf Bultmann (1908-1933),* Westminster, Philadelphia 1967; H. Bouillard, *K. Barth,* Aubier, Lyon 1957. Textos básicos en. Moltmann, *Anfänge* I-II.

[5] Entre los trabajos de 1928 y 1930, cf. *Die Bedeutung der d.; Die Geschichtlichkeit; Kirche und Lehre* y *Die Bedeutung des geschichtlichen Jesus.* Bultmann seguirá insistiendo en la importancia de la antropología, y así lo mostrará tras haber asumido los planteamientos teológicos de K. Barth.

po ambos teólogos acabarán por distanciarse. Ambos comparten una misma visión de fondo de la Cruz de Jesús, entendida como revelación de Dios en el fracaso y la muerte de alguien a quien habían visto como pretendiente mesiánico, pero sus líneas posteriores se separan.

La raíz de esa separación está en la forma de situar y entender el influjo del hombre en la revelación, pues, a juicio de Bultmann, ella implica una acción superior y paradójica de Dios (no un simple despliegue de potencias psicológicas del hombre), pero se arraiga en la misma vida humana, mientras que Barth quiere desechar todo influjo humano. Ésta es la clave de su nueva teología, la culminación de su pensamiento anterior[6].

1. En la línea de K. Barth, primer acercamiento (1922)

En 1917 Bultmann hablaba del *mito helenista de Cristo* crucificado y victorioso como signo de victoria final de Dios (de la humanidad futura) sobre los males actuales de la historia[7]. Tres años después (1920) pensó que el mito de Cristo se había quizá vaciado: Estamos enfermos y Cristo no puede curarnos; necesitamos otros signos religiosos, otras figuras sagradas que nos hagan capaces de asumir y recrear el destino[8].

---

[6] Sobre la influencia de la teología dialéctica en Bultmann. Cf. H. Zahrnt, *Die Sache mit Gott. Die protestantische Theologie im 20 Jahrhundert*, Piper, München 1966, 269 ss; H. Bouillard, *K. Barth* 107 ss., 195 ss. Sobre los años dialécticos de Bultmann hay valiosas precisiones en F. W. Sticht, *Die Bedeutung* 12, 151. Cf W. Philipp, *Der Protestantismus im 19 und 20 Jahrhundert*, Schünemann, Bremen 1965. El mismo Bultmann reconoce su deuda con respecto a K. Barth en *Autobiographical Reflections*, en C.W. Kegley, *The Theology of R. Bultmann*, SCM, London 1966, XXIII-XXIV, y en *Introducción* a Yoshio Yoshimura, *Eine japanische Stimme über die Entmythologisierung Bultmanns* (Theol. Forschung 18), Reich, Hamburg 1959, 7-8.

[7] Cf. "Vom geheimnisvollen und offenbaren Gott": ChW 31 (1917) 578.

[8] Cf. "Ethische und mystische Religion im Urchristentum": ChW 34 (1920) 725-731, 734-743. Desde esa perspectiva le parece inútil el intento de Barth, de "actualizar el mito de Jesús" en *Römerbrief* 11919, como he señalado en *Bultmann y Barth intentan comprenderse*: Diálogo Ecuménico 27 (1972) 275-320.

En el momento de la publicación de su *Historia de la tradición sinóptica* (1921) Bultmann seguía profundamente escéptico ante la teología moral de los liberales y ante el valor salvador de la visión helenista de Cristo, pensando que sería necesario "inventar un nuevo mito" que nos hable internamente y nos permita descubrir el verdadero misterio de la vida. El Jesús helenista del mito nos pudo acompañar antaño; pero ahora, en contra de lo que pretenden los nuevos teólogos como K. Barth y F. Gogarten, es posible que ya no nos sirva: No aporta, ni resuelva nada, estamos en un mundo diferente[9].

De esa forma, la primera gran obra de Bultmann ha sido poderosa en el plano de la crítica histórico-literaria de los evangelios, pero escéptica en el plano religioso y cristiano: Ya no cree en Jesús como profeta final, piensa que el mito eclesial (helenista) de Cristo no responde a nuestras preguntas. Pero esa situación irá cambiando.

1. Carta a los Romanos. En estos años sigue siendo decisivo el influjo de la teología de su maestro W. Herrmann[10]. Por diversas razones históricas y sociales (tras la guerra del 1914-1918), y por retorno a las raíces de la Reforma Protestante, parecía necesario el cambio. El detonante fue K. Barth, con su *Römerbrief, Carta a los Romanos,* quien ya en la primera edición de su obra (1919) había querido superar la exégesis crítica y moralista de los liberales, para escuchar la voz original de Pablo, actualizando su espíritu. Un año más tarde (1920), Bultmann confesaba que el intento era bueno (no podemos quedar en la letra antigua de la Biblia), pero que le parecía insuficiente, pues se situaba dentro de unos esquemas míticos ya superados, sin aportar una verdadera creación religiosa[11].

---

[9] Cf. "Etische..." 741-743.

[10] El año 1927 dirá que quiso contraponer su postura a la de Herrmann su «treu verherter Lehrer», recreando su visión cristológica; cf. *Zur Frage der Ch*: GV V., I, 101. Sin embargo, varios aspectos de la doctrina de Herrmann sobre Dios y el hombre pasan directamente al Bultmann dialéctico. Cf. *Die Liberale*: GV V., I, 2, 6, 18.

[11] En el prólogo a la 1ª ed. de *Römerbrief* V, Barth afirmaba que quería llegar hasta «den Geist der Bibel, der der ewige Geist ist». Respuesta de Bultmann en *Ethische*, 739-740.

Pues bien, ante la segunda edición (1922), en una recensión extensa, bastante receptiva, que Barth saluda agradecido, Bultmann confiesa que el nuevo libro ha edificado "con piedras nuevas", mostrando la manera en que Dios y el hombre histórico (pecador) se enfrentan y reconcilian por Jesucristo[12]. No era normal que un investigador como Bultmann, famoso por su trabajo sobre los evangelios y por sus posturas liberales, se interesara por su libro[13].

Bultmann acepta en un sentido la visión de Barth, afirmando que una religión entendida como pura moral es idolatría (confunde a Dios con la acción humana, le entiende como una realidad del "mundo"). Más aún, avanzando en esa línea, él reconoce el valor de la profunda oposición que Barth establece entre Dios y el mundo, superando así la visión anterior de W. Herrmann.

Nada es divino en el cosmos o en la historia; nada puede por tanto llevarnos desde el mundo hasta Dios. Ni optimismo ni tristeza, ni buenas ni malas obras, ni ciencia ni arte nos ponen en contacto verdadero con el Eterno. La religión es obra humana; por el contrario, la revelación es un juicio divino, un "no" que Dios proclama sobre el mundo, ofreciendo su salvación de otra manera, por revelación[14].

---

[12] Cf. K. Barth, *Der Römerbrief,* prólogo a la 2.a ed. (1922) VI, XIII donde insiste en la oposición entre Dios y el hombre, para añadir que allí donde ambos se cruzan está Jesucristo. Respuesta de Bultmann en *K. Barths*, 372-3, donde compara a Barth con San Pablo. Barth responde en *Der Römerbrief,* prólogo a la 3.a ed., XIX, diciendo que lo más sorprendente es que su libro haya sido bien acogido por Bultmann: «Das Merkwürdigste, was dem Buch widerfahren ist, ist wohl die Tatsache, dass es von Bultmann in der Hauptsache freundlich begrüsst.., worden ist».

[13] Como he dicho, la recensión no era de todo laudatoria: Bultmann sigue pensando que K. Barth se sitúa en la línea de Schleiermacher (defendiendo la religión contra sus detractores) y en la de R. Otto, que insistía en la autonomía de la experiencia religiosa, mostrando que ella no es un puro fenómeno psicológico o histórico. Cf. Bultmann, *K. Barths* 320.

[14] Bultmann sostiene que la polémica de Herrmann contra la «psicologización» de la religión había sido no menos radical que la de Barth: *K. Barths* 321-323. Refiriéndose a la visión de Barth sobre Jesús, Bultmann dice que „no logra comprenderle, no ve más que contradicciones": «Und hier gestehe ich, ihn einfach nicht zu verstehen; hier kann ich nur Widersprüche erblicken»: *Ibid* 369.

Bultmann reconoce ya el valor de algunas propuestas básicas de Barth, pero sigue teniendo dificultad ante la pregunta central sobre la singularidad de Jesús como revelación de Dios. El problema está en nuestra forma de ser cristianos. ¿Seguimos abiertos a Dios de un modo general, a través de todas las cosas, o existe más bien un lugar privilegiado del mundo donde Dios se nos revela?

Herrmann afirmaba que ese lugar ha sido la vida interna de Jesús, presente a través del evangelio, eternamente válida, de manera que los creyentes pueden encontrar en ella la presencia y santidad de Dios. Barth da un paso en adelante y confiesa que el lugar donde los hombres pueden descubrir a Dios no es el alma profunda de Jesús (pues su experiencia interior sigue siendo humana), sino su muerte y resurrección, donde se revela Dios en sí mismo.

Según Barth, Dios y los hombres se atraviesan y encuentran (siendo diferentes) en la Cruz pascual de Jesús, que es el lugar donde se vinculan y separan tiempo y eternidad, muerte y vida, hombre y Dios. Dios no se revela en el pensamiento/conciencia de Jesús (como decía Schleiermacher), ni en sus palabras externas, ni tampoco en las acciones concretas de su historia (ni en sus "intenciones"), sino en su misma muerte y en su resurrección.

Precisamente ahí, en la cruz de Jesús, que es lo más opuesto a todos los signos de veneración idealista del triunfo mesiánico del hombre, se ha revelado Dios de hecho, como Señor trascendente, resucitando a Jesús. Ésta es la gran paradoja, el encuentro dialéctico entre el hombre (que fracasa y muere en obediencia a Dios) y Dios que le acoge y resucita. En este momento de máxima oposición se revela Dios de forma definitiva.

Barth sostiene que Dios ha cortado (ha tocado y destruido) el tiempo y la historia de los hombres en la vida (muerte) de Jesús, entendida en sentido antiguo, para recrearla de un modo pascual (en un plano trascendente). Ésta es la gran paradoja, la esencia del cristianismo, según su *Carta a los Romanos* (1922). Lo que nosotros no podemos alcanzar (vida eterna) nos lo ha dado Dios para siempre, en la figura (destino) de Jesús de Nazaret, pues en ella se han unido (y siguen separados) Dios y el hombre.

Así formula Barth su tesis básica, y en este momento (1922) Bultmann responde que no acaba de entenderla: «Confieso llanamente; no le entiendo. En esto sólo puedo ver contradicciones», a no ser que entendamos a Cristo como un símbolo, como la expresión visible de la fuerza invisible de Dios. Para Barth, Jesús muerto y resucitado es la presencia radical de Dios en forma humana. Bultmann le sigue viendo por ahora como un símbolo de Dios, de manera que el Jesús histórico carece de importancia. No se puede entender a Jesús como si fuera un hecho del pasado, sino que hemos de verle como símbolo del eterno presente del Dios que se revela, siempre de modo suprahistórico y sobrenatural, aunque dirigido a los hombres concretos que le escuchan y vienen a su encuentro[15] .

Entre Dios y el hombre no existe, por lo tanto, ningún intermediario (ni Jesús crucificado). Cada hombre se encuentra siempre a solas con Dios, impulsado por su propia exigencia de verdad y preguntando por el último secreto de la vida, ante la gran estancia oscura en la que Dios habita, sin poderse apoyar en Cristo. Tal es el camino que deben recorrer todos. Cristo puede ser un ejemplo o señal de aquello que sucede a cada uno, pero los hombres están solos con (ante) el Eterno[16].

2. El misterio cristianos, tres perspectivas. En este contexto pueden esbozarse ya dos perspectivas distintas y opuestas (Herrmann y Barth) entre las que quiere situarse Bultmann, que desea superar a Herrmann, pero le cuesta aceptar todos los planteamientos de Barth:

– *Herrmann* había destacado la importancia de la fe, pero insistía de manera quizá excesiva en la vivencia psicológica: Queremos ser fieles moralmente, pero no podemos conseguirlo, y nos asalta por dentro la división, la duda. Esa misma duda muestra que estamos preparados, que puede ya invadirnos la vivencia del Eterno,

---

[15] *Ibid* 371: «Ich Weiss nicht, ob ich Barth richtig verstehe aber ich kann seine Sätze nur so deuten: Jesus ist Symbol für die Wahrheit (Predigt der Wahrheit), dass Gottes Offenbarung...».
[16] *Ibid* 361, 371.

el sentimiento del Dios que ha mostrado su fuerza transformante en Jesucristo. Herrmann vincula así la división y ruptura humana con la revelación de Dios. A Bultmann le parece que, pensando así, Herrmann pone en peligro la plena autonomía de la fe, acercándola demasiado a una exigencia psicológica.

– *Barth* se coloca en el extremo opuesto, y quiere separar la fe de todo lo que pueda ser producto del pensamiento (sentimiento) humano. No hay en el hombre nada que permita fundar o sustentar la acción de Dios; en perspectiva mundana, su mente es una simple cámara vacía, sin ninguna señal de una vida superior, nada que justifique la posible intervención de Dios, que viene y actúa de manera inesperada, precisamente allí donde los hombres se encuentran menos preparados (en la cruz de Jesús). La fe es ante todo la presencia real y concreta del Dios salvador, no un estado psicológico, ni una forma especial de conciencia. Dios viene y habla en la Cruz de Jesús porque quiere, sin que los hombres estén preparados para acoger su presencia.

Bultmann parece dar razón a Barth, afirmando que Dios viene desde sí mismo, y añade que no hay en los hombres nada que postule su presencia. Pero, dicho eso, quiere señalar que la venida de Dios marca (transforma) la vida de los hombres, que han de estar preparados, han de tener algo que les permita acoger la palabra de Dios y entenderla humanamente. Eso significa que la Teología (revelación de Dios) es inseparable de la Antropología (es decir, de la transformación humana).

Los presupuestos psicológicos o morales son insuficientes para justificar la presencia y acción de Dios. Pero Dios y el hombre tampoco pueden oponerse como si fueran dos planos de ser que sólo se cruzan en Cristo sin llegar nunca a tocarse de verdad (sin relacionarse entre sí). La presencia de Dios, dice Bultmann, tiene que hacerse real y sentirse en la vida de cada hombre. Aquí radica la paradoja de la fe: «Yo apropio en mi vida la presencia eterna de Dios». Sobre esa base, Bultmann tendrá que elaborar un tipo de antropología teológica, que le permita "entender" la presencia de Dios en los hombres[17].

---

[17] *K. Barths* 361. Según Bultmann, Herrmann insiste en la experiencia humana (*Erleben* psicológico, un *Vorgang* de tipo *seelisch-geschichtlich*), identificando casi

Así razona Bultmann en el momento de su primer encuentro con la teología dialéctica (año 1922): Admite el valor del intento de Barth, pero sigue defendiendo unos principios antropológicos que parecen liberales (da la impresión de que quiere ver a Dios como resultando de una opción humana). En esa línea, él quiere descubrir la trascendencia de Dios, pero sin negar el valor de la búsqueda del hombre, como reconocerá dos años más tarde (1924), vinculándose al grupo de Barth y Gogarten, es decir, a los teólogos "dialécticos", pero añadiendo que ha encontrado la manera de relacionar a los hombres con Dios, por encima de sus diferencias (sin negarlas).

La novedad de este nuevo pensamiento de Bultmann no estará en afirmar la transcendencia de Dios (tal cosa la venía manteniendo desde antiguo), ni en decir que el hombre está perdido en este mundo y necesita que alguien le libere (también eso lo sabía el primer Bultmann). Lo nuevo y decisivo será el modo de entender el juicio de Dios, tal como se expresa en Jesucristo, un "juicio" paradójico donde se vinculan y separan (al mismo tiempo) dos extremos: Tiempo y eternidad, Dios y el hombre en Jesucristo (pero sin que Dios niegue al hombre)[18].

Esos dos extremos han de unirse, aunque sigan estando separados, sin que Dios deje de ser quien es y sin que el hombre pierda su propia identidad (su diferencia). Ese juicio (unión dialéctica de Dios y de los hombres) no es una verdad general, algo que sucede siempre, un símbolo de las relaciones naturales del hombre con Dios, sino un "hecho", un acontecimiento que ha sucedido una vez para siempre en la Cruz de Jesucristo. Éste será el nuevo punto de partida de su

---

a Dios con un sentimiento "histórico" del alma, y en eso no tiene razón. Por eso acoge el intento de K. Barth, que quiere penetrar por fe hasta el lugar del Gran Rey (Dios) en la cámara oscura (der dunklen Kammer) del santuario (*K. Barths*, 332; 358-9. Pero Barth tiene un defecto: Entiende la conciencia como un proceso psíquico, sin penetrar en el contenido espiritual de ese proceso: «Das Bewusstsein immer nur als psychischen Prozess versteht, nicht als den geistigen Gehalt der in solchen Prozess anschaulich wird» (*K. Barths* 359). La fe es un *contenido de conciencia* (*Bewusstsein*) y ella no puede darse sin un tipo de confesión o *Bekenntnis* (*K. Barths* 359).

[18] Así lo afirmará el año 1925, cuando sigue reconociendo que procede de la teología liberal, pero se incluye en el nuevo movimiento (dialéctico): «Los que pertenecemos al grupo de Barth y de Gogarten»... (ChW 39 [1925] 1062).

teología. Dios no se identifica con el ideal de la vida humana, sino que aparece como realidad distinta, independiente de los hombres; su diferencia es tan grande que sólo por un acto paradójico y concreto ha podido vincularse con ellos, y lo ha hecho en Jesucristo.

El hombre no tiene caminos o vías que puedan llevarle a Dios. Si confía en sí mismo y pretende así alcanzarle se descubre perdido, sabe que no puede hacerlo, pues se encuentra lleno de pecado (por sí mismo es pecado). Nada en su vida privada es capaz de llevarle hasta Dios; nunca puede saber por sí mismo que Dios le habla. Por eso, la unión de Dios con los hombres ha de ser y es un hecho paradójico, que se ha realizado porque Dios así lo ha querido, no porque los hombres lo hayan merecido o buscado. Este acontecimiento de Cristo (la Cruz) es el centro y sentido de la teología dialéctica, la gran paradoja cristiana: El hombre no puede perder su humanidad al encontrar a Dios en Cristo, ni Dios su divinidad.

Esta visión dialéctica del encuentro de Dios con los hombres en Cristo constituye la aportación fundamental de K. Barth a su visión del cristianismo. Bultmann había llegado a precisar la distinción de Dios y el mundo, pero debía encontrar un punto de contacto, y así lo encuentra ahora en Cristo, el Hijo de Dios de la Iglesia paulina, y no en el Jesús de los sinópticos. Ese Cristo del mito paulino podría explicar la unión de los extremos (Dios y el hombre), apareciendo así como símbolo religioso por antonomasia (año 1922, en recensión a Barth). Pero en este momento ese Cristo le parece sólo un símbolo, no un acontecimiento real, una posibilidad dialéctica, no un hecho salvador. La solución estará en identificar a ese Cristo con el mismo Jesús crucificado.

2. El crepúsculo de los dioses, Dios crucificado (1924)

Bultmann reconocía el valor del hecho religioso, tanto en clave idealistas (apertura del hombre al ideal ético) como vital (descubrimiento de una trascendencia posible, más allá de la naturaleza y la cultura). Pero, en sentido estricto, él no aceptaba la gracia "real", como irrupción de Dios, es decir, el acontecimiento salvador de Cristo, sino sólo la apertura del hombre a lo divino (que, en realidad, se identificaba con la misma realidad del hombre)[19].

Pues bien desde 1924 será distinto. Ya no hablará (solamente) de una apertura religiosa del hombre y de una posibilidad de revelación, sino de un hecho paradójico: Dios se ha revelado realmente en la Cruz de Cristo (Cruz de Jesús de Nazaret, un hecho de la historia, no un simple mito). Lo que de verdad importa, lo que salva al hombres no es ya la religión (apertura del hombre, despliegue de la capa superior divina de la vida humana), sino la revelación real de Dios, su don concreto en Cristo, es decir, en la historia de Jesús.

En carta del 9.1.1924, Bultmann había dicho ya a Barth que la Iglesia es trasmisora del juicio y salvación de Dios, de manera que su mensaje no puede interpretarse como expresión de un puro cambio social, intra-mundano. Un mes más tarde (6.2.1924), pronunció en Marburgo una conferencia largamente preparada y esperada. Barth y otros colegas viajaron desde Göttingen, para escucharle de incógnito, y luego conversar amistosamente.

El mismo Barth calificó esa conferencia como *Götterdämmerung*, crepúsculo o caída de los dioses (es decir, de los grandes mitos de la modernidad liberal): Bultmann comenzaba, a su juicio, a ser auténticamente cristiano[20]. Aquí aparece, de forma lapidaria, condensada en las frases iniciales del trabajo, la nueva orientación de Bultmann, su adhesión al movimiento dialéctico[21]:

---

[19] Barth toma a Jesús como mediador, lugar de encuentro entre Dios y los hombres, pero Bultmann no quiere ni admite mediadores: Dios se encuentra arriba, el ser humano abajo, ambos separados. No se vinculan ya en un tipo de moralismo panteizante, como quería la teología liberal; pero tampoco se distinguen y unifican en el Cristo. Bultmann piensa que Jesús es sólo un símbolo, un ejemplo de aquella presencia divina que cada uno debería encontrar por sí mismo. Así lo he mostrado en *Bultmann y Barth*. Cf. K. Barth – R. Bultmann, *Briefwechsel 1922-1966*, TVZ, Zürich 1971, 3-21.

[20] Cf. K. Barth y E. Thurneysen, *Briefwechsel*, Siebenstern, München 1966, 151 (K. Barth y R. Bultmann, *Briefwechsel* 24). La conferencia de Bultmann (*Die liberale Theologie und die jüngste theologische Bewegung*), publicada en *Th.Blätter* 3 (1924) 73-86, ha sido incluida en GV I, 1-25 (=*Creer y comprender* I, 7-26).

[21] La religión, incluso en sus formas más altas, es sólo un "deseo" del hombre y, al fin, un fracaso. Pero ese fracaso es signo y lugar de presencia de Dios en la Cruz

El objeto de la teología es Dios, y el reproche que lanzamos contra la *teología liberal* es este: No ha tratado de Dios, sino del ser humano. Dios significa la radical negación y superación (=Aufhebung) del ser humano. Por eso, la teología, cuyo objeto es Dios, no puede tener otro contenido que el lo,goj tou/ staurou/ (=el Logos de la Cruz; cf. 1 Cor 1, 18). Pues bien, este Logos es ska,ndalon (escándalo; 1 Cor 1, 23) para el ser humano. Por eso, el reproche contra la teología liberal es que ella ha querido evitar o suavizar este ska,ndalon[22].

Bultmann radicaliza así la diferencia entre Dios y el ser humano, de forma paradójica o *dialéctica*, citando expresamente a F. Gogarten y E. Thurneysen, con quienes se vincula, y distanciándose ya de W. Herrmann y E. Troeltsch, sus maestros anteriores. De esa forma condena y rechaza su pasado, entendido como tiempo de sacralización antropológica: Sus maestros habían divinizado al ser humano, presentando a Jesús como ideal supremo de la humanidad. En contra de eso, Bultmann quiere ya que Dios sea divino, juzgando y salvando al hombre por su divinidad, en Cristo.

Dios y el ser humano no aparecen ahora como realidades paralelas, mutuamente emparentadas, Dios arriba, el hombre abajo, como en el antiguo platonismo. Tampoco pueden entenderse en clave hegeliana (a pesar de la *Aufhebung* o elevación a la que alude el texto), como si el hombre fuera un momento del auto-despliegue divino. El hombre es lo opuesto a Dios, y Dios se hace presente en el mundo por medio de la Cruz de Cristo, que es la negación de

histórica de Jesucristo. En los demás campos (visión de Dios, estudio del hombre…) Bultmann puede seguir citando a Herrmann. Sólo al llegar a Cristo siente la necesitad de superarle. En 1920 (*Ethische* 742) Bultmann decía que sólo la *Selbstbesinnung* puede decidir acerca de las formas religiosas (lo místico, lo ético). Todavía en 1922 (*K. Barths* 373) afirmará que todo el trabajo histórico, filosófico y religioso se centra en los poderes de la propia conciencia humana: «Selbstbesinnung auf die Motive und Kräfte, auf den Grund unseres Lebens». Pero a partir de 1924 lo decisivo no será ya la "autoconciencia" (*Selbstbesinnung*), sino el "acontecimiento" de Cristo, como Palabra de Dios. Cf. *Zur Frage der Ch.*: GV I, 101 ss.

[22] Cf. GV I, 2; *Creer y comprender* I, 5-6.

aquello que el hombre puede alcanzar por sí mismo, es decir, el fracaso de todas las pretensiones humanas

La teología liberal había puesto su confianza en este mundo, y había inventado un tipo de hermosa religión moralista, identificada con el progreso ético y social de la humanidad. Pues bien, por la Cruz de Cristo descubrimos el fracaso de los intentos "mesiánicos", la negación de todo Reino de Dios en este mundo, pues los proyectos e ideales del hombre, sus logros y esperanzas sociales nos siguen manteniéndose en un plano psicológico (y político), puramente humano, alejado de Dios, bajo la maldición del pecado, como muestra la Cruz de Jesús, condenado por las autoridades políticas y religiosas de su tiempo.

La Cruz de Jesús significa el rechazo (condena) de los proyectos mesiánicos, tanto en un plano personal como social. Jesús había querido instaurar el Reino, pero fracasó, siendo crucificado, y su fracaso muestra que toda religión humana es, al fin, ideología, es decir, idolatría, un intento de modelar a Dios a nuestra imagen y semejanza. Pues bien, precisamente allí donde Jesús no ha logrado triunfar humanamente (muriendo en la Cruz como mesías histórico) Dios ha revelado su salvación (no la humana), de manera que este mismo Jesús (a quien mataron por ser fiel a Dios) ha sido constituido como Cristo, presencia superior de Dios, resurrección.

El reproche de Bultmann contra la teología liberal es que no se había ocupado de Dios, de su acción escatológica, sino de proyectos humanos que al fin fracasan y dejan al hombre en manos de la muerte. Los teólogos liberales habían identificado a Dios con el trasfondo ideal de la moralidad, con un tipo de misterio cósmico, es decir, con una realidad mundana o una creación humana, condenada siempre al fracaso.

En esa línea, mientras buscaban el sentido ideal de la moralidad o el nivel más alto de este mundo, transcendiendo los planos inferiores de la moralidad o del conocimiento, esos teólogos parecían referirse a Dios, pero, en el fondo, hablaban de ellos mismos, es decir, de sus ideas y proyectos. De esa forma, la teología y la práctica religiosas de muchos cristianos era un tipo de "panteísmo" antropológico, moralista o cósmico.

Los teólogos liberales podían llegar hasta fronteras lejanas, pero lo hacían para encontrarse siempre con ellos mismos, nunca con el Dios verdadero, que está más allá de la moral y de la metafísica, en Jesús crucificado, que es el Cristo. De esa forma identificaban a Dios con su propio ideal humano (en claves de violencia y opresión), olvidando que Dios es diferente y que sólo puede expresarse en su verdad a través del "Logos de la Cruz", que se opone al "logos cósmico" o al pensamiento humano. Frente a la razón religiosa, que es siempre idolátrica (obra o proyecto de los hombres), el verdadero Dios se ha revelado en la Cruz de Cristo (que es juicio y superación de la humanidad y de la historia)[23]

La teología liberal creía en los poderes humanos, capaces de construir lo bueno, verdadero y bello, creando así un mundo divino, pero ese mundo era sólo una creación humana. Dios parecía manifestarse en los proyectos de unos pretendidos seres superiores que pensaban trazar con su vida un rastro de luz en el camino que lleva hacia lo eterno. Jesús, llamado el Cristo, podía ocupar un lugar en la serie de esos hombres, como símbolo, figura y portador de valores sagrados, de bienes eternos. Pero de hecho, así entendido, ese Jesús de los liberales, era sólo un momento del deseo imaginado de los hombres, en la línea de un "helenismo" que había cumplido su función mítica, que había terminado perdiendo su sentido en las guerras de comienzos del siglo XX[24].

Pues bien, en contra de eso, con la teología dialéctica, Bultmann ha descubierto que Dios no es un objeto del cosmos, ni un ideal de la ética, ni un horizonte del conocimiento, algo ya dado (o

---

[23] *Geschichtliche* 76 ss; *Die liberale* 5-6.

[24] Así lo había comenzado a comprender ya Herrmann, afirmando que Dios está siempre más allá de lo que pueden pensar o hacer los hombres, pero no había captado la singularidad de Cristo, el sentido radical de su revelación; por eso, su Dios seguía siendo idealista (en línea moral o cósmica). Cf. *Liberale* 1-2, 7-9, 11, 13, 18; *Zur Frage der Ch.* 101-113; *K. Barths* 369 ss.

que nosotros podemos alcanzar), una realidad que podamos definir y rastrear con nuestra mente. Si lo tomamos de esa forma y disputamos sobre su verdad (como si fuera una cosa de la que podemos tratar en abstracto) nos convertimos en ateos: Hacemos del Eterno un ser-del-mundo, un objeto de la mente humana[25].

El pensamiento liberal identificaba a Dios como una construcción (personal y social, política y cultural) de la mente. Pues bien, la teología dialéctica ha mostrado que todo lo que hay en el mundo y en la vida es simplemente humano. Los liberales han confundido a Dios con el mundo. Por eso debemos superar sus "ideales" religiosos, situándonos así ante la cruz de Jesús (a quien han matado las leyes e ideales del mundo)[26].

Ésta es la gran crisis de Dios, a quien no podemos entender en línea de "analogía" (el mundo sería signo de Dios), sino por dialéctica, negando los valores de este mundo, en la Cruz de Jesús, como resurrección que no niega la muerte, sino que expresa su sentido en ella (el mismo sentido de la cruz es la resurrección). La Cruz de Jesús implica, por tanto, la crisis de todos los ideales y proyectos de la humanidad.

En ese contexto, el hombre aparece al mismo tiempo como ser para la muerte (crucificado con Jesús) y como resucitado. Éste es el juicio de Dios en nuestra vida, el sentido de la fe cristiana (en la línea del *simul iustus et peccator* de Lutero): Saberse a la vez pecador y amigo de Dios, muerto y renacido (resucitado).

El cristiano habita, por tanto, en dos planos opuestos. (a) Vive aquí abajo, en un mundo de pecado, perdido en lo que fue (puro pasar), en aquello que va siendo y se destruye en el mundo. (b) Pero

---

[25] El *disputare de Deo* es el pecado original del hombre. Cf. *Welchen Sinn* 27.

[26] Herrmann sabía que Dios no es una simple meta de las fuerzas racionales de los hombres, pero no había llegado hasta el final, no había comprendido la revelación de Dios en la Cruz de Cristo. Cf. *Karl Barth: Die Auferstehung* 40-41; *Die liberale* 18 ss y 24, con nota sobre Herrmann. A partir de aquí comienza el nuevo pensamiento dialéctico, que Herrmann ignoraba y que el mismo joven Bultmann no lograba precisar. Todo el cambio teológico se centra en la nueva visión de la Cruz de Cristo como resurrección. Cf. F. W. Sticht, *Die Bedeutung* 127 ss. y 121-220.

al mismo tiempo, habita en el futuro del Dios siempre abierto. Ésta es la dialéctica cristiana, que se opone a la "analogía" tradicional de los teólogos medievales (que en el fondo acababan identificando a Dios con el pensamiento humano). Por un lado somos pecadores, y todo lo que hacemos y pensamos es contrario a Dios; por otro lado, al juzgar nuestro pecado (al condenarnos), Dios nos salva en la Cruz de Cristo[27].

Hegel había comprendido la antítesis que enfrenta a Dios y el mundo; pensaba, sin embargo, que la unión de los opuestos era efecto del propio desarrollo de la idea (del Espíritu), sin paradoja ni milagro. En contra de eso, Barth y Bultmann suponen que la unión del pecado y la gracia (del hombre y de Dios) es imposible en perspectiva lógica (como desarrollo del pensamiento); esa unión sólo puede realizarse como efecto de una crisis divina, a través del escándalo de la Cruz de Jesús, el Cristo.

El resultado de esa crisis (escándalo, juicio) no es un combinado de los extremos anteriores, un híbrido de Dios y de los hombres. Dios no cambia; los hombres no dejamos de ser hombres, aunque empecemos a ser desde la fe una nueva criatura. Esta crisis constituye el centro de la gran paradoja (dialéctica) cristiana, que va más allá de todos los procesos ideales o morales, pues se expresa en el "acontecimiento" increíble (absurdo), del Dios que nos juzga y nos salva en la muerte del Cristo[28].

---

[27] Si en un momento el Señor dejara de salvarnos, cesaría la tensión, seríamos solamente mundo. Pero si nos salvara del todo dejaríamos de ser humanos. Esta dialéctica marca la unión "imposible y real" de dos realidades que se han reunido de hecho en la Cruz de Jesucristo, es la clave de la nueva teología, centrada en la visión del Dios que destruye y salva al hombre en la Cruz de Cristo: «Der Mensch als solcher, als ganzer ist von Gott in Frage gestellt... Die ganze Welt... ist vernichtet... Dies Gericht kennen, heisst aber auch, es als Gnade kennen; denn es ist Erlösung, dass der Mensch von sich selbst frei wird» (*Die liberale* 19). «Was Gnade ist, kann nur der Mensch wissen, der sich als sünder weiss... Es gibt keine Gnade als für den Sünder, keine Gnade als im Gericht» (*Ibid* 23). Cf. G. Krueger, *Dialektische* 122-123, 126 ss.

[28] *Die liberale* 24-25; *Die Frage der d.* 45, 51. Bultmann ha descubierto así la categoría básica de la experiencia cristiana: La paradoja histórica de la presencia destructora y salvadora de Dios en Cristo.

Dios está siempre más allá. No es pensamiento, ni un ideal de moralidad, ni se expresa en forma de emoción estética, sino que es Aquel que, siendo totalmente distinto, sale a nuestro encuentro en la Cruz de Jesús, como muerte y resurrección. De esa forma, siendo totalmente distinto a nosotros, Dios determina radicalmente nuestra existencia, haciendo que muramos, pero no para quedar simplemente aniquilados, sino para resucitar, descubriendo así su presencia más alta en el fracaso de todos los ideales y realización de la historia. Sólo podemos hablar de Dios en la medida en que él (es decir, su función más radical) nos "mata" (nos hace morir a lo anterior) y nos resucita, para que así podamos vivir y vivamos de un modo paradójico, como resucitados de la muerte[29].

3. Jesús, Palabra de Dios. Un libro clave (1926)

Según H. Cohen, el hombre era pura voluntad que se va realizando a sí misma mientras tiende hacia un futuro que no puede alcanzar plenamente, pues el proceso no acaba y la meta buscada resulta inalcanzable. El ser auténtico consiste únicamente en irse haciendo, a través de un camino que conduce al ideal de la plena humanidad, sin lograr alcanzarla jamás.

W. Herrmann lo sabía de algún modo, y el joven Bultmann empezó avanzando en esa línea, acentuando el aspecto vital (y situando al hombre en el espacio de la gran crisis, más allá de la naturaleza y la cultura). Pero después tuvo que radicalizar su postura, hasta negarla. (a) Por un lado rechazó el idealismo moralista de H.

---

[29] Nada sabemos de Dios como ser aislado, ni de nosotros separados de Dios. Sólo podemos conocer a Dios al descubrir lo que Él hace en nosotros (nos mata y resucita). Sólo podemos conocernos de verdad a nosotros mismos descubriendo y aceptando la acción de Dios en nuestra vida. Dios y el hombre se encuentran, por tanto, vinculados y separados en la Cruz de Cristo (*Welchen Sinn* 26-7), que es el lugar donde Dios se muestra como realidad que define nuestra vida: «Die unsere Existenz bestimmende Wirklichkeit» (*Ibid* 29). Esto lo sabía en principio W. Herrmann, como Bultmann. Pero hay algo que Herrmann no sabía o aceptaba: A Dios le conocemos sólo paradójicamente, a través (por medio) de la Cruz de Cristo, como juicio y recreación de nuestra vida.

Cohen, pues no conocemos a Dios por la cultura. (b) Por otro lado se opuso al vitalismo de Herrmann, pues Dios no se define sin más como hondura de nuestra vida.

La revelación real de Dios va más allá de la naturaleza y de la cultura, más allá de la vida y de los ideales moralistas. El Dios concreto se expresa de forma paradójica, como muerte y resurrección, en la Cruz de Jesús, en una línea de corte más existencial. Ni el progreso cultural ni el despliegue de la vida logra responder a nuestras preguntas.

No tenemos solución ni respuesta por nosotros mismos, de manera que sólo podemos "aquietarnos" si Dios nos responde de hecho, si él se revela no sólo como juez, sino también como salvador, como ha hecho en Jesucristo. No somos lo que somos por nosotros mismos, ni tampoco lo que hacemos con nuestro poder y voluntad, de manera que sólo tenemos dos opciones[30].

– *Si optamos por lo que somos*, queriendo así construir por nosotros nuestra vida, nos entregamos y caemos así en manos de aquello que pasa, en manos de las fuerzas del mundo y de la muerte, hasta convertirnos en objeto, como si fuéramos un elemento del cosmos con sus pequeños placeres y esperanzas, pues todo es un puro correr y perderse: Ser-en-el-mundo, pasar, pecado y muerte.

– *Pero podemos optar por el futuro*, es decir, por la vida de Dios, tal como se ha revelado en Jesús, aceptando el juicio de Dios en la Cruz, que nos libera del mundo-como-muerte al hacernos morir con Jesús, de manera que podamos resucitar con él, abriéndonos al futuro de la vida liberada en lo divino, pero no sólo después, tras la muerte, sino en esta misma existencia sobre el mundo[31].

---

[30] Cf. *Welchen Sinn* 31. Somos preocupación y responsabilidad ante nuestra existencia: «Wir die Sorge und Verantwortung für sie (Existenz) haben». Vivimos en inseguridad, y no podemos superarla, pues para ello deberíamos salir de nosotros mismos y ser Dios: La existencia «absolut unsicher ist und wir sie nicht sichern können; denn dazu müssten wir ausserhalb ihrer stehen und Gott selbst sein» (*Ibid* 33).

[31] Sólo de este modo se supera el dualismo platónico. No es que ahora estemos en el tiempo y luego (tras la muerte) pasemos a la eternidad divina. Somos tiempo y lo seremos siempre, pues no podemos dejar de ser humanos. Pero, siendo mundo y

El cristiano es del mundo, pero no pertenece al mundo, sino que está abierto al futuro de Dios, es decir, a su constante novedad. Está implantado en la muerte, pero, al mismo tiempo está llamado por Cristo y redimido en la Vida de Dios, que se revela como milagro por la Cruz pascual. Todo lo que el hombre "tiene y puede" por sí mismo acaba encerrándole en la muerte. Sólo Dios, revelándose en Cristo, por su muerte y resurrección, puede liberarle de ella (de sí mismo)[32].

El tema central de la nueva teología dialéctica no es Dios, ni el hombre cerrado en sí mismo, sino la relación entre ambos, tal como se ha realizado en Cristo. En su etapa liberal, como he destacado ya en el capítulo anterior, Bultmann había separados sus dos momentos. (a) El Jesús de la historia era un simple judío inmerso en las ideas de su tiempo, profeta de optimismo moralista. (b) El Cristo de la fe formaba parte del mito de la revelación de Dios[33].

En su recensión a K. Barth (*Carta a los Romanos,* año 1922) Bultmann seguía pensando de esa forma, aunque empezaba a dar más importancia a Jesús. El año 1923 le presentaba como poder salvador, revelación concreta de Dios en este mundo. Pues bien, desde el año 1924 le presenta ya como Juicio y Palabra de Dios, siendo un hombre concreto de la historia[34]. Así le define y presenta en un libro clave, titulado precisamente *Jesús* (1926).

---

muerte, estamos redimido por Dios en Cristo. De esa forma podemos puede vivir en un tiempo abierto al futuro de Dios en Cristo: «Der Mensch kann nie aus der Zeit herausspringen, sondern hat nur zu wählen, ob seine Gegenwart durch die Zukunft oder durch die Vergangenheit bestimmt sein soll» (*Geschichtliche* 80-81). Cf. *Karl Barth. Die Auferstehung* 46 y *Recensión* a R. Otto: ChW 39 (1925) 41-3.

[32] *Karl Barth* 41-45; 56-7. Destruyendo todo ideal absoluto, todo intento de construir un reino de Dios se extienden los signos del pecado. Todo es mundo y pasa, es herencia del pecado, es muerte, pero el hombre verdadero se nos muestra solamente allí donde Dios llama y se introduce por su Cruz en nuestra vida, como resurrección de los muertos. La resurrección no es un estado futuro, sino la misma existencia auténtica del cristiano sobre el mundo, condenado en la carne pero viviente en el espíritu, sometido al mundo pero triunfante en la presencia del Dios que es eterno.

[33] El mismo Bultmann ofrece una abundante bibliografía sobre el mito de Cristo en *Urchristliche Religion*: Archiv f. Religionswiss. 24 (1926-7) 85 ss., 101 ss.

[34] Cf. *Recensión a G. Bert*: ThLZ 48 (1923), 176: El Evangelio de Juan no proclama alegorías, sino «ein objektives Handeln und Geschehen» (el acontecimiento

En contra de los teólogos liberales, ya no presenta a Jesús como un héroe religioso, ni como signo de una intensa vida interna, ni como predicador moral idealista que exalta el valor infinito del alma y la tendencia incansable hacia el bien (en la línea de A. Harnack o W. Herrmann). Jesús no forma parte de los "inmortales", que quería entenderle la colección en la Bultmann publicó su libro. Jesús no vino a proclamar la bondad de los actos humanos, ni habló de virtudes y valores éticos, en el sentido moderno del término, sino que fue portador de la Palabra, proclamando el juicio de Dios y exigiendo conversión radical[35].

Este cambio (con la «conversión» del mismo Bultmann, si así puede llamarse) no tuvo grandes consecuencias para su visión histórico-crítica de la tradición sinóptica ([2]1931), pero el mismo Jesús de la historia y de la comunidad de Palestina aparece ahora, en otra perspectiva, a través de la Cruz (¡fracaso mesiánico!) como Cristo-Señor de la Revelación definitiva. El evangelio es Palabra que viene de Dios, y no simple resultado de la creatividad humana.

En esa línea, fiel a la inspiración dialéctica de Barth, Bultmann no puede hablar de una encarnación biográfica de Dios en Jesús (como si los momentos positivos y dramáticos de su vida – nacimiento, milagros, muerte– fueran en sí teofanía), sino de una revelación paradójica, que se expresa en el hecho (*dass*) de su humanidad que culmina y fracasa en la cruz y no en el cómo (*wie*) de los diversos momentos de su vida.

En contra de los liberales, Bultmann no entiende a Jesús como un *héroe religioso*, ni siquiera como un buen predicador moral, como hacían los neokantianos. A su juicio, Jesús no se ocupó

---

objetivo de la Muerte del Mesías, que es revelación de Dios). Por eso puede hablarse de los «heilsgeschichtliche Offenbarunswirken». En *Rec. a R. Knopf*: ThLZ 48 (1923) 395 afirma que Pablo admite una «heilsgeschichtliche Entwicklung».

[35] *Jesus*, DB, Berlin 1926 (= Siebenstern, München 1967). Trad. española *Jesús*, Sur, Buenos Aires 1868. Cf. W. Schmithals, en epílogo a *Jesús* 152. Cf. *Jesús*, 10, 13, 40. Este libro apareció originalmente como volumen 1, en una colección de la Deutsche Bibliotek, titulada *Die Unsterblichen: Die geistigen Heroen* der Menschheit in ihrern Leben und Wirken (Los Inmortales: Los héroes espirituales de la humanidad, en su vida y en sus obras).

del "valor infinito" del alma y no quiso desarrollar la apertura ideal del ser humano que busca su culminación en lo divino. Sus palabras no fueron sentencias morales, sino anuncios de la presencia de Dios que, siendo totalmente distinto, se vuelve cercano, inmediato, para los hombres en el Reino (que se cumplirá paradójicamente en su muerte). Tres son los argumentos centrales de este libro de Bultmann, tres los elementos que definen a su juicio el cristianismo:

– *Mensaje de Jesús.* Ciertamente, el Jesús histórico ha sido un judío[36] y como tal debemos entender su moral ingenua de campesino. Pero, desde el fondo del judaísmo, en una línea apocalíptica, él ha proclamado la venida del *Reino de Dios,* que libera al hombre de la muerte, abriéndole al futuro de su reconciliación y plenitud, de su vida verdadera.

– *Pascua de Jesús, mensaje de la iglesia.* Tras la muerte de Jesús, la comunidad cristiana ha identificado el mensaje de Jesús (la venida del reino) con su misma muerte (frustración mesiánico), entendida como resurrección. De esta forma, el anuncio eclesial queda expresado y condensado en la Cruz. En esa línea, la comunidad helenista (y de un modo especial Pablo y Juan) ha visto bien cuando han interpretado a Jesús como Kyrios y Palabra de Dios (pues Dios se revela en la muerte y fracaso del hombre).

– *Contra la cosificación de Jesús.* De manera coherente y repetida, Bultmann identifica al Jesús pascual con la Palabra, que no tiene realidad fuera de su proclamación y de su escucha, de su acogida y cumplimiento. Todo intento de objetivar a Jesús fuera de la Palabra, todo deseo de concretar su resurrección como acontecimiento externo, históricamente probativo, resulta equivocado. La Palabra de Dios (Jesús como Cristo) se identifica con la misma muerte de Jesús[37].

---

[36] Así empieza, en frase lapidaria, la obra posterior de Bultmann, *Teología del Nuevo Testamento* (1ª entrega, 1948). Edición castellana: Sígueme, Salamanca 1981, 40.

[37] La tradición bulmanniana ha destacado la necesidad de superar la objetivación. Cf. P. H. Jørgensen *Die Bedeutung Sujekt-Objekt-Verhältnisses in der Theologie,* ThB 46, Reich, Hamburg 1967.

Desde este fondo han empezado a dividirse los caminos de Barth y Bultmann. Uno y otro comparten la certeza de que Dios se revela en Cristo. Uno y otro saben que la salvación es don de Dios, que arranca al hombre del pecado y de la muerte introduciéndole en la Vida. Pero *Barth* parece objetivar esa salvación en Jesús resucitado, interpretando su pascua como un hecho observable, casi externamente probativo. Por el contrario, *Bultmann* piensa que la resurrección se identifica con la misma Palabra del mensaje de Jesús, con la certeza de que Dios se revela y nos salva por la muerte de su Cristo[38].

Todo lo que el hombre puede hacer queda bajo su dominio, no puede salvarle. Todo lo que puede probarse con métodos de historia o ciencia pertenece al mundo viejo. Por eso, las acciones y gestos de Jesús, incluso su resurrección (si la tomáramos como un acontecimiento de la historia), son cosas pasajeras de una realidad que simplemente acaba, va muriendo y se termina de manera irremediable.

– *En un nivel histórico, Bultmann sigue manteniendo las afirmaciones anteriores* (*Historia de la tradición sinóptica*, 1921), pues ese libro no era un documento de fe, ni un sermón, ni una meditación piadosa, sino un análisis histórico-crítico de las tradiciones evangélicas, en una línea de ciencia positiva, con métodos filológicos, a través de hipótesis y comparaciones (deducciones).

Este método es necesario en un plano de ciencia, pues la Biblia ha surgido de un proceso humano (antropológico, social y cultural), y a ese nivel ha de estudiarse, como los restantes libros de historia y cultura. Cuando publica la segunda edición (1931), Bultmann es ya un creyente, convencido de que Dios habla (pronuncia su juicio y salvación) por la Cruz de Jesús, pero externamente no tiene que cambiar su libro anterior.

---

[38] La controversia gira en torno al carácter objetivo de la resurrección. Cf. K. Barth, *Die Auferstehung der Toten*, Kaiser, München 1924; R. Bultmann, "Karl Barth: Die Auferstehung der Toten": *ThBlätter* 5 (1926) 1-26 (=*Glauben I*, 38-64; *Creer I*, 39-61). El tema reaparece en las páginas finales de Bultmann, *Jesus* 142-148 (cf. *Jesús* 147-152).

– Bultmann presenta ahora a Jesús como Mensaje salvador para los creyentes, pero eso no se puede probar a nivel de ciencia. Para el no creyente, los textos son opacos. Para los creyentes, ellos se vuelven transparentes, y así dejan que se exprese en ellos una Luz superior, un Mensaje de Dios que nos llama y transforma. Como científico, el exegeta quiere dominar el texto (captarlo, resolverlo).

Por el contrario, como creyente, él se deja enriquecer por el texto, escuchando su mensaje, dejando que la Palabra de Dios venga, se le muestre y llame (le juzgue y recree) a través de la Biblia (evangelios). Ese mensaje no es un sistema conceptual, ni un conjunto de acontecimientos datables, sino que se sitúa en el nivel de la fe y del compromiso creyente[39].

Éstos son los planos en los que se sitúa y nos sitúa su obra. (a) En un nivel externo, captable por la ciencia, formamos parte de la *Historie* o despliegue organizado del mundo, entendido como proceso unitario donde todo se explica en un plano objetivo. (b) Por la fe nos situamos en una dimensión de *Geschichte*: el misterio de Dios se manifiesta por Jesús, superando (rompiendo) la trama de causalidades intra-mundanas, como gracia salvadora.

Por eso, estrictamente hablando, la salvación de Dios en Cristo implica una des-mundanización y una superación de la historia objetiva. Jesús no fue un maestro de moral, ni sus sentencias y parábolas eran afirmaciones éticas de tipo universal, sino que él aparece como portador de la Palabra escatológica de Dios, que nos ofrece su Gracia y nos pide que le respondamos también de un modo gratuito. Los evangelios no son libros de moral, ni guías de conducta histórica, sino que proclaman la superación de toda historia en la Cruz de Cristo[40].

Jesús no ha formulado verdades generales sobre Dios Padre, sino que anuncia con su vida la fuerza que viene de Dios a los

---

[39] Cf. *Das Problem einer theologischen Exegese für die neutestamentliche Wissenschaft*: ZdZ 3 (1925) 334-359 (= Moltmann, *Anfänge* II, 47-72).

[40] Cf. *Geschichtliche und übergeschichtliche Religion im Christentum*: ZDZ 4 (1926) 385-403 (= GV I, 65-84; *Creer* I, 63-80).

hombres, para juzgarles y salvarles. No se ocupó de resolver el enigma de la esencia de Dios ni los problemas de la historia, sino que anunció la llegada de su Reino, entendido de forma escatológica, en una línea de muerte y resurrección (es decir, de juicio y transformación). Ésta es su novedad: Él aparece como profeta escatológico del Reino de Dios. No le importa la moral de los hombres, ni su perfección ética, sino la manifestación definitiva de Dios.

El hombre está perdido en el mundo, entregado al destino, cerrado por la muerte, alejado de Dios. Pero el mismo Dios se vuelve cercano para aquellos que le escuchan, como principio de resurrección, que sólo puede llegar (manifestarse) a través de la muerte. Por eso, cuando Dios llama al hombre no lo hace para despertar los secretos divinos de su alma, sino para crear su nueva humanidad, exigiendo (produciendo) conversión absoluta, cambio radical, ante su llegada.

La palabra de Jesús proclama la venida del Reino de Dios, y dice a los hombres que el tiempo se ha cumplido, que hace falta decidirse. El reino no se puede implantar desde la historia; por eso, los hombres necesitan ser llamados desde el "futuro" de Dios, que no es un momento posterior en el tiempo, sino la verdad y plenitud de la Vida, que nosotros no podemos conseguir por nosotros mismos[41].

4. Jesús histórico y Cristo de la fe. Los dos planos de la exégesis

El Jesús histórico no ha sido predicador moral (como habían pensado los liberales), sino mensajero escatológico del Reino, entendido como presencia personal de Dios (juicio). Ciertamente, utilizó imágenes de tipo apocalíptico, como era normal en su tiempo, pero el sentido radical de su mensaje no fue apocalíptico sino teológico: Anunció la llegada de Dios, es decir, la existencia auténtica para los hombres.

---

[41] Bultmann, *Jesús* 24- 29, 35-41, 66-67, 90, 104-113, 122, 133-138.

De manera consecuente, tras la muerte de Jesús, sus seguidores le vieron como portador de la Palabra de Dios, es decir, como encarnación de su juicio. Sin duda, él había utilizado categorías morales y apocalípticas (de profeta judío), pero en el fondo anunciaba la llegada del Reino (juicio y resurrección). Por eso, tras su muerte, la Iglesia pudo verle como Palabra de Dios, diciendo que con él había llegado ya el Reino, que se había realizado el Juicio y que Dios se había mostrado en él, para siempre, como Vida verdadera (es decir, la Resurrección).

Él había proclamado la llegada del Reino, pero sus discípulos (Iglesia) descubrieron y proclamaron por la Pascua que él mismo era el Reino, Palabra de Dios, perdón de los pecados, presencia de la eternidad. En esa línea, lo que Bultmann y otros habían entendido como "mito" de un Hijo de Dios Encarnado viene a presentarse ahora como presencia (paradoja) de Dios que se introduce en la vida de los hombres. Jesús no se convierte en un "ser mítico", sino que viene a revelarse como aquel que es, como la Palabra escatológica Dios, perdón de los pecados, Reino ya presente[42].

Jesús era el portador de la Palabra, y así le han visto y proclamado sus seguidores tras la muerte, en la experiencia radical de la resurrección: Ha sido un hombre que llama, y es voz de Dios que perdona y da vida en la muerte. El mismo Jesús de la historia es el juicio de Dios, su Palabra es la verdad del Reino. De esa forma ha superado Bultmann la dualidad anterior de historia (Jesús mensajero moralista) y mito (el Hijo de Dios como símbolo de salvación). Sólo existe un salvador concreto, que es el hombre Jesús, a quien la iglesia ha visto por la Cruz como Cristo, Presencia de la Vida, Juicio de Dios sobre el mundo. Ésta es su paradoja, éste es el centro de la fe para el creyente[43].

---

[42] Cf. W. Schmithals, Epílogo a *Jesus*, 154-5, 156. Sobre la postura anterior de Bultmann, que ve a Jesús como puro mensajero moralista, cf. *Ethische* 728-729 y 739 ss. Sobre la nueva postura de Bultmann cf. *Jesus* 143-144. donde muestra su trasfondo filosófico-teológico, superando el moralismo (idealista) del período anterior.
[43] La palabra de Jesús (*Wort*) es el acontecimiento (*Ereignis*) de la salvación (*Jesus* 146). Jesús presenta el perdón de Dios en forma de Palabra en la que Dios se hace presente, haciéndonos capaces de decidirnos por él. En esa línea, la palabra

Jesús se identifica de esa forma con el Reino, es decir, con el perdón de los pecados y la vida nueva (recreada). Todos los hombres pueden saber lo que es el perdón, pero sólo de un modo teórico, pues el perdón en cuanto tal exige una decisión. Pero los cristianos confiesan que Dios les ha perdonado de hecho (no en teoría) a través de Jesús, a quien llaman el Cristo y reciben así la fuerza para decidirse y perdonar a los demás. La fe no consiste en admitir que Dios perdona, sino en afirmar que nos ha perdonado de hecho, de un modo concreto y paradójico, en la Cruz, que no es un símbolo que expresa las relaciones eternas de Dios y los hombres, sino el acontecimiento escatológico del perdón, en el centro de la historia. Jesús no es un modelo de vida, sino la Vida[44].

Así viene a presentarse el "Jesús dialéctico" de Bultmann que es, al mismo tiempo un hombre que anuncia la Palabra (Juicio) de Dios, siendo crucificado por hacerlo, y la revelación real de ese Juicio (en la buena nueva de la Palabra pascual de su muerte). Jesús nos sitúa así ante la gran opción: por Dios (que es la Vida) o por el diablo (que es la mentira y la muerte). No se puede "probar" desde fuera que él sea palabra salvadora, pues la "prueba" es su muerte, el fracaso mesiánico. Quien le acepta sabe que hay Dios y que Dios es perdón de los pecados; quien le rechaza sigue viviendo (muriendo) conforme a los principios de este mundo[45].

de Jesús aparece como salvación de Dios (es decir, como presencia de su salvación). Cf. *Jesus* 147-8. Siendo *palabra*, Jesús es *juicio* del mundo y transparencia (actualidad) de Dios. Por eso, lo que importa no son las cosas que él dice y hace (sus palabras y milagros), sino la Palabra de su Vida, ratificada en la Cruz.

[44] *W. Herrmann* pensaba que Jesús es salvador por la impresión que su figura (su símbolo) produce en el alma de los creyentes, ante quienes aparece como ejemplo de Dios. *Bultmann*, en cambio, afirma que Jesús es mucho más que un ejemplo: Es el juicio concreto de Dios, que penetra en este mundo de pecado-muerte, situándonos ante la gran decisión, de manera que debemos optar por él (que es la vida) o por nosotros mismos, que seguimos hundidos en la muerte. Cf. *Zur Frage der Ch.* 91-2, 95, 101; *Geschichtliche* 83.

[45] Cf. *Jesus* 105-109; *Zur Frage der Ch.* 108-109. A juicio de Bultmann, Herrmann olvida la función escatológica (*eschatologische Stellung*) de Jesús y el hecho de la que fe surge a través del mensaje (*der Glaube sich nur auf das Wort der Verkündigung gründe*). Cf. *Jesus* 106.

– *La exégesis histórico-crítica* es una ciencia que pretende alcanzar resultados seguros, con técnicas filológicas, para entender el surgimiento y sentido externo del texto. Cerrada en sí, la exégesis científica es un acto de dominio del hombre sobre el texto: Lo secciona y analiza, separa sus partes, divide niveles, indica funciones… En esa línea, el exegeta actúa como dueño de la Biblia, no como oyente de la Palabra. Pero a través de la lectura hermenéutica el creyente se pone a la escucha del texto, dejando que su palabra le enriquezca.

– *La exégesis hermenéutica* penetra en el interior del texto: Quiere descubrir y escuchar su mensaje real, dirigido a la persona, como "palabra" que da sentido a la vida de los hombres. Son planos distintos, pero están implicados: El nivel histórico-crítico ha de convertirse en transparencia que nos permita ponernos en contacto con el contenido interno del mensaje, con la palabra dirigida a nuestra vida. En esa línea, Bultmann elabora una hermenéutica existencial y teísta de la Cruz de Jesús[46].

Sólo en ese segundo plano (que no va en contra del anterior) el hombre puede dejarse transformar por Dios. Como neokantiano, Bultmann creía que la Biblia ha de entenderse desde las ideas del hombre. Ahora descubre que ella es portadora de la Palabra de Dios (o, mejor dicho, es la misma Palabra de Dios). Para entenderla en ese plano, el exegeta debe mantenerse abierto: No puede cerrar de antemano sus límites, sino que ha de estar dispuesto a recibir la palabra más alta (una voz trascendente) de Dios que le recrea[47].

---

[46] *Das Problem* 338-339, 357. Cf. *Karl Barth. Die Auferstehung* 63-4. La exégesis histórico-crítica (*zeitgeschichtliche*) permanece en el plano de letra. La exégesis de fondo (*Sachexegese*) supera ese plano y quiere descubrir y acoger la Luz que el texto le quiere ofrecer: « … sieht dagegen diese Karte der Zeitgeschichte gleichsam transparent und möchte das hindurchleuchtende Licht erfassen, das jenseits der Fläche der Zeitgeschichte steht, und glaubt erst so erfassen zu können, was gemeint ist». Cf. *Das Problem* 338-340; *Karl Barth. Die Auferstehung* 39-40. Esta "exégesis de contenido" recibe el nombre de *Sachexegese* y de *theologische Exegese*. Cf. *Das Problem* 338, 340.

[47] Más que el pensamiento neokantismo, Bultmann quiere superar una visión idealista, que puede admitir la existencia algo trans-subjetivo, un «objeto espiritual», pero nunca puede tomarlo como *Ereignis*, acontecimiento que interpela al sujeto desde fuera y le cambia. *Das Problem* 335-337. Cf. G. Krueger, *Dialektische*

La Biblia puede leerse en un nivel intramundano (*Historie*), con la ayuda de la ciencia exegética. Pero en su nivel más hondo ella desborda los límites de la ciencia, y nos sitúa en el plano de la historia personal (*Geschichte*). Eso significa que sólo podemos comprender su verdad si superamos la pura exégesis científica (sin negarla), abriéndonos a la Palabra que nos llega desde un nivel más alto, como revelación de Dios en Cristo. Siguen siendo importantes los aspectos histórico-científicos de la exégesis, pero el sentido más profundo de la Palabra de Dios sólo se puede comprender en un plano personal, escuchando lo que nos dice y dejándonos interpelar por ella[48].

Este método de la doble interpretación (exégesis crítica y hermenéutica existencial y teológica) tiene consecuencias importantes, en especial para el estudio de la Biblia y para la visión del mito, pues nos permite superar el plano histórico-literario sin afirmar que lo que está más allá es puramente "mito". De esa forma, el nivel superior, que Bultmann definía antes como "místico o mítico", rechazándolo sin más, puede presentarse ahora como expresión de una

---

140 ss. En este contexto debemos distinguir los dos planos. (a) Como seres del mundo, estamos inmersos en la marcha de la historia (*Historie*); lo que somos se explica a partir de lo que fuimos, en apertura hacia aquello que seremos; en ese plano ha tenido y tiene todavía su verdad parcial el idealismo. (b) Pero ese plano de los hechos que pasan no agota nuestro ser: Seguimos abiertos a un plano más alto, a una riqueza que libremente se ofrece y que nosotros podemos aceptar de una manera libre, en gesto de «participación histórica» (*Geschichte*). Aquí se sitúa el amor; la palabra de Dios y la respuesta humana. Cf. *Das Problem* 240-245.

[48] Cf. *Das Problem* 350-352. En ese contexto se entiende el prólogo a *Jesus* 7-8: No podemos *estructurar* la historia y dominarla; no podemos verla como un hecho ya pasado y terminado; pues de ese modo la convertimos en algo objetivo, un dato cultural ya muerto. Sólo comprende la historia quien *participa* en ella, es decir, quien es capaz de verla como palabra viviente que le ofrece una nueva visión de sí mismo y del mundo. Cf. *Geschichtliche* 81 ss. El joven Bultmann lo había intuido ya (con Herrmann), pero sólo ahora lo desarrolla plenamente, en una línea que culminará tras su encuentro con M. Heidegger. Por eso, cuando en 1927 Bultmann parezca aludir al pensamiento de M. Heidegger y cuando en 1928 le cite expresamente, no hará más que desarrollar algo ya latente en su período anterior: *Vom Begriff der religiösen Gemeinschaft*: ThBl 6 (1927) 70 ss; *Heidegger*: RGG 2 (1928) 1688, y *Die Bedeutung der d.* 129. Cf. G. Noller, *Heidegger und die Theologie*, Kaiser, München 1967, 12 ss.; F. W. Sticht, *Die Bedeutung* 151 ss.

verdad existencial, humana, es decir, como Palabra de Dios en la Muerte de Jesús, que así aparece como Cristo[49].

En esa línea, Bultmann confiesa que en el fondo de la Biblia emerge un sentido (una realidad) que va más allá de la pura exégesis histórico-crítica, pero no la quiere ni puede entender en un plano "objetivista", como parece hacer K. Barth cuando estudia la resurrección de los muertos. Barth tiende a pensar la resurrección como un hecho "objetivo", es decir, físico o material, con la transmutación del cadáver de Jesús. En contra de eso, analizando el mensaje de 1 Cor 15 Bultmann afirma que la resurrección de Jesús no puede entenderse en ese plano (material, objetivo), sino como experiencia trascendente de liberación de la muerte. En ese contexto, el hecho físico (el posible cambio material del cuerpo de Jesús) le parece secundario[50].

A partir de aquí empiezan a distinguirse las dos perspectivas, especialmente desde el año 1928: *Barth* defenderá, cada vez con más fuerza, la objetividad de la salvación; *Bultmann*, en cambio, la entenderá en sentido existencial (real, pero no objetivo, ni idealista). En ese contexto he venido hablando de un triángulo dialectico, representado por Bultmann y Barth (a los que añado la visión O. Cullmann, por lo que ella tiene de contraste y ampliación). Los tres admiten la fórmula básica de la fe (*Dios salva al hombre por medio de Cristo*), pero cada uno la interpreta desde una perspectiva distinta:

---

[49] Cf. Das *Johannesevangelium in der neuesten Forschung*: ChW, 41 (1927) 510-511.

[50] Cf. *K. B. Die Auferstehung*, 43, 51-2, 54-5, 56, 57, 63. La fe es la respuesta personal al mensaje de la Biblia. El intento de explicarla por medio de conceptos o palabras humanas será la teología (*Das Problem*, 353). Exégesis y teología son lo mismo, aunque desde facetas distintas. La *exégesis* estudia el sentido de la Biblia viéndola en forma de palabra que me funda y determina. La *Teología* presenta el sentido del hombre fundado y determinado por la palabra de la Biblia (*Das Problem* 354).

La teología no puede limitarse al estudio de aquello que se cree (fides quae); tampoco se contenta con interpretar la nueva vida del creyente, como si no interesara nada lo creído (fides qua). El preyente se dirige internamente hacia aquello en lo que cree (la vida en Cristo). Por eso, estudiando la fe, el teólogo capta al mismo tiempo lo que en ella está implicado. Cristo, Dios y el hombre se dan al mismo tiempo. Cf. *Zur Frage der Ch.* 85 ss.

– *K. Barth* admite que "Dios salva al hombre por medio de Cristo", pero destaca la primera palabra «Dios», elaborando así una teología de la subjetividad transcendental de Dios, añadiendo que él actúa de un modo "objetivo", por encima de la historia fáctica, pero de un modo radicalmente histórico y casi material en la muerte-resurrección de Jesús. Oponiéndose a ello, Bultmann le acusará de terminar convirtiendo a Dios (su acción) en una cosa (que puede identificarse con Jesús, que habría resucitado "objetivamente").

– *R. Bultmann* afirma también que "Dios salva al hombre por Cristo", pero destacando la subjetividad transcendental del hombre. Hay Dios y está presente en Cristo; pero su acción y su verdad ha de entenderse a partir de la pregunta humana y como transformación de su vida en la muerte de Jesús (sin necesidad de una resurrección objetiva posterior). Lógicamente, Barth le acusará de convertir a Dios en una función de lla conciencia humana, sin identidad real, objetiva.

– *O. Cullmann* insistiría en presentar la salvación como historia de Dios con los hombres, que se centra en Cristo. El fundamento y raíz del nuevo ser cristiano se concreta en el despliegue de los hechos salvadores, prometidos e iniciados en el Antiguo Testamento y culminados en la resurrección Cristo, entendida en forma histórica. La salvación se expresa y realiza, según eso, en la historia de Dios en y con los hombres, en un tipo de "objetividad" distinta, propia de la revelación judeo-cristiana[51].

Quizá podríamos unir los tres lados de ese triángulo diciendo que la subjetividad existencial (Bultmann) no puede separarse de la acción transcendental de Dios (Barth) y de la historia de la humanidad en Cristo (Cullmann), de manera que los tres lados se implican. Pero el tema está en la forma de hacerlo, respetando los tres ángulos, sin que uno de ellos absorba a los otros.

---

[51] He estudiado el tema en *El triángulo exegético* y en las páginas finales *El pensamiento de O. Cullmann*, Clie, Terrasa 2014. Cf. R. Bultmann, *Die Bedeutung der d.* 119 ss. Sobre los teólogos dialécticos, sus convergencias y divergencias, cf. H. Bouillard, *K. Barth* 192 ss, 206 ss., y H. Zahrnt, *Die Sache mit Gott. Die Protestantische Theologie im 20 Jahrhundert*, Piper V, München 1966.

Desde ese fondo seguiré indicando que la visión de Bultmann es quizá unilateral, pues no ha superado plenamente el neokantismo, con su comprensión idealista de la realidad, lo que le lleva a desmundanizar y deshistorizar la salvación, como seguiré indicando tras estudiar su pensamiento existencial, en el último capítulo de este libro[52].

---

[52] Los tres momentos se implican, pero sin confundirse. No podemos diluir lo divino en la historia, ni negar al hombre en Dios, ni convertir el mundo (y la historia) en algo puramente subjetivo. Quiero destacar la vinculación de Dios, Cristo y el hombre, pero sin negar las diferencias. El despliegue de ese "triángulo" exegético (que podría llamarse quizá mejor hermenéutico) exige un planteamiento nuevo de tipo metafísico, superando quizá el pensamiento existencial que ha desarrollado luego Bultmann. Se requiere en este campo una forma de pensar que sea capaz de mantener, al mismo tiempo, implicaciones y distancias, unidad y diferencias. La reforma dialéctica de la teología, tal como fue iniciada por K. Barth y por sus compañeros no ha llegado a su pleno desarrollo, de manera que algunas de sus tareas siguen pendientes todavía (2013).

En ese contexto he insistido en la aportación y en los límites de la propuesta de Bultmann. No quiero negar el valor de su intento; no dudo de su fuerza existencial, ni pretendo discutir sus aportaciones, pero debo añadir que la búsqueda de Dios no puede aislarnos, sacarnos del mundo y ponernos en camino solitario hacia el misterio de Dios de un modo puramente existencial (fuera de la historia). En esa línea, creo que la mayor limitación de Bultmann está vinculada a sus raíces neokantianas, no a su búsqueda de una pensamiento existencial, sino a su manera de vincularlo con un tipo de crítica idealista (neokantiana); su defecto está en pensar que todo conocimiento del mundo y de la historia es pura objetivación que nos separa del mensaje de Jesús y de la experiencia de Dios.

La solución va en la línea de un análisis más hondo de la experiencia integral del hombre, vinculada con el mundo y con la historia, como indicaré al final de este libro. Ciertamente, existe un riesgo de objetivación (convertir a Dios en "cosa"); pero existe un conocimiento del mundo y de la historia, que se vincula con el despliegue auténtico de la vida de los hombres. En un plano existencial, Bultmann ha superado el neokantismo, y también lo ha hecho al destacar la trascendencia de Dios; pero él sigue situando su visión de la Biblia (y del cristianismo) fuera del conocimiento del mundo y de la historia, sin superar sus bases neokantianas; de esa forma, sigue siendo un subjetivista neokantiano (a pensar de su relación con K. Barth y con M. Heidegger).

2. Una propuesta hermenéutica, exégesis existencial

Como he venido indicando, las intuiciones fundamentales de la teología de Bultmann aparecían ya en el momento anterior, pero él ha desarrollado su pensamiento maduro con la ayuda del análisis existencial, en la línea de M. Heidegger, que le ha permitido precisar el sentido del hombre y su problemática de fondo: La finitud y la apertura existencial, el pecado y la angustia, la aceptación y superación de la muerte.

Su encuentro con Heidegger no ha supuesto para él una ruptura, como en el caso de la teología dialéctica, ni un hallazgo repentino, sino un lento y progresivo dialogo filosófico y teológico, que desemboca en el descubrimiento del hombre como "muerte" (no como ideal de trascendencia ética) y en la confesión de la presencia activa (judicial y salvadora) de Dios en la muerte de Cristo, en la que se condensan y reciben su sentido todas las muertes de los hombres[1].

1. Con M. Heidegger, un encuentro

Bultmann quiere *entender y dejarse transformar*, no limitándose a repetir escuchar como espectador lo que dice la Biblia[2]. Para eso,

---

[1] Cf. F. W. Sticht, *Die Bedeutung* 151 ss; K. Barth, *Rudolf Bultmann* 55; H. Ott, *Geschichte* 14-15; R. Bultmann, *Autobiographical Reflections*, en C. W. Kegley, *The Theology of R. Bultmann*, SCM, 1966, London, XXIV.

[2] Seguimos aludiendo al título GV (*Glauben und Verstehen, Creer y Comprender*). Bultmann se sitúa en la línea de una teología intelectualista, empeñada desde San Anselmo en *creer para comprender* (*Credo ut Intelligam*), pero no parte de un conocimiento, para luego creer (como cierta apologética más racionalista), sino de la fe cristiana, para buscar desde ella una luz, que le permita comprender. En

lógicamente, necesita conocer al hombre y debe encontrar una antropología, que responda a la experiencia básica del cristianismo (o, mejor dicho, que derive del mismo cristianismo).

No puede aceptar ya la visión helenista (platónica), que divide al hombre en cuerpo y alma, en una línea desarrollada por la escolástica medieval. Tampoco le sirve el moralismo idealista neokantiano, que entendía al hombre como ser que busca un ideal infinito de bien o de verdad (en una línea que sigue básicamente inspirada en Platón). Por eso será fundamental su relación con M. Heidegger, con quien descubre una antropología de fondo cristiano, que deriva en realidad de la Biblia (del análisis del hombre pecador de Pablo).

Ambos empiezan a dialogar el 1923, cuando coinciden en la Universidad de Marburgo, uno profesor de teología, otro de filosofía. Bultmann acude como oyente a algunas clases de Heidegger. Heidegger colabora con Bultmann en un seminario sobre ética paulina (1924). Ambos han superado el idealismo neokantiano y buscan categorías que respondan a su nueva visión de la existencia (sin caer en un tipo de vitalismo extendido en el entorno). Cada uno tomará después su propia línea, pero los dos comparten por unos años una misma visión existencial del ser humano y se influyen mutuamente.

El año 1926 Bultmann emplea ya un lenguaje casi heideggeriano, distinguiendo *Geschichte* (historicidad) e *Historie* (transcurso fáctico). En 1927 habla de los entes (*Seiende*) y el Ser (*Sein*), para emplear desde entonces un lenguaje existencial, distinguiendo entre el *análisis del ser humano*, como realidad caída (alejada de sí, peca-

---

algún sentido, el mismo K. Barth quiso seguir este modelo, como muestra en *Fides quaerens intellectum. La preuve de l'existence de Dieu d'après Anselme de Cantorbery* (1958), Delachaux et N., Neuchâtel 1968; cf. también *Dogmatique I, II. La doctrine de la parole de Dieu*, Labor et Fides, Genève 1954; juicio crítico en H. Bouillard, *Karl Barth I-III*, Aubier, Paris 1957. Pero Bultmann ha dado un paso más, buscando las "estructuras" humanas que parecen ajustarse a la revelación de Dios, permitiéndole entenderla.

do), y la *decisión creyente*, que proviene de la gracia y le libera de su angustia y de la muerte[3].

– *Heidegger* (1889-1976) era cinco años más joven que Bultmann y en ese tiempo, como profesor de Marburg (1923-1928) estaba preparando su obra clave (*Ser y Tiempo*, 1927). A su juicio, el ser humano se encuentra arrojado sobre el mundo, dominado por la angustia, sin otra salida que la muerte. La única respuesta ante esa dura condición existencial era una fuerte *decisión*, cercana a la tragedia: Mantenerse erguido ante la muerte. En esa línea defendía Heidegger un tipo de actitud pagana, un helenismo más trágico que platónico, que podía hallarse peligrosamente abierto a las tentaciones neo-totalitarias. Pero su visión del hombre como "ser para la muerte" respondía a la visión antropológica de Pablo.

– *Bultmann*, en cambio, había superado el riesgo del idealismo, sin caer en la tragedia. Por eso, aceptará algunas intuiciones básicas de Heidegger, pero no podrá cerrarse en ellas. A su juicio, el análisis heideggeriano del hombre caído refleja la experiencia bíblica del pecado, que los sinópticos expresan en categorías míticas (posesión diabólica) y Pablo en términos antropológicos (pecado, gracia....). Pues bien, los cristianos sólo pueden hablar y hablan del pecado en la medida en que se saben liberados de él por Cristo. De forma correspondiente, ellos sólo pueden hablar de la gracia de Dios en la medida en que se saben liberados por ella del pecado[4].

---

[3] Ya en 1933 Bultmann dedica a Heidegger su libro GV I, recordando agradecido el tiempo que compartieron en Marburg (in dankbarem Gedenken an die gemeinsame Zeit in Marburg). Años más tarde, Bultmann recordará agradecido sus discusiones con M. Heidegger, que le permitieron descubrir y elaborar un lenguaje existencial más adecuado para expresar la novedad cristiana; cf. K. Barth – R. Bultmann, *Briefwechsel* 320. En de *Exégesis* 167-243, he precisado las relaciones de Bultmann con Heidegger. Aquí las presento de un modo esquemático

[4] Así establece una correlación entre aquello que el ser humano busca y lo que Dios le ofrece en Jesucristo. Esa correlación escandaliza a Barth, pues piensa que ella convertiría al ser humano en manipulador de Dios, a quien encerraría en sus categorías psicológicas o mentales. Pues bien, en contra de eso, Bultmann sabe que sólo al situarle en el trasfondo de nuestras preguntas podemos conocer y escuchar al Dios de Cristo, que no es puro más allá, alguien que viene y queda fuera, sino que entra en nuestra vida y responde a nuestra búsqueda y nos libera de nuestra esclavitud pasada. A su juicio, tomado en sí mismo, el análisis existencial

Bultmann descubrió pronto la importancia del análisis existencial para el desarrollo de su teología. Heidegger no había escrito aún *Ser y Tiempo* (1927), pero su reflexión se movía ya en esa línea. Tampoco Bultmann había perfilado las líneas finales de su teología, pero las estaba desarrollando. Tenían mucho en común, y así se enriquecieron.

Bultmann quería superar los supuestos filosóficos del idealismo liberal, para descubrir y exponer el núcleo del mensaje cristiano, que la teología dialéctica de K. Barth había destacado. Pues bien, esa misma teología, al centrarse en la intervención paradójica de Dios en el hombre, le puso cerca de la problemática de Heidegger, haciéndole ver que, por sí mismo, el "hombre pecador" de Pablo podía identificarse con el hombre entendido como "ser para la muerte"[5].

Durante el curso 1923-1924, Heidegger y Bultmann compartieron un seminario interdisciplinar, y estudiaron juntos la ética de Pablo, superando el idealismo (progresismo) moralista, sin desembocar en un vitalismo que corría el riesgo de volverse irracional. Ambos hablaban del hombre concreto que es tiempo, y ponían de relieve la situación existencial de caída o pecado de la humanidad. Bultmann sabía ya entonces que sólo podemos hablar de Dios en cuanto actúa en nuestra vida y nos transforma con su fuerza.

El año 1925, Bultmann fue precisando sus ideas, insistiendo en que sólo conocemos a Dios por aquello que realiza en nosotros. En esa línea, él describía al hombre como ser "pre-ocupado", responsable de su destino, llamado a realizarse y, sin embargo, incapaz de lograrlo. Estas ideas habían estado latentes en W. Herrmann, pero ahora las podían desarrollar de un modo mucho más preciso, con la ayuda de Heidegger. Ese mismo año, Bultmann insiste en

---

de Heidegger resulta insuficiente, pues descubre el pecado, pero es incapaz de superarlo, como seguiré indicando, porque para ello se necesitaría una intervención positiva de Dios.

[5] K. Barth, *Theologie* 453, dice que ya en 1922 Bultmann le leyó unas notas tomadas de un curso de Heidegger. Cf. G. Noller, en Introducción a *Heidegger und die Theologie*, Kaiser V., München 1967, 9 ss.

que las palabras de la Biblia sólo pueden entenderse tomando en serio el carácter propio del hombre, en línea existencial (no de historia externa), pues el hombre es un ser que no está hecho (acabado), no domina su existencia, se mantiene abierto...[6].

Bultmann presentará así la realidad del hombre como tiempo (temporalidad) e historia (historicidad), destacando su constitución existencial, como viviente que se hace a sí mismo, debiendo escoger entre el pasado (cerrarse en lo objetivo, el mundo de las cosas) o existir para el futuro (entendido en línea existencial, no ontológica). En esa perspectiva insiste en el encuentro personal con Jesús, utilizando (ya el año 1927) la distinción clave de Heidegger entre el «ser» y el «ente». Heidegger estaba interesado por el hombre, como "ente" especial y paradójico (Da-Sein, Ser-ahí), condenado por un lado a la muerte, pero capaz de recibir la iluminación (la verdad) del mismo Ser (no de una idea determinada, ni de un tipo de cultura). Bultmann asume esa distinción, pero añade que el "ente" humano está abierto a Dios, no al Ser en general[7].

Desde ese fondo, Bultmann se atreverá a criticar la visión cristológica de su maestro W. Herrmann, por pensar que ella no ha sido lo bastante existencial (no incluye la visión del hombre real) y

---

[6] El tema de aquel seminario sobre Pablo aparece en *Das Problem der Ethik bei Paulus* (1924), en *Exegetica* 49, 50-51; 52 ss. Cf. F. W. Sticht, *Die Bedeutung* 150-151. Bultmann sabe ya que sólo se puede hablar de Dios hablando de los hombres: «Gegenstand der Theologie ist Gott, und von Gott redet die Theologie, indem sie redet vom Menschen, wie er vor Gott gestellt ist, also vom Glauben aus» (*Die liberale* 25; cf. *Welchen Sinn* 28, 33-36). El hombre se define como *Sorge und Verantwortung* (preocupación y responsabilidad), y su vida se encuentra absolutamente insegura, *absolut unsicher* (*Ibid* 33).

[7] La filosofía, al ocuparse del *ser* de los entes ofrece un servicio inestimable a la teología. «Versteht man aber Philosophie als kritische Wissenschaft vom *Sein*, d. h. als Wissenschaft, die alle positiven Wissenschaften, die vom *Seienden* handeln, auf ihre Begriffe vom Sein hin zu kontrollieren hat, so tut allerdings die Philosophie der Theologie einen unentbehrlichen Dienst». Bultmann está aludiendo aquí de E. Lohmeyer, quien, a su juicio, no comprende las «Möglichkeiten» o posibilidades existenciales del hombre, sino que permanece atado a un tipo de ideal platónico-idealista, que le impide fundamentar filosóficamente la teología. Cf. *Vom Begriff der religiösen Gemeinschaft*: ThB 6 (1927) 72-3 (=*Heidegger und die Theologie*, Kaiser, 1967, München 13-14). Cf. *Das Problem* 343, 348.

porque corre el riesgo de convertir a Cristo en un objeto, una cosa que se encuentra ante nosotros, una realidad ya terminada (de una forma casi mítica). En contra de eso, Bultmann piensa que a Cristo hay de entenderle en perspectiva existencial, no como objeto (realidad externa), sino como mensaje (Kerygma): Voz que me despierta, siendo distinta de mí, pero introduciéndose en mi vida[8].

En 1928, Bultmann alude abiertamente a Heidegger, que ha publicado ya su obra decisiva (*Ser y Tiempo*, 1927), descubriendo en ella elementos muy valiosos para construir su pensamiento, sin abandonar la teología dialéctica, que le ha permitido poner de relieve el carácter histórico del hombre: Todo lo que digamos de Dios ha de entenderse desde el despliegue existencial humano, en una línea de la apertura al "ser", no en el plano de los entes objetivos. En ese contexto, el "mundo" no es ya un sistema de cosas, ni es el objeto ideal de la cultura, sino un modo de ser de los hombres que no alcanzan su verdad, como había dicho Pablo y como ha vuelto a destacar M. Heidegger[9].

En ese momento (curso 1928/1929) comienza el período existencial de Bultmann, que durará, con ciertas variantes, hasta su muerte (1976). Ciertamente, él mantiene su relación con K. Barth (teología dialéctica) y sigue hablando del Dios distinto, que realiza su juicio sobre el mundo en Jesucristo, insistiendo así en el valor de la existencia humana; pero, al mismo tiempo, reelabora su teología

---

[8] *Geschichtliche* 80. Jesús no puede pertenecer al plano de lo *Vorhandenes*, aquello de lo que nosotros *verfügen*, es decir, utilizamos: *Zur Frage der Ch.* 106-107. En ese nivel, Jesús sería un «vorfindliches Faktum»; estaría «uns zur Verfügung», a nuestro servicio (*Ibid* 108). Pues bien, en contra de eso, Jesús sólo es conocido a través de un «diálogo existencial». Cf. *Jesus* 7-9.

[9] El segundo Heidegger dirá que sólo el *Ser* responde (ilumina) la pregunta de los hombres. Bultmann conoce esa visión (cf. GV IV, 106, donde habla de un posible acercamiento entre el ser y Dios). Sin embargo, a su juicio, la auténtica respuesta a la pregunta del hombre es sólo Dios, cuando revela su Palabra. En esa línea, Bultmann se queda en el primer Heidegger (el de *Ser y tiempo*). Sobre su relación con el segundo, cf. H. Ott, *Geschichte* 202 ss; J. B. Lotz, *Mythos* 114 ss; P. Ricoeur, *Préface* 27 ss; L. Malevez, *R. Bultmann* 84 ss; J. M. Robinson, *The German* 63 ss; J. B. Cobb, *Is the later Heidegger* 195. Estos trabajos suponen que el segundo Heidegger podría haber ofrecido a Bultmann una base filosófica más amplia. Pero ello hubiera implicado una reorientación de su pensamiento. Cf. *Die Bedeutung der d.* (1928) 114 ss., 129 ss. Sobre el *mundo* (con cita de Heidegger): *Die Bedeutung der d.* 129; *Der Glaube als Wagnis*: ChW 42 (1928) 1008 ss.

de una forma existencial, "reconstruyendo" su visión del hombre y su conocimiento teológico.

Desde ese fondo él distingue y vincula los dos planos: (a) *La filosofía* se sitúa en el nivel del análisis existencial: estudia la estructura del ser-en-el-mundo (Da-Sein, hombre) y destaca su carácter histórico (en sentido individual), marcado por el ser para la muerte y por la angustia (b) *La fe* implica siempre una respuesta (decisión) concreta, fundada en la palabra de Dios; por eso, ella se sitúa en el plano de la filosofía, no con la ciencia, pudiendo tomar una "decisión", que no brota del simple análisis de los hechos o de una posible "manifestación siempre ambigua" del Ser, sino de la revelación concreta de Dios en la Cruz de Cristo[10].

2. Análisis existencial. Ser en el mundo, pecado

Presentaré de forma esquemática algunos elementos fundamentales del análisis filosófico de Heidegger, que han sido básicamente aceptados por Bultmann. En esa línea he querido distinguir el lenguaje filosófico (el hombre como ser en el mundo) y el lenguaje cristiano (el hombre como ser en pecado), que están implicados pero son relativamente independientes[11].

---

[10] La ciencia es importante, pero sólo trata de cosas "a mi servicio" (zu meiner Verfügung), es decir, a la mano. Cf. *Kirche* 155-156. *Die Bedeutung der d.* 126 ss. G. Kuhlmann, *Zum theologischen Problem der Existenz. Fragen an Rudolf Bultmann,* 1929 (=*Heidegger und Theologie,* Kaiser, München 1967, 33-58), había destacado ya el carácter filosófico (heideggeriano) del pensamiento de Bultmann, al que acusa de confundir de algún modo filosofía y teología. Bultmann responde el siguiente año (*Die Geschichtlichkeit,* 1930) precisando sus contactos y divergencias respecto a Heidegger. A su juicio, la filosofía se sitúa en un nivel «ontologisch-existential». J Gaos, *Ser y tiempo,* FCE, México 1951 ha traducido *existential* por *existenciario,* pero, por afán de claridad, seguiré utilizando la expresión *análisis existencial.* La filosofía se sitúa en ese nivel del análisis existencial, en un plano óntico, En contra de eso, la fe se sitúa en el plano de la decisión *existentiell,* es decir, como respuesta de fe, superando el nivel óntico. Cf. Bultmann, *Die Geschichtlichkeit,* 76. De esa distinción seguiré hablando en las páginas que siguen. Ahora me basta con recordar que, desde 1930, Bultmann ha venido distinguiendo con nitidez el análisis neutral o filosófico (aquello que somos) y la respuesta cristiana (lo que Dios hace en nosotros).

[11] Cf. J. Macquarrie, *An Existentialist Theology. A comparison of Heidegger and Bultmann,* SCM, London 1960; H. Ott, *Geschichte;* F. Vonessen, *Mythos.*

1. El hombre, un viviente especial. Heidegger empieza interpretando al hombre como ser-en-el-mundo, indicando que no vive simplemente en el nivel de las ideas (como quería el neokantismo), sino entre las cosas que tiene "a la mano", para realizarse con ellas. Pero la tarea básica de su vida no consiste en modelar las cosas (en un plano cultural), en contra de lo que suponía el neokantismo, sino en descubrir y desplegar su realidad, a la luz del Ser, es decir, dejando que ese mismo Ser le configure y defina. Las cosas son instrumentos que podemos emplear para nuestro servicio, las tenemos "a mano" (*Vohanden*), y las utilizamos (*verfügen*).

El hombre no es "cosa", no ha de estar nunca "a la mano de otros", pues él es siempre fin, nunca medio, es existencia, no una realidad objetivable, ya dado, fuera de sí misma. Cada hombre "es" su existencia y debe realizarla trazando su futuro, en una línea que no es cultural (ciencia, moral, arte), sino existencial. Desde ese fondo pueden y deben distinguirse dos tipos de existencia:

– *Existencia inauténtica* es la de aquel que olvida su propia identidad, viviendo como si fuera una cosa, un objeto, dominado y dirigido desde fuera, perdido en los afanes y cuidados de la vida. El hombre inauténtico se desconoce a sí mismo (ignora su realidad más honda) y se convierte en mundo, es decir, se cosifica (o le cosifican las circunstancias). No se angustia, pero carece de libertad y de futuro, está perdido.

– *Existencia auténtica* es la del hombre que se mantiene fiel a la exigencia (hacerse a sí misma). Ninguna cosa le obliga a decidirse, nada le determina totalmente desde fuera, y de esa forma él quiere mantenerse abierto al "Ser", por encima de las determinaciones concretas del mundo de los "entes", en el plano del pensar, de hacer e imaginar o, mejor dicho, en el plano de su propia realidad óntica.

La existencia humana es auténtica allí donde se mantiene a la luz del Ser, decidiéndose a sí misma, en el límite de la muerte, rodeada por la angustia. ¿En qué línea debe decidirse en concreto? Heidegger no quiere ni puede concretarlo, pues de hacerlo convertiría al hombre en un objeto. No hay una meta que esté fuera de la propia existencia en su apertura al Ser. Debemos hallarnos decididos (dispuestos), pero no podemos concretar de antemano el objeto de esa decisión, pues la vida tiene una frontera interna que es su propia muerte, que no es una circunstancia que advenga desde fuera de aquello que somos, que nos invada y destruya a traición, sino un límite interno de nuestra propia existencia, expresión de nuestra finitud[12].

El saber de la muerte mantiene al hombre despierto, por encima de todo olvido, en situación de angustia, que no es un estado psicológico, ni una preocupación por pequeños fracasos o problemas, sino la forma original de la existencia humano: La vida en el mundo le ofrece ciertas alegrías o tristezas; pero más al fondo, en un plano que desborda el nivel de las impresiones psicológicas, emerge en su vida la angustia, por su enfrentamiento con la nada.

Ésta es la nota decisiva del hombre, la tensión de fondo entre el *tener que hacerse* libremente y el *saber que no puede conseguirlo*, pues todo es nada (muerte). Bultmann comprendió pronto las potencialidades cristiana de este análisis, en la línea de lo que había buscado en otro tiempo Herrmann, descubriendo que se hallaba más cerca del cristianismo que la moralidad idealista de los neokantianos.

Somos un conflicto interno, un grito que no puede acallarse por la ciencia, la moral y el arte, y así lo ha descrito Heidegger, analizando un elemento clave de nuestra existencia. Pues bien, Bultmann aclara que ese hombre caído de Heidegger se identifica en el fondo con la condición de pecado del hombre en el Nuevo Testamento (sometido a la "carne y muerte"). En otras palabras, el ser-en-el-mundo (Heidegger) se identifica con aquel hombre que

---

[12] Heidegger dice en *Ser y tiempo* que debemos estar decididos, pero no para qué. Afirma que caminamos, pero no hacia dónde (a no ser hacia la muerte). Añade que debemos hacernos, pero no añade cómo. En ese sentido, su filosofía termina siendo una inmensa llamada que se cierra a toda posible respuesta, a no ser que ella se tome en sentido mítico-político dictatorial, en la línea del discurso de rectorado de Freiburg (1933). Bultmann, en cambio, superando ese fondo trágico, sabe que la llamada del hombre recibe sentido desde la respuesta de Dios, que no es sin más el "ser" de Heidegger, sino el Señor-Salvador que es Cristo.

Pablo llama pecador, pues no ha sido iluminado por Cristo. Si Cristo no hubiera venido, el hombre sería sólo aquello que dice Heidegger. Pero Cristo ha venido, abriendo así un camino de liberación. Por eso, Heidegger describe sólo una cara o momento del ser humano.

2. Ser en el mundo, pecado. Como estamos indicando, según Bultmann, la existencia del hombre en el mundo (Heidegger) se identifica con la vida en la carne o pecado (Pablo), abierta potencialmente a Dios (al Ser), pero dominada de hecho por la muerte. Este hombre en el mundo (pecador) intenta vivir, llegar a realizarse, pero no puede lograrlo; es esclavo del pecado, condenado sin más a la muerte, y cuando quiere liberarse por sí mismo sólo consigue construir fantasmas que le engañan y le hunden más en la muerte. El pecador del Nuevo Testamento no puede liberarse por sus fuerzas, pero el creyente sabe que Dios puede librarle por Cristo[13].

El hombre pecador (inauténtico) se halla sometido bajo el yugo de la Ley-Pecado, pero no vive cerrado sin más en la angustia (como el hombre inauténtico de Heidegger), sino que conoce de algún modo que Dios puede liberarle, pues la misma Ley, por contraste, puede abrirle hacia la gracia. Sabe, por contraste, lo que es bueno, aunque no tiene el poder de realizarlo. Necesita al Señor (equivalente del Ser de Heidegger) y le llama, pero no puede obligarle a que venga.

Aquí está la diferencia esencial. *El Ser de Heidegger* no puede manifestarse jamás de un modo "histórico" (ontológico), el Ser no responde nunca de un modo concreto, de manera que los hombres se mantienen más bien en el olvido. Por el contrario, *el Dios cristiano* puede responderle, y lo ha hecho por Cristo. En el fondo, para Bultmann, el Ser de Heidegger se identifica con Dios, y Dios puede revelarse y lo ha hecho de verdad (en contra del Ser, siempre celoso de sí mismo, siempre velado en su transcendencia).

---

13 Cf. *Neues Testament und M.* 37 ss.

En un primer plano, el hombre pecador, sometido bajo la ley, es para Pablo (simbólicamente) el judío que vive cerrado en sí mismo (en su Ley). Sin embargo, en un sentido más amplio (como el mismo Pablo supone en Gálatas y Romanos), esa condición de pecador puede y debe aplicarse a todos los hombres y mujeres, en cuando mundanos, dominados por un tipo de ley cósmica o vital, siendo por sí mismos incapaces de alcanzar la libertad de Dios, aunque pregunten por él. Pues bien, la novedad cristiana está en la confesión de Dios ha podido y querido responderles a través de la Muerte y Resurrección de Cristo.

Al hablar del "pecador" (hombre que vive bajo la Ley), Pablo está mostrando las raíces universales (existenciales) de la vida humana. La Ley es capaz de mostrarnos, de algún modo, lo que es bueno, pero no puede darnos la fuerza o poder de realizarlo. En ese sentido, en un primer plano, el hombre inauténtico de Heidegger, situado en un nivel de filosofía (conocimiento del hombre en el mundo) y el pecador de san Pablo (y de Bultmann) se identifican.

Pero hay una diferencia radical. El hombre inauténtico de Heidegger vive encerrado en su angustia y no puede salir de ella. En contra de eso, la fe cristiana puede liberar al pecador (creyente) de la angustia, al ofrecerle la posibilidad de abrirse a la gracia que vence a la muerte, situándole en un espacio de vida más alta. Bultmann supera así el análisis de Heidegger. Sabe que todo lo que tiene el hombre no cristiano es pecado (en sentido existencial, no moral); pero sabe también que ese mismo pecado aparece (por gracia) como pregunta abierta hacia la respuesta de Dios[14].

El hombre (no cristiano) carece de un concepto sobre Dios; sólo tiene una pregunta. Y el saber que en tal pregunta se contiene es, en el fondo, lo que el hombre sabe de sí mismo. Un saber sobre aquello que no es y que no tiene y que quisiera, sin

---

[14] *Christus des Gesetzes Ende*: GV II, 48. Cf. *Das Urchristentum* 176-179; Das *Problem der N. T.* 298.

embargo, tener y estar siendo; se trata de un saber acerca de sus propios límites y de su nada[15].

Cuando el pecador reconoce su impotencia puede descubrir en el fondo de su vida la posibilidad de una Vida más alta. Sabiendo que le llaman a la Vida, puede vislumbrar la existencia de Aquel que le llama (Dios, no simplemente el Ser). Sabiéndose encerrado en el mundo, reconoce de algún modo la presencia más alta de Aquel que puede romper su encerramiento. Este saber no sabiendo, esta pregunta de la debilidad por la fuerza y de la oscuridad por la luz está a la base de la experiencia religiosa. Toda objetivación concreta de Dios es pecado, idolatría; pero la misma tensión del hombre (que quiere que le respondan y liberen) es signo de la trascendencia de su vida.

En ese sentido podemos hablar de una vinculación entre naturaleza y gracia, pero sin tomarlas como estratos de una esencia o momentos de una substancia, sino más bien como extremos de una fuerte tensión existencial, de tipo dialéctico: La misma vida del hombre caído es pregunta por la Vida auténtica, que él no puede alcanzar con sus fuerzas, pero que puede recibir como don de Dios. Por un lado estamos bajo la muerte; pero seguimos buscando, y podemos escuchar la llamada de Dios que nos libera:

La fe cristiana es un acto de la voluntad, la respuesta a la palabra de Dios... Sólo se puede hablar de una respuesta cuando el hombre entiende la llamada, cuando él mismo se sabe interrogado en toda su existencia. En esto consiste la paradoja. Por un lado, la fe del hombre es la respuesta a la llamada que Dios nos dirige. Por otro lado, la llamada de Dios es respuesta a la pregunta humana. Cada hombre está lleno de preguntas; mejor dicho está lleno, en el fondo, de una sola pregunta; más aún, el hombre es pregunta, ya sea consciente o inconscientemente. Por eso, su auténtica realidad se le presenta siempre en forma de futuro, está delante de él[16].

---

[15] *Die Frage der n. O.* 82.

[16] GV IV, 54.

La vida del hombre está impulsada por una gran añoranza que le lleva a la Verdad, a la Realidad plena, a la Existencia, que consiste en amar y ser amado. Eso sucede aunque el hombre no lo sepa y lo diga de un modo consciente, aunque no pueda alcanzar lo que desea, y tenga que seguir siempre amarrado a lo que pasa (el paso del tiempo, la muerte). En sentido profundo, el hombre "sabe" (presiente busca) más de lo que sabe en concreto.

En esa línea, Heidegger habla del hombre angustiado, que busca su existencia auténtica, pero no puede hablar (no habla) de una revelación del Ser (que sigue estando velado, por su misma constitución oculta, huidiza). Bultmann, en cambio, descubre que el Ser, que es Dios, puede revelarse, y lo ha hecho, por Cristo, de manera que el hombre puede responderle a través de su decisión existencial creyente[17].

3. Decisión creyente

Bultmann no ha querido cerrarse en Heidegger (y tomarle como clave de su pensamiento), sino valerse de él para entender mejor (con su ayuda) algunos rasgos del cristianismo. Sabía que Dios y el hombre están unidos de un modo paradójico por Cristo, pero no había articulado algunos datos de su pensamiento; le faltaba un modelo filosófico, y lo encuentra inicialmente en Heidegger.

No comienza presentando una filosofía, para aplicarla después a Cristo (teología), sino que empieza más bien por el cristianismo, es decir, desde la fe cristiana (*Glauben*), y partiendo de ella quiere entender (*Verstehen*), descubriendo que para ello puede ayudarle el análisis existencial de Heidegger. El pensamiento filosófico estaba implícito en su forma anterior de entender la fe (en su momento

---

[17] El hombre tiende hacia la *verdad*, es decir, hacia la *existencia auténtica*, que se condensa en el amor, en su doble sentido de amar y ser amado, «nach Liebe in dem doppelten Sinne: zu lieben und geliebt zu werden» (*Ibid* 54).

"neokantiano"). Ahora encuentra una filosofía que, a su juicio, se aplica mejor al cristianismo[18].

En esa línea, el pensamiento de Bultmann era y sigue siendo paradójico, pues vincula aspectos o niveles que parecían excluirse. (a) Habla del hombre como ser-en-el-mundo (pecador), de manera que en su pensamiento hay un nivel "heideggeriano", por así decirlo. (b) Pero Bultmann descubre por fe que hay otro nivel: El nivel de la gracia de Dios, que ha respondido de hecho a la búsqueda y angustia de los hombres, a los que salva de la angustia del mundo, superando el pecado.

De un modo consecuente, la fe cristiana (tema de la teología) puede y debe concebirse como respuesta (y superación) de un problema planteado por el pensamiento filosófico, desde la perspectiva del hombre como ser caído. Filosofía y teología no dos planos de un conocimiento complejo, sino elementos implicados (y opuestos) de la existencia humana, en línea de *análisis* y *decisión* existencial.

– *El análisis existencial* describe la condición actual del hombre, sus formas de realización, sus problemas básicos. En esa línea, Heidegger nos dice que debemos realizarnos libremente, dirigidos al futuro, limitados por la muerte, modelados por la angustia. Sin embargo, él no puede marcar un camino concreto, la forma en que debemos decidirnos, pues cada uno debe hacerse responsable tomando su propia decisión existencial. Más aún, se podría decir que no existe respuesta posible, pues aquella que pareció trazar el mismo Heidegger (discurso de rectorado, Friburgo 1933), apoyando el nazismo, resultó fatídica[19].

---

[18] Algo semejante quisieron en otro tiempo teólogos como Orígenes y Tomás de Aquino; cf. S. E. Johnson, *Bultmann and the Mythology of the New Testament*: Anglican Th. Review 36 (1954) 35; H. W. Barthtsch, *Das hermeneutische Problem*: KM I, 267-8, 269 ss. Una labor de este tipo incluye numerosos riesgos, como sabían los teólogos antiguos. Nada de extraño que se encuentren deficiencias en su obra. Además, Bultmann presenta una auténtica novedad: Mientras los teólogos antiguos unían filosofía y cristianismo desde el plano de la esencia, Bultmann lo hace desde una perspectiva paradójica, existencial.

[19] Sobre el discurso de Heidegger en Friburgo, el año 1933, "aplicando" su análisis existencial y la exigencia de tomar una decisión en línea nazi, cf. V. Farias, *Hei-*

– La decisión existencial cristiana no se deduce del análisis anterior, pero lo implica y lo desborda, expresándose en la cruz de Jesús, que destruye los ideales y acciones de los hombres, manifestándose en línea de gratuidad, superando la violencia, oponiéndose a la muerte. La fe no es una deducción que deriva del análisis existencial, sino un don de Dios (en la cruz de Jesús) una decisión, a favor de Cristo y de su vida, que nos libera de la muerte. La palabra de Cristo no se limita a decir lo que somos, a señalar lo que tenemos, sino que nos sitúa ante una experiencia más alta de Vida, que nos permite vencer el pecado, morir al hombre viejo, transcender el mundo, por gracia de Dios en Cristo[20].

El filósofo trabaja al nivel de lo ontológico, en el plano del *análisis existencial,* estudiando las estructuras generales del hombre como ser abierto, llamado a realizarse a sí mismo, pero sin decir nunca la manera concreta en que ha de hacerlo (en contra del Discurso de Rectorado del mismo Heidegger), de manera que se encuentra de hecho condenado a la angustia y a la muerte. Sabe que el hombre (Da-Sein, ser-en-el-mundo) debe existir de manera auténtica, pero no puede precisar cómo; la vida del hombre es, según eso, una tragedia (no puede alcanzar lo buscado).

El creyente, en cambio, se sabe impulsado por Dios para tomar una *decisión creyente*: Descubre que su llamada ya sido respondida, pues ha escuchado la palabra de Dios en Cristo, y él le responde a su vez de un modo agradecido. El *filósofo* se mueve en un nivel ontológico, teniendo que estar decidido, pero sin tomar una decisión concreta, pues nunca alcanza a desvelar el "ser". Por el contrario, el *creyente*, responde de manera óntica al Dios que le

---

degger y el Nazismo, Muschnik, Barcelona 1989. Como seguiré indicando, Bultmann fue contrario a esa aplicación política del mensaje de Jesús.

[20] Como he dicho, e*xistential* significa el análisis existencial, *y existentiell* la decisión existencial. Cf. *Die Geschichtlichkeit* 92; *Jesus C. und die M.* 87. Cf. J. Macquarrie, *An Existentialist* 34 ss; F. Vonessen, *Mythos* 12 ss y Respuesta de Bultmann a J. Schnievind: KM I, 124. H. Fahrenbach (KM VI, I, 89) indicó que esta manera de presentar el problema del hombre está más cerca de Kierkegaard que de Heidegger; cf. también G. Krueger, *Dialektische* 125 ss.; pero de hecho Bultmann tomó estas categorías de Heidegger.

llama en Cristo, al Dios que es el sentido y verdad del "ser" (tomando así una decisión existencial)[21].

El *análisis existencial* se sitúa en el nivel del razonamiento (descripción antropológica), en un plano de fenomenología, procurando que el hombre "esté preparado" para una decisión, pero sin tomarla nunca (la de Heidegger fue desafortunada), pues el "ser" no se desvela nunca. La *decisión existencial*, en cambio, es un gesto de fe, y sólo es posible a través de la gracia o, mejor dicho, como gracia de Dios, pues Dios es el Ser de verdad, el Ser como Vida que se expresa en la Muerte a favor de los demás (Cruz de Cristo). Por eso, la salvación (don de amor, plenitud óntica) no se puede entender como desarrollo de la hondura natural del ser humano (ni en línea política), sino como regalo superior, Gracia originaria: Dios es la Vida en la muerte, el sentido original del ser humano.

En este "paso" del Ser de Heidegger al Dios de Cristo se sitúa la novedad fundamental de Bultmann, su "decisión" cristiana. Creer es estar decididos desde y con Cristo, respondiendo así a la llamada de Dios. Esa decisión existencial, que nos introduce en el plano de lo óntico, es la esencia de la fe cristiana, entendida como *respuesta a la gracia de Dios*, existencia escatológica.

La fe nos saca del mundo y nos instala en la vida del mismo Dios, de un modo paradójico: Por un lado nos introduce en la realidad de Dios (en su gracia creadora); pero, al mismo tiempo, nos mantiene en el nivel de lo humano, inmersos en la carne de pecado, con miedo a la muerte. Vivimos, según eso, en dos planos, en dos tiempos: (a) En el tiempo de este mundo, que es pecado. (b) Y en el tiempo de Dios, que es gracia, victoria sobre el mundo. Somos seres paradójicos, en dialéctica o lucha constante.

La fe nos libera por tanto del mundo y nos dice que no somos ya esclavos de la muerte. No se limita a decirnos que estemos decididos, sino que nos "decide" (haciendo que nosotros nos decidamos,

---

[21] *Die Geschichtlichkeit* 72-75. Cf. W. Schmilthals, *Die Theologie* 69-72; J. Maccquarrie, *An Existentialist* 30 ss.

en y con Cristo). Así nos saca del mundo y nos libera de la muerte, poniéndonos en manos de Dios, introduciéndonos entre los seguidores de Jesús, en una comunidad liberada (que no es una patria o nación política, sino una comunidad de creyentes).

Éste es el centro de la dialéctica cristiana. El creyente continúa siendo mundo, pero ya no se apoya en el mundo (en un Estado político, en un orden económico), sino que se abre, sobre el mundo, al Futuro de Dios, a Dios mismo como Futuro, es decir, como Vida, en comunión con otros creyentes. La filosofía existencial tiene en ese contexto un papel importante, pues nos permite conocer al hombre concreto, condenado a la muerte, aunque buscando una salida, una decisión liberadora. Por filosofía conocemos la fuerza de la muerte que domina nuestra carne (se identifica con ella: la carne es muerte).

La filosofía puede mostrar que somos pecadores, seres-del-mundo, como lo sabía el Antiguo Testamento Israelita; pero ella por sí misma no puede liberarnos. Eso puede hacerlo sólo Dios, que nos abre a su vida porque quiere, es Dios verdadero de Cristo, que es el Ser en sentido radical; de esa manera, superando, superando el nivel de carne-muerte en que vivíamos en el mundo, por don Dios (en decisión de fe) podemos abrirnos a la vida de Dios en Cristo. De esa forma se vinculan, a modo de antítesis, filosofía y teología, pecado y gracia[22].

Al situarse en ese contexto, partiendo del análisis de Heidegger, Bultmann ha superado la antropología idealista y/o moralista de los neokantianos (liberalismo), mostrando que el hombre no puede crear unos ideales que le liberen de la muerte. Por sí mismo, el hombre es incapaz de superar la tragedia de la vida, está condenado a la angustia y a la muerte. Pues bien, en el fondo de esa tragedia Bultmann ha sabido descubrir, como Pablo y los primeros cristianos, una pregunta por Dios, una promesa de salvación, en línea de gratuidad. En la raíz del pecado sigue estando el deseo de

---

[22] GV II, 52-53, 73 ss; *Neues Testament und M.* 29-31.

salvación, la búsqueda de Dios. El mismo fracaso del hombre, condenado a la muerte, es una pregunta por la Vida[23].

En algún sentido, esta visión de Bultmann podría compararse a la Kant, cuando analiza el contenido y alcance de la moralidad, esperando una respuesta que justifique el valor de las buenas acciones de los justos, apelando a Dios, como juez moral. Pero Bultmann no analiza las categorías de la moral racional, sino las condiciones de la existencia "caída", en la línea de Heidegger, pero él entiende como pregunta abierta de hecho hacia Dios. Estas categorías existenciales no demuestran la existencia de Dios, pero definen la realidad ontológica de la pregunta que nosotros somos. En esa línea, la respuesta no puede situarse ya en un plano filosófico (como el Dios "postulado" de Kant), sino en un plano de revelación concreta, no para después de la muerte, sino en esta misma vida[24].

---

[23] Bultmann rechaza así la antropología idealista y moralizante de los neokantianos (liberalismo teológico), aceptando en principio el análisis existencial de Heidegger, para avanzar en esa línea y descubrir que Dios no es un ideal en línea de este mundo, sino que se eleva en oposición paradójica al "mundo", como protesta frente al mal y ofrecimiento de libertad. Dios no es el hombre en su plenitud (porque el hombre mundano no tiene plenitud), sino la Vida que se opone a la muerte del hombre, por Cristo, muerto y resucitado.

[24] Dios no ratifica aquello que los hombres "son", no confirma lo que ya existía, sino que lo supera y, en un sentido, lo destruye (destruyendo la muerte que somos) para recrearlo de un modo más alto. Ésta es la "paradoja" de la fe, entendida como experiencia dialéctica (no como analogía, ni como simple trascendimiento). Dios no es garante de lo que somos, sino la negación y destrucción de lo que fuimos, pues éramos creadores de ídolos, condenados a la muerte. Ésta es la paradoja de la fe cristiana. Dios no "responde" a lo que preguntamos en un plano de carne (tampoco respondió a Jesús en línea mesiánica israelita), sino que actúa de un modo más alto, superando incluso nuestra pregunta, a fin de que vivamos de un modo verdadero, destruyendo nuestro ser anterior (dominado por la muerte). En este sentido recrea Bultmann la condición dialéctica de la fe cristiana, tal como había sido planteada por K. Barth, pudiendo vincular a Dios con la búsqueda y pregunta de los hombres, pero de un modo paradójico: Dios responde negando nuestra pregunta, para darnos mucho más de lo que habíamos buscado.

3. Novedad cristiana, un programa teológico

La filosofía de Heidegger, con la que Bultmann se vincula, se define, según eso, como análisis existencial: Es una especie de fenomenología antropológica, en la línea del proyecto filosófico de E. Husserl (1859-1938). Frente al idealismo de los neokantianos y al vitalismo de muchos pensadores de su tiempo, Husserl había trazado un programa de descubrimiento y descripción de la realidad, y Heidegger lo aplica al conocimiento de la realidad humana, tal como se despliega a lo largo de la vida.

Eso significa que el hombre no es una esencia ya hecha, sino una existencia, una vida que se abre y realiza a sí misma, en las fronteras de su muerte. M. Heidegger se esfuerza así por describir el despliegue y condiciones de la existencia humana, condenada siempre a la muerte, aunque abierta (en sentido radical) a un "Ser" huidizo, siempre escondido en sí mismo.

En ese contexto ha elaborado R. Bultmann su teología, en perspectiva existencial, como expresión y sentido de la respuesta de Dios (que es el verdadero Ser) a la búsqueda del hombre (suscitando esa búsqueda y respondiendo a ella). Situándose en el "lugar" clave de Heidegger, que era el trance de la muerte, Bultmann podrá de relieve la necesidad de superar todos los logros o proyectos de la historia humana, para descubrir así la presencia de Dios en la Cruz de Jesús, que es el signo del gran fracaso humano.

1. Dios y la Biblia. El Antiguo Testamento

Como he venido destacando, en el centro del programa teológico de Bultmann está la Cruz de Cristo, interpretada como Palabra de Dios por la que el hombre conoce su nueva realidad, superando en él y por él (en Cristo) su realidad anterior. Dios no ratifica en Jesús lo que hay, sino que lo destruye, para recrear al hombre en otro plano, no por retorno a lo anterior, sino por muerte y resurrección. Según eso, estrictamente hablando, la teología no razona, ni busca un ideal de vida más alto sobre el fundamento de los valores racionales, sino que expone y despliega (confiesa) el "acontecimiento de la Cruz de Jesús", dando así testimonio de una salvación que, siendo esperada (prometida) por la Biblia, supera toda esperanza.

Aquel que vive en la "carne" (el no creyente), no conoce a su Dios y, sin embargo, pregunta por él y le busca, como ha formulado San Agustín de un modo clásico: «Nos has creado para ti, Señor, y por eso estará inquieto el corazón hasta que en ti descanse»[1]. Eso significa que el hombre se relaciona de un modo inicial con Dios, y le conoce desde el fondo de sí mismo, aunque de un modo paradójico, por inteligencia previa, pero sólo en forma de pregunta, desde la inquietud y "recuerdo" del corazón, como sabía de algún modo Platón: «Se conoce solamente aquello que ya se sabía de antemano; por eso, se puede afirmar que conocer es recordar»[2]. El hombre "conocía ya" a Dios, pero cuando Dios viene lo hace una forma totalmente distinta.

Ese saber (no conocer conociendo) se sitúa en la línea del "orden antrópico" de la realidad: Los hombres estamos hechos para la luz, la verdad y la belleza; por eso conocemos de algún modo lo que son esas realidades, aunque no hayamos tenido experiencia de ellas.

---

[1] "Fecisti nos, Domine, ad te, et irrequietum est cor nostrum, donec requiescat in te" (*Confesiones* 11, 1, 1). Cita de Bultmann en *Jesus C. und die M.* 59; GV II, 232; KM II, 1962. En contra de la *teología posterior de la muerte de Dios*, que supone que la «pregunta por Dios» ha dejado de ser natural en el hombre, Bultmann – que niega el valor natural del conocimiento de Dios – sigue afirmando la realidad e importancia de la pregunta por Dios.

[2] Cf. GV III, 3-4 (con referencia al *Menón* de Platón).

Tenemos pues un conocimiento de Dios antes de haberle conocido. Éste es, pues, un conocimiento dialéctico, que debe ser superado para llegar a cumplirse.

En ese sentido, el mismo ser del hombre en el mundo constituye (desde su pecado) una pregunta por Dios, una esperanza abierta, a la que sólo Dios puede responder, y lo hace de hecho, asumiendo y negando la pregunta (de un modo dialéctico). En esa línea debemos afirmar, de alguna forma, que el helenismo popular, la religión de los misterios y la gnosis fueron ya una pregunta por Dios (una especie de Biblia entrevista, un Antiguo Testamento), pero añadiendo que cuando Dios por Cristo lo ha hecho de un modo opuesto al esperado.

Pues bien, dicho eso, debemos añadir que Dios (el Ser real), en su venida, se hamostrado distinto de aquello que habían supuesto las preguntas humanas del "antiguo testamento", que se mantenían en un plano de "ley" (es decir, de pura creatividad humana, condenada al fin a la muerte). «Dios se opone a todo lo que pueda presentarse como humano; él está igualmente cerca del que actúa con seriedad y de aquel que no da importancia a las cosas. Llama lo mismo al pecador que al justo. Está en lo alto y nada humano le obliga a que descienda»[3].

Por eso, este conocimiento previo no se puede entender en línea de analogía positiva, es decir, como realidad inicial aunque imperfecta de aquello que Dios culminará, sino de paradoja dialéctica, oponiéndose así al idealismo neokantiano que en el fondo había identificado a Dios con la plenitud de la pregunta (búsqueda humana). Según Bultmann, el Dios verdadero se revela por antítesis: Es como si el "libro" de nuestra vida estuviera preparado para que Dios escribiera una cosa, pero después, cuando él viene, escribe otra. Dios no es la plenitud de aquello que buscamos, sino aquel que responde de forma totalmente distinta a lo buscado, en la muerte de Cristo.

---

[3] *Weissagung* 162 ss. Cf. *Anknüpfung* 117-131. En esa línea ha de entenderse el hecho de que Jesús llame en especial a los "pecadores", lo mismo que el mensaje paulino, vinculado a la experiencia profunda del Dios que perdona (salva) a los pecadores. Para situar bien el tema se debería comparar esta postura con las diversas visiones del tema de la naturaleza y de la gracia, de la potencia obediencial y el apetito "natural" de Dios.

Ciertamente, Dios ha respondido, pero no como nosotros queríamos, sino como él ha querido, por la cruz de Cristo, superando todas las esperanzas del mesianismo israelita (y el mismo planteamiento del análisis de Heidegger), pues los poderes de este mundo han matado a Jesús, de forma que para revelarse Dios ha tenido que superar la lógica de la razón humana y de la historia.

Sólo de forma dialéctica se puede hablar de una inteligencia previa de Dios. Así decimos que el Antiguo Testamento es camino y preparación de Cristo, y por eso se incluye el canon de la Escritura cristiana. Pero es un camino que Dios ha asumido y superado al revelarse y culminar (por oposición) en la Cruz de Cristo, manifestándose de un modo totalmente distinto al esperado.

Bultmann acepta el valor del Antiguo Testamento de Israel (y de otras formas de sabiduría y búsqueda humana), pero no lo entiende como principio de una historia dirigida positivamente al Evangelio, sino como pregunta a la que Dios responde en Cristo de forma "antitética", en una línea cercana a la de algunos gnósticos antiguos, especialmente a Marción de Sínope (85-160 d. C.): Dios, al revelarse en Cristo, muestra que el hombre es pecador, alejado de la gracia. De esa manera, la Ley (Antiguo Testamento) puede y debe interpretarse como preceptor que nos dirige a Cristo, pero en forma de oposición y contrapunto.

El Antiguo Testamento aparece así como inteligencia previa de la vida de Cristo, pero como una inteligencia que debe superarse, pues sus "promesas" se cumplen negando lo externamente prometido. Los israelitas esperaban el cumplimiento histórico "externo" de las promesas (abundancia material, dominio político sobre las naciones), y Dios las cumplió en Jesucristo, pero de un modo opuesto (antitético), muriendo en la cruz, humanamente fracasado[4].

---

[4] Cf. GV I, 177. Bultmann cita y estudia Gal 3, 22. 24 y Rom 5, 20, que acentúan el carácter negativo del AT. Cf. *Weissagung* 171. Este trabajo con otros de diversos investigadores ha sido editado por C. Westermann en *Probleme alttestamentlicher Hermeneutik*, Kaiser, München 1960; entre las contribuciones del libro destacan las de W. Zimmerli, *Verheissung und Erfüllung* 69-101; W. Pannenberg, *Heilsgeschehen und Geschichte* 295-318; M. Noth, *Die Vergegenwärtigung des Alten*

La tradición de Israel anunciaba y preparaba una Alianza de Dios con los hombres, en línea de culminación política, pero Jesús la cumplió muriendo, pues no logró triunfad en un plano social. Los israelitas esperaban el Reino de Dios como imperio, en línea de dominio final sobre el mundo, pero Jesús fue crucificado por los dominadores reales del imperio romano. Los judíos insistían en la importancia de un pueblo concreto, un Israel histórico, pero Jesús se reveló de un modo potencialmente universal, como si los límites del pueblo de Israel no le importaran.

Pues bien, en esa línea, Bultmann afirma que el Antiguo Testamento se ha cumplido en Cristo y en los cristianos, de un modo escandaloso y paradójico, no en el éxito, sino en el fracaso de todo lo esperado. El cumplimiento no se sitúa por tanto en una línea de continuidad con lo prometido, sino que lo nuevo es antítesis de lo viejo. Cerrado en sí mismo, el Antiguo Testamento es promesa de Vida, pero lo es a través de la muerte, es anuncio de Gracia siendo pecado.

El problema de Israel está en que quiso buscar la salvación a través del éxito mundano, por medio del triunfo del pueblo, pero sus intentos fracasaron, de manera que su mesianismo terminó y se destruyó en la cruz de Jesús. Sólo allí donde fracasa la esperanza mesiánica del Reino de David (Rom 1, 3-4), cuando no se puede hablar ya de salvación en el mundo, podemos creer en Cristo como prometido de Dios. En esa línea podemos afirmar que AT ha sido promesa y camino que lleva a Jesús, pero lo ha hecho de forma antitética, y así Cristo ha debido negar y superar la esperanza israelita[5].

Bultmann se acerca así a la visión de algunos gnósticos del siglo II d. C., que destacaron la oposición entre Antiguo y Nuevo Testamento. Pero, en general, los gnósticos no aceptaban en su Biblia el AT, mientras Bultmann lo mantiene, porque lo necesita,

---

Testaments in der Verkündigung 54-68; H. W. Wolff, *Zur Hermeneutik des A. Testaments* 140-180. Paradójicamente, los profesionales del AT aceptan con mayor energía la continuidad entre Israel y Cristo y así conciben de manera más positiva la esperanza de los hombres, en contra de la antítesis dialéctica de Bultmann.
[5] *Weissagung* 171-179,183-184.

para que funcione como antítesis. Sabe que las esperanzas concretas del Antiguo Testamento han fracasado, como lo muestra la Cruz de Jesús; pero sigue afirmando que en el fondo de ese AT había un auténtico camino de salvación, pues sólo el fracaso de la historia anterior permite descubrir y recibir la salvación verdadera.

Precisamente al situarse en un plano de ley y de muerte, anunciando y preparando un tipo de salvación que sigue vinculada a la búsqueda (fracaso y esperanza) de la humanidad en su conjunto, el AT aparece como preparación (antitética) del evangelio. Por eso, cuando Dios se revela en la cruz de Jesús lo hace para cumplir al AT, pero de un modo inverso (cumpliendo así también la esperanza de otras religiones), porque el AT era signo de ley y pecado. Ciertamente, la Ley y el pecado se expresan también de otras maneras, en otras culturas y religiones. Pero, de hecho, al AT concreto de Jesús y de la primera Iglesia ha sido la Escritura y la historia de Israel, y en ese sentido ella pertenece a la revelación de Dios[6].

Todo lo que cierra al hombre en el mundo, todo aquello que suscita deseos de liberación histórica y de apertura infinita sigue esclavizando de hecho al hombre, pero, de esa manera, puede aparecer, de hecho, paradójicamente, como anticipo de Evangelio, no por continuidad, sino por contraste. Como he dicho, esa situación de promesa que se cumple por fracaso y por negación de lo esperado se expresa de manera peculiar en Israel y en su Escritura, pero también se ha dado en otros caminos culturales (y especialmente en una filosofía existencial como la Heidegger). Toda búsqueda de salvación es Antiguo Testamento, una especie de Biblia que se cumple de un modo dialéctico en Cristo (por oposición, negación y cumplimiento más alto)[7].

---

[6] GV I, 321. El hombre en sí, tal como lo ve la filosofía existencial (como búsqueda y fracaso), es un camino paradójico, pues está buscando de hecho una respuesta de Dios, pero Dios le responde de un modo siempre distinto, en Cristo. Entre el Antiguo Testamento de Israel y Jesús crucificado hay continuidad, pero a través de una ruptura más fuerte. Sólo condenando a muerte a Jesús culmina Israel su camino de Antiguo Testamento (cf. GV II, 111).

[7] El pensamiento griego fue también un Antiguo Testamento, un camino "dialéctico" abierto de hecho, por contraste, a un Antiguo Testamento discutido,

2. Una respuesta que niega (y responde a) la pregunta

En este contexto se entiende el programa hermenéutico de Bultmann, su forma de entender el conjunto de la Biblia, y puede resumirse en dos afirmaciones complementarias: (a) En sentido negativo, él defiende la "desmitologización": Los hechos básicos del Antiguo y Nuevo Testamento no pueden tomarse de un modo literal, como si aludieran a sucesos y acontecimientos exteriores, válidos en sí mismos. (b) Pero, en sentido positivo, él añade que sólo negando el entorno y carácter mítico de esos hechos puede entenderse y acogerse su mensaje existencial, es decir, lo que ellos aportan a la comprensión del hombre y a su realidad auténtica, por Cristo, en forma de crucifixión pascual (pues la pascua de resurrección se identifica de hecho con la cruz de Jesús)[8].

---

asumido y superado por la primitiva comunidad cristiana. En esa línea pueden y deben ser igualmente camino de evangelio los modernos análisis de tipo existencial de la filosofía, en especial la de Heidegger, por la importancia que ha dado al fracaso "cultural" del hombre y al destino de la muerte.

Sin búsqueda humana (aunque sea por contraste) no podría entenderse la respuesta de Dios… Pero la respuesta de Dios no se limita a ratificar la búsqueda humana, como quiso un tipo de judaísmo cerrado en su ley y como quiere un tipo de hombre actual cuando absolutiza su pregunta (la toma como respuesta), creyendo haber llegado ya a la meta por sí mismo, sin dejarse transformar por Dios (en la muerte de Cristo).

[8] En un sentido, Bultmann siguió siendo un liberal, un ilustrado que provenía del siglo XIX y que tendía a defender un racionalismo crítico, esto es, un pensamiento que, en plano mundano, se basta a sí mismo. Sólo desde este fondo se entiende su programa de desmitologización que, siendo muy valioso (no podemos pensar con categorías antiguas) parece enraizado en el siglo XIX, como si todo pensamiento humano debiera culminar siendo racionalista, rechazando así los elementos simbólicos (los mitos) del conocimiento.

A su juicio, el hombre moderno es racional, vive en un nivel de razonamiento y ciencia, de manera que ha superado los dos estadios precedentes, de tipo mítico y metafísico, formulados por la ley de la historia de A. Comte (1798-1857). Eso significa que la revelación de Dios en Cristo no puede situarse en el plano de esos mitos (con sus ideales religiosos de los hombres), sino que ha de negarlos, para así expresarse de forma puramente existencial.

En esa línea, para ser cristiano a su manera (viniendo del mundo liberal, de la crítica de todos los mitos), Bultmann ha debido poner de relieve el carácter paradójico del evangelio, diciendo que no es un relato sobre cosas que han pasado, pues todas las cosas de este mundo acaban encerrando a los hombres en su "finitud" (o convirtiéndose en mito). Sólo allí donde fracasan los intentos salvadores, allí donde las historias previas terminan y quedan negadas (en la Cruz de Jesucristo) se puede hablar de verdadera salvación.

Evidentemente, el exegeta no puede apoyarse en unos presupuestos previos (humanos, sociales, religiosos) para adelantar conclusiones, introduciendo en el texto sus hipótesis. Pero tampoco puede conocer un texto (una palabra) si no tiene un saber previo de lo que implica su mensaje. Cuando un texto (una palabra) habla de temas de la vida o de la muerte, cuando alude al valor de mi existencia... es evidente que, para entenderlo, debo situarlo en el contexto de los problemas que mi propia existencia plantea y supone. Este pre-conocimiento no implica que sepamos aquello que el texto va a decirnos, pero supone y proclama que debemos estar preparados para entenderlo, en una línea en la que viene a destacarse el fracaso de lo humano.

Sólo podemos aceptar y conocer una Palabra si nos sabemos abiertos de alguna forma a ella. Hablando en general, sólo podemos comprender un texto (acoger un mensaje) si lo podemos referir a nuestra vida, si encontramos en ella un punto de apoyo, un espacio donde situar el mensaje de ese texto. Esto no significa que el texto se limita a ratificar y confirmar aquello que ya sabíamos de antemano, sino todo lo contrario: Para que podamos conocerlo de verdad, el texto tiene que decirnos algo nuevo, que antes no sabíamos.

Esta mutua implicación entre apertura (búsqueda) y nuevo conocimiento (respuesta) define la vida de los hombres, y de un modo especial de los creyentes, que estaban abiertos a Dios (le esperaban), pero descubriendo luego que Dios les dice algo distinto de aquello que esperaban. Dios no viene a ratificar lo que los hombres sabían y querían, sino a negarlo, por la cruz salvadora, estableciendo así una complementariedad por contraste entre creación y redención[9].

El Evangelio (todo el NT) es Palabra de juicio de Dios, que culmina en la Cruz de Jesús, donde quedan destruidas (y pueden ser recreadas) todas las esperanzas de los hombres (pero de un modo distinto). Desde ese fondo se entiende la hermenéutica de Bultmann, con su proyecto radical de "ruptura" frente al sistema de construcciones religiosas y sociales de la historia de las religiones, a las que se opone Dios en Cristo. Esas construcciones (todas las religiones) son pecado; y precisamente al serlo son AT, antítesis y preparación del Evangelio de la Cruz de Cristo.

[9] Cf. GV III, 142-143; I, 126-128. Bultmann critica el presupuesto idealista según el cual el *pre-conocimiento* incluye ya en el fondo el nuevo conocimiento que se va logrando. En esa línea, a su juicio, todo pre-conocimiento acaba siendo "paradójico": Aquello que viene a cumplir y realizar lo prometido (lo esperado)

En este contexto, Bultmann sigue diciendo que los principios y temas de tipo conceptual son secundarios. El verdadero presupuesto del conocimiento de Dios es la propia existencia, el hombre entendido como inteligencia previa de Dios (y de los otros hombres), tal como se expresa y realiza a través de la muerte. Sólo si responde de algún modo a lo que yo como existente busco (amor, vida…), un texto me puede hablar por dentro y enriquecer mi existencia, pero ha de hacerlo negando (superando) lo anterior (en el signo de la Cruz) para ofrecerme un camino paradójico de salvación en la muerte.

Bultmann quiere superar de esa manera el *a priori* idealista de los que suponen que sólo conocemos aquello que llevamos dentro (es decir, lo que nosotros mismos construimos, de manera que al fin nos encontramos siempre con nosotros mismos), para seguir diciendo que sólo a través de la Cruz Dios nos dice algo nuevo, inesperado, precisamente allí donde todo lo anterior ha muerto o debe morir. Pero, al mismo tiempo, supera la postura de los que piensan que el hombre es una "tabla rasa" donde nada se ha escrito previamente, de manera que se encuentra totalmente a merced de aquello que le digan de fuera.

El hombre no crea lo conocido (contra el idealismo), pero tampoco se limita a recibir imágenes perfectas y ya hechas (terminadas) que le vienen de fuera (como diría un objetivismo ingenuo), sino que está hecho para el contacto con otros hombres y con Dios, en intercambio dialéctico de búsqueda y de superación de lo buscado, tal como lo indica y ratifica la «palabra de la cruz» (cf. 1 Cor 18, 25). Como he indicado ya, el hombre es como un "libro" en el que Dios tiene que escribir su palabra, pero no lo hace para confirmar lo que somos, sino para negarlo y recrearlo por la muerte[10].

---

empieza por negarlo, en el plano teológico, pues Dios es distinto de todas las imágenes divinas que habías pensado o imaginado.

[10] En ese sentido, el hombre tiene un "pre-conocimiento" de aquello que puede conocer, y así aparece como "oyente", capaz de escuchar la palabra de otros hombres, y en especial de Dios, pues sólo así las cosas o sucesos pueden ser «palabra que me habla», voz que me transmite su mensaje. La apertura hacia el mundo, hacia los hombres y hacia el mismo fundamento de la vida forma parte de nuestra estructura existencial, ya que sólo si tenemos un verdadero pre-conocimiento del mundo, de Dios y de los hombres podremos conocerles. Sin ese pre-conocimiento no podríamos reconocer su llamada. Pero, dicho lo anterior, debemos añadir la

3. Necesidad y límites de la cultura, ante la revelación de Dios

Nuestra realidad humana se expresa así en nuestra pregunta por Dios. Pero ésta es una pregunta a la que no podemos responder por nosotros mismos, pues sólo Dios, con su Palabra, puede hacerlo, superando y cumpliendo así aquello que buscábamos (que no podemos alcanzar a través de nuestra cultura). En ese sentido, el Dios a quien encontramos (el Dios que se nos revela por la Cruz de Cristo) no es aquel que habíamos buscado, sino alguien totalmente distinto. Desde ese fondo se puede fijar ya en concreto el sentido del intento teológico de Bultmann, que se expresa en la hermenéutica existencial (tema del mito) y en la nueva comprensión de la historia (historicidad) del hombre, en línea de evangelio.

En esa línea, el Evangelio ha de entenderse como paradoja: Por un lado aparece vinculado a la experiencia existencial de los hombres, en un sentido que puede estar abierto a los ideales de la vida. Pero, al mismo tiempo, el evangelio desborda esa experiencia, pues se sitúa de un modo especial en el momento de la muerte del hombre, e identifica la revelación de Dios con un crucificado (que niega, en sentido fuerte, toda la búsqueda anterior).

Dios no es la gloria y plenitud del hombre, sino que se expresa precisamente allí donde los hombres fracasan (donde todo mesianismo histórico acaba siendo negado, crucificado). El descubrimiento de Dios en el fracaso de la Cruz es el centro del proyecto teológico de Bultmann, su tarea como "pastor" cristiano, que quiere acompañar a otros en el camino de la auténtica fe:

> Muchas de las cartas que recibo me confirman en mi intento. Son cartas de personas situadas en puestos responsables, párrocos, maestros...; cartas que provienen de unos hombres que quisieran ser cristianos y que sufren oprimidos por la duda.

respuesta de Dios (en la Cruz de Jesús) no ratifica ese pre-conocimiento, sino que lo destruye y niega, introduciéndose precisamente en la Cruz de Cristo, es decir, a través del fracaso de todos los ideales y caminos de los hombres.

En ellas me confiesan que mi obra significa para ellos libertad, un camino y ayuda hacia la fe y la iglesia[11].

Ciertamente, Bultmann ha sido un experto en los métodos histórico-críticos y en las implicaciones filosóficas de la exégesis. Pero, al mismo tiempo, ha querido que exégesis y filosofía estén al servicio de la predicación, como muestran sus Sermones (*Marburger Predigten*), que contienen el mensaje central de su pensamiento.

Por un lado, todo es Palabra que viene de Dios, cuyo sentido debemos comprender y aceptar en Cristo (a través de la cruz, negando todo mesianismo puramente humano); por otro lado, todo ha de hallarse vinculado a nuestra forma de entender y aceptar esa palabra. Buscamos a Dios. Pero, como he dicho ya, cuando ese Dios "buscado" nos habla, él supera y destruya en la Cruz nuestra búsqueda[12].

La teología (o predicación) no es un comentario a la Palabra, sino la misma Palabra proclamada, que descubre la resurrección en la muerte y que justifica al pecador, haciéndole capaz de comprenderse a sí mismo desde Dios (es decir, de un modo distinto, más allá de la búsqueda anterior, a través de la Cruz) y así responderle. La teología no transmite verdades generales, no se articula en un sistema coherente de conceptos, sino que expone el sentido de la Palabra de juicio y salvación de Dios en Cristo.

Por eso, la tarea del teólogo exegeta (del pastor cristiano) no es la de avanzar en una línea recta, para exponer en otros términos lo que el texto dice externamente, sino que consiste en lograr que el texto se vuelva Palabra para los creyentes precisamente allí donde nos abre ante el gran fracaso, haciendo así que descubramos el juicio de Dios en la muerte de su Cristo (y su salvación más alta).

El exegeta no puede repetir las formulaciones de la Biblia, quizá en un orden nuevo, sino descubrir y escuchar su mensaje,

---

[11] Cf. KM (1960) I, 8.

[12] Algunos sermones de Bultmann han sido recogidos en *Marburger*. Cf. F. Peerlinck, *R. Bultmann* 192, 220, 237 ss., 260; J. Konrad, *Zu Form und Gehalt der Marburger Predigten R. Bultmanns*: ThLZ 82 (1957) 481-494.

haciendo que el Antiguo Testamento se centre en el Nuevo, al cumplirse de un modo diverso al esperado, y que el Nuevo culmine en la Palabra de la Cruz que justifica a los pecadores[13].

1. Bultmann sigue manteniendo el valor de la cultura, pero en un nivel social, no religioso. *É*ste es el tema que más habían destacado los neokantianos, como hemos visto al estudiar al Bultmann joven, definiendo la cultura como «despliegue metódico de la razón» en su tres campos básicos (ciencia, moral y arte). En esa línea, pudiera parecer que, al aceptar a Heidegger, Bultmann hubiera tenido que dejar de lado la cultura, fijándose sólo en la tarea y juicio de la existencia humana, como parecen indicar algunos trabajos que presentan el mundo exterior como puro instrumento, algo que está a la mano (en un plano utilitarista), sin valor para el despliegue profundo del hombre.

Pero, en realidad, Bultmann sabe que hombre es existencia, y vive para hacerse a sí mismo, abierto hacia el futuro de Dios; pero que, al mismo tiempo, sigue viviendo en el mundo y debe trabajarlo y expresar el sentido de su vida (a través de la cultura). Por eso, junto a la pregunta existencial, él debe cultivar los valores de la sociedad y de la historia, a través de la cultura. En esa línea, él reconoce el valor permanente de Grecia, y no solamente de la Grecia presocrática (como parece indicar Heidegger), sino de Platón, con los trágicos y estoicos, que han sido y siguen siendo un tipo de "Antiguo Testamento" que se debe superar, pero ratificando su valor, en otro plano.

El cristianismo no puede ni debe suprimir la cultura, sino que en un sentido la necesita, como he venido poniendo de relieve. Sólo allí donde recorre su camino de cultura, sin hallar por sí mismo una respuesta (y sin poder refugiarse en la naturaleza), el hombre puede abrirse a lo religioso, y más en concreto a lo cristiano. Los griegos

---

13 La teología debe situar al hombre ante su realidad de pecador. Sólo en ese fondo podrá escuchar el creyente la Palabra salvadora, uniendo así los dos aspectos de su vida (pecado y gracia). En ese fondo se sitúa el quehacer de la exégesis, el trabajo del teólogo. De esa forma se supera un tipo de objetivismo que convertiría la realidad cristiana en un sistema de dogmas, en algo que está fuera de nuestra vida. Cf. GV I, 180 ss; III, 190-193. Bibliografía sobre el tema en KM I, 318-333. Cf. P. Ricoeur, *Préface* 18-21.

han descubierto el valor y realidad de la cultura: Han percibido que la vida del hombre en el mundo se cierra en el caos, la lucha y el desorden y han visto el mundo como una realidad internamente unida, transcendiendo el nivel de la materia. De esa forma conciben la realidad desde la idea, es decir, desde la ley interna que regula el orden de las cosas. Todo tiene un puesto y un sentido dentro del gran destino cósmico[14].

En ese plano, el hombre "crea" las leyes que marcan y definen su vida, y al mismo tiempo debe someterse a ellas de un modo personal, superando todo subjetivismo, anarquismo y violencia destructora. En un sentido, a través de la cultura, podemos sentirnos "divinos". Pero, recorriendo hasta el fin ese camino cultural nos descubrimos condenados a la muerte (de un modo trágico), pues la cultura ha condenado a muerte a Jesús, de manera que así hemos podido descubrir la presencia de Dios de una forma distinta, como resurrección en la muerte.

Somos creadores, pero creadores que no logran su identidad a través de lo que hacen (no somos lo que creamos), ni logran alcanzar un futuro en el que descansar, pues las cosas (por mucho que las organicemos) tienden a repetirse, en un mundo donde estamos condenados al fracaso, limitados al fin por la muerte. La misma cultura humana, por más elevada y creadora que sea, pertenece al nivel de las cosas que fracasan y terminan, como muestra la Cruz de Cristo (que marca la imposibilidad de un orden cultural humano que quiere centrarse en sí mismo)[15].

Bultmann admiró siempre la aportación de los griegos, que descubrieron (en occidente) el orden cósmico, con su fondo racional y sus aplicaciones técnicas, y sabe que, en esa línea, la cultura moderna sigue teniendo un fondo helenista: Ella quiere descubrir (crear) las leyes por las cuales se guía nuestra relación con las cosas... Bultmann

---

[14] Cf. *Religion und K.* 421; *Kirche* (1929) 155-156; GV II, 61 ss.; 133 ss.; IV, 42 ss.; 91 ss.

[15] GV II, 63, 201-234; III, 153-154; IV, 44. Esta forma de entender a los griegos sigue teñida de neokantismo, con su visión de los grandes ideales que guían el saber, el hacer y el crear (y con un tipo de divinización cósmica de la cultura, que sigue siendo buena, aunque condenada a la muerte).

sabe que en el mundo moderno la cultura está en crisis. El siglo XIX había asistido a un florecimiento que algunos tomaron como definitivo: Parecía que los europeos cultos habían encontrado su camino de progreso eterno. Sin embargo, tras las guerras mundiales (1914-1918; 1939-1945), se ha visto que la cultura puede ponerse y se ha puesto al servicio de la muerte, de manera que algunos quisieran abandonarla, volviendo a un tipo de vitalismo anti-cultural.

Pues bien el Bultmann maduro sigue pensando que (en un plano) ese abandono de la cultura sería destructor. No podemos dejar la cultura si queremos realizarnos como humano; no tenemos que olvidar a Grecia para acoger el Evangelio. En el fondo, en ese sentido, seguimos siendo "griegos" (racionales), debemos seguir organizando el mundo. Pero, al mismo tiempo, sabemos que el mundo (cultura) no puede responder a nuestras preguntas, pues somos más que mundo, y así debemos continuar buscando más allá de la cultura y de la misma naturaleza, como sabía Bultmann en su etapa juvenil[16].

En esa línea, en contra de los enemigos de la cultura, Bultmann afirma que las guerras mundiales del siglo XX, que influyeron mucho en su forma de estar en el mundo y su mismo pensamiento, no surgieron por exceso de cultura, sino por falta de ella, pues la auténtica cultura es humanismo, es la confianza en el valor del espíritu que puede organizar el mundo, creando lo que es bueno, la verdad y la belleza, un reino capaz de superar las pasiones más duras, la violencia y el desorden, a fin de que el mundo sea casa confortable para el hombre[17].

En un sentido, Bultmann sigue admitiendo el ideal neokantiano: La idea de la verdad inspira el buen pensamiento; la del

---

[16] GV III, 61-4. En un contexto general de conocimiento y conducta social, nosotros, occidentales, hombre de cultura, seguimos siendo griegos, porque queremos dominar el mundo, haciendo así posible un tipo de seguridad sobre el mundo: «Griechen sind wir im innersten Herzen immer; denn im Griechentum ist nur radikal eine Haltung ausgebildet, die allgemein menschlich ist: Das Streben, sich der Welt zu bemächtigen und sich dadurch zu sichern» (GV II, 77).

[17] «Humanismus ist der Glaube an den Geist, an dem der Mensch teilhat, und Kraft dessen er die Welt des Wahren, des Guten, des Schönen erschaft in Wissenschaft, Recht und Kunst» (GV III, 65).

bien educa la voluntad y permite forjar sobre el mundo un estado de derecho y de justicia; finalmente, la idea de la belleza nos abre a la grandeza del arte. Ciencia, moral y estética, tendiendo hacia la gran idea de la verdad, el bien y la belleza pueden hacer que el mundo sea un poco más hogar para los hombres. Pero al final, como vengo indicando, la cultura de los hombres termina en la muerte, de manera que no pueden superar por ella la tragedia de la vida, el destino radical de la vida humana, entendida como ser para la muerte[18].

---

[18] Las palabras básicas de la cultura son comprender, organizar, dar forma, utilizando para ello la fuerza del "espíritu humano", en el plano del conocimiento, la política y el arte: «Begreifen und gestalten» (*GV* II, 16), «bestalten... formen... bilden» (GV II, 133-134). «Erschaffen... Der Geist... ist die gestaltende Kraft, für die alles Sichtbare, bloss Gegebene der Stoff ist, der der Gestaltung harrt...» (GV III, 66). Cf. GV II, 133 ss.; III, 66. «Der Geist, aus dem der Humanismus seine Gestalt gewinnt, entfaltet sich in den Reichen des Wahren, des Guten, der Schönen. *Die Idee der Wahrheit* leitet das Denken, und es baut die Welt der Wissenschaft, um die Welt zu erhellen, sie dem Geiste zu unterwerfen, sie zu gestalten. *Die Idee des Guten* erzieht den Willen zur Selbstbeherrschung und zur inneren Harmonie; in der Gemmeinschaft wirkt sie als die Idee des Rechtes... *Die Idee des Schönen* leitet Anschauung und Gestaltung und treibt die Kunst empor, die eine ideale Welt entwirft...» GV II, 134).

La verdad de la ciencia se expresa en el descubrimiento de unas leyes que nos permiten conocer mejor el mundo, leyes objetivas, normas que los hombres logran formular. Bultmann ha conocido el poder destructor de la física atómica, y se ha referido también a la ley de la indeterminación de los fenómenos en el plano de las partículas elementales (modelo atómico de W. Heisenberg). Sin embargo, él ha seguido pensando que la ciencia tiene un sentido positivo, y que en ella todo ha de explicarse desde leyes racionales, de manera que nunca se pueden postular (en ese plano) causas externas, espíritus, dioses o demonios. *El bien de la moral* se manifiesta en el obrar del hombre que tiene que formarse a sí mismo y construir su sociedad, como el artista descubre y modela su obra; así lo vieron los griegos, así lo seguimos haciendo nosotros, siempre que intentamos forjar la sociedad humana. *La idea de la belleza* se expresa por el arte, en forma de armonía estética, abierta a lo sublime. Todo lo que pueda ofrecernos la cultura es, por lo tanto, expresión del espíritu humano que da forma y estructura al mundo, intentando construir una sociedad ajustada a sus fines. En ese contexto, siempre y en todas partes encontramos el mismo "espíritu", el poder de la mente humana. Pues bien, a pesar de eso, Bultmann sabe que la cultura en sí misma acaba en tragedia, condena al hombre a la muerte. En contra de eso, el evangelio es "revelación de Dios" en la Cruz de Cristo (superando así la muerte a través de la misma muerte), no cumplimento de la cultura humana. Cf. también GV I, 232-233; II, 135-143; 281; III, 69; 107-109; KM I, 16 ss.; KM II, 181 ss.; KM VI, I, 20 ss.

2. Una cultura que no puede cerrarse en sí misma. Ciertamente, la cultura constituye un valor objetivo, y viene a expresarse en una especie de "divinización" cósmica del hombre, que es positiva, pero que le sigue sometiendo a la muerte (no le abre al Dios verdadero). En ese sentido, ella depende del hombre, aunque se constituya como un valor independiente, con leyes y normas valiosas por sí mismas (en su plano).

La cultura es un todo, "construido" (descubierto) por los hombres. Pero llegando al final de su camino en ese plano (al final de la ley y de la racionalidad), el hombre sigue preguntando, amenazado y limitado por la muerte. Paradójicamente, cuando Dios responde en Cristo lo hace condenando el proyecto y camino de la cultura (mostrando que está sometido a la muere), pero revelando para el hombre una verdad distinta, de juicio y salvación (en la Cruz de Cristo)[19].

El hombre vive en el nivel de cultura que él mismo va construyendo por la ciencia, que le ayuda a vivir (y por la moralidad política que sirve para organizar las relaciones sociales). Pero esa cultura no responde a sus problemas radicales y, si lo hace, lo hace de manera falsa, idolátrica. Por eso, Dios no se revela para ratificar la cultura, sino para negarla, condenando y cumpliendo su sentido por la Cruz.

Tomada en sí, en último término, la cultura es no sólo limitada, sino expresión de pecado, pues acaba dejando el hombre en manos de

---

[19] Cf. GV II, 7, 109; III, 107 ss.; KM VI, I, 20, 23. (a) *En un nivel, todo es cultura.* Las leyes naturales no pueden presentar nunca agujeros. Por eso, si en un plano de mundo encontramos unos hechos imposibles de explicar, nunca hablaremos (a ese plano) de espíritus que actúan o milagros. Lo único que podemos hacer es mejorar la ciencia; pero aún en el caso de que la ciencia lo explicara todo (en su nivel) quedaría pendiente el hombre como enigma que no puede resolverse en un plano de cultura. El hombre que ha podido conquistar casi todo el mundo por la ciencia descubre que su vida, en lo profundo, sigue sola, perdida y angustiada. (b) *Pero hay un nivel de trascendencia.* Allí donde lo explica todo por la ciencia (en un plano), el hombre sigue siendo un enigma, una pregunta abierta. Para nada sirven a ese plano las leyes de la ciencia, nada consigue el hombre "queriendo" (por su voluntad), nada resuelve imaginando por el arte. Al llegar a su límite, el hombre no tiene otra salida que seguir abierto, esperando la posible respuesta de Dios. Su salvación (plenitud) no es la cultura (ni su negación). Más allá de la cultura se sitúa la Palabra de Dios, la posible salvación del hombre. Cf. GV I, 214 ss.; KM I, 17 ss.; *Jesus C. und die M.* 11 ss.

su angustia, es decir de su muerte. Ella nos enseña a convivir en un nivel externo, pero no puede liberarnos de la muerte. El Dios de la salvación no ratifica y confirma el valor del mundo, sino que lo condena y supera, por antítesis… No por mucha cultura alcanza el hombre su salvación, sino por la revelación de Dios, a través de la Cruz de Cristo[20].

A pesar de la cultura (en medio de ella), cada ser humano se encuentra en manos de su propia decisión y su destino, amenazado por la angustia, pero con capacidad de abrirse a la palabra de Dios, que puede responderle en un plano de vida, superando la muerte. El mundo cultural está cerrado a lo divino. Nosotros, los hombres, lo ordenamos con las leyes, procuramos mejorarlo con estructuras sociales más justas… pero nunca podemos superarlo, de manera que al fin quedamos sometidos en sus redes a la muerte, sin posibilidad de encontrar a Dios en ese plano. La cultura en sí misma acaba siendo sin cesar tragedia.

Situar a Dios en el nivel de la cultura significaría convertirlo en ídolo, un objeto, una idea que nosotros inventamos. En el plano de la cultura no hay Dios, todo se explica desde la acción humana. Pero nosotros somos más que cultura. Como "existentes" preguntamos por el ser divino, esperamos su posible respuesta (su revelación).

En esa línea debemos afirmar que el análisis existencial (con el AT y la filosofía de Heidegger…) no es capaz de expresar (demostrar) la presencia de Dios; pero contiene una pregunta a la que Dios responde "negándola" en la Cruz. Dios no existe porque nosotros preguntemos por él o le llamemos, sino porque él "es", y así responde, desde su nivel, a nuestra pregunta: Viene porque lo desea; se revela porque nos quiere, superando (negando y cumpliendo el ideal de la cultura)[21].

Al manifestarse de esa forma, Dios nos saca del mundo y nos libera de todos los sistemas culturales, de todas las ideas y las leyes que nosotros modelamos, de las cosas que están a nuestra mano y que nosotros mismos vamos fabricando. En esa línea, nuestra

---

[20] Cf. GV I, 156 ss.; II, 2-5, 110, 143-145; 201 ss; GV III, 5-7, 15, 158 ss.

[21] Cf. GV I, 158 ss; II, 75, 138 ss.; III, 6, 165. La fe cristiana no se opone a la cultura, pero la supera.

respuesta a la llamada de Dios puede y debe entenderse como "decisión" existencial, que no se expresa en un plano de "política" (como la que Heidegger quería en su universidad, el año 1933), sino de revelación de Dios, ante la Cruz de Jesucristo. Esa decisión del hombre por Dios, que es respuesta a la revelación de Dios, no empieza cambiando nada en el mundo externo (cultura y ciencia), pero puede cambiar y cambia al hombre, pues el Dios de la Cruz le capacita para vivir en gratuidad, superando el miedo de la muerte[22].

---

[22] GV II, 77 ss.; 204.

4. Desmitologización, la paradoja cristiana

La revelación de Dios (su respuesta) sólo se puede acoger y entender de una manera existencial (en la línea en que venimos indicando). Por eso, si la situamos en perspectiva de la convertimos esa revelación en un "ídolo", es decir, en un mito. Pues bien, en su plano externo, la imagen del mundo del Nuevo Testamento es claramente mítica, y por eso debemos traducirla, es decir, interpretarla en forma existencial, conforme a un proyecto de desmitologización, que Bultmann presentó el año 1941, en plena Segunda Guerra Mundial, en un escrito que tuvo un doble intento: (a) Ofrecer un programa de interpretación existencial, capaz de penetrar en el contenido más profundo de la Biblia, más allá de los revestimientos culturales del pensamiento posterior. (b) Superar el riesgo político de una interpretación "mítica" como la que buscaban en ese momento los nazis[1].

---

[1] Cf. *Neues Testament und Mythologie: Das Problem der Entmythologisierung der neutestamentlichen Verkundigung*, Beiträge zur ev. Th., Evangelische V., München 1941. Bultmann propuso su programa a unos "pastores" empeñados en mantener la identidad cristiana en tiempos de duro rechazo, bajo el mito racista y asesino de Hitler. Su conferencia fue reeditada, con importante material de discusión, en H. Bartsch (ed.), KM I, ThF I, Reich, Hamburg 1967, 15-48. La colección ThF (*Theologische Forschung*) contiene numerosos volúmenes, dedicados a la discusión del proyecto teológico de Bultmann. Fueron especialmente significativos los seis titulados KM *Kerygma und Mythos* (el último en cuatro tomos), que recogen la discusión postbultmanniana sobre el tema. Visión general en W. Schmithals, *Die Theologie Rudolf Bultmanns*, Mohr, Tübingen 1966, 254-277.

Ese intento y programa de Bultmann ha suscitado una apasionada controversia, que sigue vigente todavía. Es posible que Bultmann haya "reducido" más que "interpretado" el mito; es posible que "esconda" un racionalismo, más propio del siglo XIX que del XXI. Pero su programa puede y debe discutirse, no sólo por razones teóricas (comprensión del evangelio), sino por exigencias

1. Mito y paradoja, lectura bíblica

Fue un programa teológico serio y profundo, quizá el más significativo del siglo XX, aunque quizá ha podido ser mal interpretado, como seguiré indicando. Bultmann estaba convencido de que el mundo cultural de la Biblia es mítico, como lo empieza mostrarnos su misma "geografía": Se compone de tres pisos (cielo, tierra, infierno), está poblado de fuerzas y poderes angélico-demoníacos que influyen en los hombres...

La Biblia supone en un plano que ha existido físicamente un paraíso primitivo, y en otro nivel afirma que hay ángeles y demonios, y que actúan también físicamente en el mundo. Además, la misma historia que cuenta tiene elementos míticos, partiendo del paraíso original hasta una transformación física que espera para el fin de los tiempos. El Dios eterno y transcendente aparece en forma de poder cósmico, como si fuera un objeto o realidad que está a la mano (que podemos manejar):

---

pastorales de predicación y aplicación del evangelio, en un tiempo en que resulta necesario encontrar nuevas palabras y gestos que expresan la novedad del proyecto cristiano.

Entre la bibliografía en castellano, cf. R. Bultmann, *Jesucristo y mitología*, Ariel, Barcelona 1970 (=*Jesus Christ and Mythology*, Scribner's, New York 1958). La reacción de K. Jaspers, con la respuesta de Bultmann (cf. KM III, 9-59) ha sido traducida en Bultmann-Jaspers, *Jesús. La desmitologización del Nuevo Testamento*, Sur, Buenos Aires 1968, 156-253. En los años sesenta y setenta se publicaron en castellano algunas obras significativas sobre el tema: H. Fries, *Existencialismo protestante y teología católica*, Taurus, Madrid 1961; A. Vögtle, *Revelación y mito*, Herder, Barcelona 1965; R. Marlé, *Bultmann y la fe cristiana*, Mensajero 1968; *Bultmann y la interpretación del Nuevo Testamento*, DDB, Bilbao 1970;Th. F. O'Meara y D. M. Weisser (ed.), *Rudolf Bultmann en el pensamiento católico*, Sal Terrae, Santander 1970; A. Malet, *Bultmann*, Fontanella, Barcelona 1970; K. Barth, O. Cullmann (y otros), *Comprender a Bultmann*, Studium Madrid 1971; G. Hassenhüttl, *Fe y Existencia*, Estela, Barcelona 1971; A. Salas, *Mito y desmitificación en el Nuevo Testamento*, Casa de la Biblia, Madrid 1971. Al mito y religión he dedicado un capítulo central de *El Fenómeno Religioso*, Trotta, Madrid 1999. Para completar y resituar la visión de Bultmann, cf. C. M. Acevedo, *Mito y conocimiento*, Iberoamericana, México 1993; L. Cencillo, *Mito. Semántica y realidad*, BAC, Madrid 1970; *Los mitos. Sus mundos y su verdad*, BAC, Madrid 1998; G. Gusdorf, *Mito y metafísica*, Nova, Buenos Aires 1960

Los mitos conceden al Ser transcendente una forma de objetividad inmanente y mundana. Objetivan el Más Allá como si fuera cosa de aquí abajo[2].

El mito utiliza un lenguaje cultural antiguo (o moderno, como en el caso de los nazis) para presentar lo divino en formas e imágenes de este mundo: Quiere "objetivar" a Dios, introducirle como "cosa" entre los acontecimientos del mundo.

Muchos habían querido distinguir y discernir los mitos, diciendo que algunos habrían sido superados para siempre (ni el cielo está arriba, ni el infierno abajo…) y deberían ser eliminarlos, mientras que otros responden a la experiencia actual y podrían ser potenciados desde la misma Biblia… Pues bien, en contra de eso, Bultmann rechazó todos los mitos: No podamos conservar o recrear algunos y olvidar los otros. Todos han de ser superados, a fin de que el cristianismo aparezca como experiencia existencial, centrada en la Cruz de Cristo.

Este programa de la desmitologización no quiere simplemente "destruir", sino interpretar el mensaje del Nuevo Testamento: Debemos abandonar el "mundo mítico" (con todo su lenguaje), para conservar y expresar mejor la palabra de revelación (divina) de la Biblia, que sólo se puede acoger y entender de un modo existencial, que es positivo:

Los mitos nos transmiten la certeza de que el hombre no es el dueño de su mundo y de su vida; manifiestan que ese mundo en que vivimos está lleno de secretos y misterios; más aún, nos aseguran que la misma vida humana oculta multitud de secretos y misterios[3].

Los mitos del Nuevo Testamento (¡no otros más burdos y mortíferos, como pueden ser los de la política!) nos dicen que el mundo conocido y familiar en que vivimos no tiene fundamento y meta en sí mismo. Señalan que el fondo y las fronteras de la

---

[2] *Jesus C. und die M.* 15-20; KM I, 122.
[3] *Jesus C. und die M.* 17. Cf. *Neues Testament und M.* 22-23.

vida están más allá de aquello que nosotros podemos comprender y manejar, diciéndonos que estamos en el centro de un poder más grande, lo divino... Todo eso y mucho más dicen los mitos. Sin embargo, al carecer de un lenguaje apropiado, ellos deben emplear imágenes y escenas objetivas, medios de expresión cósmicos, y eso nos obliga reinterpretarlos. En esa línea, la hermenéutica existencial de Bultmann está empeñada en superar el falso objetivismo de los mitos, para que entendamos bien la paradoja del NT.

El intento de transcender el mito aparecía ya en Kant, que identificaba la religión con las verdades de la razón práctica, añadiendo que la "historia" que narran los Libros Santos es puro símbolo, ejemplo, mito que debe ser traducido en fórmulas de moral racional. Algo semejante defendía Schleiermacher: La religión es sentimiento de absoluta dependencia; todo lo demás es ropaje, una expresión o revestimiento de esa apertura de los hombres a lo eterno.

El mismo Herrmann rechazaba (interpretaba) igualmente los mitos del Nuevo Testamento, diciendo que lo esencial era sólo el contacto espiritual con Dios; el resto, incluso la vida de Jesús, era un símbolo, un tipo de mito. En este contexto se inscribe Bultmann, pero él aporta dos novedades muy significativas: (a) Sitúa la solución del problema en un campo existencial; (b) afirma que la Cruz de Cristo no es ya mito, sino una paradoja (una realidad) escatológica. A su juicio, la novedad del cristianismo está en identificar un hecho histórico (Jesús de Nazaret) con la realidad trascendente (Dios)[4].

El mensaje cristiano no alude a poderes extraños que cambian el mundo, sino al Dios revelado en la Cruz de Jesús (un hombre histórico). En el mundo externo todo sigue como antes, pero los cristianos confiesan que Dios se ha revelado en la Cruz de Jesús, judío mesiánico fracasado (condenado por la autoridad establecida).

---

[4] Bultmann supone que el mundo cultural no puede abrirse por sí mismo a la revelación (al cristianismo), cuyo conocimiento se sitúa más allá de la naturaleza y la cultura, en el nivel de la experiencia existencial. Pues bien, en ese plano, sobre la naturaleza y cultura, Dios se ha hecho presente en la Palabra y la Cruz de Cristo.

En un plano externo, él ha sido sólo un hombre; pero ese mismo hombre-Jesús es, paradójicamente, la presencia definitiva de Dios, su Palabra[5].

El Nuevo Testamento confiesa así la gran paradoja de Dios que "dice" su Palabra en Jesús, abriendo un espacio de salvación para los hombres. Ésta es la verdad del evangelio. Por eso es necesario liberarlo de todos los mitos: «...La desmitologización... permite reconocer la verdadera intención del Nuevo Testamento y subraya la paradoja constitutiva de la predicación cristiana, según la cual el enviado escatológico de Dios es un hombre concreto de la historia». Esta paradoja constituye el argumento básico de la obra de Bultmann (y del NT), cuyo mensaje se centra en el escándalo de la Cruz, donde se unen el Dios trascendente y el hombre (cf. 1 Cor 1, 20-25)[6].

La razón y la ciencia moderna han destruido en principio los mitos, organizando nuestro conocimiento del mundo de un modo racional y científico, como puso de relieve M. Weber, a principios del siglo XX. Pero el problema continúa, pues el hombre quiere conocer su verdad, sobre el nivel de la ciencia. Por eso, Bultmann sigue preguntando en un plano existencial, como sabe Heidegger[7].

En esa línea, el mito tiene un lado bueno: Es testimonio de la búsqueda del Ser, de lo divino. Pero, al mismo tiempo, ofrece un lado peligroso, demoníaco: Inventa fantasmas, ídolos o dioses y los pone en el lugar divino; presupone que Dios tiene que ser como las cosas de este mundo sólo que más poderoso. De forma consecuente, el mito ha terminado introduciendo a Dios en el mundo, como si fuera una cosa, un tipo de hombre (aunque quizá más poderoso), en una línea que tiende al paganismo (que interpreta a los dioses como fuerzas de la naturaleza).

---

[5] *Neues Testament und M.* 25, 40 ss; GV III, 202-203, 207.
[6] Cf. R. Marlé, *Bultmann* 175.
[7] M. Weber, *Ensayos sobre Sociología de la Religión* I-III, Taurus, Madrid 1988; *El político y el científico*, Alianza, Madrid 2012. R. Bultmann, GV III, 182-189.

Teóricamente, el mito se puede rechazar de varias formas. (1) Reconociendo sólo el valor cognoscitivo de la pura razón, en la línea de gran parte de la filosofía moderna. (2) Elaborando filosóficamente la pregunta por el sentido del hombre, en un plano puramente existencial, pero negando las propuestas (respuestas) de las religiones (3) O dejando que Dios se revela como Dios, sin identificarle con ninguna "cosa" objetiva, como sucede en la Palabra de Jesús y, de un modo especial, en su muerte, que es el fracaso de toda visión mítica del mundo[8].

El cristianismo reconoce en un primer plano el valor de la ciencia, pero avanza en la línea de la filosofía, buscando una comprensión del mundo (elaborando así una hermenéutica de la realidad). Acepta la pregunta existencial, pero no responde en un plano racional, sino que se atreve a confesar la presencia y acción de Dios allí donde han fracasado los intentos racionales y religiosos de los hombres, en la Cruz de Cristo. A los ojos del mundo, Cristo es sólo un hombre fracasado, que anunciaba la Palabra de Dios (quería ser Mesías). Pues bien, los cristianos confiesan que Dios se ha revelado precisamente en su fracaso y muerte mesiánica.

Lógicamente, para expresar la fe cristiana en unos moldes históricos, los evangelios utilizan relatos y símbolos míticos (nacimiento milagroso, resurrección corporal, descenso a los infiernos, ascensión al cielo, parusía...), pero esos símbolos no pueden entenderse en sentido "físico" (objetivo), pues sólo quieren destacar la importancia de Jesús como presencia de Dios, subrayar su valor para los hombres. Por eso, sus expresiones (relatos de la Concepción de Jesús y de su Pascua, milagros) no pueden entenderse en un plano objetivo, sino como expresión de su importancia existencial, como saben ya los grandes teólogos del NT, Juan y Pablo, centrando la revelación de Dios en la muerte de Cristo, es decir, en su fracaso histórico, en línea de este mundo[9].

---

[8] En la primera línea se sitúan las propuestas sistemáticas de J. Habermas, *Crítica de la Razón comunicativa* I-II, Taurus, Madrid 1987.

[9] Esta interpretación existencial la despliega Bultmann en sus obras fundamentales de exégesis y teología madura (*Comentario a Juan* y *Teología del NT*) en las

2. Historia y existencia humana.

La polémica suscitada por la desmitologización de Bultmann se centra en el valor de la historia, entendida como sucesión de acontecimientos (*Historie*) o como posible presencia de Dios en la vida de los hombres (historicidad, *Geschichte*). Sólo en este segundo sentido se puede hablar de auténtica historia en el sentido humano, por encima del puro desarrollo de los hechos (Historie), que no plantean ninguna pregunta, pues las cosas son así, suceden, acaban. El problema empieza cuando un acontecimiento del pasado cobra un significado actual para los hombres, en un plano personal, existencial (*Geschichte*)[10].

Ante el paso del tiempo (en el que todo muere, y la humanidad con todo) el hombre puede sentir angustia, como ha puesto de relieve M. Heidegger; pero ese mismo ser humano puede descubrir y acoger en un plano más hondo, el don y sentido de su vida, en forma de propuesta existencial, superando la muerte, como han descubierto los cristianos por la Cruz de Jesús. Sólo en este plano puede hablarse de verdadera historia, como revelación del Ser y como "presencia escatológica" (*Geschichte*). La salvación no está en las cosas que pasan, en un tipo de proceso externo, sino en la unidad interna de la vida, que recuerda el pasado y anticipa el futuro de Dios (resurrección), por encima del tiempo, en Cristo.

En esa línea, Bultmann piensa que no se puede hablar de una historia objetiva de la salvación. No existe un proceso de acontecimientos que lleven a una liberación futura, dentro de la historia, no hay un avance de salvación, sino sólo una revelación súbita de Dios,

---

que quiere poner de relieve las aportaciones de su método exegético. Como seguiré indicando, esta propuesta de Bultmann me parece muy importante, pero pienso que él no ha logrado precisar el carácter simbólico de la realidad y del conocimiento. Todo el conocimiento humano es simbólico, es decir, tiene un elemento que podría llamarse mítico, pues no puede reducirse a conceptos filosóficos ni a leyes científicas. Cf. J. B. Lotz, *Mythos* 117-121; P. Ricoeur, *Préface* 22-28.
[10] GV II, 91-2, 198; *Kirche* 154-5. H. Ott, *Geschichte* 29-30, 34, 120 ss ofrece una interpretación valiosa del tema, aunque no distinga más que dos planos: la historia como pasar (ciencia) y la historicidad como presencia de Dios en línea escatológica. Cf. GV III, 92ss, 101-102, 109-112, 199-200; IV, 92-7; KM VI, I, 22-24.

que se hace presente en Jesús e ilumina la vida de los hombres. Según eso, no se puede hablar de un antes y un después, sino de una oposición dialéctica: (a) Por un lado está el paso del tiempo (con la muerte). (b) Por otro está la unidad de la historia profunda (*Geschichte*) en Dios, la eternidad divina, que no se concibe de un modo platónico, sino existencial, a través de la resurrección de Jesús[11].

Los hechos externos de Jesús, sus palabras y su muerte, puede entenderlos cualquiera, pues se sitúan en un nivel humano. Sin embargo, en un plano de la fe, Jesús viene a mostrarse como «fuerza salvadora» que redime a los hombres por la Cruz, superando así no sólo a la ciencia, sino también a la filosofía: «Como acto salvador, la Cruz de Cristo no es ningún suceso mítico; sino una realidad valiosa (*Geschichte*) que se origina en el acontecer histórico (*historisch*) de la crucifixión de Jesús de Nazaret. Este acontecimiento salvador (Cruz de Cristo) se muestra en su importancia histórica como juicio de Dios sobre el mundo y liberación a los hombres»[12].

En el nivel externo, observable por la ciencia, Jesús ha vivido y ha muerto en un momento determinado de la historia (*Historie*). Pero en un nivel profundo, el creyente descubre en él la presencia escatológica de Dios, como sentido y fundamento de la vida humana (*Geschichte*), precisamente a través de su muerte, es decir, en el fracaso de la misma historia. Algunos críticos le han acusado de poner en riesgo la importancia del Cristo, que perdería su identidad salvadora. Pero Bultmann responde:

> Si me hubiera olvidado de la relación de la fe con la cruz histórica (*historisch*) de Cristo como un hecho del pasado hubiera traicionado la confesión de fe y el kerygma del Nuevo Testamento. Nunca he tenido esa intención. He pretendido señalar la importancia que tiene (*geschichtlich*) el acontecer único y

---

11 Cf. GV III, 102 ss., 121; IV, 100 ss. Cf. H. Ott, o. c. 125. La *Cruz de Cristo* es: 1) *un hecho histórico* (historisch) dentro de la cadena de hechos que suceden en el mundo y pasan; 2) pero ella *responde, como juicio de Dios, a mi pregunta existencial;* 3) y ella *me ofrece la verdad y la vida escatológica.* Los dos últimos momentos se mueven en el plano de lo *geschichtlich* (pregunta humana y respuesta de Dios).

12 *Neues Testament und M.* 43.

concreto (*historisch*). De esa manera, aquello que es un acontecer histórico concreto aparece, al mismo tiempo, en forma de realidad escatológica[13].

Pues bien, ese acontecer histórico de la revelación de Dios se identifica con la muerte de Jesús, es decir, con su «fracaso histórico», entendido como revelación de una realidad de vida más alta La paradoja consiste en admitir al mismo tiempo los dos planos. La historia de Jesús contiene unos hechos precisos, encuadrados en el tiempo y el espacio, que culminan en la Cruz de Jesús. La fe testifica que esa Cruz y Muerte de Jesús es la verdad escatológica: Dios se ha hecho presente en Jesús, fundando así la más alta dimensión de nuestra existencia cristiana.

Ciertamente, del puro despliegue de los hecho de Jesús, a quien vemos como un hombre del pasado, no podemos decir casi nada, pues la tradición evangélica no ha tenido interés en recordarle en ese plano. Pero esa misma tradición nos permite interpretar su Cruz como Palabra de Dios, y así lo ratifica el mensaje sobre de Cristo, interpretado como «logos de la Cruz», es decir, como la misma Cruz hecha palabra (cf. 1 Cor 1, 18):

> Yo no huyo simplemente del hecho del pasado (*Historie*) a su importancia actual (*Geschichte*)... Más aún; yo me separo de todo aquello que me lleva… solamente al Cristo de la carne... Lo que me importa es el único encuentro con el Kyrios predicado, que viene hacia mí en el mensaje y que me influye en mi propia situación histórica[14].

Bultmann no intenta fijar con precisión los hechos desnudos de la historia de Jesús en un nivel de ciencia, aunque sabe que él existió y que murió como pretendiente mesiánico, descubriéndole en esa muerte (fracaso mesiánico) como Cristo de Dios. No le interesa la historia de Jesús como "héroe" o personaje superior (en la línea de

---

[13] KM I, 128.

[14] KM I, 134. Ya en *Jesus* (1926) afirmaba que los detalles de la vida de Jesús son secundarios; lo que importa es su realidad como *Palabra* de Dios. Cf. H. W. Bartsch: KM I, 279.

San Agustín o Lutero, César o Wagner). Lo distintivo de Jesús no es su historia fáctica (*Historie*), sino el hecho (*Dass*) de que en su vida, tal como ha sido ratificada por su muerte, es decir, en su muerte, Dios ha proclamado su palabra de juicio y salvación para los hombres.

Ciertamente, Jesús ha existido, ha sido un hombre concreto del pasado, de manera que podemos conocerle en un plano científico (*Historie*). Más aún, él ha sido un mensajero o profeta escatológico judío, que anunció y preparó la llegada del Reino de Dios, y en ese nivel podemos conocerle también, y aceptar su mensaje en un plano humano (*Geschichte*, historia personal). Pero su importancia como salvador se descubre en un nivel fe, de revelación escatológica, centrada en el descubrimiento de la Cruz como Palabra escatológica de Dios, como ratifican y afirman los creyentes al celebrar la Pascua (que es el paso de Dios en la muerte de Jesús).

3. Tema abierto. Una polémica

El cristiano puede aceptar los tres planos. (1) La historia pasada de Jesús de Nazaret (*Historie*), que él quiere conocer mejor, con los métodos de la crítica histórico-filológica. (2) El mensaje y testimonio humano de Jesús, en un plano de historicidad humana (*Geschichte* antropológica). (3) La Palabra de Dios, Dios mismo que nos llama y nos salva a través de la muerte de Jesús (entendida y vivida *Geschichte* escatológica).

Jesús aparece así de una forma paradójica. Por un lado, él pertenece al pasado, como un hombre que vivió y murió (*Historie*), aportando una experiencia profunda de humanidad. Pero, al mismo tiempo, los cristianos le reconocen y confiesan como Palabra o revelación definitiva de Dios (*Geschichte* escatológica).

La presencia de Dios en Jesús es inseparable de la historia concreta de su vida, tal como culmina en su muerte, pero la desborda. Ésta es la paradoja cristiana, la novedad del evangelio: La Iglesia confiesa que el mismo Jesús histórico es la Palabra escatológica de Dios (es decir, del Ser en su plenitud). Así se condensa y expresa su fe:

La aparición (presencia) de Jesús no se puede entender como un suceso intrahistórico, sino como el mismo fin de la historia. La paradoja de la predicación consiste en que el acontecimiento que es fin de la historia ha sucedido dentro de esa misma historia (en la vida de Jesús)[15].

Sobre ese trasfondo se entiende la gran polémica que Bultmann ha sostenido para mostrar (partiendo de su programa de desmitologización) la unión entre el sentido histórico y el mensaje salvador de Dios en Cristo. Ésta ha sido una polémica que se ha extendido por decenios, y que aún no se ha resuelto (acallado) del todo, pues sigue habiendo amigos y enemigos de su proyecto de Desmitologización. Entre los representantes más significativos de esa polémica están un historiador y teólogo (F. Buri) y un filósofo (K. Jaspers).

1. Fritz Buri (1907-1994), teólogo suizo, comienza alabando el intento teológico de Bultmann, pero acaba afirmando que no puede aceptarse su forma de unir la historia y la revelación escatológica de Dios: Jesús no es "Dios", sino un símbolo potente del valor de la existencia humana. Buri reconoce que Bultmann ha planteado el problema cristiano de forma certera, partiendo del estudio de la existencia humana, como realidad abierta, en la línea de algunos filósofos existencialistas (Heidegger y Jaspers).

Sin embargo, según Buri, de repente y cuando nadie lo esperaba, Bultmann añade que el hombre no puede salvarse con sus propias fuerzas, y apela a la importancia (necesidad) de un hecho redentor "divino" que ha sucedido en el tiempo y el espacio, que es Jesús, a quien se llama el Cristo. De esta forma, al identificar a Jesús muerto en la Cruz con Dios, él destruye el valor del hombre, suponiendo que él no puede alcanzar su plenitud[16].

El defecto de Bultmann consiste para Buri en suponer que la caída de los hombres es un hecho mitológico, objetivo,

---

[15] GV III, 127-128. Cristo es el fin de la historia (*Historie*), siendo revelación escatológica de Dios. Cf. KM I, 223 ss; GV III, 1-34; véase esp. la pág. 15. Cf. GV I, 176, 286-290; III, 166.

[16] F. Buri, *Entmythologisierung*, 89.

sobrehumano, de manera que para superarla haría falta otro hecho sobrehumano (un tipo de encarnación de Dios en Cristo). De esa forma, a pesar de su lenguaje existencial, Bultmann se sigue manteniendo en la línea de los viejos mitos y habla de un Dios que salva objetivamente en Cristo, cuyo Kerygma se transmite en la Iglesia (por encima de la experiencia existencial humana).

En contra de eso, Buri piensa que el pecado es sólo una forma equivocada que el hombre tiene de entenderse a sí mismo. De manera consecuente, la salvación no exige más que un cambio de actitud existencial: el hombre puede descubrir y descubre por sí mismo que su vida se abre al Infinito, y que el ser Infinito (Dios) se manifiesta como gracia. Eso basta, no hace falta hablar de redención histórica de Cristo, ni de eternidad objetiva; no hay más eternidad que la verdad interna (apertura infinita) de cada ser humana, sin necesidad de una "mediación" de Cristo[17].

En esa línea, la desmitologización debe ser radical. Todo el Nuevo Testamento es mito y debe interpretarse de manera existencial. Éste es el camino de la "salvación": Debo liberarme del poder del mundo y de la esclavitud de una existencia perdida entre las cosas, y sólo puedo conseguirlo cuando advierto que el fondo de mi vida es gracia, cuando tengo la fuerza de entregarme libremente al Poder divino que actúa en mi vida. Allí donde todo fracasa, el mismo Dios interior nos espera. Lógicamente, Buri no puede distinguir filosofía y teología, pues son dos modos de recorrer el mismo camino, desde tradiciones antiguas (religión) o desde la razón que se encuentra a sí misma de un modo existencial (filosofía)[18].

---

[17] *Ibid* 91, 93, 96, 125. Según Buri, la salvación no exige una gracia especial de Cristo. Basta que "entendamos" (descubramos) lo que somos de acuerdo al ejemplo de Jesús de Nazaret, a quien podemos llamar simbólicamente el Cristo. El hombre se descubre caído, perdido en el mundo, y necesita libertarse de las cosas que le alienan, para vivir rectamente, apoyado en su fuerza interior divina. El Nuevo Testamento puede ayudarle a descubrir la salvación, con el ejemplo de Jesús, pero existen otros caminos. Lo que importa es que el hombre se entienda y descubra su existencia como gracia.

[18] *Ibid* 99-100; KM III, 85. Cf. Buri, *Theologie* 131-132.

2. Karl Jaspers (1883-1969), filósofo alemán, de fondo cristiano, abierto a la trascendencia existencial, ha criticado también la interpretación de Bultmann, diciendo que no se puede separar el análisis y la decisión existencial, ni postular una revelación "externa" (histórica), centrada en Cristo. Siempre que el hombre penetra en su interior debe asumir una decisión, descubriendo la verdad (realidad) divina que le transciende y fundamenta. No hay un hecho salvador externo, una revelación histórica y escatológica de Dios en Cristo con valor normativo y absoluto. La fe religiosa no se distingue de la fe existencial, humana. Haya existido o no como hombre histórico, Cristo es un signo de la apertura humana hacia la trascendencia divina[19].

Aquí radica la diferencia. (1) *Bultmann* desmitologiza el evangelio, porque quiere mostrar que la salvación es gracia concreta e histórica de Dios, que se ha revelado de hecho en el mundo (en la historia) por medio de Cristo. (2) *Jaspers,* en cambio, no necesita apelar a la historia de Jesús, pues, a su juicio, la "salvación" tiene un sentido filosófico universal, accesible por la filosofía y por las diversas religiones. En esa línea, él reconoce y subraya el valor simbólico (mítico) de todo lenguaje profundo, añadiendo que el evangelio es mito: Expresión y signo de la hondura divina de la vida humana.

Lógicamente, el mito no necesita ser interpretado; basta con acogerlo de manera existencial como expresión del ser humano que busca y encuentra su verdad en aquello que le funda y le transciende. En esa línea, Jaspers vuelve a defender, en clave existencial, la "verdad" del liberalismo teológico, en contra de Bultmann y Barth, que seguirían defendiendo un tipo de ortodoxia anticuada y superada. Por eso acepta la experiencia profunda de las religiones de oriente y occidente, tras el llamado "tiempo eje", sin necesidad de apelar a la "novedad" de Jesús, que en sentido estricto, no ha existido[20]. Ciertamente, el cristianismo tiene a su juicio un valor como

---

[19] K. Jaspers, *Wahrheit,* 15-16, 39-40. Jaspers evoca la "presencia" de una realidad superior envolvente (*Umgreifender*), que no puede objetivarse ni concretarse en ningún hecho histórico.

[20] Sigue siendo clave la división de religiones que postula K. Jaspers, a partir de su hipótesis del "tiempo eje" en su obra clásica, *Origen y Meta de la Historia* (1955), Alianza, Madrid 1980.

signo de "presencia divina", pero también lo tienen las grandes religiones del Oriente. Según Jaspers, bajo la apariencia de un historiador moderno, abierto y liberal, Bultmann sigue manteniendo una vieja ortodoxia incomprensible y hasta absurda. Por eso no merece la pena el dedicar más tiempo a su famoso acontecimiento salvador que se realiza en Cristo[21].

Miradas de una forma histórica, las críticas de Jaspers y de Buri resultan comprensibles, en la línea de lo que decían los neokantianos, W. Herrmann y el mismo joven Bultmann, aunque ahora en línea existencial. Jaspers y Buri interpretan al hombre como un ser que se encuentra "existencialmente" abierto a lo divino, pero niegan el carácter único e histórico de la revelación de Dios en Cristo. Ambos piensan que la interpretación existencial de Bultmann sigue siendo mitológica, pues él identifica la revelación de Dios con Jesucristo, dándole un valor "histórico" especial y único. Cristo es un símbolo importante de la verdadera vida humana, no un Dios en encarnado[22].

Pero, en contra de esa visión de Buri y Jaspers, Bultmann siguen pensando con Heidegger que el análisis existencial encierra al hombre en la angustia. Humanamente hablando, el hombre no puede superar el "pecado", es decir, la muerte. No hay salvación verdadera sin fe sobrenatural, es decir, sin presencia y revelación concreta de Dios en Jesucristo. Hablando de esa forma, Bultmann es sin duda un teólogo cristiano[23].

---

[21] Jaspers, *Wahrheit* 42. Cf. págs. 19-20, 28, 36.

[22] Cf. Bultmann, KM II, 179 ss; 204 ss; KM III, 49 ss. Cf. pág. 55. En contra de Buri, Bultmann ha puesto de relieve las fronteras y limitaciones del pensar filosófico: No puede ofrecernos el ideal o solución de la existencia. La filosofía dice que debemos existir; pero no sabe cómo. Solamente la fe lo muestra en concreto, por Cristo. En contra de Jaspers, Bultmann afirma que no llega a comprender la transcendencia y sentido de su Espíritu envolvente (*umgreifender*). ¿No se *tratará* de un nuevo modo de aludir a la fuerza del hombre que quiere desbordar por sí mismo sus límites? La verdadera transcendencia de Dios sólo se muestra como un «hecho» que rebasa nuestros conocimientos y nuestra misma vida, tal como se descubre en Cristo.

[23] Bultmann resalta la gracia concreta que nos salva de la inseguridad en que estamos apoyados. Sobre toda la controversia, cf.. H. Fahrenbach, *Philosophische* 91 ss; 119 ss; W. Philipp, *Der Protestantismus im 19 und 20 Jahrhundert*, Schünemann, Bremen 1965, LXXXIV; K. Barth, *Théologie*, 452 ss.

IV

SÍNTESIS Y CONCLUSIONES
UNA TEOLOGÍA BÍBLICA CRISTIANA

Bultmann había encontrado su madurez y equilibrio científico-religioso con la 2ª edición de la *Historia de la Tradición Sinóptica* (1931), y pudo mantenerlo el resto de su vida. Estaba en su plenitud (tenía 47 años). Pero no quedo inactivo, sino que siguió desarrollando las consecuencias principales de su planteamiento, en un proceso ejemplar de profundización teórica y práctica del pensamiento cristiano, en una línea que hemos comenzado a esbozar en el capítulo anterior, hablando del proyecto y polémica de la desmitologización.

Desde ese fondo, como patriarca y modelo de una estirpe de exegetas, preparó y publicó Bultmann sus últimas obras, que trazan un proyecto de *teología bíblica cristiana,* que se condensa en dos grandes libros: *Comentario de Juan* y *Teología del Nuevo Testamento.* Durante un tiempo, a mediados del siglo XX, el pensamiento y teología fundamental de Europa fue de tipo existencialista, con gran influjo de Bultmann. Pero los años seguirán corriendo, y al existencialismo dominante seguirá el intento de crear una teología social, más encarnada en las realidades del mundo y de la historia.

Así lo iré mostrando en este último capítulo dividido en cuatro partes. (1) Comenzaré presentando *La Teología del Nuevo*

Testamento, la obra definitiva de Bultmann, que recoge y sistematiza casi toda su publicación anterior. (2) En ese contexto expondré algunos *Temas Centrales* de su discusión y aportación teológica, como son la revelación de Dios en Cristo y el sentido (despliegue) de su cristología, en torno a la experiencia pascual. (3) Sólo entonces podré abordar de un modo explícito sus *Limitaciones*, que se pueden resumirse en su acosmismo y en su visión individual del evangelio, sin futuro real en el mundo, sin comunidad verdadera. (4) Terminará el libro con un esquema de *Nuevas Propuestas*, en un plano exegético y teológico, a comienzos del siglo XXI.

1. Punto de partida. Teología del nuevo testamento

Dos obras han marcado y siguen marcando el pensamiento de Bultmann, y ambas se encuentran muy relacionadas. Sobre la primera (*Historia de la Tradición Sinóptica*), preparada y publicada tras la Primera Guerra Mundial (1921, ²1931), he tratado por extenso en el capítulo segundo de este libro, marcando las aportaciones y los límites de su contribución al estudio de las tradiciones de Jesús en la iglesia antigua, desde la perspectiva de la investigación histórico-crítica, en un contexto neokantiano o liberal. Sobre la segunda (*Teología del Nuevo Testamento*), publicada como libro unitario, más de treinta años después (1953), cuando él tenía ya casi setenta años, quiero tratar ahora, situándola en su entorno y destacando su sentido básico y sus aportaciones, que ofrecen un programa intenso de renovación teológica (existencial) para la Iglesia.

1. Entorno, obras de madurez

Lógicamente, llegada la época de su madurez, a partir de su proyecto de "interpretación existencial" (1941), propuesto en el contexto de la Segunda Guerra Mundial, desde una Alemania envuelta en la locura de una guerra atroz, Bultmann se centró en las cuestiones y en los libros de la Biblia que respondían mejor a su proyecto de "desmitologización", es decir, de creación de un cristianismo centrado en el mensaje de la Cruz de Jesús (como revelación del Ser que es Dios), desligado del moralismo optimista de los neokantianos de su juventud y del riesgo histórico del nazismo (y comunismo)[1]. Ésta es una lista básica de algunas de las obras de este período de su madurez.

---

[1] El programa de la desmitologización (propuesto por Bultmann el año 1941, en medio de la guerra), ante un grupo de párrocos de la *Bekennende Kirche*

– Evangelio de San Juan (1941), otras obras exegéticas. El mismo año en que propuso su proyecto de desmitologización, Bultmann publicó su comentario a Juan, largamente preparado por trabajos de tipo histórico-religioso, sobre sus posibles fuentes gnósticas y/o mandeas[2]. Desde un punto de vista sistemático, este libro puede considerarse como una ampliación de la *Historia de la tradición sinóptica* (1921, 1931). Bultmann completa así el estudio de las tradiciones antiguas de la historia de Jesús (fijadas en los sinópticos) con el estudio de las *tradiciones que desembocan en el Cuarto Evangelio,* en un contexto espiritual distinto, cercano a la gnosis, pero insistiendo en la realidad concreta de la encarnación. Esta visión "gnóstica" del cristianismo, que pierde gran parte de su nervatura histórica para centrarse en el puro *"dass"* de la presencia salvadora de Dios en la Cruz de Cristo, constituye para Bultmann el centro del Nuevo Testamento.

Este Comentario de Juan puede parecer "excesivo" en su forma de reconstruir el mito gnóstico y de aplicarlo al evangelio de Juan, pero sigue siendo fundamental no sólo para entender el Cuarto Evangelio, sino también la historia del cristianismo primitivo. Es un libro escolar y técnico, que recoge muchos estudios anteriores de Bultmann y ha sido superado en varias explicaciones de detalle, especialmente por el mejor conocimiento de las fuentes judías y gnósticas (sobre todo a través de los textos de Qumrán y los escritos gnósticos de Nag-Hammadi), pero en su conjunto es aún imprescindible para conocer el cristianismo primitivo.

Han pasado más de setenta años desde la publicación de este comentario, pero sus planteamientos siguen siendo necesarios para

---

(iglesia opuesta al programa hitleriano), destacaba la necesidad de superar no solo los mitos de fondo de la biblia, sino los nuevos mitos políticos. La iglesia debía oponerse a la imposición nazista, liberando el evangelio de los nuevos mitos sociales de la modernidad.

[2] Los trabajos previos (de los años 1923, 1925, 1927, 1928 y 1940), han sido recogidos en *Exegética,* 10-255. El comentario (*Das Evangelium des Johannes,* KKNT, Göttingen 1941; trad. inglesa en Blackwell, Oxford 1971) ha sido acompañado, desde 1953, por un *Ergänzungsheft* o Cuaderno complementario, ampliado en 1957.

el estudio del Cuarto Evangelio y de la historia del Nuevo Testamento. Hoy creemos que el influjo gnóstico no fue tan fuerte como se decía y que el Evangelio de Juan conserva más "recuerdos" históricos de los que Bultmann suponía. Más aún, hoy sabemos que la historia del cristianismo primitivo fue mucho más compleja de lo que se afirmaba a mediados del siglo XX, pues hubo una especie de pacto entre diversas tendencias e iglesias. Pero, en el fondo, los temas centrales siguen encontrándose allí donde Bultmann los había situado. El componente "gnóstico", vinculado no sólo al helenismo sino a diversas formas de judaísmo no rabínico, forma una parte esencial de la historia cristiana y judía.

En ese contexto debemos recordar otras dos obras importantes (*comentarios a las cartas de Juan* y *a 2 Corintios*), en los que desarrolla aspectos nuevos de la historia del cristianismo primitivo. Bultmann fue un exegeta con grandes presupuestos teóricos, pero nunca abandonó el trabajo de campo, el estudio concreto de los textos, aunque a veces ello pudiera llevarle a oponerse a sus principios teóricos. Así lo muestras estos comentarios, que abren nuevos caminos en el conocimiento de la Iglesia primitiva[3].

– *Cristianismo y religiones* (1949). He presentado los temas principales de este libro al estudiar el fondo histórico y teológico del que ha surgido el pensamiento de Bultmann (cap 2), situándole en el contexto del estudio de las religiones, en la línea de la *Religionsgeschichtliche Schule* (Escuela de la Historia de las Religiones). También he destacado algunos de sus temas al ocuparme del origen y sentido de la religión, superando el moralismo kantiano, el inmanentismo del sentimiento (Schleiermacher) y las diversas tendencias vitalistas, para destacar la experiencia-conciencia de la transcendencia de la vida humana, más allá de naturaleza y cultura (cap. 1).

Como he recordado al final del capítulo anterior, a partir de su encuentro con la teología dialéctica, Bultmann puso

---

[3] Cf. *Die drei Johannesbriefe*, KKNT, Göttingen 1967; *Der zweite Brief an die Korinther*, KKNT, Göttingen 1976.

de relieve la singularidad de la revelación (*kerygma*) de Cristo, en contra de críticos como F. Buri y K. Jaspers. Por otra parte, fundándose en su propuesta (y de un modo especial en la de K. Barth) muchos teólogos y misioneros opusieron la religión (como posibilidad humana) y la revelación (entendida como cumplimiento y superación de todas las religiones, en la Cruz de Cristo), planteando unos temas de gran actualidad pastoral; sus propuestas (y las de sus oponentes) siguen situándonos en el centro de la discusión actual (año 2013) sobre la relación entre cristianismo y religiones[4].

En esa línea, desde una perspectiva cultural (y existencial), Bultmann ha seguido estudiando *el cristianismo en el contexto de las religiones antiguas* (como indica el mismo título de una sus obras)[5] y lo ha situado en el ámbito de la experiencia cultural y religiosa de la modernidad. En un sentido, el cristianismo es un fenómeno histórico y así debe situarse en el contexto del judaísmo y helenismo.

Bultmann venía de una tradición que destacaba el valor del helenismo frente al judaísmo y, en ese contexto, él no pudo (o no quiso) reconocer la hondura y variedad del judaísmo del tiempo de Jesús, insistiendo en los aspectos "legales" del rabinismo; por eso, su proyecto teológico debe reformularse a partir de un mejor conocimiento del judaísmo. De todas formas, su obra tiene el mérito de situar el mensaje de Jesús y el surgimiento de la Iglesia en su contexto histórico[6].

---

[4] Estudio ya clásico del tema en J. Dupuis, *Hacia una Teología cristiana del pluralismo religioso*, Sal Terrae, Santander 2000.

[5] *Das Urchristentum im Rahmen der antiken Religionen*, Artemis, Zürich 1949. La mayor novedad de la exégesis y teología actual respecto a Bultmann se encuentra en el descubrimiento de la variedad de "judaísmos" del tiempo de Jesús (sobre todo a partir de la publicación de los rollos de Qumrán), y en la comprensión del aspecto religioso (pactual) del judaísmo rabínico, en contra de aquellos que tendían a verlo como experiencia y tarea puramente legal (legalista), conforme a una visión que venía imponiéndose (al menos) desde el neokantismo.

[6] He puesto ya de relieve el anti-judaísmo de fondo de la exégesis y teología de Bultmann, fundada en su visión del judaísmo como religión de ley, frente a la experiencia de libertad que estaría ligada al mensaje de Pablo. Véanse en ese fondo las referencias de Ch. Klein, *Theologie und Anti-Judaismus*, Kaiser, München 1975.

– *Historia y Escatología* (1957). En una perspectiva distinta y complementaria se sitúa su trabajo sobre el sentido de la historia en el cristianismo. Ésta es su obra "final", el último de sus escritos fundamentales. En sí misma, es una *obra menor* en el conjunto de la producción de Bultmann, pero resulta muy significativa porque asume y condensa de algún modo toda su producción de exégesis y teología, y lo hace desvirtuando o negado el sentido de la historia, precisamente en un momento en que empezaban a alzarse las voces que pedían y buscaban una nueva formulación del tema (desde la perspectiva de la historia de Jesús y de las relaciones del judaísmo con el cristianismo).

Esta obra recoge el texto de las *Gifford Lectures* (de la Universidad de Edinburgh, 1955), ofreciendo una interpretación suprahistórica del mensaje central del cristianismo, en contra de la perspectiva "historicista" que estaba empezando a desarrollarse (o será desarrollada pronto) por diversos autores protestantes y católicos, desde O. Cullmann hasta W. Pannenberg. Éste ha sido y sigue siendo, a mi juicio, el tema clave, no sólo de la investigación de Bultmann, sino de la teología del siglo XX[7].

Los liberales de finales del siglo XIX habían concebido la historia como proceso y progreso racional (moral), pero sus visiones chocaron con la barbarie de la Primera Guerra Mundial. Los nazis la entendieron después como despliegue de un proyecto nacional, y los comunistas como proceso de liberación social, pero unos y otros apelaron a la gran violencia del holocausto o de los gulags. Eviden-

---

[7] El texto de las *Gifford Lectures* apareció con dos títulos, *The Presence of Eternity*, Harper, New York 1957 y *History and Eschatology*, Edinburgh UP, 1957, asumido por la edición alemana (Mohr, Tübingen 1958) y la versión española: *Historia y escatología*, Studium, Madrid 1974. El tema de la historia se ha vuelto central en discusión teológica de los últimos decenios: cf. O. Cullmann, *Cristo y el tiempo*, Estela, Barcelona 1967; *La historia de la salvación*, Península, Barcelona 1967; J. Daniélou, *El misterio de la historia*, Dinor, San Sebastián 1963; J. Moltmann, *Teología de la esperanza*, Sígueme, Salamanca 1969; W. Pannenberg (ed.), *Revelación como historia*, Sígueme, Salamanca 1975, 1967; J. M. Robinson y J. B. Cobb (eds.), *Theology as History*, Harper, New York 1967 (en torno a Heidegger-Bultmann). Desde una perspectiva católica, el Concilio Vaticano II asumió la "historia salutis" (historia de la salvación) como clave de su nueva visión del cristianismo, entendido como "fenómeno histórico social". Cf. H. Urs von Balthasar, *Teología de la historia*, Encuentro, Madrid 1992

temente, Bultmann, que en un tiempo (1917-1922) pudo reconocer los valores del socialismo, no podía aceptar esa forma de entender de la historia y de aplicarla al cristianismo.

En ese contexto, partiendo de su visión dialéctica de Dios y de su interpretación existencial del cristianismo, Bultmann no pudo entender la salvación en clave intra-mundana (en línea idealista, nazi o comunista). No hay historia de la salvación, sino *historicidad* del ser humano, llamado por Dios, a través de Jesucristo, para liberarse de este mundo de muerte en que se encuentra inmerso. No hay salvación de la historia, sino salvación de los hombres concretos, que pueden liberarse de la historia de muerte y abrirse a la trascendencia de Dios por la Cruz de Jesucristo[8].

En este contexto deberíamos citar también otras publicaciones de Bultmann, muy importantes desde un punto de vista estrictamente académico, colaboraciones en revistas especializadas y, de un modo especial, en TWNT, *Diccionario Teológico del Nuevo Testamento*. Ellas son un testimonio de su honestidad intelectual, de su saber enciclopédico y de su trabajo incesante sobre temas centrales del cristianismo naciente[9].

---

[8] Sería interesante comparar su visión de la historia con la que ofreció, desde una perspectiva judía, en medio de la Segunda Guerra Mundial, K. Popper, *La Sociedad Abierta y sus Enemigos* (1945), Paidós, Barcelona 2006. Popper pensaba que la historia no tiene sentido en sí, aunque pueden dárselo los hombres, en una línea que de un modo normal (¿fatídico?) desemboca en el liberalismo político y económico de la actualidad (2013). Bultmann es mucho más crítico que Popper, de manera que no pudo aceptar su solución "neo-liberal", y así pone el sentido de la historia en un nivel máshondo, en manos de una "decisión existencial", fundada en la Cruz de Cristo.

[9] Bibliografía en J. de Kesel, *Le Refus de l'objectivation. Une interpretation du problème du Jésus historique chez Rudolf Bultmann*, AnGreg 221, Roma 1981, 535-538 y, sobre todo, en O. Hackenberg *Bibliographie zu Rudolf Bultmann*, http://www.univie.ac.at/bultmann/links.html. Entre los trabajos que Bultmann ha publicado en el TWNT podemos recordar los dedicamos a *Verdad* (alêtheia) I (1933) 233-251, *Conocimiento* (ginôskô) I (1933) 688-719, *Vida* (dsô) I (1935) 833-877, *Esperanza* (elpys) II (1935) 515-531 y *Fe* (pisteuô) VI (1959) 174-230. Algunos fueron traducidos al castellano, entre ellos *Esperanza* (Fax, Madrid 1974, con bibliografía mía). El año 1972 envié a Bultmann mi tesis doctoral sobre *Exégesis y Filosofía. El Pensamiento de R. Bultmann y O. Cullmann*, Casa de la Biblia, Madrid 1972, y me respondió muy amablemente, en una larga carta manuscrita,

2. Teología del Nuevo Testamento, introducción

Ésta es la obra clave del Bultmann maduro, largamente preparada a partir de la Segunda Guerra Mundial (desde su programa de interpretación existencial: 1941). En ella confluyen sus escritos anteriores de tipo religioso (vinculados a la Teología Dialéctica) y sus investigaciones sobre la *Historia de la Tradición Sinóptica*, con sus numerosos trabajos sobre Pablo y Juan[10].

Había ido apareciendo por fascículos desde 1948, pero el texto unido se publicó el 1953. Fue revisada por el mismo Bultmann en la tercera edición (1958), añadiendo material comparativo, sobre todo a partir de los textos de Qumrán. Ha sido traducida al castellano (Sígueme, Salamanca 1981), con una *Presentación* (págs. 11-32) en la que yo mismo he trazado y valorado sus aportes fundamentales, que ahora resumo, retomando también algunas afirmaciones que he venido realizando a lo largo de este libro.

1. Contexto. Han pasado muchos años desde su publicación (1948-1953), pero ella sigue siendo, a pesar de sus limitaciones, la obra más significativa que existe sobre el tema, en un plano teológico, desde una visión existencial del pensamiento de Pablo y de Juan. Su estructura de conjunto puede revisarse. Pienso que Bultmann debería introducirse un capítulo introductorio sobre Jesús, y una visión más amplia de la teología de los sinópticos; pero, en general, su estudio sobre el despliegue teológico de la iglesia, la antropología de Pablo y la visión de Juan sigue siendo esencial para entender el cristianismo primitivo. Ciertamente, han aparecido desde entonces otras obras, pero ninguna visión de conjunto que recoja con esta densidad el mensaje teológico completo del Nuevo Testamento.

---

donde me decía que tenía la vista muy cansada y que apenas podía leer, pero que había visto los temas de mi trabajo y que agradecía mi dedicación. Murió a los cuatro año (1976).

[10] Gran parte de esos trabajos han sido recogidos en la bibliografía final, o en las bibliografías de conjunto, allí citadas. Significativamente, Bultmann no escribió una teología unitaria de Pablo, a pesar de que gran parte de su obra madura se ocupa del menaje de fondo de Pablo.

No es un trabajo de pura arqueología (no se limita a decir lo que fue en otro tiempo el mensaje de Jesús), sino un programa de cristianismo, en la línea de su proyecto de desmitologización y de interpretación existencial del mensaje de Jesús y del kerigma de la Iglesia. En un sentido externo (de cultura e historia social), las cosas han cambiado. Pero en sentido radical el cristianismo sigue siendo lo que fue en su origen, tal como ha sido propuesto por Pablo y por Juan, los dos grandes teólogos del NT.

Esta obra no es un aerolito que ha caído inesperado de los cielos. Le precedieron otras muchas teologías del NT que a lo largo de siglo y medio habían querido fijar la esencia del cristianismo estudiando sus textos centrales. Así lo ha señalado el mismo Bultmann en la nota final o epílogo, recogido en la traducción castellana (págs. 667-684).

Como había destacado A. Schweitzer, las vidas de Jesús son en general hermosas, y están llenas de encanto, pero más que el mensaje de Jesús recogen la visión del propio autor del libro, o de su escuela, de manera que podemos encontrar a un Jesús idealista, liberal, romántico, revolucionario o moralista, según los casos[11]. Desde esa perspectiva, y situándonos en la época prebultmanniana (anterior al 1948-1953), podríamos distinguir cuatro tipos fundamentales de Teología del NT, entre las que podrá situarse la de Bultmann[12].

– *Había un tipo de teología idealista,* representada por los discípulos de Hegel y de forma especial por F. Chr. Baur, *Vorlesungen über neutestamentlichen Theologie,* Leipzig 1864. En esa línea, el NT

---

[11] Cf. A. Schweitzer, *Geschichte der Leben-Jesu-Forschung* (11906, 21913), München 1966.

[12] Entre las teologías (cristologías) posteriores, escritas en parte como reacción a la de Bultmann, podemos citar: O. Cullmann, *Cristología del Nuevo Testamento* (1957), Sígueme, Salamanca 1998; H. Conzelmann, *Grundriss der Theologie des Neuen Testaments,* Kaiser, München 1968; J. Jeremías, *Teología del Nuevo Testamento* I (1971), BEB 2, Sígueme, Salamanca 1974; K. H. Schelkle, *Teología del Nuevo Testamento* I-IV (1973), Herder, Barcelona 1977 L. Goppelt, *Tehologie del Neuen Testaments,* Vandenhoeck, Göttingen 1975; D. Guthrie, *New Testament Theology,* IVP, Leicester 1981; J. Gnilka, *Teología del Nuevo Testamento* (1984), Trotta, Madrid 1998; M. Karrer, *Jesus Christus im Neuen Testament,* NTD Erg. 11, Vandekhoeck, Göttingen 1998.

reflejaría el momento culminante de la auto-explicación del Espíritu que, expresándose en Jesús de forma suprema, se despliega en la iglesia primitiva a través de un proceso dialéctico de tesis-antítesis-síntesis, personificado en Pedro-Pablo-Lucas.

– *La perspectiva liberal o moralista*, reflejada en los autores más cercanos a la línea neokantiana, presentaba a Jesús ante todo como promotor de un ideal de fidelidad ética y de apertura hacia Dios, a quien presentaba como Padre providente. La vida de Jesús, reconstruida a partir de la crítica histórico-literaria, constituiría el centro de la teología del NT. Así lo supone, de forma clásica, H. J. Holtzmann, *Lehrbuch der neutestamentlichen Theologie* I-II, Tübingen 1897.

– *La Escuela de la historia de las religiones*, iniciada en torno a W. Wrede, interpretó el cristianismo como un fenómeno de sincretismo religioso, de manera que la Teología del NT debería distinguirse en tres etapas: a) Jesús fue un predicador judío de gran fuerza que unificó el anuncio escatológico y la urgencia moralista; b) la comunidad de cristianos palestinos siguió su ejemplo y continuó expandiendo su mensaje, que debía propagarse hasta que el mismo Jesús volviera como mesías apocalíptico; c) sólo cuando arraigó en un campo helenista, bajo el influjo de diversos factores ambientales, este movimiento se convirtió en una nueva religión, concibiendo a Jesús como Señor divino a quien sus fieles veneran en el culto. Clásico de esta perspectiva es W. Bousset, *Kyrios Christos*, Göttingen 1913.

– *Había, finalmente, una tendencia dogmática* que, desde el campo católico o protestante, intentaba ajustar la teología del NT a las normas o vivencia de la propia iglesia. Se lograba así una indudable coherencia sistemática pero se difuminaba el mensaje bíblico. En ese contexto podemos citar a dos autores protestantes: P. Feine, *Theologie des NT*, Leipzig 1910 y F. Büchsel, *Die Theologie des NT*, Gütersloh 1935. Pero ese tipo de teología fue más abundante entre los católicos, como muestran las obras F. C. Ceuppens, *Theologia Biblica* I-IV, Roma 1949-1950; J. Bonsirven, *Teología del NT* (1951), Madrid 1968, y M. Meinertz, *Teología del NT* (1950), Madrid 1966[13].

---

[13] Para una clasificación y estudio de las teologías del NT, cf. B.S. Childs, *Biblical theology in crisis*, Philadelphia 1970; L. Goppelt, *Theologie des NT* I, Göttingen

En ese contexto se planteaba la pregunta: ¿Puede escribirse todavía una teología del NT? ¿No estaremos condenados a perdernos una y otra vez en direcciones arbitrarias, subjetivas? ¡Al contrario! El hecho de que hayan sido escritas y deban escribirse diversas teologías del NT no es indicio de fracaso sino de riqueza hermenéutica. Eso no supone que todas sean equivalentes, pues el valor de cada una dependerá del lugar epistemológico en que se sitúa y de la capacidad crítica y creadora del autor. En ese contexto destaca la de Bultmann.

2. Dos niveles de lectura. Por formación y oficio, Bultmann era básicamente un científico, especializado en la crítica literaria del NT y en la historia religiosa y cultural de la Iglesia primitiva. Al mismo tiempo, era un pensador y así quiso comprender el cristianismo desde dentro, interpretándolo en clave antropológica, en una línea que había terminado vinculándole a la filosofía de M. Heidegger. Pues bien, de una manera aún más profunda, Bultmann ha sido un teólogo cristiano que se ha solidarizado con el movimiento dialéctico de K. Barth y de su grupo, defendiendo así la identidad del cristianismo.

En esa última línea, su *Teología del Nuevo Testamento,* siendo una obra científica y bien articulada en clave filosófica (existencial), puede y debe entenderse como un testimonio de la singularidad (identidad) del Cristianismo, comprendido como Revelación Escatológica de Dios en Jesucristo. Jesús no aparece en ella como un simple testigo de la moralidad, evocador de potencias religiosas de los hombres, sino como Palabra definitiva de Dios. Según eso, en el fondo de esa palabra emerge la certeza de que el hombre no es capaz de conseguir su plenitud a través de su camino histórico, pues la salvación es gracia de Dios, que se revela en la Cruz de Jesucristo. En ese contexto se entienden los dos niveles de su obra:

1975, 19-51; P. Grech - G. Segalla, *Metodologia per uno studio della teologia del NT,* Torino 1978, 7-21; W.G. Kummel, *Das NT Geschichte der Erforschung seiner Probleme,* Freiburg 1970, 147 s, 310 s, 466 s; E. Lohse, *Teología del NT,* Madrid 1978, 13-21; O. Merk, *Biblische Theologie des NT in ihrer Anfagszeit,* Marburg 1973; S. Neill, *La interpretación del NT,* Barcelona 1976; R. Schnackenburg, *Neutestamentliche Theologie,* München 1965, 25-43.

– *Nivel cristiano-protestante.* Partiendo de K. Barth, Bultmann reasume y reformula la visión luterana de Pablo (y de Juan), condensada en la justificación por la fe. Frente a todos los que intentan vincular el nombre de Bultmann con el riesgo de disolución del cristianismo, debemos responder que su teología representa uno de los intentos más austeros y profundos de recuperación cristiana en pleno siglo XX, en línea protestante. Así ha querido que el mensaje de la justificación y de la fe se vuelva audible para el hombre de la edad contemporánea. No ha intentado resolver el misterio de la fe ni disolverla en algún tipo de filosofía o espiritualismo genérico, sino hacerlo comprensible.

– *Presupuesto filosófico-existencial.* La fe cristiana sólo se hace audible allí donde, guardando su poder de gratuidad y transcendencia, ella se inserta en la pregunta del hombre, entendido como ser que está abierto a su propia verdad y plenitud, pero que no puede alcanzarla por sí mismo. El hombre moralista, neokantiano, de finales del XIX era incapaz de acceder a la fe, pues se juzgaba suficiente, poderoso para dar una respuesta a sus problemas (sin necesidad de fe religiosa estricta). En contra de eso, Bultmann ha descubierto que el hombre existencial, más cercano a Heidegger, resulta capaz de fe (por antítesis o contraste): desde su misma situación paradójica de apertura e impotencia puede escuchar la palabra de gracia de un Dios que le libera del pecado, dirigiéndole al futuro de su vida liberada.

3. Tres planos. Desde ese fondo, en el momento culminante de su labor exegético-teológica, R. Bultmann elaboró esta *Teología del NT,* una obra compleja y madura en la que pueden distinguirse tres planos (crítica histórico-literaria, apertura filosófica, aceptación creyente del Dios de Jesucristo). Cada uno de ellos tiene una autonomía relativa, y se puede analizar por separado. Pero Bultmann supone que los tres van unidos de hecho, formando una especie de triángulo, donde cada extremo mantiene una independencia relativa, pero los tres han de unirse internamente[14].

---

[14] Estos son los planos de su estudio: (a) Bultmann parte de la historia (paradójica) de Jesús y de la realidad concreta de los textos bíblicos (en especial, los de

– *Plano crítico*. Bultmann ha empezado siendo un investigador de las formas literarias y de la historia del NT. En este campo, su trabajo quiere ser neutralmente científico: sabe que, al nivel en que se mueve, la ciencia es autónoma, no depende de la fe; por eso acepta aquel modelo de búsqueda que abrieron los griegos al principio de la historia de occidente. No parte de una verdad previa, no le asusta llegar hasta el final en el enfoque de los temas. Su gesto de honradez sigue siendo modélico en ese nivel. Desde el punto de vista literario, él ha insistido en la necesidad de realizar un análisis formal de los textos. Pocos han llegado a precisar con su rigor los planos de surgimiento y maduración de las tradiciones sinópticas[15].

Ampliando esa perspectiva, Bultmann interpreta la crítica literaria desde un contexto histórico: Los textos del NT sólo se pueden entender allí donde se fijan sus momentos de evolución genética y se encuadran sobre un fondo de comprensión vital (existencial). En esta perspectiva, Bultmann acepta básicamente y con pocos retoques críticos la concepción de la Escuela de la historia de las religiones, reflejada en W. Bousset, *Kyrios Christos*, 1913. A su juicio, el cristianismo primitivo había sido el resultado de un proceso que se inició con Jesús, profeta israelita del amor y del juicio de Dios, para expandirse en los pri-

---

Pablo y de Juan). En esa línea los analiza y los sitúa, con las mejores herramientas de la investigación exegética, con los métodos histórico-literarios que había utilizado en su "Historia de la Tradición Sinóptica". (b) Bultmann es un pensador existencial, interesado por aquello que los textos pueden "decir" al lector (al oyente interesado) en un plano personal, desde una perspectiva de realización personal. (c) Él es finalmente un teólogo cristiano, que se sitúa ante la Biblia como Palabra de Dios, que capacita a los hombres para interpretar y realizar (salvar) su vida de un modo gratuito.

15 La *Historia de la tradición sinóptica* (1921, 21931), de la que he tratado en cap. 2 de este libro, sigue siendo la base de su investigación, que ahora aplica al conjunto del Nuevo Testamento, centrado en la obra creadora de la primera comunidad helenista, y sobre todo en la teología de Pablo y de Juan. Quizá resulte excesivamente crítico en la atribución de los textos a Jesús; quizá acentúe demasiado la capacidad creadora de la comunidad helenista, quizá olvide o deje en un segundo plano otras teologías del NT (especialmente las de los sinópticos), pero esta obra sigue siendo un lugar de referencia necesario para conocer la aportación religiosa y teológica del Nuevo Testamento.

meros creyentes palestinos que, creyendo en la resurrección de su maestro, esperaron su llegada como hijo del hombre o mesías apocalíptico, para culminar en los creyentes helenistas que interpretan a Jesús resucitado como Hijo de Dios, Señor divino que salva a los hombres.

Desde ese plano crítico, esta obra es un intento de comprensión global, histórico-literaria, del NT. Todo en ella se sitúa dentro de un esquema genético de surgimiento y despliegue de la fe cristiana, en el trasfondo de una línea de despliegue y apertura que va desde Jesús hasta los testigos finales del Nuevo Testamento. Sin embargo, debemos indicar que la evolución que propone Bultmann no es lineal. En contra del proceso ascendente de una dialéctica hegeliana, a través de los momentos de tesis-antítesis-síntesis, Bultmann presupone que el NT es una especie de línea parabólica: va subiendo hasta alcanzar su altura plena en Pablo y Juan; luego desciende en los autores posteriores[16].

– *Plano filosófico*. Bultmann no ha sido un filósofo profesional, en sentido académico. Sin embargo, su interés por comprender el texto de la Biblia y la exigencia de interpretarla desde la búsqueda del hombre le convierten en un pensador original, empeñado en el estudio del sentido y posibilidades culturales y religiosas del hombre como existente. Como he venido señalando, en su visión se han distinguido al menos dos etapas.

En la primera etapa, en una línea neokantiana, Bultmann identificaba la religión con el camino del hombre que despliega su identidad en apertura al infinito. En ese plano se situaban sus trabajos propiamente filosóficos acerca de la naturaleza, la cultura y la religión, que hemos estudiado en el cap. 2 de este libro, en una línea de idealismo neokantiano[17].

---

[16] Este esquema histórico, que Bultmann mantiene en sus obras posteriores (cf. *Das Urchristentum*, München 1969, 163-165), ha sido aplicado temáticamente al estudio de los títulos cristológicos por F. Hahn, *Christologische Hoheitstitel*, Göttingen 1966 y por R.H. Fuller, *Fundamentos de la cristología neotestamentaria*, Madrid 1979.

[17] Así lo he destacado en *Naturaleza, cultura, religión. En torno al joven Bultmann*: Estudios 33 (1977) 35-61.

En la etapa posterior, superando este esquema moral (idealista), Bultmann ha descubierto, en diálogo con Heidegger, que el hombre es incapaz de salvarse a sí mismo: Descubre su pequeñez pero no puede superarla; vislumbra su pecado, pero no es capaz de transcenderlo, se sabe condenad a la muerte. Para ajustar esa perspectiva y situar al hombre ante la posible revelación de Dios, él ha utilizado la analítica existencial del primer Heidegger, en contra de Barth que le acusa de caer bajo una nueva «servidumbre filosófica»: Después de haber intuido la transcendencia radical de Jesucristo, Bultmann habría corrido el riesgo de negarla otra vez, introduciéndola en esquemas puramente antropológicos.

Bultmann responde a Barth afirmando que no quiere diluir la revelación sino comprenderla; no quiere negar la gratuidad de la justificación de Dios en Cristo sino actualizarla de un modo personal. Sólo entiende a Dios quien le acoge en su propia existencia. Según eso, el lugar donde la palabra de Dios (teología), revelada en Jesús (cristología), se vuelve real y comprensible para el hombre es su existencia transformada por el don de Dios (antropología creyente). Lógicamente, para hablar de Dios y de Jesús es necesario hablar de la existencia humana, esto es, de aquello que Dios hace en los hombres. Para aclarar ese nivel, Bultmann apela, como dijimos, a la analítica del primer Heidegger. No lo hace de manera servil, apenas le cita, pero asume su punto de partida y algunos rasgos de su enfoque antropológico[18].

Según eso, el hombre es para Bultmann un *ser abierto y frustrado*. Busca su plenitud y es incapaz de conseguirla por su fuerza, pues todos sus intentos acaban encerrándole en sí mismo. Así aparece como un ser *caído* (Heidegger: arrojado en tierra), incapaz de

---

[18] En ese plano antropológico se entiende, como he puesto ya de relieve, el Antiguo Testamento, que se expresa, de algún modo en la historia de Israel (en su Biblia) y que se actualiza en la búsqueda y respuesta de cada uno de los hombres. Por eso, el verdadero AT es la existencia del hombre, impotente en sí mismo y, sin embargo, abierto a la palabra de la gracia, angustiada ante la muerte y, sin embargo, capaz de recibir la llamada liberadora de la salvación Cf. K. Barth-R. Bultmann, *Briefwechsel 1922-1966*, Zürich 1971; K. Barth, *R. Bultmann. Ein Versuch ihm zu verstehen*, Zürich 1952.

liberarse por sí mismo: Cada vez que intenta descubrir y culminar el camino su realidad por medio de sus fuerzas se destruye; cada vez que quiere hacerse absoluto pierde su sentido.

Pues bien, ese hombre, abierto más allá de sí mismo, pero caído de hecho (dominado por la muerte), resulta sin embargo *capaz de tomar una decisión salvadora*: Puede recibir y acoger una Palabra de Dios que conceda sentido a su búsqueda humana y que le capacite para superar su caída. Eso significa que el mismo ser humano, que es incapaz de liberarse por sí mismo, puede ser gratuitamente liberado y alcanzar su plenitud por el Dios de Jesucristo, descubriendo y acogiendo la vida precisamente a través de la muerte..

En esa perspectiva existencial se entiende la *Teología del NT*. Ni la predicación de Jesús, ni el kerigma de la iglesia, ni los desarrollos de Pablo o Juan se ocupan del valor del mundo como tal, es decir, de las obras culturales (legales) del hombre o de su sentido en la historia. Lo que a ellos les importa es la realización existencial del creyente: La posibilidad de superar el estado de caída (angustia y pecado) para abrirse desde el mismo presente hacia el futuro de una vida en gracia y en confianza[19].

– *Plano teológico, fe*. Éste es para Bultmann el nivel definitivo de la obra, el lugar donde se expresa la Teología del Nuevo Testamento. Un pensador como Heidegger podía haber trazado algunos elementos de la vida del hombre (caído) a través de un análisis

---

[19] Para un juicio más extenso de los presupuestos de R. Bultmann, cf. J. Floskowski, *La teología de la fe en Bultmann*, Madrid 1973; P. Ricoeur, *Préface à Bultmann*, en *Le conflit des interprétations*, Seuil, Paris 1969, 373-392. Esta concentración existencial de Bultmann, determinada por su fondo filosófico, supone tres grandes consecuencias, de las he venido tratando y que reasumiré al final de este libro: *1. Des-mundanización:* No importa el cambio cósmico; externamente todo sigue idéntico; sólo en el "alma" del hombre se ha encendido la llamada de gracia que le libra del mundo y le permite ser él mismo, en apertura confiada a su futuro, que es Dios. *2. Des-historización:* el proceso cultural y político de los hombres no ofrece salidas salvadoras; siendo más o menos perfectas en su realización, todas las culturas siguen dejando al hombre bajo el pecado y la muerte. *3. No hay avance moral* (deslegalización): Todo lo que el hombre pueda hacer es incapaz de liberarle de sí mismo; Dios se revela por encima (más allá) de todas las obras personales y sociales (eclesiásticas) de los hombres.

filosófico. Pero sólo la fe (la teología) ofrece una respuesta radical al tema de la vida. Ciertamente, la teología no trata directamente del hombre caído, sino de su liberación y gracia en Cristo; sin embargo, la grandeza y gracia del hombre liberado sólo se desvela sobre el fondo de pecado, de caída y muerte del hombre de este mundo.

Entre pecado y gracia, ser caído y ser justificado, no hay relación de complementariedad sino de enfrentamiento dialéctico. Pecado y gracia no pueden entenderse como pisos "sucesivos" de un mismo edificio, sino como aspectos contrapuestos: sólo superando el plano de pecado del hombre sobre el mundo hay salvación de Dios en Cristo.

Lógicamente, en esa línea, Bultmann define el verdadero cristianismo como paradoja, superando así el riesgo de un tipo de *catolicismo* que insistiría en la analogía: Entre la realidad del mundo y el ser de Dios en Cristo existe una especie de paralelismo, una línea de apertura, de implicación o complementariedad; la gracia no destruye la naturaleza sino que la asume y perfecciona. Pues bien, en contra de eso, desde la *tradición luterana*, que recuperaría el mensaje original de Pablo, Bultmann acentúa la paradoja. Por un lado se halla Dios: inobjetivable, transcendente, inesperado; diferente de todo, siempre lejos. Por otro están los hombres, inmersos en el mundo, sometidos a su despliegue de muerte; buscando siempre un camino, pero sin poderlo recorrer nunca hasta el final. Pues bien, por una paradoja de gracia que no puede razonarse ni probarse, la transcendencia de Dios se ha hecho presencia y llamada de salvación —superación del mundo, transcendimiento de la ley y apertura hacia el futuro— en la Cruz del hombre Jesucristo.

En esa paradoja consiste para Bultmann la verdad y novedad del cristianismo, reformulada por Lutero, recuperada en su programa de desmitologización existencial. Las *religiones míticas* introducen a Dios en los acontecimientos o signos objetivos de este mundo, destruyendo así su trascendencia. El *humanismo religioso de los teólogos liberales neokantianos* le identifica con el infinito moral hacia el que tiende el hombre. Sólo el cristianismo auténtico, centrado en la *paradoja de la Cruz*, recuperada por Lutero, deja que Dios sea transcendente y el hombre puramente humano, confesando la unidad de ambos en Cristo.

Dios no se revela en el triunfo del hombre, sino en su fracaso, no se expresa en el trono real, sino en la cruz, mostrándose así, paradójicamente, como distinto de aquello que los hombres habían buscado y proyectado en la figura del Mesías. Al interpretar de esa manera el cristianismo como paradoja, Bultmann retoma la intuición fundamental de la Reforma Protestante: la justificación por la fe, más allá de todas las mediaciones eclesiales y de todos los esfuerzos racionales y morales.

Frente al optimismo neokantiano precedente, Bultmann ha retomado así una forma pesimista de entender al hombre, al mundo y a la historia. Todo lo que existe en esta tierra es signo de pecado: Las acciones del individuo y las estructuras de la sociedad (aunque sea eclesial), la transformación cósmica y el progreso cultural... El mundo es una cárcel y no existe más salida que la búsqueda interior. Pues bien, en el fondo de ese "pesimismo", superando la situación anterior de caída, se hace audible la llamada de Jesús, la salvación cristiana.

Éste es el sentido de la de *hermenéutica existencial:* Dios se revela en el hecho de la Cruz de Cristo, no en el cómo (el *Wie)* de su vida en el mundo (en la línea de un mesías histórico judío), sino en el acontecimiento paradójico de la Muerte (el *Dass),* entendida como fracaso de todos los intentos salvadores de la humanidad, y como revelación del Dios que es distinto, por encima de la historia de los hombres que le condenan como a un malhechor. Dios se revela así precisamente en el fracaso de la historia y de la cultura humana, a través de la muerte de Jesús.

La misma muerte de Jesús, el fracasado (que anuncia el Reino de Dios y muere en Cruz bajo el imperio de este mundo), se desvela así, en la fe de la comunidad, como presencia escatológica de Dios. El mismo Jesús a quien los hombres han podido ver como fracaso pleno de la historia (en muerte, y muerte en Cruz), viene a presentarse como principio de vida y esperanza de futuro[20].

---

[20] En sentido negativo, esta visión de Dios que se revela en la cruz de Cristo supone una *desmitologización radical.* Su figura externa estaba unida a muchos

Desde ese fondo ha surgido y se entiende la *Teología del Nuevo Testamento* como programa unitario y exegéticamente coherente de interpretación del evangelio cristiano, a la luz de la paradoja de Jesús y de la hermenéutica existencial, utilizando para ello (al mismo tiempo) las aportaciones básicas de la exégesis histórico-crítica.

3. Argumento y contenido: De mensaje de Jesús a la teología de Pablo y de Juan

Y con esto pasamos a la obra en sí que interpretamos como teología (no como introducción crítica, ni como guía de lectura existencial) del NT. A juicio de Bultmann, la teología propiamente dicha del NT sólo ha sido elaborada de forma consecuente por Pablo y Juan, que son los únicos que han presentado el kerigma cristiano de manera organizada, desde una perspectiva antropológica (existencial), y que por eso forman el centro temático (no histórico ni literario) del NT.

La predicación de Jesús y el mensaje de la comunidad (primitiva y helenista) ofrecía únicamente un presupuesto, no un desarrollo teológico del acontecimiento de la Cruz, de manera que en un contexto teológico sólo importan de manera introductoria. Por otra parte, los textos que no forman parte de ese centro esencial del NT (como son los sinópticos y Hechos, Ef, Col. Heb, Ap...), y aquellos libros que han sido elaborados en un momento posterior o no han sido integrados en el NT (Pastorales, Ignacio y Policarpo, Didajé, Hermas, Bernabé, 1 Clemente) constituyen una especie de consecuencia, el testimonio de un pensamiento eclesial «devaluado» donde, al lado de la novedad salvadora de Pablo y Juan, se han incluido elementos de una recaída legalista, eclesial, historicista del Evangelio.

---

signos de carácter biológico o cósmico (nacimiento virginal, resurrección física, destrucción del mundo, ángeles, demonios...). Pues bien, todos ellos han quedado superados por la Cruz. Todo lo demás desaparece, sólo la Cruz, es decir, el fracaso salvador de Dios, de manera que ella viene a presentarse como signo y principio de nueva realidad, Revelación del verdadero Dios. Entre Dios y el hombre sólo queda Jesucristo, humanamente fracasado (como mesías de Israel), pero divinamente justificado, como Salvador, por medio de la Cruz.

Bultmann traza así un juicio riguroso sobre el conjunto del NT, atreviéndose a ofrecer un discernimiento radical que le permite separar aquello que es el centro (Pablo y Juan) de sus antecedentes (historia y mensaje de Jesús, iglesia más antigua) y de sus consecuencias (textos secundarios y/o posteriores). De esa forma establece un canon dentro del canon, en la línea de un cristiano radical antiguo, de línea casi gnóstica, llamado Marción (en torno al 140-144 d. C.), pero con fundamentos nuevos, de tipo exegético y teológico, en clave protestante, incluyendo en ese centro canónico a Juan (pero no a Lucas).

Bultmann ha replanteado de esa forma el principio de la autoridad eclesial, que era la clave del canon del NT, y ha disminuido o negado el valor cristiano de la historia y mensaje de Jesús, prescindiendo casi de la aportación específica de la tradición sinóptica, que tendería a historizar el mensaje escatológico cristiano. De esa forma ha tomado a Pablo y Juan como expresión privilegiada del kerigma, canon dentro del canon, en un intento paralelo al de algunos gnósticos antiguos como Marción. Las reflexiones que siguen indican de un modo sumario el contenido y presupuestos de cada una de las partes de su obra.

1. Jesús y la comunidad primitiva[21]. Como he puesto ya de relieve (cf. cap. 2, apartado 4), ni Jesús ni sus primeros discípulos eran cristianos, en sentido estricto, y así carecían de una teología propia, pues no elaboraron un discurso elaborado y consecuente de la paradoja cristiana, interpretada en perspectiva antropológica (existencial). Todo lo que ellos vivieron y dijeron constituye, por tanto, un dato previo, un punto de partida que deberá ser desarrollado para poder integrarse en la teología del cristianismo propiamente dicho.

Por lo que toca a Jesús el tema parece claro, pues, según Bultmann, su figura y mensaje pertenece todavía al AT. Jesús era un judío al que podemos incluir en la línea de los grandes profetas de Israel, situado en un contexto apocalíptico, proclamando la llegada inminente del reino de Dios, entendido como juicio y salvación

---

[21] *Teología del NT,* Sígueme, Salamanca 1981, 37-236.

para los hombres. Dos son los aspectos que incluía su mensaje. (1) Dios viene pronto, y lo hará de una manera sorprendente, desbordando los planteamientos y esperanzas de la humanidad. (2) Hombres y mujeres deben convertirse (dejarse transformar por Dios), tomando una decisión antropológica radical, que les situará ante la llegada de Dios, en un gesto que no se puede tomar como una simple mejora moralista.

Bultmann resumía así el mensaje de Jesús, en la línea de su libro anterior (*Jesus*, 1926) [22], y lo hacía subrayando su trasfondo escatológico-existencial (cf. cap. 3, apartado 1, 3). A su juicio, Jesús apareció como portador y signo de la nueva y definitiva posibilidad existencial del creyente; pero él, en sí mismo, no era todavía un cristiano, pues se hallaba antes del gran cambio de los tiempos, en el interior del judaísmo. Subió a Jerusalén para anunciar ese cambio, pero fue crucificado, fracasando en su intento, pero de tal forma que Dios se reveló en su muerte. Sólo a partir de ese fracaso judío de Jesús, esto es, a partir de la nueva pascua cristiana se podrá hablar de cristianismo (es decir, de la revelación de Dios en la Cruz de Jesús).

En ese contexto se sitúa aquella frase posterior, pero coherente con todo su mensaje y con la *Teología del Nuevo Testamento*, en la que Bultmann dice (como destacaremos aún más adelante) que no conocemos la actitud definitiva de Jesús ante su muerte, de manera que a la postre él pudo haberse "derrumbado", perdiendo incluso su "fe", en un sentido humano. A su juicio, lo que importa es no es el posible gesto heroico de Jesús (no es necesario que haya muerto de un modo piadoso y elevado), sino su Palabra de anuncio escatológico, ratificada por Dios en su durísima muerte (en el fracaso de todo mesianismo)[23].

---

[22] Cf. *Jesús. La desmitologización del NT*, Sur, Buenos Aires 1968, 9152.

[23] Así dirá en *Das Verhältnis* 453, que Jesús pudo "derrumbarse" (zusammengebrechen) ante la muerte, que no fue redentora por su posible valor de heroicidad humana, pues en ese plano ella fue "fracaso mesiánico" (como parece suponer Rom 1, 3-4). Pues bien, en ese fracaso (Jesús murió como Mesías de David ajusticiado) vino a revelarse Dios como salvador más alto, pero en un plano distinto, oponiéndose a todos los proyectos salvadores de la historia de los hombres (incluso, y en especial, del mismo Jesús histórico).

En esa línea se puede afirmar que los acontecimientos de la vida pública de Jesús carecen en sí mismos de importancia salvadora, incluso su muerte (mirada desde una perspectiva humana), pues humanamente hablando él no cumplió lo propuesto. Sólo después de su muerte, sin haber triunfado de un modo mesiánico, Jesús puede aparecer ante sus discípulos como expresión de la presencia de Dios, de manera que su misma muerte (fracaso supremo) vino a revelarse como verdad y sentido de la Palabra de Dios.

Así podemos añadir que Jesús resucita (está presenta) como Palabra, es decir, en el Kerigma (¡él mismo se vuelve kerigma!), y su mensaje viene a vincularse de esa forma a su persona. De un modo consecuente, el mismo predicador se convierte en expresión y contenido del Mensaje predicado, apareciendo en la Cruz como Palabra de liberación y de justicia de Dios para los hombres, pasando así del anuncio de Jesús al kerigma de la comunidad primitiva.

La primera comunidad de los creyentes de Palestina no contaban todavía con una teología, es decir, una reflexión sistemática sobre Jesús como salvador, pero tenían ya una palabra de liberación y un grupo de seguidores que la visibilizaban y transmitían[24]. Como hemos venido indicando, en la línea de W. Bousset, Bultmann distingue así las dos comunidades:

– *La primera comunidad surge y se mantiene en Palestina, en torno a Pedro y a los Doce.* Ella interpreta la palabra y el mensaje de Jesús desde el trasfondo de la esperanza apocalíptica judía, y se considera a sí misma como la comunidad israelita de los últimos tiempos que, siendo fiel al último maestro que es Jesús, espera su llegada salvadora como Juez-Hijo del hombre, que liberará a los suyos de la muerte y condena de este mundo; esa comunidad cree en un tipo de resurrección de Jesús, pero aplicada sólo a su venida al fin de los tiempos, en línea apocalíptica.

– *Comunidad helenista.* Sólo cuando el mensaje de Jesús desborde los muros judíos podrá hablarse de un cristianismo universal,

---

[24] *Jesús* 136-152.

que venera a Jesús, resucitado ya y aclamado como Señor (Hijo de Dios), en forma helenista. Jesús no es ya un profeta del pasado que vendrá al final a realizar el juicio judío de Dios, sino que aparece como Señor presente en la vida sus fieles. El tiempo actual no se encuentra ya vacío, sino "penetrado" y transformado por Jesús, apareciendo así como tiempo escatológico (liberado ya por Dios), aunque externamente siga dominando el pecado[25].

2. Teología de Pablo y de Juan[26]. Los elementos fundamentales del cristianismo aparecen sólo en la comunidad de los cristianos helenistas, que interpreta a Jesús como Señor, presente en la vida de los creyentes. Ellos han creado la teología propiamente dicha, que no aporta datos sustanciales nuevos, pero que los replantea unitariamente, elaborando, desde una perspectiva antropológica, el sentido del mensaje cristiano. Pues en esa comunidad encontramos dos testigos singulares que han proclamado y expuesto el sentido de esa experiencia creyentes, apareciendo así como "formuladores" (y en algún sentido como verdaderos "fundadores" del cristianismo posterior): Pablo y Juan. En esa línea, estrictamente hablando, el NT no ofrece una, sino dos teologías, y ambas derivan de iglesias helenistas.

En el contexto de la comunidad primitiva de Palestina, determinada por la inminencia de la parusía (al interior del judaísmo), no hubo lugar para una reflexión teológica, pues allí sólo floreció la llamada a la conversión y la esperanza del Reino, con un Jesús que volverá al fin de los tiempos. Pero en el momento en que el mensaje de Jesús se formuló en claves helenistas, y la experiencia pascual de la Iglesia se entendió como presencia de Dios en su muerte (es

---

[25] Bultmann elabora la *Teología del NT* a partir de su propuesta de "desmitologización", como interpretación existencial del mensaje, no en clave ontológica (como hará la teología posterior de la Iglesia), sino de comprensión y transformación de la vida. De esa forma, el Logos de la Cruz Pascual ha de entenderse en línea de iluminación y renacimiento del hombre. Pablo y Juan no han elaborado una teología narrativa (contando aspectos de la vida de Jesús), ni una teología metafísica (precisando el sentido de su realidad como naturaleza divina o humana), sino que han expuesto el contenido y las implicaciones existenciales de su Cruz Pascual, entendida como revelación de Dios y salvación personal para los hombres. Cf. *Neues Testament und Mythologie*, en KM I, 15-53.

[26] *Teología del NT*, Sígueme, Salamanca 1981, 237-512.

decir, como resurrección), Jesús se eleva como portador de una vida escatológica, de forma que se vuelve ya posible (y necesaria) la teología propiamente dicha, centrada.

Este Jesús ya no aparece como simple hombre profeta judío (que volverá al final como mesías apocalíptico), ni como mito divino encarnado (como un Dios helenista sin más), sino como aquel en cuya Cruz se ha revelado el mismo ser divino. Situándose en esa línea, Bultmann ha retomado y transformado el tema del mito del Jesús helenista ya estudiado (cf. en cap. 2, apartado 4), que corría el riesgo de interpretarle como figura ontológica divina, dentro de una religión cultual, centrada en la veneración de un ser celeste, una especie de Dios Salvador bajado del cielo para caminar entre los hombres, para descubrir su presencia y presentarla como Mesías existencial.

El primer cristianismo helenista, no judío, había corrido el riesgo de cerrarse en unas formas míticas, centradas en la figura superior de un ser divino encarnado en Jesús. Pues bien, en contra de ese riesgo mítico, los grandes cristianos (como Pablo y Juan) entendieron y tradujeron ese mito en forma existencial. Sin duda, ellos hablaron de Jesús como Hijo de Dios, Hijo del Hombre, Señor o Ser divino, pero no se centraron en su figura, sino en su función, viéndole como palabra y presencia iluminadora de Dios que se revela a los hombres en la Cruz del mesianismo histórico. De esa manera, ellos fueron y siguen siendo los representantes originarios y canónicos de la formulación del cristianismo, que ha de entenderse en clave existencial, y no mítica ni ontológica (platónica).

Ciertamente, tanto el lenguaje de Pablo como el de Juan tiene elementos míticos y platónicos (ontológicos), pues era imposible que dijeran las cosas de otra forma, ya que todo el ambiente helenistas estaba permeado por esos elementos; pero esos elementos no se encuentran ya en el centro de su teología, sino que son sólo un revestimiento exterior de su mensaje. Según ellos, la clave del anuncio cristiano no fue ontológica, sino existencial, no se centró en el mito helenista (aunque lo utilizara), ni en un tipo de ontología (entonces dominante), sino en la revelación personal de Dios en Jesucristo crucificado.

De manera consecuente, Pablo y Juan no quisieron construir un sistema de ideas en torno a Jesús (ni una moral de salvación, centrada en un tipo de rito), sino que expusieron de un modo unitario la experiencia existencial cristiana, recreando así la experiencia de la Cruz de Jesús de una forma helenista, es decir, universal, pero liberando al helenismo de su riesgo mítico (ontológico) y traduciéndolo, desde la Cruz de Jesús, en forma existencial. De esa forma, Pablo y Juan, cada uno a su manera, resolvieron desde Jesús la paradoja y tragedia de la vida humana, tal como había sido expuesta por la analítica existencial de Heidegger[27].

a. Bultmann insistió especialmente en Pablo, cuyo estudio ocupa casi una tercera parte de la obra (págs. 239-416), y ofrece alguna de las páginas más hondas de la teología cristiana del siglo XX. Sin duda, Pablo puso a Jesús en la raíz del mensaje pascual (el mismo Jesús Crucificado es Cristo Resucitado, Señor e Hijo de Dios, presencia divina). Pero no le vio como a un personaje religioso dentro de la historia, ni tampoco como a un ser mítico divino, apareciendo entre los hombres. No le importó su vida (no habla de ella: no recoge su predicación, ni sus milagros…), sino el mensaje Pascual de la Iglesia, es decir, la confesión de la Cruz mesiánica, como expresión y lugar de la gracia salvadora de Dios para los hombres.

Lógicamente, Bultmann interpreta el mensaje de Pablo en una perspectiva antropológica, empezando por el estudio del *hombre en cuanto tal* (fuera de la fe). En línea de mundo el hombre es carne y es pecado, en términos que recuerdan los de Heidegger en *Ser y tiempo*. Pues bien, mirados en profundidad, a partir de la revelación de Jesús, esos mismos rasgos aparecen como posibilidad ontológica de salvación, de manera que han de verse como lugar desde el que Dios puede ejercer su presencia creadora.

---

[27] Como he mostrado en *El Pensamiento de O. Cullmann*, Clie, Terrasa 2014, Cullmann ha criticado este planteamiento de Bultmann, afirmando que la superación del mito no se logra a través de una interpretación existencial, sino por una buena hermenéutica histórica.

Pues bien, Pablo sostiene que Dios ha realizado y revelado de hecho su salvación en la Cruz pascual de Cristo. No se trata de una salvación que está detrás, en el pasado de una historia que después ha venido progresando. No es tampoco una salvación futura que se espera, sino que ella se identifica con la misma Cruz del Cristo, actualizada en la palabra de la predicación, que irrumpe sobre el hombre y le libera de la muerte, capacitándole para existir de una manera liberada (en gratuidad y esperanza)[28].

b. Junto a Pablo, Bultmann ha situado a Juan, que ha formulado también el mensaje de Jesús de una forma consecuente, en perspectiva antropológica. Ciertamente, prescindiendo de su carta principal (1 Jn), la escuela de Juan ha elaborado su postura en forma de evangelio o presentación sistemática de Jesús. Pero su evangelio (aún asumiendo algunos rasgos que están cerca de los sinópticos) no ha sido un intento de recuperación de la vida de Jesús, organizada como historia salvadora, sino que se ha centrado de un modo radical en la paradoja cristiana de la Cruz, mostrando que la misma muerte de Jesús es (en otro plano) su resurrección.

En ese sentido, Juan asume ciertos rasgos de la gnosis, pero, en contra del gnosticismo consecuente, que diluye la figura de Jesús en la eternidad de Dios (o en la necesidad de un pensamiento interior que libera al que lo piensa o se piensa por sí mismo), él le sigue presentado como hombre concreto de la historia. Por otra parte, en contra de todo historicismo, él no se ocupa del despliegue de su vida, sino de su función reveladora, tal como culmina en la Cruz Pascual, es decir, en la muerte que libera de la "muerte". Éste es el tema de todo el evangelio: A partir de varias fuentes anteriores, utilizando un claro fondo gnóstico, Juan ha presentado a Jesús como palabra radical de Dios que hace posible la existencia auténtica de los hombres.

---

[28] Por la hondura de sus presupuestos existenciales, por su sobriedad cristológica y su fuerza antropológica, Pablo es para Bultmann el gran teólogo del NT. Para situar el estudio de Bultmann sobre Pablo, cf. K.H. Rengstorf, *Das Paulusbild in der neueren Forschung (1904 1961)*, Wege der Forschung, 2, Darmstadt 1969. Sobre el trasfondo antropológico, en perspectiva distinta, cf. R. Jewett, *Paul's anthropological terms*, Brill, Leiden 1971.

Por eso, en la línea de lo destacado al ocuparse de Pablo, Bultmann interpreta el evangelio de Juan en sentido antropológico. Sobre el fondo de una vida dividida, de manera casi gnóstica, entre luz y tinieblas, verdad y mentira, la revelación de Dios en Cristo ha acontecido y acontece como juicio que libera al hombre de la esclavitud del mundo y le permite acoger y cultivar la libertad escatológica[29].

4. Hacia el nacimiento de la iglesia. Un juicio crítico

En la línea anterior, conforme a la visión de Bultmann, sólo existe teología cristiana propiamente dicha allí donde el kerigma de la iglesia helenista se formula radicalmente a partir de una visión antropológica de tipo existencial (fundada en el acontecimiento de la Cruz de Cristo), y, como acabo de indicar (a su juicio), sólo conocemos dos lugares donde el cristianismo antiguo ha logrado hacerlo, reflejándose plenamente y con pureza: Juan y Pablo. A su juicio, los demás libros no ofrecen una teología evangélica en sentido estricto, sino sólo reflexiones generalizantes sobre la salvación o intentos de institucionalización eclesial en los que se reintroducen motivos del AT y se adaptan estructuras sociológicas más o menos dependientes del entorno, para conservar elementos del kerigma de Jesús.

Más aún, conforme a Bultmann, otros escritos del NT (y la mayoría de los textos del cristianismo antiguo) han vuelto a reformular el kerigma pascual de un modo objetivista, con elementos que no son evangélicos. En este apartado incluye Bultmann sobre todo aquellos escritos que corren el riesgo de entender el cristianismo como historia, pues a su juicio la salvación es sólo existen-

[29] Para un encuadre bibliográfico del tema, cf. E. Malatesta, *St John's gospel, 1920-1965*, I. Biblico, Roma 1967; R. Rábanos y D. Muñoz León, *Bibliografía joánica. Evangelio, Cartas y Apocalipsis, 1960-1986*, CSIC, Madrid 1990. En una perspectiva distinta, cf. C. H. Dodd, *La Tradición histórica en el cuarto Evangelio*, Cristiandad, Madrid 1977; *Interpretación del cuarto evangelio*, Cristiandad, Madrid 1978. Entre los comentarios posteriores: R. E. Brown, *El evangelio según Juan* I-II. Cristiandad, Madrid 1979 (22002); R. Schnackenburg, *El evangelio según san Juan* I-III, Herder, Barcelona 1980.

cial (individual), sin una historia propiamente dicha, en contra de lo que dirá O. Cullmann, promotor de una hermenéutica histórica de Dios y de su revelación[30].

Algunos escritos que Bultmann estudia en la tercera parte de su libreo resultan históricamente anteriores a Juan (por ejemplo los sinópticos). Sin embargo, teológicamente hablando parecen posteriores (o son derivados): Pierden la limpidez originaria del kerigma y anticipan lo que será la teología de la iglesia católica donde el mensaje de Jesús se institucionaliza de forma cúltico-legalista dentro de la historia.

Ciertamente, la visión de Bultmann tiene rasgos ejemplares, y nos permite conocer mejor la experiencia existencial del evangelio, tal como se expresa en la Cruz Pascual de Pablo y Juan. Pero su postura ofrece también grandes riesgos, pues va en contra del canon de la Biblia y devalúa la aportación de la gran Iglesia:

– *Riesgo de disolución del canon.* Sabemos que la iglesia antigua, en un proceso que comienza en el siglo II y termina básicamente en el III, ha reconocido como expresión auténtica de su fe una serie de libros, pretendidamente apostólicos, que reciben, en conjunto, el nombre de NT. En ellos se refleja, en formas a veces no del todo coincidentes, la fe de Jesucristo. Sin rechazar de plano esa decisión eclesial, Bultmann la matiza de tal forma que rechaza de plano la visión de aquellos que vinculan el mensaje de Jesús con el descubrimiento de una historia de la salvación.

Como he dicho, estrictamente hablando, a su juicio, el verdadero NT se contiene en Juan y Pablo, interpretados de un modo existencial. Lo demás es preparación (no fijada en documentos propios, escritos *ad hoc*: predicación de Jesús, kerigma primitivo de la iglesia) o es una consecuencia en parte deformada del mensaje antiguo (y en

---

[30] He puesto de relieve estos motivos en mi libro sobre *El Pensamiento de O. Cullmann,* Clie, Terrasa 2014. Muestro allí que, a mi juicio, el aspecto existencial y el histórico (y social) no se oponen, sino que se implican y completan mutuamente. Desde esa perspectiva resulta necesario elaborar una nueva visión de la hermenéutica cristiana.

parte es recaída en un tipo de judaísmo o platonismo). Los demás escritos del NT (incluyendo Sinópticos, Hechos y cartas postpaulinas, con el Apocalipsis) resultan a su juicio secundarios. Lo mismo, y en mayor medida, se puede afirmar de otros textos del cristianismo antiguos (cartas de Ignacio, Policarpo, Bernabé y 1 Clemente; obras como Didajé, Hermas etc.).

– *Devaluación eclesial*. De una forma consecuente, en una línea que se ha vuelto clásica en el protestantismo liberal, Bultmann piensa que dentro del NT hay una serie de escritos que, al no conservar la fuerza primitiva de Juan y Pablo, han insistido en la necesidad de crear una fuerte estructura eclesial y dogmática, originando lo que suele llamarse catolicismo primitivo (*Frühkatholizismus*) o Gran Iglesia. Según Bultmann, esos escritos no pueden ser igualmente normativos para una teología del NT: No responden al principio básico de la justificación por la fe y por eso han de ponerse, teológica y eclesialmente, en un segundo plano. Así lo muestra Bultmann en la tercera parte de su obra. Según eso, la "parábola" del mensaje de Jesús, su novedad radical, ha empezado pronto a declinar. La iglesia no ha sido capaz de mantenerse a la altura de los grandes teólogos (Pablo, Juan), y así eclesializa, historifica, legaliza el mensaje de Jesús[31].

Bultmann piensa que la novedad del evangelio sólo ha sido conservada y transmitida de un modo radical por Pablo y Juan, que recogen la experiencia originaria de la Cruz Pascual de Jesús, en una línea que rompe (trasciende) las antiguas divisiones entre Iglesia palestina (de tipo moralista) e Iglesia helenista (de tipo mítico), aunque en ámbito helenista. En ese sentido, Pablo y Juan no son palestinos ni helenistas, sino testigos existenciales del mensaje originario de la Iglesia, que sólo puede entenderse en forma existencial; pero, en otro sentido, ambos son helenistas, que retraducen

---

[31] S. Schulz, *Die Mitte der Schrift im Neuen Testament als Herausforderung an den Protestantismus*, W. de Gruyter, Berlin 1976, volvió a presentar el tema con fuerza. A su juicio, 17 de los 27 escritos del NT son ya testimonio del «catolicismo primitivo». Desde una perspectiva distinta, he planteado el mismo problema en *Sistema, libertad, iglesia. Las instituciones del NT*, Trotta, Madrid 1999.

desde Jesús la experiencia judía de la que provienen en una línea de intenso gnosticismo (al menos inicial).

Pues bien, a diferencia de Pablo y de Juan, casi toda la obra final de la iglesia antigua, reflejada en los restantes escritos del NT y en otros documentos de aquel tiempo, ofrecería una especie de gran recaída: Una mezcla o sincretismo en el que ciertos elementos primitivos pierden su mordiente y novedad al unirse con ideas y estructuras que provienen por un lado de Israel y por otro del mundo pagano, pero sin haber sido recreadas y superadas desde la Cruz de Cristo. De esa forma surgió un *eclesialismo*. Ciertamente, en contra de R. Sohm[32], Bultmann sabe que la institución de la Iglesia resulta de algún modo necesaria; pero añade que, al pasar al primer plano (y al centrarse en su propia administración), ella se ha vuelto contraria al mensaje y libertad del cristianismo originario: El evangelio queda sometido a una jerarquía y fijado en unos sacramentos, como si fuera portadora de una salvación "objetivada" y no de una experiencia personal de liberación en medio de (por) la muerte.

Esos escritos (empezando por Lucas-Hechos) defienden una *historización* del evangelio, de manera que devalúan el mensaje escatológico de la justicia de Dios y ponen de relieve los hechos objetivos (ya pasados) de Jesús. De esa forma, desplazan la parusía del Señor para el futuro y sitúan el camino y la existencia de la iglesia en una línea de historia, entendida como tiempo y espacio salvador al que los hombres deben someterse. Todo eso conduce, finalmente, a un *neo-legalismo,* pues allí donde la iglesia ocupa el primer plano, y se expresa en unas estructuras de vida social, se vuelve necesario acentuar la exigencia de las obras humanas, en línea moral y cultual: La salvación de Dios viene ligada nuevamente a un tipo de actividad del hombre.

De un modo consecuente, Bultmann ha querido promover una "reforma de la Iglesia", en la línea de Lutero, pero no de forma

---

[32] Rodolf Sohm (1841-1917) fue un jurista e historiador, que polemizó con A. Harnack, negando la posibilidad de que la Iglesia pudiera (debiera) dotarse de estructuras jurídicas.

directamente "gnóstica", sino existencial (aunque son evidentes sus conexiones con la gnosis). A su juicio, el verdadero cristianismo no es historia de la salvación, ni ontología mística, ni es una sociedad sagrada de tipo sacramental (una Iglesia con sus jerarquías y dogmas objetivos), sino un mensaje de vida en (sobre) la muerte, centrado en la Cruz de Jesús y dirigido a la recreación de cada hombre.

No todos los lectores han estado, ni están, de acuerdo con su propuesta, ni en el protestantismo ni el catolicismo. Muchos piensan que Bultmann ha destruido la realidad (el valor) del cristianismo, al entenderlo como una simple experiencia de superación de la muerte, a través del signo de la muerte de Jesús (de la Cruz pascual). Pero no podemos negar que él ha ofrecido una visión consecuente de la teología cristiana.

5. Un camino abierto

Durante varios decenios, la obra de Bultmann ha ofrecido un punto de referencia casi obligado para investigadores, exegetas, y pensadores. Pero ahora, a comienzos del siglo XXI, sabemos que ha llegado el momento de elaborar una exégesis y teología distinta, en ámbito protestante y católico, como seguiremos indicando, no para olvidar, sino para profundizar sus presupuestos, desde una perspectiva más abierta a la historia y al compromiso social, en la línea del Jesús histórico que, siendo un judío palestino fue hombre universal, abierto a los temas y proyectos mesiánicos de la justicia y de la paz entre los hombres y los pueblos[33]. En esa línea se sitúan algunos de

---

[33] Entre los que se han opuesto a la propuesta de Bultmann, partiendo de una teología de la historia de la salvación, destaca O. Cullmann, como he mostrado en *El Pensamiento de O. Cullmann*, Clie, Terrasa 2013. En el capítulo anterior me he referido ya a la controversia suscitada en torno a la propuesta de desmitologización. Entre los que han replanteado (asumido, criticado y reformulado) la teología de Bultmann, desde diversas perspectivas, en la segunda mitad del siglo XX, cf. G. Greshake, *Historie wird Geschichte: Bedeutung und Sinn der Unterscheidung von Historie und Geschichte in der Theologie Rudolf Bultmanns*, Essen, 1963; H. Häring, *Kirche und Kerygma, Das Kirchenbild in der Bultmannschule*, Freiburg, 1972; B. Jaspert, *Rudolf Bultmanns Werk und Wirkung*, Wissenschaftliche Buch., Darmstadt 1984; *Sackgassen im Streit mit Rudolf Bultmann: herme-*

los cambios que se han dado y se están dando en la exégesis y en la teología cristiana, que nos llevan más allá de Bultmann, aunque sin negar al valor de su propuesta fundamental:

– *En el plano de la crítica histórico-literaria* se han producido una serie de acontecimientos cruciales que obligan a replantear el trasfondo en que se asienta el trabajo de Bultmann. El más importante ha sido *el redescubrimiento del Jesús histórico,* tanto en el aspecto literario como en el teológico. Sabemos de Jesús bastante más de lo que Bultmann creía saber o, mejor dicho, lo sabemos de otra forma, en otra perspectiva más judía (mejor contextualizada), de tal manera que podemos hoy hablar de una "teología de Jesús. El "rechazo" que Bultmann sentía por el Jesús histórico provenía de sus presupuestos hermenéuticos más que de su experiencia científica y de su visión del cristianismo

Frente a la acentuación casi exclusiva de la palabra del mensaje (teología kerigmática), estamos descubriendo y resaltando la importancia de la historia y gesto de Jesús, su actitud ante un tipo de Mesianismo y de Ley (siempre en el ámbito del judaísmo), poniendo de relieve su opción radical a favor de los pobres, dentro de la misma historia. En ese contexto debemos destacar su fidelidad ante la muerte, pues no le mataron sólo por razones (o equivocaciones) teológicas, sino, sobre todo, por razones históricas: Jesús ha podido y ha querido entender su destino desde la perspectiva de su mensaje mesiánico, en la línea del judaísmo de su tiempo, arriesgándose a ser ajusticiado, al ponerse al servicio de un Reino entendido como liberación especial de los marginados, y no como simple maduración existencial.

Todo ello nos sitúa en el centro de la teología del NT, de manera mucho más decidida y más extensa de lo que supone Bultmann, desbordando el plano puramente existencial de sus planteamientos. En esa línea, muchos teólogos, tanto protestantes como católicos, hemos asumido el "camino de Marcos", que consiste en

---

neutische *Probleme der Bultmannrezeption in Theologie und Kirche,* Sankt Ottilien 1985, Tübingen, 1991.

unir la Muerte de Jesús (tema paulino) con su Vida mesiánica, entendida ya en forma salvadora, es decir, como evangelio, recuperando así elementos de la promesa y del camino histórico de Israel que Bultmann había rechazado[34].

– Conocemos mejor el desarrollo de la Iglesia primitiva. De manera un poco simplista, siguiendo a W. Bousset, Bultmann suponía que hay una línea que lleva desde Jesús, y por la iglesia palestina, hasta las comunidades helenistas, culminando en Pablo y Juan, para recaer después en un tipo de catolicismo incipiente, de tipo eclesiástico y ontológico, interesado de nuevo por la historia de la salvación más que por la salvación existencial. Pues bien, hoy conocemos mejor ese proceso y sabemos ha sido mucho más complejo, y que han existido, desde el mismo principio de la iglesia, perspectivas y caminos diferentes, es decir, varias comunidades en diálogo desde sus diferencias, de manera que debemos completa el plano "diacrónico" que seguía Bultmann con un modelo sincrónico que nos permite comprender mejor los diversos aspectos del mensaje de Jesús y de las comunidades más antiguas.

Lo que unió a los diversos "cristianismos" no fue una determinada interpretación existencial sino la misma confesión pascual de Jesucristo y la experiencia de integrarse en una "historia" de la salvación, es decir, en un camino de revelación iniciado desde antiguo y culminado en Cristo. Por eso, el hecho de absolutizar una visión (además sesgada) de Juan y de Pablo, y decir que ellas son las únicas versiones coherentes del evangelio, va en contra de la misma identidad e historia de la iglesia y sólo se sostiene a partir de presupuestos teológicos (idealistas o existenciales), propios de un tipo de

---

[34] Así lo he planteado en "Introducción" a *La buena nueva de Jesús. Evangelio de Marcos,* Verbo Divino, Estella 2012. Planteó con fuerza el tema E. Käsemann, *El problema de Jesús histórico* (1953), en *Ensayos exegéticos,* Salamanca 1978, 160-189. Desde entonces se ha vuelto a introducir el tema del Jesús histórico en los círculos "oficiales" de la teología alemana, superando de algún modo la visión estaurocéntrica de Bultmann, para quien de la vida de Jesús sólo importaba la muerte (es decir, su fracaso como judío mesiánico).

"establishment" alemán de principios del siglo XX, aceptado en este plano (y en otros) por Bultmann[35].

– Hoy damos más valor a la vida de Jesús, y confiamos más en los sinópticos como teólogos e historiadores, por dos razones básicas. Por una parte, en contra de lo que pensaba Bultmann, la historia de Jesús ha sido esencial para los primeros cristianos, de manera que debemos fundarnos en su "plan", es decir, en su proyecto mesiánico que, en un sentido ha podido fracasar (le han matado), pero que otro sentido ha triunfado, pues ha sido asumido y continuado por sus discípulos. Sin apelar a esa historia de Jesús (con lo que implica de compromiso a favor de los expulsados y los rechazados sociales y religiosos) la Iglesia se habría convertido en una pequeña secta de tipo gnóstico, despareciendo pronto.

Por otra parte, los evangelios sinópticos han unido la experiencia paulina pascual (la teología mesiánica de la Cruz) con la historia de Jesús, a quien miran como salvador a lo largo de su misma vida, retomando de esa forma una raíz esencial del evangelio, desde la perspectiva de la historia y la promesa de Israel. La devaluación "casi gnóstica" del Antiguo Testamento va en contra de la experiencia original cristiana. En esa línea, entender a los sinópticos en apéndice teológico, dejando a un lado la historia de Jesús, resulta improcedente y partidista. La recuperación de la figura de Jesús, tal como ha sido recreada en sentido teológico (pero también histórico) por los evangelistas ha sido y es fundamental en el pensamiento teológico de la iglesia primitiva y de la actualidad[36].

---

[35] En este plano siguen siendo importantes los trabajos de M. Hengel (1926-2009), *Christologie und neutestamentliche Chronologie,* en *NT und Geschichte (FS O. Cullmann),* Mohr, Tübingen 1972, 43-67; *Judentum und Hellenismus: Studien zu ihrer Begegnung unter Berücksichtigung Palästinas bis zur Mitte des 2 Jh.s v.Chr.,* Mohr, Tübingen 1973; *Acts and the History of Earliest Christianity,* SCM, London 1979; *Jews, Greeks, and Barbarians: Aspects of the Hellenization of Judaism in the Pre-Christian Period,* Fortress, Philadelphia 1980; *Between Jesus and Paul: Studies in the Earliest History of Christianity,* SCM, London 1983; *The 'Hellenization' of Judea in the First Century after Christ,* SCM, London 1989.

[36] Así lo empezaron a mostrar, tras la "moda" de la "historia de las formas", los teólogos centrados en la "historia de la redacción" de los evangelios, cf. J. Rohde, *Die redaktionsgeschichtliche Methode,* Hamburg 1966. S. Schulz, *Die Stunde*

– Variedad y riqueza de las comunidades. La división de las comunidades que propone Bultmann (una comunidad judeo-cristiana y otra helenista) con el intento de insistir en la perspectiva existencial del evangelio, destacando ciertos rasgos de Juan y Pablo, tiene un valor, pero no puede absolutizarse. Actualmente sabemos que hubo otros grupos y comunidades en el cristianismo naciente; sabemos, además, que el impulso primitivo de las iglesias se encuentra centrado en la experiencia de Jesús, un judío radical que, desde el fondo del judaísmo, pudo abrir la esperanza profética de un modo un modo profundamente humano.

Desde ese fondo, apoyándonos sobre todo en el Jesús de la historia y en la experiencia pascual de los cristianos más antiguos, podemos superar el predominio de un pensamiento existencial (separado de la historia y de la comunidad). Está surgiendo una visión mucho más honda y precisa de la vida de esas comunidades, superando de manera radical la división antigua, demasiado simplista, entre cristianismo judeo-palestino y comunidad helenista. En ese nuevo contexto ha de entenderse el surgimiento y sentido de la teología cristiana[37].

Quizá el mayor problema de la visión de Bultmann está en que él sólo valoraba la historicidad, aquella decisión escatológica en la que Dios, a través de su palabra, nos libera del proceso del mundo y nos sitúa en apertura de esperanza. Pues bien, en contra de

---

der Botschaft. Einfuhrung in die Theologie der vier Evangelisten, Furche, Hamburg 1970. Los nuevos estudios sobre el entorno y la "vida" de Jesús recuperan (en contra de Bultmann) su aspecto más judío. Entre ellos, cf. B. Chilton (ed.), *The Missing Jesus. Rabbinic Judaism and the New Testament*, Brill, Boston-Leiden 2002; D. J. Crossan, *Jesús. Vida de un campesino judío*, Crítica, Barcelona 1994; S. Freyne, *Jesús, un galileo judío. Una lectura nueva de la historia de Jesús*, Verbo Divino, Estella 2007; J. P. Meier, *Un judío marginal. Nueva visión del Jesús histórico* I-IV, Verbo Divino, Estella 1998-2009; E. P. Sanders, *Jesús y el judaísmo*, Trotta, Madrid 2004; N. T. Wright, *The NT and the Victory of the People of God I*, SPCK, London 1992; *Jesus and the victory of God* II, SPCK, London 1996.

[37] Como simple ejemplo quiero citar el libro de H. Räisänen, *El Nacimiento de las creencias cristianas,* Sígueme, Salamanca 2011. Para una visión del judaísmo en el entorno de Jesús y de las primeras comunidades cristianas, cf. E. P. Sanders, *Judaism. Practice & Belief 63BCE – 66 CE*, SCM, London 1992.

eso, el pensamiento actual ha destacado la necesidad de recuperar la dimensión histórica y comunitaria (diacrónica y sincrónica) de la vida humana, en un proceso en el que, destacando el valor de la transcendencia (Dios), y de la inmanencia (cada creyente) insistimos también en la salvación como historia y como encuentro (es decir, como convivencia mesiánica).

En esa línea, la muerte de Jesús en la Cruz no es sólo el final de una historia de fracasos (propios de Israel, según Bultmann), sino el cumplimento de un camino de profecía y esperanza israelita, que se abre de una forma universal al conjunto de la humanidad. Jesús no ha muerto como judío fracasado ante Dios (arrastrando en su fracaso la ruina de todo el AT), sino como un judío fiel, que cumple la voluntad de Dios y se abre a su promesa, a través de la misma muerte.

De aquí deriva la exigencia de revalorizar el mesianismo judío, es decir, el sentido y camino de su historia. Como vengo diciendo, quizá el mayor riesgo de Bultmann ha sido su forma de separar a la Iglesia de sus raíces israelitas, condenando al judaísmo como ley e interpretando al cristianismo como pura gracia. Ese "antijudaísmo" teológico le impide entender la encarnación de Dios, es decir, la novedad cristiana, que sigue fundada en el camino israelita[38].

En ese contexto se vuelve necesaria una visión más honda del mensaje de Jesús, del origen de la Iglesia y del sentido de la teología (teologías) del Nuevo Testamento, superando una visión unilateral del evangelio, centrada de manera exclusivista en una justificación por la fe en la Cruz, separada de las mediaciones históricas, las instancias eclesiales y las exigencias prácticas. La forma en que Bultmann recrea el canon y reinterpreta al AT va en contra de la tradición de Jesús y del principio de la Iglesia, haciendo muy difícil el despliegue de una teología auténticamente cristiana.

---

[38] Cf. W. Stegemann, *Das Verhältnis Rudolf Bultmanns zum Judentum. Ein Beitrag zur Pathologie des strukturellen theologischen Antijudaismus*: Kirche und Israel 5 (1990) 26-44; A. Gerdmar, *Roots of Theological Anti-Semitism. German Biblical Interpretation and the Jews, from Herder and Semler to Kittel and Bultmann*, Brill, Leiden 2010, 373-411.

2. Temas fuertes. Cristo y la resurrección

Muchos temas ha tratado Bultmann a lo largo de su intensa producción exegética y teológica, tanto en línea de investigación crítica como de propuesta hermenéutica. Pues bien, entre ellos, en este momento, tras haber ofrecido una visión de conjunto de su obra cumbre (*Teología del NT*), casi a modo de anti-clímax, me atrevo a destacar dos principales, para comprender mejor la aportación y los límites de su pensamiento. Ambos tratan de Jesús y de la novedad cristiana (de la identidad y sentido de la revelación). El primero se ocupa de su divinidad; el segundo de su resurrección.

1. La muerte de Jesús, una equivocación múltiple

Bultmann afirmaba que es muy poco lo que puede afirmarse con certeza del Jesús de la historia, a excepción de que murió (fue crucificado), y que sus seguidores vieron esa muerte como revelación de Dios. En esa línea, él no puede afirmar que Jesús tuviera una naturaleza divina (en clave ontológica), sino sólo que Dios quiso hablar y proclamar su juicio a través de su muerte.

Sabemos que anunció un mensaje escatológico y se comportó como un profeta; sin embargo, es casi cierto que no quiso atribuirse funciones de Mesías. A pesar de ello suscitó un entusiasmo mesiánico, paralelo al de otros profetas de aquel tiempo. Un día entró en Jerusalén con sus discípulos, anunciando la llegada "religiosa" del Reino de Dios, sin oponerse en modo alguno a los poderes políticos de Roma. Pero Poncio Pilato no supo entender su pretensión y le condenó a morir en cruz, pensando que era un rebelde político, a causa de una mala interpretación o, quizá mejor, de una equivocación fatal[1].

---

[1] Bultmann piensa que la muerte de Jesús fue el efecto de un doble malentendido (*Missverständnis*). (a) Se equivocó Jesús, pensando que los romanos no in-

En esa línea, humanamente hablando, según Bultmann, la Cruz fue un gran malentendido, tanto de Jesús (que pensó que el Reino de Dios llegaría en este mundo) como de los romanos (que pensaron que el proyecto de Jesús iba en contra de su imperio), de manera que no podemos descubrir en esa muerte por sí misma ningún tipo de mensaje salvador. Para Bultmann, eso es lógico, pues la historia como tal, en su sentido externo, carece de sentido. Humanamente la muerte de Jesús no tuvo lógica: No fue efecto de ninguna especie de "imperativo mesiánico", como el que quiso formular más tarde Marcos, diciendo que él "debía morir" (en griego: *dei*) a favor de los hombres (Mc 8, 31; 9, 31; 10, 32); tampoco fue resultado de algún tipo de "lógica imperial" de Roma, empeñada en matar a los insurgentes.

Jesús actuó como mensajero del Reino de Dios (que no es Reino de este mundo)… y así pudo pensar que no moriría; pero se equivocó al confiar en Dios y en su destino (en un nivel histórico), y los romanos le mataron (equivocándose también), pues Jesús no era peligroso para ellos, en un sentido político y militar. Pues bien, por encima de esa doble equivocación surgió el cristianismo histórico, cuando los discípulos de Jesús dijeron (proclamaron) haberle visto vivo tras la muerte, descubriendo así la lógica más alta de Dios, que Pablo formuló en 1 Cor 18-25 como "logos de la Cruz". Pero eso no pudo verlo el Jesús histórico, ni pudieron observarlo aquellos que intervinieron en su muerte, pues pertenece al mensaje escatológico (y existencial) de Dios, a la experiencia de la salvación por la Cruz, que constituye el sentido y mensaje de la Pascua cristiana (es decir, de la Cruz pascual).

Pues bien, ese gran malentendido (se equivocaron también los discípulos, con el mismo Jesús) permitió que se expresara la "verdad

---

tervendrían, y que Dios respondería instaurando el Reino. (b) Se equivocaron los romanos, pensando que Jesús era un rebelde político (*Das Verhältnis* 453). Humanamente hablando todos se equivocaron, y el mismo Jesús pudo incluso derrumbarse ante la muerte (como he dicho), al ver que sus esperanzas judías (proféticas o mesiánicas) no se cumplían. Pues bien, en contra de eso, la exégesis actual sabe que Jesús no se equivocó, ni se equivocaron los romanos al condenarle, como he puesto de relieve en *La Historia de Jesús*, Verbo Divino, Estella 2013.

de Dios", el sentido y la verdad del mensaje de Dios, es decir, de la Cruz Salvadora de Cristo, que nos permite descubrir y acoger la presencia de Dios en la muerte. Este mensaje existencial, proclamado por la comunidad helenista (y formulado teológicamente por Pablo y por Juan), declara que Dios se ha hecho presente (se ha revelado) precisamente a través de la muerte (fracaso) de Jesús, que se equivocó al presentar el Reino en formas mesiánicas israelitas, vinculadas con el inminente fin del mundo.

En ese sentido se equivocaron también los sacerdotes judíos, condenándole a muerte, mostrando así el fracaso (ignorancia y violencia) de toda historia humana. También se equivocó Jesús. Pues bien, en el fondo de su equivocación pudo mostrarse y se mostró la verdad salvadora de Dios, que se hace presente en la muerte. En un plano externo, tanto Jesús como los sacerdotes judíos, con los soldados romanos actuaban en un nivel de "carne", no supieron ni pudieron descubrir la "lógica" más honda de la intervención judicial y salvadora de Dios; pero Dios se expresó más allá de esa historia, como presencia de vida en la muerte.

Esta visión de la muerte de Jesús como efecto de una triple equivocación (romanos, judíos, discípulos....), en la que se incluye el mismo Jesús histórico, responde a la experiencia de un tipo de gnosis que aparece ya en 1 Cor 2, 6-9 donde se dice (en forma mítica) que los poderes del mundo crucificaron a Jesús sin saberlo, sin advertir el sentido de su gesto de condena. Esos poderes no supieron lo que hacían al matar a Jesús (cf. Lc 23, 34), ni Jesús sabía humanamente lo que estaba sucediendo (¡Dios mío, Dios mío ¿por qué me has abandonado?; Mc 15, 34), pero el Dios que escribe recto con renglones torcidos sabía lo que estaba sucediendo, y así pudo revelar su designo salvador (su verdad más honda) en la Cruz de Jesús.

Aquí es donde se manifiesta quizá con más fuerza el carácter "gnóstico" del pensamiento de Bultmann, que parece incapaz de penetrar en la trama de la historia y en las tareas y retos de la comunicación humana (mirada ya desde este mundo), para descubrir en ella la acción y presencia de Dios. Aquí se expresa su más hondo anti- o, quizá mejor, extra-judaísmo, su visión helenista (y puramente dialéctica) de la trascendencia de Dios, que no se introduce de verdad, ni penetra de forma salvadora (ni a modo de juicio radical) en la historia humana, sino que se limita a rozarla, apareciendo allí donde esa historia acaba (en la muerte de Jesús). Ciertamente, Bultmann reconoce la existencia y la acción de Dios, pero no su presencia en la vida histórica de los hombres[2].

Según Bultmann, la historia humana (incluso la de Jesús), a pesar de sus valores culturales, en el fondo de sí misma, ha sido un conjunto de equivocaciones que culminaron humanamente en la Cruz (de manera que en ella se expresó el pecado original, que es pecado universal del mundo, de todos los vivientes). Pues bien, sobre esas equivocaciones, que se sitúan en un nivel de "carne", es decir, de historia mundana, ha venido a revelarse el Dios de la Muerte Pascual, retomando y cumpliendo (pero en otro sentido) el mensaje profundo de Jesús, lo que él en realidad quería decir (aunque quizá no supiera expresarlo): Que Dios viene y que se manifiesta como poder de vida en la misma muerte.

Este Dios de Bultmann (que es en el fondo el mismo Dios de la Teología Dialéctica de K. Barth, del que he tratado en el capítulo anterior) no penetra en la realidad del mundo, no se encarna de verdad, sino que se limita a "tocar" la historia en la muerte de Jesús, pero sin introducirse de verdad en ella, pues en un sentido mundano, la historia y la comunidad de los hombres sigue siendo pecado. No hay salvación en la historia, sino allí donde los hombres se liberan de la historia[3].

---

[2] He analizado la presencia salvadora y el "pecado" histórico vinculado a la muerte de Jesús en *Antropología Bíblica*, Sígueme, Salamanca 2005, poniendo de relieve la equivocación y pecado universal, pero en un sentido distinto al que propugna Bultmann.

[3] En esa perspectiva podríamos seguir afirmando que cuando Jesús hablaba del Reino que se acerca no se estaba refiriendo de hecho a ningún futuro apocalíptico del mundo, con caída de los astros, incendio del cosmos y resurrección física de los muertos, sino que anunciaba la llegada del Reino en forma de transformación humana, vinculada con su propia opción a favor de ese Reino. En esa línea avanzaron los cristianos helenistas, al interpretar la muerte de Jesús como presencia salvadora de Dios, teniendo que recrear el sentido anterior del mesianismo.

2. Cristología: equivocación humana y revelación de Dios

En esa línea, Bultmann añade que los cristianos helenistas descubrieron aquello que ni el mismo Jesús histórico había podido advertir, algo que va más allá del judaísmo mesiánico (con su esperanza del Reino de Dios en este mundo): Vieron que el Reino de Dios se expresa y manifiesta en la misma muerte de Jesús, que ahora aparece como Palabra de Salvación (concretada en el mensaje de Pascua).

Éste es el sentido, ésta es la novedad radical de la Cristología helenista, reformulada a partir de Pablo y de Juan, cuando afirma que la gran "equivocación" de la muerte de Jesús hizo posible la revelación definitiva de la justicia gratuita de Dios, que se revela como salvador en la muerte de Jesús:

> La Cristología no expone teóricamente él sentido de la piedad práctica; no especula ni enseña sobre el ser divino de Cristo; es, más bien, invitación, es un mensaje... Nos muestra que por Cristo hemos logrado la justicia, nos dice que El ha muerto y resucita por nosotros[4].

En sentido estricto, según Bultmann, no se puede afirmar que la muerte de Jesús tuviera un sentido en este mundo (históricamente), pues no lo tuvo (de manera que no se puede hablar de salvación en la historia). Tampoco se puede buscar una "esencia" de Cristo (una cristología ontológica). Pero los cristianos pueden y deben hablar de la acción (actividad y presencia) de Dios, que se revela precisamente en la muerte en Cruz, que en plano de historia humana carecía de sentido.

Allí donde han fracasado todas las esperanzas humanas, allí donde los poderes del mundo crucifican a Jesús como a un pretendiente mesiánico incapaz de triunfar en la historia (muriendo sin dignidad), Dios ha querido hablar, revelándose a los hombres como poder de salvación, en un plano distinto, no de transformación, sino

---

[4] *Die Christologie* 260 (cita a Rom 3, 24 ss.; 4, 25; 10, 9; 2 Cor 5, 18 ss.).

de superación de la historia. Sólo en ese contexto se puede plantear, a juicio de Bultmann, el tema de la relación de Jesús con Dios, y así lo hizo, comentando la profesión de fe del Consejo Mundial de las Iglesias (Amsterdam 1950), compuesto por «comunidades que reconocen a Jesucristo como Dios y salvador»[5].

En ese contexto puede plantearse y se plantea la cuestión dogmática: ¿Qué sentido tiene la palabra Dios aplicada a Jesucristo? ¿Se trata de una expresión ontológica que alude a su naturaleza divina? ¿Expresa sólo la importancia de su muerte en nuestra vida? ¿Puede ser a la vez ambas cosas?

Bultmann responde que la primitiva comunidad de Palestina confesaba a Jesús como Mesías, hijo de David, Siervo de Dios, presentándole de esa manera como portador o mensajero de la palabra escatológica. Ese mismo sentido tenía la expresión Hijo del Hombre, que servía para indicar que el poder divino se vuelve muy concreto y activo entre los hombres, por medio de Jesús, el Cristo (sin que se pudiera decir que ese Jesús era Dios). Pero, en otra línea, las primeras iglesias helenistas acentuaban la presencia de Dios en Jesús, y le presentaban como Señor, es decir, como signo y presencia de Dios, que se manifiesta y actúa en el culto, pudiendo llamarle así "divino", pero sin concederle una naturaleza de Dios, en el sentido posterior que le darán a ese término los concilios de Nicea y Calcedonia (325 y 451 d. C.).

De un modo lógico desde su contexto, los primeros creyentes han dado un relieve especial al título de Hijo de Dios, que se utilizó primero en Palestina en línea mesiánica, para decir que Dios actúa por medio de Jesús. Pues bien, en un momento posterior, las iglesias helenistas dieron a ese título un carácter fuerte, presentando así a Jesús como un "ser divino", vinculado a Dios Padre, adorado en el culto.

Ese mismo cambio de sentido se puede rastrear en otras expresiones semejantes (sobre todo en el título de Kyrios, Señor).

---

[5] *Das christologische* 246. El Consejo consta de Iglesias que... «Jesús Christus als Gott und Heiland anerkennen».

Pues bien, en conjunto, a través de esos y otros predicados que se aplicaban a Jesús, el Nuevo Testamento no quiso afirmar que él es Dios en sí mismo (otro Dios, además del Padre), sino mostrar la importancia que para nosotros tuvo y tiene la Cruz, como experiencia de salvación en la muerte. Sólo en ese sentido, como expresión de la presencia de Dios en nuestra vida, puede hablarse del carácter divino de Jesús, en un plano de acción y presencia, no de esencia ontológica:

> Todos los títulos presentan a Jesús como el acontecimiento escatológico: Él es mesías, el hijo del hombre, el portador del tiempo de salvación que ha destruido el mundo viejo de tal forma que aquellos que se llamen suyos son nueva creatura...[6].

Jesús ha sido un hombre concreto, pero a través de su muerte en la Cruz Dios ha proclamado su Palabra Eterna de juicio y salvación. (a) Por un lado, ante la Cruz de Jesús quiebran y acaban todos los proyectos de la historia de los hombres. (b) Por otro lado, en ese fracaso y muerte, el mismo Dios proclama su Palabra divina de salvación para los pecadores.

En esa línea, Bultmann cree mantenerse fiel a los concilios fundantes de la Iglesia (Nicea, 325, y Calcedonia, 451), que presentan a Jesús como Dios y hombre, aunque añade que es necesario que cambie la manera de entender las declaraciones conciliares: Al referirse a Jesús no debe utilizarse un lenguaje objetivista, ni tiene sentido hablar de sus naturalezas o esencias, sino sólo de la existencia humana y de la revelación definitiva de Dios.

3. Qué significa decir que Jesús es Dios.

No podemos afirmar que Jesús es Dios como ser eterno, esencia suprema (en línea ontológica), ni responder que es Dios por su historia humana, como mesías israelita, como un ser que ha subido del plano terrestre el celeste. Tampoco podemos confesar

---

[6] *Ibid* 257. Cf. págs. 247-262.

que tiene dos "naturalezas" (esencias), divina y humana, en sentido objetivo. Pero podemos y debemos afirmar que es Dios porque en su muerte se revela y acontece la salvación de Dios. Así, en una línea de revelación o acontecimiento, los cristianos confiesan a Jesús como divino:

> La fórmula "Cristo es Dios" es falsa si se toma como una realidad que pueda objetivarse, sea al modo arriano o niceno, ortodoxo o liberal. Esta fórmula es, sin embargo, verdadera si "Dios" se entiende como el acontecer del actuar divino[7].

Sólo podemos conocer a Dios por la forma en que influye en nosotros, y de un modo concreto por la forma en que lo ha hecho en la Cruz. En ese sentido, la humanidad de Jesucristo es el medio por el que Dios actúa, pero no a través de sus "buenas" obras (en la línea de un mesías heroico, activo), sino precisamente a través de su muerte humana, como profeta judío fracasado. En esa línea, los cristianos afirman que Dios se ha revelado plenamente en Jesús crucificado, que no es una expresión de la hondura del espíritu humano, como pensaban los viejos y los nuevos liberales (ni un ser mítico divino, en línea helenista u ontológica), sino que es el mismo "Dios para nosotros", la revelación de la auténtica existencia de los hombres.

Los cristianos no pueden hablar pues de la esencia divina de Jesús (ni de su esencia humana), ni pueden destacar sus virtudes (aunque las tuviera), sino que deben "proclamar" el acontecimiento de la Cruz, en el que viene a mostrarse como presencia de Dios en su misma muerte (humanamente equivocada) porque Dios lo ha querido así, superando los ideales de moralidad neokantiana o las propuestas históricas de un tipo o de otro (con una salvación que se expresa en la historia).

Dios no se revela y actúa en la historia, sino en la muerte de Jesús, y así lo proclaman (¡no lo demuestran!) los cristianos, al anunciar la Cruz como el acontecimiento que hace posible

---

7 *Ibid* 258

que los hombres se conozcan a sí mismos como muerte y fracaso, recibiendo la salvación divina, que les trasciende y recrea. Éste es el sentido de la Cruz pascua, aquí se revela para siempre el Dios de Jesucristo[8].

No podemos hablar de Dios en sí, no podemos elaborar ningún tipo de ontología teológica, en la línea de los pensadores medievales o de los racionalistas ilustrados, antes de Kant. Sólo podemos hablar de Dios en la medida en que él se revela y nosotros le conocemos por la Cruz como salvador en la muerte.

Lo mismo sucede con Jesús: No podemos hablar de sus naturalezas, en el sentido de los concilios antiguos, sino de su "función" en la Cruz, que es "divina", siendo salvadora, es decir "humana" (la expresión suprema y la suprema superación del hombre como "ser para la muerte"). De esa forma, Jesús viene a presentarse como lugar de la acción y presencia definitiva de Dios por su muerte, como frontera entre los dos eones que marcan la realidad humana: El mismo ser humano que es ser para la muerte (análisis existencial de Heidegger) viene descubrirse por la Cruz de Cristo como ser para la vida (por la decisión existencial cristiana).

Pero, en contra de Bultmann, aun valorando los rasgos positivos de su propuesta, debemos afirmar que ella nos parece insuficiente. ¿No correrá Bultmann el riesgo de acabar diluyendo la importancia y realidad de Jesús al entenderlo como simple intermediario entre el Dios hacia el que tendemos y nuestra existencia actual, caída en el mundo, sin "identidad" propia, ni realidad positiva, siendo importante sólo por muerte?

Ciertamente, Pablo habló de la presencia de Dios en la muerte de Jesús, pero, poco después, Marcos tuvo que preguntarse "quién" era ese Jesús en cuya muerte se revelaba Dios, y por qué fue condenado (elaborando así la historia mesiánica de Jesús en su evangelio), pasando así de la pura "función" a la identidad personal de Jesús. Si Dios "estaba" en la muerte de Jesús (cf.

____

[8] *Ibid* 259-260

2 Cor 5, 19) habrá que preguntar quién era ese Jesús en el que Dios se revelaba.

La misma confesión de fe pascual (¡Dios la ha resucitado!) nos obliga a plantear las razones de su historia (¿qué hizo Jesús para ser condenado?) y el tema aún más hondo de su identidad humana (¿cómo se entendió a sí mismo?). Apelar a la "equivocación" de Jesús que no supo presentar su mensaje y a la equivocación de los romanos, que no supieron ver quién era al condenarle, conduce a la pura gnosis, nos aleja de la humanidad de Jesús y soslaya el tema radical, que es la pregunta por la identidad de Jesús y de su historia[9].

------

[9] El intento de Bultmann es muy importante, y en cierta manera es paralelo a lo que querían muchos Padres de la Iglesia: Traducir de manera comprensible (en forma actual) la del Nuevo Testamento, tal como ha sido expresada por Pablo y por Juan (pero no sólo por ellos). Resulta lógico que no le agrade la terminología de los Concilios de Nicea y Calcedonia, con conceptos de tipo filosófico (esencia y naturaleza). A su juicio, esos conceptos se situaban en un plano "ontológico" (no óntico, para hablar en lenguaje de Heidegger), de manera que ellos corrían el riesgo de convertir a Dios y a Jesús en una cosa, como algo que está fuera de nosotros. Pero su respuesta parece también insuficiente, pues no penetra en el sentido de la historia mesiánica de Jesús.

Bultmann ha querido mantenerse fiel a su experiencia "dialéctica" (trascendencia de Dios), tal como puede formularse en una línea existencial: No quiere objetivar a Jesús ni convertir a Dios en un tipo de "concepto", en un ente entre los entes. Por eso me parece importante mantener su inspiración, superando el "molde ontológico" (filosófico) de la teología helenista que subyace en la formulación de los primeros concilios de la Iglesia y en el pensamiento escolástico posterior. Hay que volver al Dios de los profetas, es decir, al Dios de la experiencia pascual de Jesús, de la que seguiremos tratando.

Por eso, en contra de Bultmann, debemos afirmar que el Dios de los profetas y el de la experiencia pascual es inseparable de la historia. Para entender la revelación de Dios en la Cruz debemos saber lo que Jesús quería, sus razones, su proyecto, su condena a muerte. Eso implica volver a introducirle en la historia real de Israel (que él asume como propia), pues de lo contrario lo convertimos en mito (contra lo que protesta Bultmann) o en una gnosis (en lo que puede terminar el mismo Bultmann).

Al convertir a Jesús en pura palabra en la muerte (independiente de su historia), Bultmann corre el riesgo de destruir la identidad de Jesús, tal como ha sido acogida y confesada por la Iglesia. Tanto Pablo como Juan (los "héroes" de la cristología de Bultmann) han querido tratar y han tratado de un hombre real, Jesús de Nazaret. Si ese Jesús histórico desaparece, si no queda más que la "palabra de Dios en su muerte", se diluye y niega la misma novedad cristiana, se hace inútil la fe, como supone Pablo en 1 Cor 15.

4. Resurrección de Jesús. Escatología e Iglesia.

Los temas anteriores nos llevan a la pregunta cristológica esencial, la misma que hemos planteado al tratar de la desmitologización: ¿Ha resucitado realmente Jesús? Aquí se centra el tema de la escatología, que no ha de entenderse como un milagro externo, como vuelta de un hombre a la vida anterior, sino como revelación del Ser definitivo del hombre (por Dios) en la muerte. En este contexto había situado Bultmann el tema y tragedia de la vida, esto es, del hombre, entendido como ser-para-la-muerte (conforme al análisis de Heidegger). Pues bien, precisamente la muerte de Jesús, entendida como fracaso radical de la existencia (destrucción de todo mesianismo histórico) ha venido a revelarse como signo y presencia creadora de Dios.

1. Planeamiento básico. La Resurrección no es un suceso mítico, después de la muerte de Jesús, no es la vuelta de un cadáver a la vida anterior, no es un hecho que pueda demostrarse con milagros externos (tumba vacía, apariciones físicas), en un nivel histórico (mundano), como algunos han querido, y, por eso, ella no puede demostrarse. Pero es un "acontecimiento real" y anuncia y actualiza (proclama, en un plano de fe) el valor salvador de la muerte de Cristo, ratificando así el sentido de su anuncio de Reino y de su trayectoria anterior, como ha proclamado el Evangelio de Marcos (y los cuatro evangelios, tomados por la Iglesia como principio y norma del Nuevo Testamento).

Si todo hubiera concluido en el sepulcro, la vida y muerte de Jesús hubiera sido una aventura trágica. Ciertamente, un tipo de "vida" de Jesús (con un mesianismo mundano) ha concluido en el sepulcro, en la línea del análisis existencial de Heidegger. Pero, más allá de ese análisis, los cristianos han descubierto y confesado la presencia y acción de Dios en la cruz de Jesús y en el mismo Jesús crucificado, con su proyecto mesiánico[10].

La Resurrección de Jesús no es un "hecho aislado y puntual", que pasó y quedó en el pasado, sino la revelación suprema de la

---

[10] Cf. *Neues Testament und M.* 44-5. Cf. H. Ott, *Geschichte* 50 ss.

fuerza y presencia de Dios, que se expresa y actualiza en el mundo, precisamente en el lugar y tiempo de máxima tragedia (muerte y muerte en cruz, fracasada), introduciendo a los hombres en la nueva y más alta experiencia escatológica. Por eso, ella se expresa en forma de "logos" o palabra Pascual, vinculada esencialmente con la Cruz (1 Cor 1, 18-21).

Ese "logos de la cruz" hace que los hombres a) acepten el valor salvador de la Cruz de Jesús, y se liberen por ella de la angustia de la muerte; b) hace que asuman en su vida las nuevas dimensiones de la Vida de Jesús resucitado. Por encima de la historia del mundo y sus razones, emerge así la experiencia de la fe que se abre (nos abre) a la experiencia pascual de Jesús resucitado.

Según eso, la Pascua no es la negación de la historia antigua (ni expresión de una pura historicidad existencial), sino el descubrimiento y despliegue de la misma Cruz como salvación que asume y recrea la historia anterior. El creyente se descubre así, en la misma muerte, como "ser para la vida". La Cruz marca al fracaso de los ideales racionalistas de los neokantianos del final del siglo XIX, con el fracaso aún más hondo de los proyectos históricos posteriores, a lo largo de la primera mitad del siglo XX. Pues bien, de esa manera, sobre ese fracaso del hombre (como ser para la muerte), ella muestra la presencia y salvación de Dios en la misma muerte de Jesús en la que se integra su historia mesiánica anterior y su esperanza escatológica (la venida de su Reino).

2. Valor y riesgo de la propuesta de Bultmann. Las reflexiones anteriores han interpretado la visión de Bultmann de una forma "abierta", capaz de integrar en la Cruz de Jesús la historia anterior y posterior de los creyentes; en esa línea la vida del que acepta el mensaje de la Cruz no acaba, porque la misma Cruz es Pascua (paso y presencia de Dios). A través de una existencia frágil, que en lo externo sigue siendo limitada y angustiosa, sometida a la muerte, se nos muestra y revela la Salvación de Dios, la Vida Nueva de la resurrección.

En esa línea quiero seguir entendiendo su proyecto, quese apoya en dos pilares: (a) Lo sucedido en la resurrección de Cristo no es un hecho objetivo del mundo; ciertamente, es algo real (Jesús ha sido acogido en Dios), pero su realidad no se sitúa en un plano de tiempo y espacio, no se puede medir y comprobar con métodos de ciencia, pues es presencia de lo eterno. (b) Por otro lado, la Resurrección no se cierra y cumple sólo en Cristo, sino que ella es presencia de Dios (es Dios mismo) que actúa en la vida de aquellos que aceptan a Jesús, superando la historia de muerte, de manera que se salva" (es decir, "son" en otro nivel de realidad).

Esta visión existencial de la resurrección va en contra de una interpretación objetivista de las narraciones pascuales del Nuevo Testamento: El hecho externo de la Resurrección, las apariciones casi físicas de Jesús que come y bebe, y que puede ser tocado por sus discípulos, la esperanza de la vuelta visible al final de los tiempos... Todo eso (con el lenguaje fundamental de las visiones del resucitado en Mt 28; Lc 24 y Jn 20-21) es sólo una forma de expresar la realidad del hecho salvador de la Cruz de Cristo que debe ser actualizada de un modo existencial, no objetivo.

Pues bien, en esa línea, Bultmann añade que los teólogos centrales del Nuevo Testamento (Pablo y Juan) prescinden del lenguaje mítico y presentan al Cristo resucitado de manera existencial. Por eso, la experiencia de la pascua cristiana ha de entenderse a partir ellos. En esa línea, los que viven en Cristo (creyentes) están abiertos al futuro de Dios, que no es un "después" temporal, sino que es presencia radical del Eterno en esta misma vida, y de un modo especial en la muerte, y de un modo aún más especial en una muerte en Cruz como la de Jesús, condenado como víctima de la cultura dominante de su tiempo.

Eso significa que la presencia o parusía del Señor se ha realizado, mejor dicho, se realiza sin cesar, como muestra el acontecimiento de la Cruz, de manera que ella nos transfiere del plano del pecado y de la muerte a la Verdad de la Vida. En ese sentido, los creyentes están ya salvados, pues viven inmersos en la gran paradoja del Cristo que es hombre del mundo y realidad escatológica; por un lado están todavía en el mundo, inmersos en la carne, mientras su vida va pasando; pero al mismo tiempo viven ya en el nivel de la Vida que nunca acaba, conforme al signo de la Cruz[11].

Este moverse en dos planos (entre dos tiempos) constituye la fuerza y flaqueza de los creyentes, que están en el mundo, pero no son del mundo (pues asumen la Cruz de Jesús). Ésta es la paradoja, la dialéctica de la fe cristiana, que desborda las formas concretas de toda existencia mundana, que acaba siempre en la tragedia de la muerte, como sabía M. Heidegger, como he puesto de relieve en el capítulo anterior. Pero Dios ha resuelto y superado esa tragedia, de manera que por ella podemos vincularnos con Cristo (es decir, con el mismo Dios), superando a través de la Cruz la misma muerte. Eso significa que estamos divididos[12]: Formamos parte del pasado (vida del mundo), pero habitamos en el futuro del Señor que viene, viviendo, según eso, *entre* dos tiempos:

> En las formas de la escatológica mítica se ha transmitido (se ha expresado) una determinada comprensión de la existencia humana. Así sucede al presentar de modo paradójico el *entre*, es decir, el tiempo que no es ni pasado ni futuro y tiene, al mismo tiempo, las dos caras[13].

Pasado y futuro son, por tanto, facetas paradójicamente implicadas de la vida del creyente, que debe superar constantemente la dimensión de lo que pasa y abrirse hacia el futuro de Dios que no termina (que no es sólo un "después" sino un "ya", en esta misma vida). Esto, y no el estudio del carácter lineal o circular del tiempo (tema que ha preocupado sobre todo a O. Cullmann), constituye el núcleo del mensaje de la Iglesia, según Bultmann. El hombre filosófico de Heidegger, la vieja creatura, que es sólo un ser del tiempo

---

[11] *Neues Testament und M.* 46-47. La Resurrección de Cristo, actualizada en la fe de los cristianos, es el sentido y verdad de la escatología cristiana. Cf. KM I, 27-31,131; *Jesus C. und die M.* 33-36; *Theologie des N. T.* 383 ss.

[12] Éste es el tema central de *Geschichte und E.* Bultmann estudia la historia como campo de acciones y experiencias humanas (164) situando en ese plano el tema de la historicidad del hombres(167 ss.) y de su personalidad como sujeto de la historia (173 ss.). Pero la salvación se sitúa en un plano escatológico (178-184).

[13] Cf. GV III, 39.

y no tiene fe, carece, según eso, de esperanza. Tiene "esperas" intrahistóricas, vive tendido hacia futuros cercanos, y actúa como si fuera libre; pero no tiene libertad verdadera, pues todo lo que hace acaba en la muerte. Éste es su carácter radical humano, la fuente de su angustia. Sabe que esta vida no es cobijo, pero descubre que por la muerte de Jesús se revela la Vida verdadera.

En el plano del análisis existencial (pura filosofía), y en una dimensión de historia "temporal" (sea en clave idealista, nazi, comunista o capitalista), no existe esperanza, de forma que no se puede hablar de salvación escatológica, es decir, de un tiempo futuro de salvación. Por eso, hay que acoger de un modo existencial la Palabra de Cristo, es decir, la nueva Realidad que se expresa y actúa por su muerte (es decir, por la Cruz), que así aparece como principio del tiempo salvador, Presencia de Dios.

Cuando Pablo afirma que la fe, la esperanza y el amor permanecerán cuando llegue lo perfecto (1 Cor 13,13)... está indicando que "el tiempo de la salvación no se puede presentar como algo ya logrado y detenido. Por la fe y por la esperanza estamos ya salvados, pero seguimos caminando hacia la comunidad escatológica[14].

La resurrección de Jesús (expresada en la vida de la Iglesia) se expande en el único mandamiento del amor que está vinculado a la experiencia pascual de Jesús, y que no es una virtud natural, ni un afecto o cualidad humana, sino una forma de ser en común que se funda en la vida del Cristo, es decir, del Mesías crucificado. En esa línea, el amor no es algo objetivo, definible por leyes generales, sino un acontecimiento vital que sólo se entiende al realizarlo:

---

[14] Cf. *Urchristentum* 174. El Dios que está presenta es aquel que siempre viene, pues nos libera del pasado y nos abre hacia su mismo Futuro. «Der Gott der Gegenwart ist immer der kommende Gott; und gerade nur indem er das ist, ist er der Gott der Gegenwart, dessen Gnade den Menschen von der Gebundenheit an seine Vergangenheit befreit und für die Zukunft –für Gottes Zukunft– öffnet» (GV III, 90; cf. IV, 48-51). He desarrollado el tema en *La Esperanza en Bultmann y Moltmann*, en *La esperanza en la Biblia*, XXX Semana Bíblica, Madrid 1972, 215-245.

> La fe se muestra (se realiza) en forma de comunidad de llamados, comunidad de la «Ekklesia» en la que están unidos aquellos que han oído fielmente la palabra y la transmiten confesándola... Fundada en la fe se edifica no sólo la unión eclesial de los llamados, sino también la comunión de un amor que desborda los límites eclesiales y se extiende, propagándose, hacia todos los humanos[15]

La comunidad de fe que se expresa como amor es la cumbre y perfección de toda posible sociedad humana, siendo el resultado de una decisión existencial que se funda en el Dios de la Pascua y se expresa cada uno de los creyentes. Por eso, en este campo, no pueden trazarse principios generales, ni estructuras eclesiales objetivas, pues sólo la fe hecha amor es centro y sentido de la existencia cristiana.

Éste es un amor individual, que puede vincular y vincula, de un modo gratuito, a los hombres y mujeres que se saben liberados ya a través de la muerte de Cristo en la Cruz. Por eso, la salvación no puede entenderse en clave moralista, como quería el idealismo neokantiano, ni en línea político-social, como han pretendido otros muchos, sino como plenitud existencial de los individuos creyentes, que se vinculan entre sí por un amor gratuito[16]:

> La salvación se dirige al individuo, que es en Cristo creatura nueva... Cuando Pablo afirma que al andar en la fe seguirá un caminar en la visión (2 Cor 5,7) y que después de haber visto (aquí) enigmáticamente y como en un espejo veremos cara a cara (1 Cor 13,12), aun entonces la esperanza se dirige al individuo. El único texto que desborda esta esperanza individual es Rom 8, 18-25: «Pues la misma creatura será liberada...». Pero hay que observar que aquí se habla de un modo antropomórfico; nada se dice de la salvación del pueblo o de los pueblos[17].

---

[15] Cf. GV I, 235 ss; II, 272; *Die Geschichtlichkeit* 85-94.

[16] Este amor de Jesús no se basa en lazos de carne sangre, sino que se recibe de Dios y se despliega como fuente de de existencia: GV I, 241 s.; II, 201.

[17] GV II, 201-202; III, 101-102.

Bultmann desarrolla así sus principios existenciales, aplicando el mensaje de Jesús a los individuos (creyentes). En esa línea debemos añadir que él ha cerrado la salvación de Cristo en unos moldes existenciales, de tipo individual, sin historia ni comunión verdadera. La experiencia de la Cruz pascual no "recupera" el camino anterior de la historia de Israel (de la esperanza mesiánica en la historia), sino que lo niega, para hablar sólo de la salvación de los individuos que superan y niegan la historia.

Por eso, a su juicio, la sociedad y la historia no pueden ser nunca realidad de salvación, pues pertenecen, como formas del mundo, al viejo pecado del que el hombre intenta liberarse. La venida de Cristo fundamenta e inaugura la nueva realidad existencial cristiana, dirigida a cada creyente, por encima del mundo, más allá de la sociedad e historia de la tierra, centrada siempre en la Cruz de Cristo. Aquí viene a expresarse la grandeza del proyecto cristiano de Bultmann, dirigido a cada creyente, llamado por Dios en Cristo a la salvación que le libera de la muerte. Pero aquí se expresa también su mayor limitación, pues parece que el Dios de Jesús no es el Dios de la creación, ni de la historia de los hombres, sino aquel que niega el valor de la creación y de la historia.

En esa línea quieren situarse las reflexiones siguientes de este libro, que intentan recuperar de algún modo el proyecto de Bultmann (del Jesús de Bultmann), pero recuperando los valores de la historia y de la comunidad cristiana, en línea de creación (y de valoración del Antiguo Testamento israelita).

3. Limitaciones, un camino truncado

He presentado, a grandes rasgos, la postura filosófico-teológica de Bultmann, destacando sus valores. Él ha sido durante decenios, sobre todo a mediados del siglo XX, un modelo y referencia para numerosos pensadores cristianos, especialmente en el mundo protestante. Pues bien, en ese contexto debo señalar también algunas de sus limitaciones para insistir después en las nuevas propuestas que han surgido, en el último tercio del siglo XX y a comienzos del XXI, a partir de su pensamiento, para superarlo y/o desarrollarlo.

Esas limitaciones han venido apareciendo a lo largo de este libro, desde el capítulo primero (trasfondo filosófico de Kant, propuestas teológicas de F. Schleiermacher y W. Herrmann). Ahora puedo retomarlas, destacando las más significativas: acosmismo, negación de la historia (en especial la de Jesús) e individualismo. En esta línea quiero retomar el motivo anterior de la resurrección, que Bultmann identifica con Dios (¡cosa muy buena!) pero separándola quizá excesivamente de la "historia humana" de Jesús.

Por mucho que digamos que Dios es resurrección, si no resucita "el hombre Jesús" (y con Jesús la historia humana), su mensaje y promesa corre el riesgo de diluirse y perderse. Podrá haber resurrección, pero no habrá un Jesús hombres que resucita (el Jesús total), ni habrá verdadra Iglesia, como experiencia social de resurrección, ni salvación del mundo (retomando la creación, Gen 1), ni plenitud de los hombres reales, históricos (es decir, de carne y hueso, de los que mueren). Al rechazar el AT, es decir, la realidad histórica y social de Israel (el hombre concreto), Bultmann ha corrido el peligro de convertir el evangelio en pura gnosis, otro tipo de mito.

1. Acosmismo, Bultmann no admite salvación del mundo

Bultmann se ha centrado de un modo quizá unilateral en el despliegue o desarrollo de hombre como existencia, dejando a un lado sus valores culturales y su relación positiva con el mundo. En esa perspectiva, manteniendo una visión que ha tomado del neokantismo (de Kant y Schleiermacher), Bultmann desconoce el posible sentido cristiano del cosmos (tal como ha sido planteado de un modo simbólico y real por Gen 1), olvida el valor religioso del cuerpo y de la vida social. Éstas pueden ser las raíces de su actitud antimundana:

– *Kant* había vinculado la religión con la moral, desligándola de todos los contactos con el mundo (con la cosmología y la ontología). Así eliminaba las antiguas pruebas de la teodicea, diciendo que Dios se manifiesta solamente como garante del valor moral del individuo, de manera que para encontrarle hay que abandonar todas restantes realidades, centrándose sólo en la exigencia del imperativo ético.

– *Schleiermacher* podía dar la impresión de recuperar el carácter sagrado del cosmos, al presentar la religión como experiencia de vinculación radical con el universo. Sin embargo, lo que al fin le interesaba no era el mundo como tal, sino sólo el propio sentimiento cósmico, de tipo individual, independiente del mundo objetivo.

– *Herrmann* tenía el mérito de superar el gran sistema ontológico de Hegel y de aquellos que intentaban convertir el Reino de Dios en una simple expresión de la mente y de su idea. De esa forma presentaba el mensaje religioso como don de Dios, es decir, como gracia. Sin embargo, él también ha marginado la dimensión cósmica de Cristo y ha centrado el evangelio en la vida individual, subjetiva, de los hombres[18].

---

[18] Cf. H. Timm, *Theorie* 14, 17 ss; H. Ott, *Geschichte* 50 ss.

Bultmann se sitúa en esa línea, como heredero directo de W. Herrmann. En su período "dialéctico" (1924-1927), había descubierto que no basta el encuentro personal con lo divino (entendido de forma subjetiva) sino que la religión ha de fundarse en la realidad de Dios. Sin embargo, partiendo de ese fondo, él no apela al valor religioso del mundo, sino que se contenta con decir que Cristo es el lugar donde los hombres descubren la presencia escatológica (supra-mundana) del Dios que les salva.

De esa forma, Bultmann también es acosmista, y su negación del mundo tiene un origen filosófico y teológico. Esa negación (relacionada con su "rechazo" de fondo del AT (empezando, en cierto modo, por la creación) limita a mi juicio el valor de su aportación, pues separa al Dios redentor del creador.

– *En el campo filosófico*, Bultmann sigue situándose en la línea del neokantismo, y así supone que nunca se pueden conocer las cosas como tales: La ciencia y la cultura intentan construir su propio mundo, y lo hacen de acuerdo con su ideal de verdad, bondad y belleza. Si Dios se situara en ese plano de conocimiento del mundo, él no sería más que pura idea, un concepto de tipo general, pura hipótesis subjetiva. En esa línea, al asumir el análisis existencial de Heidegger, él sigue rechazando el valor del mundo (del hombre como ser-en-el-mundo), para centrarse sólo en la temática de la propia existencia humana, condenada a muerte y abierta al Ser (en perspectiva cristiana a lo divino, por una resurrección extra-mundana).

– *Plano teológico*. La teología dialéctica separaba y contraponía de manera radical a Dios y el mundo. En esa línea, aquello que mirado desde un plano objetivo aparecía como vida "perdida" entre las cosas (el hombre como ser-en-el-mundo, alienado en lo objetivo) viene a presentarse en el plano religioso como pecado. Ése no era un pecado histórico de Adán o de los primeros pobladores de la tierra, sino un pecado óntico, pues la misma vida del hombre en el mundo es ya una caída. De esa manera, la salvación debía interpretarse como des-mundanización: El hombre supera por la muerte su ser-en-el-mundo para entrar en lo divino.

En un sentido radical, Bultmann suponer que Dios no está en el mundo. No lo está porque el mundo filosóficamente es creación humana y teológicamente es pecado. Por eso, salvarse significa superar o trascender el mundo. Bultmann no defiende un tipo de mortificación, al estilo monacal antiguo, pues la mortificación es sólo una manera de abandonar un tipo de mundo para asumir y desplegar otro, quizá más austero y difícil. Lo que él defiende es algo mucho más profundo, es vivir en el mundo como si no fuéramos parte del mundo (que, en sentido estricto, no lo somos)[19] .

Repetidas veces he trazado el paralelo entre Bultmann y el antiguo gnosticismo, pues tanto Bultmann como los gnósticos acentúan la caída radical del hombre, la muerte en la materia, la angustia de lo humano, e interpretan la salvación como una exigencia de salir de lo mundano, liberarnos del paso del tiempo. Por eso, los gnósticos no pueden entender el cristianismo en un plano de mundo, sino como salida espiritual del mundo.

De todas formas, Bultmann no ha querido ser ni ha sido gnóstico total, en sentido antiguo, pues acepta el valor cultural de la historia y ratifica el hecho histórico de la Cruz de Cristo, presentando al hombre de manera existencial. Por otra parte, él no postula un tipo de salvación espiritual, sino existencial, en el sentido radical de ese término. De todas formas, él aunque reconoce que la gnosis ha ofrecido a la naciente Iglesia un apoyo muy notable, al poner de relieve algunos rasgos de la experiencia radical de Pablo y de Juan y al trazar las primeras teologías consecuentes de la Iglesia primitiva[20].

Bultmann ha superado su idealismo de fondo neokantiano, a través de una visión existencial del hombre (en la línea de M. Hei-

---

[19] W. Knevels, *Die Wirklichkeit* 80 ss.

[20] La gnosis entiende la salvación en forma de conocimiento; Bultmann como decisión existencial: GV II, 129 ss. Cf. K. Barth, *R. Bultmann* 41 ss. O. Cullmann, *La historia* 23 ss. W. Rordorf, *Die Theologie R. Bultmanns und die Gnosis des 2 Jahrhunderts* en *Oikonomia*, FS O. Cullmann, Reich Hamburg 1967, 191 ss. Para una visión del valor existencial de la gnosis, cf. H. Jonas, *La religión gnóstica: el mensaje del Dios extraño y los comienzos del cristianismo*, Madrid 2003 y *La gnosis y el espíritu de la antigüedad tardía de la mitología a la filosofía mística*, Valencia 1999.

degger). Pero no ha logrado concebir el mundo como realidad positiva, creatura de Dios, en línea de salvación, tal como lo propone de un modo inicial y básico el AT, en la página primera de la Biblia (Gen 1). No ha logrado exponer una verdadera "geografía" de la salvación, entendida como cuerpo mesiánico de Cristo, en forma de comunión real (sacramental) entre los seguidores de Jesús.

De esa manera ha seguido ocultando el más hondo mensaje de la Biblia, que interpreta el mundo como bueno, creación divina que se abre en forma de comunicación humana, espacio de vida positiva para el hombre, antes de toda posible caída (que parece supuesta en Gen 2). Pues bien, por negar eso (o por velarlo), Bultmann tiende a interpretar la creación como caída y el ser-en-el-mundo como pecado, negando una verdadera comunión salvadora entre los hombres.

Se le puede comprender, pues ha vivido en tiempos duros, entre el idealismo de su etapa juvenil (postkantiana) y la locura de las dos guerras mundiales. Es normal que no haya valorado la creación de Dios, en línea personal e histórica; por eso ha separado la cultura (trabajo del hombre sobre el mundo) y la gracia salvadora de Dios, que se realiza sólo en la Cruz de Cristo, entendida como negación del mundo. Pero su solución final me parece poco afortunada, pues ha dejado de moverse en el mundo real, tal como lo ha visto Israel (el judaísmo) para caer en manos de un tipo de mundo helenista que en el fondo es ilusorio.

2. Deshistorización, una teología sin tiempo

Éste es un tema vinculado al anterior, como la otra cara del mismo movimiento de concentración existencial. Bultmann ha logrado destacar el valor del individuo (plano existencial), pero ha perdido (o no ha destacado) el sentido de la sociedad y la historia, vinculada con el mundo y, sobre todo, con el despliegue de la comunicación interhumana. M. Heidegger quiso estudiar la relación (oposición) entre *Ser* y *Tiempo*, centrándose en la experiencia del hombre como muerte.

En ese contexto se inscribe toda la obra teológica de Bultmann, que ha terminado rechazando el tiempo real (histórico) para centrarse en la historicidad humana, limitada y, al mismo tiempo, superada por la muerte de Cristo (entendida como único lugar real de la revelación de Dios). Esta visión se sitúa también en la línea de sus antecesores:

– *Kant* reconoce el valor tradicional de las distintas religiones históricas; sin embargo, ellas ofrecen sólo una simple aproximación al ideal de la razón universal, la única que puede desvelar la implicación de los postulados transcendentes de la ética. La religión verdadera nace totalmente nueva en cada hombre; por eso carece de auténtica historia. Es como si cada uno debiera repetir un idéntico camino, su propio proceso de maduración moral, en un mundo entendido en el fondo como eterno retorno de lo mismo (a pesar del avance de la cultura).

– *Schleiermacher* acepta la aportación de distintas tradiciones religiosas; sin embargo, le importa solamente el individuo, con su propio sentimiento. A su juicio, superar el kantismo significa lograr que la religión se desligue de los sistemas sociales y de las leyes morales. Por eso, en sentido estricto, la experiencia religiosa se sigue concentrando para él en cada intimidad (individualidad) humana, sin verdadera comunicación social, sin avance histórico.

– *Herrmann* tiene una actitud semejante. Es cierto que supera el absolutismo racional de Hegel y la religión moralista de los neokantianos. Sin embargo, al centrarse en la experiencia individual, él no ha sabido (o no ha podido) entender el mensaje de Jesús como un proyecto y camino de realización histórica y social del ser humano. En el fondo de esa actitud sigue estando la negación del Antiguo Testamento, es decir, de la profecía israelita, tal como ha sido asumida y cumplida por Cristo. En esa línea podríamos decir que el conjunto de la teología alemana de la segunda mitad del siglo XIX y del comienzo del XX ha estado vacío de Israel; es como si los pensadores cristianos hubieran querido desligar a Jesús de sus raíces judías, haciéndole un hombre universal, pero sin realidad histórica concreta.

Bultmann se sitúa en esa línea, aceptando el planteamiento de Herrmann: La religión es un encuentro individual del hombre con su hondura divina, es la pura experiencia de un Dios que no puede objetivarse y que sólo se expresa (revela de verdad) en la muerte mesiánica (o, quizá mejor, antimesiánica) de Jesús. Por eso, no hay historia de la salvación (ni la salvación es historia), de manera que cada creyente ha de volver siempre al punto de partida, tal como aparecería en la experiencia pascual de la comunidad helenista, tal como ha sido formulada más tarde por Pablo y por Juan (en contra del judaísmo esencial del Jesús de la historia)[21].

Ciertamente, el Bultmann maduro resaltará el acontecimiento de la Cruz de Cristo, pero nunca ha podido (ha querido) verla como un momento de la historia mesiánica de Israel, sino todo lo contrario, como negación (o superación) de esa historia. En algún sentido, Bultmann tendrá que decir (y dirá) que Jesús fue un judío, pero añadirá que la iglesia pascual tuvo que liberarse del judaísmo (y de su historia mesiánica) para ofrecer así un mensaje universal y suprahistórico de salvación; más aún, él seguirá diciendo que del Jesús judío no sabemos nada, y si supiéramos algo deberíamos olvidarlo y superarlo, como parece indicar un texto básico de Pablo (cf. 2 Cor 5, 16).

En esta línea, Bultmann afirma que el Jesús histórico situaba su mesianismo en un nivel de "carne", no de espíritu, y que por eso fracasó y terminó en la Cruz (Rom 1, 3-4). Pues bien, de ese Jesús de la historia sólo necesitamos una cosa: "Saber que ha muerto". Sólo sobre la muerte (fracaso) del Jesús histórico, sólo sobre la superación del judaísmo histórico, con sus promesas de salvación mesiánica, se puede proclamar la salvación escatológica de Dios.

---

[21] He desarrollado este tema en *El Pensamiento de O. Cullmann,* Clie, Terrasa 2014, que interpreta la salvación como historia (*Heil als Geshichte,* según el título de su último libro sistemático, del año 1965). Pienso que Bultmann no ha respondido de forma adecuada a las críticas de Cullmann, ni lo han hecho sus discípulos que no han reconocido la "talla" teológica de su adversario. Pero, el despliegue posterior del pensamiento cristiano, representado de algún modo por la "teología de la liberación" ha hecho justicia a Cullmann, y a los que han querido seguir entendiendo la revelación y la presencia de Dios en el mundo como historia.

De esa forma, el campo de la "historia real" (tanto la judía, como la cristiana, propia de la Iglesia) queda para Bultmann fuera de la salvación de Dios[22].

Eso significa que no existe historia de la salvación, ni una profecía israelita verdadera que pueda cumplirse en este mundo, ni una comunidad de redimidos en la historia. La misma historia de Jesús según la carne debe ser superada porque ella sigue siendo Antiguo Testamento, un judaísmo sin valor.

En ese sentido, no se puede afirmar que la historia abra un camino hacia la culminación escatológica, porque el tiempo de este mundo sigue siendo muerte y no por mucho avanzar puede llegarse a la meta de Dios. Todo lo que se despliega en la historia, en forma de proceso (en línea neokantiana o hegeliana, idealista o vitalista, marxista o capitalista…) sigue siendo mundo, y debemos transcenderlo si queremos llegar a lo divino. La verdadera salvación nos saca de la historia de este mundo.

Por eso, la fe debe apoyarse en la desnuda paradoja del Cristo que se ha hecho historia (ha muerto en Cruz), para sacarnos precisamente de la historia, como muestra de un modo patente la Cruz, que es fracaso y condena de todo mesianismo histórico. Ese fracaso marca el límite y la negación de toda búsqueda humana, que debe ser trascendida y superada por fe en el Dios que resucita a Jesús de

---

22 Cf. *Das Verhältnis der urchristlichen Christusbotschaft zum historischen Jesus* (1960), en *Exegetica* 445-469. Ciertamente, en este contexto no se debe insistir en el antisemitismo de cierta parte de la cultura alemana (y europea) que culminará en el holocausto nazi, pero ese motivo está al fondo de todo lo que vamos diciendo. Sólo en el momento en que el cristianismo pueda recuperar en paz sus raíces históricas judías podrá reconciliarse consigo mismo, para descubrir el valor de la historia y la experiencia comunitaria del Reino de Dios, recuperando el judaísmo de la confesión pascual cristiana, sin resentimientos ni venganzas. Cf. C. De Valerio, *Altes Testament und Judentum im Frühwerk Rudolf Bultmanns*, W. De Gruyter, Berlin 1994, 385-441; K. Hammann, *Rudolf Bultmanns Begegnung mit dem Judentum*: ZThK 102 (2005) 35-72; P. G. Müller, *Altes Testament, Israel und das Judentum in der Theologie Rudolf Bultmanns*, en Id., *Kontinuität und Einheit: FS F. Mussner*, Freiburg, 1981, 439-472; W. Stegemann, *Das Verhältnis Rudolf Bultmanns zum Judentum: ein Beitrag zur Pathologie des strukturellen theologischen Antijudaismus*: Kirche und Israel 5 (1990) 26-44.

la muerte, para superar y rechazar (reinterpretar) todos los mitos, pues ellos sitúan la salvación en un plano de mundo y de historia[23].

Lógicamente, Bultmann ha debido negar el valor salvador del Antiguo Testamento, que sólo es un inmenso, emocionante mito, condenado por la confesión pascual de los cristianos. En ese sentido, el cristianismo pascual se eleva sobre el fracaso de Israel, de manera que cada uno de los creyentes debe repetir esa historia de fracaso, para descubrir la salvación de Dios en otro plano, a través de la Cruz.

De un modo consecuente, la vida histórica de Jesús, en la línea de la "carne" carece para Bultmann de importancia salvadora, como dice Pablo (2 Cor 5, 16). El Cristo de la carne pertenece a la historia fracasada de este mundo (incluido el judaísmo), tal como culmina (y queda destruida) en la Cruz. Así se entiende y formula la paradoja cristiana, que se expresa en la presencia salvadora de Dios en el mismo fracaso de la historia humana.

Esta visión de Bultmann tiene un elemento positivo (al destacar la importancia salvadora de la Cruz), pero resulta insuficiente, pues acaba negando el valor de la creación, que acaba siendo pecado, en una línea de "agustinismo" fuerte (pecado original de la existencia humana). En contra de eso, superando a Bultmann, pienso que el cristianismo debe recuperar el valor de la creación, y asumir el camino (esperanza) de la historia, recuperando el mesianismo judío y el mensaje misionero de la Iglesia cristiana, sin caer en la lógica hegeliana o en el idealismo neokantiano (con el nazismo, marxismo o liberalismo), ni refugiarse en el puro actualismo existencial.

Debemos re-descubrir la historia, en la línea de la profecía israelita, sabiéndonos responsables de nosotros mismos, como

---

[23] En este fondo se entiende el pasaje clave, ya citado, donde R. Bultmann, donde afirma que Jesús pudo haberse "derrumbado humanamente" (dass er zusammengebrochen ist) en la cruz (*Das Verhältnis* pag. 453), ratificando así el fracaso de toda historia y de todo proyecto humano, pues el mismo Cristo fue un hombre que perdió el control de sí mismo (se angustió) ante la muerte. Pero, si las cosas fueran así, no podrían haberse escrito los evangelios, empezando por Marcos.

individuos y como Iglesia (comunidad) ante Dios. Eso significa que debemos recuperar toda la historia de Jesús (sin quedarnos sólo en su muerte, que sería negación de la historia), pues él ha resucitado y con él resucita todo su proyecto de Reino, en clave israelita universal.

Ciertamente, somos solitarios (cada creyente ha de tomar su propia decisión). Pero, al mismo tiempo, dependemos de una larga tradición que nos va haciendo, en el plano somático y psíquico, en las costumbres y en los modos de enfrentarnos con el mundo. El actualismo existencial olvida que no nacemos hechos, de una vez y para todas, sino que vamos naciendo a lo humano, en comunión con otros, en un camino histórico. Sólo podemos ser hombres si asumimos el pasado y respondemos a sus exigencias, desde nuestra propia situación.

Sólo existimos a partir de lo que han sido y nos hacen ser unos hombres y mujeres del pasado, y en relación con otros (en comunidad), abiertos de esa forma al futuro de nuestra propia identidad. En esa línea podemos y debemos afirmar que la historia de Jesús forma parte de nuestra propia realidad humana. Dios no se revela sólo en la muerte de Jesús, sino en toda su vida. Por eso resucita con él su proyecto de Reino, su historia[24].

---

[24] Bultmann condena el pasado y lo identifica con la muerte, suponiendo así que vivir del pasado es quedar en las cosas, perdernos en ellas, como si un "destino fiero" nos hubiera creado para la muerte, de tal forma que sólo por ella pudiéramos superarla, descubriendo a Dios (siendo salvados por Dios). Bultmann afirma así que debemos abrirnos al futuro de Dios y realizarnos como personas, en un plano "escatológico", pero en una línea puramente existencial (trascendente), propia de cada uno de los hombres. Por eso, él no admite un futuro propio de la humanidad, en la línea del Reino de Dios, como culminación de la justicia y de la comunión (de la libertad). A su juicio, toda historia y toda sociedad como tal pertenece al nivel de la muerte, y sólo como individuos podemos condenarnos o salvarnos.
Bultmann ha separado al Cristo Pascual de su pasado y entorno, es decir, de la historia de búsqueda humana, como si él fuera un aerolito caído del cielo. También le ha separado del futuro de la humanidad (que no tiene futuro histórico en línea de salvación). De esa forma concentra su vida humana en la Cruz, presentando a Jesús en ella como un "signo de la trascendencia" de Dios que se ha revelado en la muerte, para liberar (salvar) a las almas (existencias individuales), sacándolas de la tierra (de la historia).

3. Individualismo, un hombre sin comunidad real

Este problema deriva de los anteriores: No se puede entender la sociedad si no se admite el valor positivo del mundo, ni se reconoce la importancia de la historia, con lo que ella implica de despliegue compartido de la vida, en un plano diacrónico y sincrónico. En la línea de los rasgos anteriores, el hombre bultmanniano acaba siendo un individuo puro (una existencia solitaria) ante Dios, de manera que la Iglesia sería una sociedad de solitarios, cada uno con la "cruz" de su fe (que es experiencia de resurrección), manteniéndose por un lado en el viejo mundo del pecado, pero superándolo por otro. Ciertamente, Bultmann habla de Iglesia, y la identifica implícitamente con la Pascua de Jesús y con el Espíritu Santo, pero la desliga de la comunidad real-carnal de los creyentes, con su historia y sus relaciones reales[25].

También aquí podría trazarse una línea que viene desde Kant y Schleiermacher, por Herrmann y la teología dialéctica, hasta Bultmann, situando así su rechazo de la experiencia social. Cada hombre sigue siendo un solitario en el mundo, ante Dios, sin verdadera comunión con los demás. Bultmann reconoce, sin duda, el valor de la sociedad en el sentido externo, es decir, en un plano de cultura: Tendiendo hacia una idea de bondad, los hombres han de formar comunidades o grupos de hombres cultos; deben construir la sociedad según normas de justicia, siguiendo un camino que empezó en las ciudades griegas y se ha expresado en los diversos intentos sociales del mundo moderno.

En ese nivel de cultura es necesaria la sociedad, y la búsqueda de un tipo de justicia, a través de la cultura; pero esa búsqueda

---

Es como si el Cristo existencial de la Cruz expandiera su Reino sobre unas existencias aisladas, capacitándoles para vivir sobre el mundo (en contra del mundo) de una forma "auténtica", desde la perspectiva del futuro de Dios (no del futuro de la historia), en soledad absoluta, una a una, desde el Calvario. Pero esa concentración de Jesús en la pura cruz carece de sentido, pues le separa de Israel y de su historia mesiánica, y de la historia de los hombres, creados por Dios.

[25] Cf. *Das Verhältnis* 465-469. Cf. *Kirche und Lehre im Neuen Testament* (1929), GV I, 153-187.

cultural sigue situándonos en un plano de muerte (ser-en-el-mundo). En contra de eso, el hombre verdadero es siempre, y por esencia, un solitario ante sí mismo y ante Dios, como parecen suponer Pablo y Juan, como exige la experiencia de la Cruz de Jesús, que muere a solas, condenado por la ley del mundo. En ese sentido, Bultmann reconoce el valor de los análisis que Heidegger realiza en *Ser y Tiempo*, presentando a los hombres como individuos, llamados a realizarse de manera auténtica, pero situados siempre ante el límite de muerte, cada uno en solitario, sin verdadero prójimo[26].

Heidegger parecía afirmar que los otros me impiden vivir de forma auténtica, de manera que en ellos me olvido de mí mismo (para incluirme en un tipo de "masa" objetiva, en la línea del "man", lo genérico). Por eso, cada uno ha de realizarse desde, por y para sí mismo. Pues bien, Bultmann admite esa situación, pero añadiendo que el hombre puede escuchar en ella la voz de Dios, que le saca de toda sociedad y empieza por dejarle aislado, sin mundo ni "masa", en aislamiento intenso, ante el propio pecado, en apertura ante el futuro de Dios que le llama. De esa forma, en un primer momento, toda relación inter-humana acaba arrancando al hombre de su verdadera realidad, de su salvación.

Ciertamente, Bultmann afirma que una vez que hemos creído a solas en la Cruz de Cristo, Dios nos lanza de nuevo hacia los otros (haciéndonos vivir en comunidad). El cristiano ya no puede decir que su frontera final es la pura soledad y la muerte, pues Jesús le ha liberadora por la Pascua para el amor. En ese sentido, ser cristiano es por esencia "vivir-en-común", no de un modo social, sino interior, por gracia de Dios.

Por eso, al llegar a ese nivel, Bultmann no ha querido ser individualista, pero una cosa es su intención final y otra su trayectoria concreta. Por eso, en sentido radical, podemos afirmar que él ha sido individualista, pues su proyecto teológico no ha logrado formular con claridad el sentido histórico y comunitario del mensaje de Jesús, ni de la vida humana, y porque a su juicio la comunidad

---

[26] GV II, 134-136, 262 ss; *Geschichtlichkeit* 85 ss, con referencia a Heidegger.

de los creyentes (Iglesia) no es una realidad del mundo, sino una experiencia escatológica, una comunión de "espíritus", cada uno independiente, en un plano de fe interior, no en forma de vinculación social entre personas. De esa manera él rompe toda relación que pueda haber entre este mundo (con su historia) y el mundo nuevo del Reino de Dios que él entiende como salvación intemporal (existencial) de las almas[27].

Al no reconocer el valor de la historia, Bultmann no puede aceptar tampoco la importancia de la comunidad, entendida en forma de espacio histórico y social de comunión entre los hombres. Él sabe que en un plano cultural formamos sociedades humanas y tenemos un tipo de historia común. Él admite también, en otro plano (de trascendencia), la comunión de vida entre los   creyentes. Pero da la impresión de que no logra comprender ni valorar la comunión real (histórica y social) de los cristianos y los hombres. Sin duda, él valora un tipo de cultura y de historia social, pero sólo en el nivel de la "apariencia", es decir, de la carne, pues la salvación de Dios implica una ruptura (salida) de la carne.

En ese sentido se puede afirmar que Bultmann sigue siendo un pensador "platónico" en el sentido radical (y negativo) de la palabra pues separa este mundo del otro (propio de la salvación de las existencias, entendidas de forma individual). De esa forma, en sentido estricto, él sigue identificando al hombre auténtico con un tipo de alma (existencia), que está en la carne (historia sociedad, pero que debe desligarse de ella para alcanzar su salvación).

---

[27] GV I, 230-235; II, 201-2, 242, 270-271. Según Bultmann, la vida del cristiano se encuentra estructuralmente dirigida hacia los otros, en comunión con ellos, pero sólo en un plano de decisión "existencial". En realidad, el conjunto de su obra respira una atmósfera de tipo claramente individual, que él no ha podido superar. En ese sentido, su proyecto teológico se sitúa en un nivel de decisión espiritual, como si debiera el alma (la existencia) debiera separarse de la carne social, que pertenece al plano de la "ley".

Ciertamente, él no es platónico en sentido estricto, filosófico. Pero, en realidad, su visión acaba siendo más platónica que bíblica, pues ha perdido la raíz judía del mensaje de Jesús, una raíz que le hubiera vinculado con el mundo (creación), con la experiencia concreta de pueblo (comunión real de personas) y con la historia (apertura al futuro entendido en línea de plenitud de la creación).

Conforme a la famosa cita de Alfred North Whitehead, la filosofía occidental no habría sido más que *una* serie de *notas* de *pie de página Platón*. Pues bien, entre los que siguieron siendo platónicos estaría sin duda R. Bultmann.

En ese sentido, su rechazo del Antiguo Testamento iría vinculado a una negación más honda de la historia y de la comunidad humana, como signos de la presencia creadora de Dios, ratificada para los cristianos en la vida de Jesús, que no puede reducirse a su muerte entendida de un modo puramente existencial[28].

---

[28] Bultmann no ha logrado comprender ni explicitar el contenido eclesial del mensaje de Jesús y sus primeros seguidores, que no fueron unos simples individuos tocados por la experiencia pascual de la Cruz, sino que formaron una comunidad de creyentes, esperando la llegada del Reino de Dios. A Bultmann le cuesta aceptar no sólo la novedad biográfica del evangelio de Marcos, sino también y sobre todo la propuesta eclesial de Lucas-Hechos, con las visiones cósmicas y eclesiales de la tradición paulina, tal como desemboca en Col-Ef (por lo hablar de las cartas pastorales). A su juicio, esos libros constituyen una desviación del auténtico mensaje, una objetivación simplista que devalúa el carácter transcendente y paradójico de la confesión creyente de la Iglesia verdadera (que se conservaría en Pablo y Juan), y que en el fondo no sería Iglesia pues dejaría a cada uno de los hombres en su soledad individual, enfrentados con su muerte, para descubrir en ella la gracia salvadora de Dios.

4. Conclusión. Dos desafíos, un camino abierto

En el apartado anterior he destacado los riesgos del proyecto de Bultmann, poniendo de relieve sus limitaciones en un plano de mundo, historia y comunidad. Esos riesgos estaban fundados a mi juicio en su herencia cultural, definida por el idealismo neokantiano y por un existencialismo individualista, que remitían en el fondo a un platonismo (es decir, a la supremacía del elemento helenista sobre el israelita). Desde ese fondo he querido replantear sus grandes desafíos, para mostrar aquí que su teología ha seguido sigue abierta.

1. Desafío exegético, nuevas lecturas de la Biblia

Bultmann ha sido, ante todo, un exegeta, un lector apasionado de la Biblia, como puso de relieve su *Historia de la Tradición Sinóptica* (1921 y 1931). De esa obra seguimos aprendiendo todavía, pues muchos de sus rasgos nos siguen pareciendo valiosos, tanto en el campo de la fijación textual y en el método histórico-crítico (especialmente en lo relativo a la historia de las formas), como en la hermenéutica teológica de fondo (aunque debamos matizarla). Pero, a fin de que su impulso permanezca, lo que dijo Bultmann debe resituarse y recrearse, pues están apareciendo estudios especializados de inmensa erudición, con nuevas orientaciones hermenéuticas, no sólo en el plano histórico-literario, sino también en el cultural y religioso.

En contra de lo que sucedía en su tiempo (Bultmann conocía casi toda la producción alemana sobre el NT), actualmente es imposible mantenerse al día en todos los campos de estudio de la Biblia, en las diversas lenguas (inglés, francés, alemán, español, italiano…), no sólo por la multitud de revistas especializadas que han surgido, sino también por la cantidad de tendencias, escuelas y grupos que investigan y producen trabajos importantes[1]. Éstos son algunos de los modelos de análisis que se están empleando. Ellos nos permitirán recrear su teología:

– *Análisis retórico*. Lo conoció y lo utilizó ya Bultmann en su tesis de licencia, donde comparaba los discursos de Pablo y la diatriba cínica (tema hoy, 2013, muy cultivado). Reasume elementos de argumentación helenista y los vincula a los métodos semitas de composición de un texto y de esa forma nos permite penetrar mejor en el discurso de los grandes espacios argumentativos del Antiguo y Nuevo Testamento, especialmente en el estudio de Pablo. Sin conocer bien aquello que los autores bíblicos quisieron decir, y la forma en que lo hicieron resulta imposible conocer sus aportaciones.

En este campo retórico ha de entrar el estudio de los "mitos" pero sin reducirlos ni disolverlos de un modo racional ni existencial. Bultmann no supo advertirlo, y así interpretaba como mito todo lo que trascendía el plano de su racionalismo. En esa línea, su conocimiento de la Biblia (siendo muy importante) resultaba limitado, pues no supo valorar el sentido simbólico (retórico) de muchos, o, mejor dicho, de casi todos sus textos y tradiciones[2].

---

[1] Los modelos de cierta exégesis son hoy tan puntuales, crípticos y especializados que algunos lectores están sintiendo la tentación de dejarla a un lado para volver a un tipo de lectura de tipo genérico, a veces fundamentalista, de la Palabra de Dios. Pero esa actitud carece de sentido. Con la misma fidelidad con que Bultmann trabajó en su tiempo, debemos asumir y aplicar las nuevas técnicas y métodos de lectura de la Biblia, vinculando el aspecto diacrónico y el sincrónico, el literario y el filosófico, el teológico y el espiritual…

[2] Cf. R. Majercik, Th. B. Dozeman y B. Fiore, *Rhetoric and Rhetorical Criticism*, ABD, 5, 710-719. Importante presentación y aplicación de ese método en J.-N. Aletti, *Comment Dieu est-il juste? Clefs pour interpréter l'épitre aux Romains*, Seuil, Paris 1991; O. Bayer, *Entmythologisierung? Christliche Theologie zwischen Metaphysik und Mythologie im Blick auf Rudolf Bultmann*: Neue Zeitschrift für systematische Theologie und Religionsphilosophie 34 (1992)109-124; F. Beißer, *Mythos und christliche Theologie*, en B. Jaspert, *Fünfzig Jahre nach Rudolf Bultmanns Entmythologisierungsprogramm*, KVR, Göttingen, 1991, 74-90.

– *Análisis narratológico*. Se ha desarrollado de un modo especial tras Bultmann, que daba primacía a los "dichos" sobre los "hechos", no sólo en el estudio de los evangelios, sino en todo el NT. A su juicio, el cristianismo era ante todo una "palabra", que ha de acogerse y entenderse de un modo existencial. Pues bien, en contra de eso, el análisis narratológica ha empezado a aplicarse a los grandes relatos y, de un modo especial, a los que cuentan (recuerdan, recrean) los acontecimientos fundantes de la historia humana (Génesis, Jueces), israelita (Samuel y Reyes) o cristiana (Evangelios).

En este campo hemos avanzado de forma sensible desde el tiempo de Bultmann (1941), y ya no podemos aceptar la primacía que él daba a las palabras, devaluando así los relatos de los evangelios. Este método se encuentra en período de consolidación, y esperamos que pueda ofrecer nueva luz, no sólo en el estudio de los evangelios, sino en el conocimiento de la historia bíblica, que para Bultmann resultaba secundaria, pero que es esencial para entender el cristianismo. Sin una lectura más honda del mensaje, ritmo y tema de la historia resulta difícil comprender hondamente la Biblia[3].

– *Análisis estructural*. Este método ha sido cultivado sobre todo por exegetas francófonos a lo largo de los últimos 40 años, ayudándoles a entender el juego de significados de un texto, a partir de sus aspectos semánticos y semióticos. Sus cultivadores tienden a dejar a un lado los componentes más externos (autor, tradición de la que surge el texto, comunidad donde se lee y/o aplica), para analizarlo en sí mismo, como un todo, conforme a sus propias leyes interiores.

---

[3] En sí mismo, el método narratológico no ofrece conclusiones extradieguéticas (externas al texto). Pero, unido a los métodos histórico-críticos, puede ayudarnos a entender la vida y experiencia de la comunidad que está en el fondo de los relatos. Cf. J.-N. Aletti, *El arte de contar a Jesucristo. Lectura narrativa del evangelio de Lucas*, Sígueme, Salamanca 1992, con bibliografía sobre el método en págs 221-227; M. Navarro, *Ungido para vivir. Exégesis narrativa de Mt 14, 3-9 y Jn 12, 3-8*, EVD, Estella 1999.

También Bultmann había analizado las constantes estructurales (formas) de los sinópticos (apotegmas, parábolas, historias de milagros...), pero no lo había hecho con tanta precisión, ni había insistido en el aspecto sincrónico de los pasajes, sino que los había estudiado como elementos de un "continuo histórico y tradicional", y no como elementos de un texto con su propia autonomía. Completado con el análisis histórico/literario (e incluso narrativo), el estudio estructural puede resultar muy valioso, ayudándonos a conocer no sólo los textos, sino la experiencia de fondo de las comunidades donde surgieron y, sobre todo, su visión del mundo y de la historia, superando el nivel existencial, que es bueno, pero limitado[4].

– *Lectura psicológica*. Algunas de las grandes unidades de la Biblia constituyen un verdadero psicodrama: más que leídas, han de ser representadas y recreadas, de manera que los mismos lectores lleguen a ser transformados por los textos. Esto lo sabía Bultmann, y quiso estudiarlo de un modo consecuente, a través de su hermenéutica existencial. Es claro que, a partir de sus presupuestos filosóficos, rechazando el neokantismo y apoyándose en un tipo de experiencia dialéctica de Dios y su evangelio, él proponía un análisis más antropológico que puramente psicológico. Pero, tomados de un modo profundo, ambos aspectos (existencial y psicológico) se implican.

En un sentido podemos afirmar que Bultmann ha realizado una intensa y honrada lectura y aplicación antropológica del evangelio, pero sólo en perspectiva básicamente existencial, partiendo (o moviéndose en la línea) de los análisis de Heidegger. Pero esa no es la única psicología actual, ni la única de la Biblia. En esa perspectiva podemos afirmar que problema continúa abierto y nos lleva a buscar el tipo de psicología (existencial, psico-analítica, cognitiva...)

---

[4] Cf. R. Barthes y P. Beauchamp, *Exégesis y hermenéutica*, Cristiandad, Madrid 1976; C. Chabrol y L. Marín, *Semiótica narrativa: relatos bíblicos*, Narcea, Madrid 1975; A. Grabner-Haider, *Semiótica y teología*, Verbo divino, Estella 1976. En otra perspectiva, también literaria, se podría hablar del *análisis poético*, aplicado no sólo a los salmos y textos líricos del Antiguo Testamento, sino a las mismas parábolas e Jesús. Cf. L. Alonso Schökel, *Hermenéutica de la palabra II*, Cristiandad, Madrid 1987, 17-228.

que resulte más cercana al mensaje de la Biblia y más valiosa para el ser humano, en una línea que no es sólo existencial (centrada en la muerte de Jesús), sino abierta a otras posibilidades de comprensión de la Biblia, entendida como texto fundante, capaz de ofrecer un sentido (respuesta) de vida al ser humano[5].

– *Lectura filosófica-teológica*. En esa clave interpretaron la Biblia, desde tiempo antiguo, sus grandes lectores helenistas, como Filón, Clemente de Alejandría u Orígenes. Es cierto que ellos pudieron devaluar algunos de sus rasgos, entendiéndolos de un modo alegórico. Pero debieron actuar así, desde su propio contexto cultural, conforme al modelo del *círculo hermenéutico*, bien conocido por Bultmann: El texto influye sobre el lector, los presupuestos del lector influyen en la lectura del texto.

En esa línea podemos afirmar quizá que Bultmann ha sido uno de los últimos grandes filósofos-lectores de la Biblia, en línea idealista y existencial, y debemos estarle agradecidos, aunque podamos y debamos criticar algunos de sus presupuestos, como he venido haciendo en este libro, tanto desde una perspectiva judía (para recuperar el mesianismo israelita), como en una perspectiva cristiana. Posiblemente, Bultmann ha devaluado el carácter histórico y social del conocimiento del hombre y de la vida; por eso, su visión filosófico-teológica resulta, al menos, limitada[6].

---

[5] En esta línea se sitúan los estudios de E. Drewermann, *Strukturen des Bösen. Die jahwistische Urgeschichte* I-III, Schönningh, Paderborn 1977/86. Entre los trabajos de *lectura antropológico-feminista*, cf. S. Heine, *Christianity and the Goddesses*, SCM, London 1988; J. R. Rhuether, *Womanguides. Readings toward a feminist theology*, Beacon, Boston 1985; Ph. Trible, *God and the Rhetoric of Sexuality*, Fortress, Philadelphia 1978; E. Schüssler Fiorenza, *En memoria de ella. Una reconstrucción feminista de los orígenes del cristianismo*, DDB, Bilbao 1988.

[6] Entre ellas resulta fundamental una lectura judía de la Biblia, que nos permita superar la unilateralidad de Bultmann en su visión de un "cristianismo no judío". Cf. S. H. Bergman, *Fe y razón. Introducción al pensamiento judío moderno*, Paidós, Buenos Aires 1967 (con estudios sobre H. Cohen, F. Rosenzweig, M. Buber etc). Sobre el diálogo judeo-cristiano en la lectura de la Biblia, cf. F. Mussner, *Tratado sobre los judíos. Para el diálogo judeo-cristiano*, BEB 40, Sígueme, Salamanca 1983; C. Westermann, *El AT y Jesucristo*, AB 30, Fax, Madrid 1972; R. Lohfink, *La alianza nunca derogada. Reflexiones exegéticas para el dialogo entre judíos y cristianos*, Herder, Barcelona 1992.

Bultmann ha sido un exegeta y teólogo ejemplar, y en un sentido queremos seguir cultivando sus métodos, pero debemos enriquecerlos también con nuevos modelos, como los citados, para elaborar así una lectura comprometida de la Biblia, entendida como Palabra de Dios que transforma la existencia de los creyentes. Él recorrió una intensa trayectoria, que le llevo del neokantismo liberal, a través de un tipo de vitalismo y, sobre todo, de una visión dialéctica de la fe (transcendencia de Dios), a una lectura existencial de la Biblia.

Fue un hombre políticamente despierto, que supo responder a los retos de la Primera Guerra Mundial (1914-1918), y se opuso de modo claro al nazismo, proponiendo en medio de la Segunda Guerra Mundial (1939-1845) un programa intenso de desmitologización. Fue un hombre de ciencia, atento a las aportaciones de la crítica literaria y de la historia, y también un creyente llamado a proclamar el evangelio de Jesús como principio de libertad interna y de respeto mutuo a lo largo de los duros tiempos en que le tocó vivir. Pero sus respuestas no son ya suficientes, y por eso han de ser replanteadas partiendo de los nuevos métodos de lectura bíblica y, sobre todo, de la nueva situación del pensamiento y de la vida social, dentro de un mundo donde los temas individuales (existenciales) no pueden ya escindirse y separarse de los temas de la vida social y de la historia de conjunto de la humanidad.

2. Desafío teológico. Post Bultmann locutum

La figura y pensamiento de Bultmann ha determinado gran parte de la teología académica (protestante) a mediados del siglo XX, aunque después su aportación se ha ido matizando y a veces diluyendo, ante los nuevos problemas y tareas de la sociedad y de la Iglesia. No parece que hayan surgido nuevas personalidades que puedan compararse con él en el campo de la exégesis, pero es evidente que las cosas se han movido desde que él escribió sus grandes obras[7].

____

[7] Entre sus discípulos se ha podido hablar de una derecha y una izquierda bultmaniana, como he destacado en _Questo è l'Uomo. Manuale di Cristología_, Borla,

En esa línea, todavía en vida de Bultmann algunos de discípulos y amigos escribieron una obra dirigida por H.-W. Bartsch y titulada *Post Bultmann locutum* I-II[8]. Ese título (que significa: *Después de hablar Bultmann*) se ha convertido en lema y tarea de muchos exegetas y teólogos, que no han querido aceptar o rechazar sin más la obra de su maestro, sino reformulada y transcenderla, escribiendo por su parte (desde una perspectiva nueva) nuevas teología del NT[9].

En el centro de esos intentos se sitúa el problema de la unidad y diversidad de las tradiciones cristiana, y de su relación con Jesús y con la Iglesia, en el centro está el reconocimiento de la "historia de la salvación", vinculada al despliegue "trinitario" de Dios (que es Padre, en el Hijo Jesús, por el Espíritu Santo). Se trata de saber si el NT constituye un documento unitario, en el que todos sus estratos son equivalentes, o si es un libro escrito en planos diferentes, con unos niveles y textos más importantes

---

Roma 1999, 138-154; cf. *Historia de Jesús*, Verbo Divino, Estella 354-361. Pero quizá más que unos discípulos, Bultmann ha dejado un camino de trabajo abierto y prometedor para investigadores y creyentes, cristianos y no cristianos, protestantes y católicos.

[8] Con este título (cf. ThF 37, H. Reich, Hamburg 1965) se recogen colaboraciones de autores diversos (desde H. Braun hasta H. Gollwitzer) en torno a la temática planteada por el programa teológico de Bultmann.

[9] En la línea de R. Bultmann, escribió H. Conzelmann un compendio de teología del NT (*Grundriss der Theologie des NT,* München 1967), donde introduce un apartado muy significativo sobre el kerigma y teología de los sinópticos. En una perspectiva casi opuesta se situaba J. Jeremias (*Neutestamentliche Theologie I. Die Verkundigung Jesu,* Gütersloh 1971), insistiendo en las palabras "auténticas" (históricas) de Jesús, que él consideraba decisivas, como canon dentro del canon y centro de la teología cristiana, dejando así en un segundo plano la perspectiva postpascual. Por su parte, H. G. Kummel (*Theologie des NT nach seinen Hauptzeugen,* Göttingen 1969), situaba la teología de Jesús en el mismo nivel que la de Pablo y Juan, matizando así también la novedad pascual de la Iglesia. En el punto de unión entre doctrina eclesial, exégesis bíblica y reflexión teológica se encuentra el manual de E. Lohse, *Grundriss der neutestamenlichen Theologie,* Stuttgart 1975. A su lado se pueden citar otras obras también protestantes que asumen y desbordan, el planteamiento existencial de Bultmann. Cf. L. Goppelt, *Theologie des NT* I-II, Göttingen 1976-1978; A.M. Hunter, *Introducing new testament theology,* London 1957; S. Neill, *Jesus through many eyes. Introduction to the theology of the NT,* Philadelphia 1976; A. Richardson, *An introduction to the theology of the NT,* London 1958.

que otros, dentro de la continuidad histórica de la revelación. Se trata de valorar la unidad y diversidad de las tradiciones cristianas, y si debe darse prioridad a unas sobre otras, como hacen, de formas distintas, no sólo Bultmann y otros teólogos luteranos sino también muchos católicos, instituyendo así visiones distintas del cristianismo[10].

Ciertamente, Bultmann habló y dijo muchas cosas buenas, pero tras él (*post Bultmann locutum*) la teología ha recorrido un largo camino, no sólo en su línea, sino en contra de ella. Su hermenéutica existencial ha sido criticada desde diversas perspectivas, pero ha seguido influyendo, y de esa forma muestra (por contraste) su vitalidad, tanto en el estudio de la historia de Jesús, como en la interpretación de conjunto del cristianismo.

No se percibe por ahora ninguna teología capaz de ofrecer una alternativa a su postura, porque es difícil superar y recrear sus planteamientos, dentro de una situación política y social como la nuestra (año 2013), dominada por el neo-liberalismo, el desencanto y el cansancio ante las grandes propuestas. No parece haber una alternativa clara, pero hay propuestas y nuevos caminos, entre los que destaco algunos que he estudiado ya y otros que aparecen aquí por ver primera, retomando algunos de los motivos más importantes de la teología cristiana (católica y protestante) después de Bultmann:

---

[10] En este contexto se debe replantear la pregunta de si existe una teología de Jesús en sí (como quería J. Jeremias: 1900-1979), para responder de manera "prudente", no sólo porque él ha sido un judío (Bultmann) o porque su mensaje resulte casi desconocido (muchos críticos del NT), sino porque el Jesús prepascual, cerrado en sí mismo, no es todavía evangelio de la vida de Dios para los hombres (aunque debamos plantear ya el tema de un modo distinto al de Bultmann).

En sentido estricto, la teología cristiana empieza con la Pascua (¡Dios ha resucitado a Jesús!); pero en la Pascua se recupera la historia de Jesús en varias formas (aunque vinculadas todas por la Iglesia, como pueden ser las de Pablo y Marcos, Lucas y Mateo con Juan etc.). El evangelio de Jesús lo conocemos siempre interpretado y formulado a partir de las diversas teologías del NT, pero ellas retoman y reformulan el mensaje de la historia de Jesús. Sea como fuere, el Jesús de la historia pide (suscita) una fe cristológica, y el Cristo de la fe pascual implica (incluye) al Jesús de la historia, como he propuesto en *La Historia de Jesús*, Verbo Divino, Estella 2013.

– *Nueva investigación de la vida de Jesús, prioridad de los evangelios*. El 20 de octubre de 1953, en un congreso de antiguos alumnos de Marburgo, casi todos ellos bultmannianos, pronunció E. Käsemann una conferencia famosa, pidiendo y exigiendo una nueva forma de entender la historia de Jesús, no sólo en perspectiva crítica (de análisis de textos), sino sobre todo en clave teológica, por fidelidad a los presupuestos y a la aportación histórica y social del mensaje cristiano. Jesús no puede ser un simple "dass", signo crucificado de Dios, sin contenido personal, sin rostro propio, pues él ha sido y sigue siendo ante todo una persona. Eso significa que debemos superar el nivel de la pura decisión existencial (que parece mantenerse en la línea de Pablo), buscando el contenido propio de las palabras y gestos de Jesús, es decir, recuperando su figura humana, como quiso hacer Marcos[11].

La vuelta a Marcos (sinópticos), es decir, a la confesión pascual de Jesús como persona (y no como puro signo impersonal de Dios) ha empezado a marcar desde entonces no sólo la exégesis,

---

[11] Esa conferencia (*ZThK* 51[1954]125-153), ha sido traducida en *Ensayos Exegéticos*, Sígueme, Salamanca 1978, 159-190. Contestación de Bultmann en *Exegética* (1960) 445-469 y GV IV, 1965, 190-198. Presentación clásica del tema en J. M. Robinson, *A New Quest of the Historical Jesus*, SBT 25, London 1959. Los problemas básicos de Bultmann siguen resonando en las investigaciones actuales sobre la historia de Jesús. Según E. P. Sanders, *Jesus and Judaism*, SCM, London 1985, Jesús fue profeta escatológico: Anunció el fin de los tiempos, ofreciendo la gracia de Dios y superando las barreras legales del judaísmo ambiental, siendo ajusticiado por ello. Por su parte, J. D. Crossan, *Jesús: Vida de un campesino judío*, Crítica, Barcelona 1994, sitúa a Jesús en el contexto de los ideales agrarios de justicia y comunión del mundo mediterráneo. J. P. Meier, *A Marginal Jew*, I-IV, Doubleday, New York 1991 ss (=*Jesús, un judío marginal*, EVD, Estella 1998 ss) le ha visto como judío mesiánico que espera y promueve el surgimiento del reino de Dios.
Estos autores siguen valorando el intento exegético y teológico de Bultmann, pero piensan que debe actualizarse. Bultmann suponía que la tradición recogida y elaborada en el Nuevo Testamento no permitía trazar una historia de Jesús y que además (aunque la conociéramos) esa historia no sería significativa para los cristianos. Pues bien, a diferencia de Bultmann, estos y otros representantes del *third quest* o nueva investigación de la historia de Jesús piensan que se puede reconstruir esa historia de Jesús y que es decisiva para interpretar el cristianismo, como he mostrado en la introducción de mi *Comentario al Evangelio de Marcos*, Verbo Divino, Estella 2012 y en la *Historia de Jesús*, Verbo Divino, Estella 2013.

sino la experiencia y teología cristiana. Ahora, sesenta años después (2013), seguimos preocupados por el mismo tema, no sólo *a nivel exegético* (*third quest* o tercera investigación de la historia de Jesús), sino en un plano distinto de búsqueda de la historia, entendida en línea personal y comunitaria. Este sería ya el momento de escribir una *Nueva Historia de la Tradición Sinóptica* (retomando el libro de Bultmann del año1921, pero insistiendo más en Jesús y en la tradición de los evangelios.

– *Historia de la Salvación*. O. Cullmann (1902-1999) ha dialogado críticamente con Bultmann a lo largo de casi todo el siglo XX, poniendo de relieve el sentido bíblico y el carácter cristiano de la *historia de la salvación*. A su juicio, Dios no se revela en la interioridad existencial, como quería Bultmann, ni en la transcendencia dialéctica de que hablaba Barth, sino en un camino histórico, iniciado en Israel, centrado en Jesús y abierto por la iglesia hacia el conjunto de la humanidad.

Cullmann ha vinculado una aguda percepción de la unidad bíblica (entendida como despliegue salvador) con un comprensión intensa del carácter histórico-teológico de la revelación de Dios, y ello le ha permitido formular una hipótesis unitaria sobre el sentido de la Biblia y la identidad del cristianismo. Quizá no ha logrado vincular *la historia salvadora* con la *historia profana*, de manera que su teología puede acabar siendo extrinsecista, en el sentido fuerte de ese término, como si la acción de Dios no hubiera penetrado en la realidad concreta de sufrimiento y creatividad social de los hombres. Pero, tanto él como W. Pannenberg (y otros pensadores) ha logrado ofrecer una alternativa de fondo al modelo teológico de Bultmann, planteando unos temas y ofreciendo respuestas que deberán ser estudiadas. No se puede entender a Jesús sin situar el tema de su historia, en línea judía (bíblica) y cristiana[12].

---

[12] He desarrollado el tema en "Presentación" a O. Cullmann, *Cristología del Nuevo Testamento*, Sígueme, Salamanca 1998 y, de un modo y programático, en *El Pensamiento de O. Cullmann*, Clie, Terrasa 2014. En una línea convergente, aunque más sistemática, se sitúa W. Pannenberg, en *Revelación como historia* (Sígueme, Salamanca 1975) y *Teología sistemática I-III*, Comillas, Madrid 1995ss.

– De la teología de la esperanza a la teología de la liberación. Tanto J. Moltmann como los representantes de la *teología de la liberación* se han opuesto a una visión bultmanniana, centrada en la llamada personal de Dios y en la respuesta existencial de los creyentes, iniciando un verdadero cambio de paradigma, en la visión de Jesús y en la manera de entender el Evangelio. Ya no entienden la Palabra de Dios en un nivel puramente *sacral*, separado del resto de la vida humana (como había supuesto cierta teología tradicional y el mismo Cullmann), ni la interpretan de manera *existencial*, como propugnaba Bultmann, sino que la introducen en la misma realidad histórica y social de la vida humana.

En esa perspectiva hay que hablar de una *lectura o hermenéutica liberadora* del evangelio, retomando elementos kantianos (interpretación práctica o moral de la Biblia), pero en un sentido que no sea ya idealista o racionalista, sino mesiánico, encarnado en la historia de esperanza y sufrimiento de Israel (y en nuestra propia historia social, año 2013). Aquí se sitúa, a mi juicio, la novedad y tarea más importantes de la teología post-bultmanniana, que ha de superar el existencialismo individualista para encarnarse en la historia real de la humanidad. La lectura de la Biblia, tal como culmina en Jesucristo, se orienta a la transformación social y personal del ser humano, desde la perspectiva del Reino de Dios[13].

Quizá el mayor mérito de Bultmann se encuentra en el hecho de que su pensamiento ha podido seguir influyendo de diversas maneras, en las tres líneas que acabo de indicar (Jesús de la historia,

---

[13] Cf. J. Moltmann, *Teología de la Esperanza* (1966), Sígueme, Salamanca 1969. La teología de la liberación ha desarrollado una propuesta básica de interpretación de la Biblia. En esa línea se sitúan algunos trabajos pioneros como los de F. Belo, *Lectura materialista del evangelio de Marcos*, Verbo Divino, Estella 1975; J. P. Miranda, *Marx y la Biblia*, Sígueme, Salamanca 1972 y C. Boff, *Teología de lo político*, Sígueme, Salamanca 1980. Yo mismo estudié en aquellos años la relación entre el pensamiento de Bultmann y el de Moltmann, en un largo trabajo programático, abierto ya a la teología de la liberación: *Presupuestos filosóficos de la exégesis de R. Bultmann y J. Moltmann*: Estudios 28 (1972) 153-227. He presentado la figura y teología básica de los autores más significativos de la teología de la liberación (G. Gutiérrez, L. Boff, J. L. Segundo...) en *Diccionario de los pensadores cristianos*, Verbo Divino, Estella 2011.

historia de la salvación, compromiso liberador…). Retomando esas líneas debemos volver a los planteamientos (no a las soluciones) del primer Bultmann, cuando se interesaba por el surgimiento de la experiencia religiosa, sobre la naturaleza y la cultura, en un mundo amenazado por la injusticia social y la guerra. Nuestro tiempo se parece al suyo (entre el 1917 y el 1922), como he podido destacar, comentando un famoso sermón que predicó en Pentecostés de 1917 y recordando su visión del "comunismo" (año 1922)[14].

Posiblemente debemos buscar nuevos modelos, esquemas distintos de lectura unitaria, social y religiosa, cultural y liberadora, de la Biblia, en diálogo con las grandes culturas religiosas de la humanidad, desde la situación actual (2013), que es, al menos, tan problemática como aquella en la que Bultmann vivió y desarrolló su pensamiento. Es difícil anticipar lo que seguirá diciendo la experiencia de las iglesias cristianas y, de un modo especial, la teología. Pero podemos afirmar que, en este campo, la herencia de Bultmann sigue viva, de manera que debemos resolver, de un modo distinto, actualizado, los problemas que él quiso plantear y resolver con la ayuda de la teología dialéctica y el existencialismo[15].

3. Un camino abierto. De la antigua a la nueva teología hispana

En homenaje a los lectores de lengua castellana, quiero concluir este libro sobre Bultmann con un tipo de excurso que sitúa su pensamiento a la luz (y en el trasfondo) del despliegue teológico

---

[14] Cf. especialmente *Vom Geheimnisvollen und offenbaren Gott*: ChW 31 (1917) 352-359; *Vom Schicksal*: ChW 36 (1922) 609-610; *Religion und Sozialismus*: Soz. Monatshefte 28 (1922) 442-447

[15] En esa línea podría servir de referencia la obra de R. Girard (*1923) con su proyecto de superación de la violencia, a partir de la tradición bíblica, como muestran algunos de sus libros: *El misterio de nuestro mundo*, Sígueme, Salamanca 1982; *El chivo expiatorio*, Anagrama, Barcelona 1986; *La ruta antigua de los hombres perversos*, Anagrama, Barcelona 1989. He ofrecido una valoración exegético-filosófica del tema en *Antropología Bíblica*, Sígueme, Salamanca 2005 y en *El Señor de los Ejércitos*, PPC, Madrid 1997.

hispano de los últimos decenios, aunque en apertura al conjunto de las iglesias y de la teología universal. Fui uno de los primeros teólogos católicos (hispanos) que estudió la teología de Bultmann, introduciéndose en ella hace más de cuarenta años (defendí mi tesis sobre el pensamiento de Bultmann y Cullmann el año 1971). Desde entonces han cambiado muchas cosas, pero los temas básicos siguen pendientes.

a. Una breve historia. En un primer momento, Bultmann fue un desconocido, y nadie le citaba, al menos en los círculos católicos. Pero después, de un modo sorprendente, su figura vino a convertirse en lugar de referencia importante no sólo para el protestantismo, sino también para el catolicismo[16].

– Hasta los años sesenta del siglo XX, la teología católica hispana ofrecía planteamientos y respuestas de tipo *neo-escolástico*: formulaba la filiación eterna del Logos divino en términos ontológicos; exponía después el sentido de la encarnación, describiendo las naturalezas y persona de Jesús. Daba la impresión de que el Verbo de Dios se introducía en este mundo desde fuera, sin asumir de verdad la historia humana. En sentido estricto, la vida de Jesús resultaba teológicamente secundaria.

En aquel contexto, Bultmann era un perfecto extraño. Ciertamente, algunos españoles empezaron a estudiar en Roma y en otros lugares de Europa (en universidades católicas); y algunos conocieron de nombre a Bultmann. Pero no parece que hubiera por entonces teólogos o exegetas interesados en su pensamiento. Los católicos de España se mantenían cerrados en una tradición escolástica que se alimentaba a sí misma, sin prestar atención a lo que pasaba fuera, en otros contextos cristianos, incluso en otros lugares de su iglesia.

---

[16] Para situar y fundamentar estas reflexiones, cf. R. Gibellini, *La teologia del XX secolo*, Paideia, Brescia 1992; E. Vilanova, *Historia de la Teología cristiana III*, Herder, Barcelona 1992; H. Vorgrimler (ed.), *La teología en el siglo XX*, I-III, BAC, Madrid 1973/4; R. Winling, *La teología del siglo XX (1495-1980)*, Sígueme, Salamanca 1987.

– Existencialismo, secularización. La novedad comenzó en los años sesenta, sobre todo a partir de la convocatoria y celebración del Concilio Vaticano II. De pronto, cientos de estudiantes hispanos (de España y América Latina) comenzaron a entrar en contacto con la teología de Europa Central, de Francia y de Alemania, en dos líneas complementarias, una de tipo más teológico, otra de tipo más bíblico.

En una perspectiva teológica fue decisivo el descubrimiento de la *nouvelle théologie,* de origen francés (H. de Lubac, Y. Congar...), con el retorno a la tradición patrística y el deseo de vincular cristología con eclesiología y espiritualidad. Fueron años de Concilio y apertura de la iglesia hispana a las diversas líneas del pensamiento centro-europeo. Influyó el programa de la historia de la salvación (Cullmann) y las visiones de los grandes pensadores germanos, tanto católicos (Rahner, von Balthasar) como protestantes (Barth), deseosos de trazar la conexión entre el misterio del Hijo de Dios y el sentido de la vida humana, en línea existencial e histórica. Fueron tiempos de creatividad intensa, en apertura a los diversos campos de exégesis bíblica y teología.

En ese contexto, el final de los sesenta y el comienzo de los setenta estuvo marcado en particular por R. Bultmann, con su visión de Jesús como Palabra que libera al ser humano del pecado (angustia de muerte), para abrirle hacia el futuro de su propia libertad, superando los antiguos mitos religiosos que le esclavizaban. Fueron (fuimos muchos) los que de un modo directo o indirecto comenzamos a valorar sus métodos exegéticos, aceptando básicamente su programa, sobre todo a través de la *Historia de la Tradición Sinóptica.* En ese contexto empezaba a romperse el predominio de la filosofía escolástica, de forma que muchos interpretaron el cristianismo de un modo existencial[17].

Avanzó en aquel tiempo la *teología de la secularización,* unida al pensamiento y experiencia de la *muerte de Dios.* Muchos teólo-

---

17 Entre los estudios sobre Bultmann, cf. A. Salas, *Mito y desmitificación en el Nuevo Testamento,* Casa de la Biblia, Madrid 1971

gos y cristianos empezaron a sentirse inmersos en un mundo donde la religión había dejado de ser el impulso dominante, el eje y foco básico de la vida social. Algunos descubrieron de un modo radical el poder de la libertad, dentro de un mundo que antes resultaba monolítico. Hasta entonces parecía natural que la sociedad en su conjunto fuera cristiana y católica. Desde entonces, el cristianismo vino a presentarse como un factor casi extraño, o por lo menos nuevo, separado de los principios de la vida social. En ese contexto, fue importante la llamada a la esperanza de J. Moltmann, que situaba la teología en el contexto real de la historia. Al mismo tiempo, comenzó en Europa el diálogo de cristianos y marxistas, y en América Latina se escucharon las primeras voces de liberación.

– *Compromiso social, teología de la liberación, años setenta.* Pero el influjo directo de Bultmann y de su teología más existencial no fue duradero, porque a partir de los setenta se introdujo y se extendió con fuerza un tipo de cristianismo más vinculado con la teología de la liberación, empeñada en descubrir el misterio de Jesús desde la perspectiva de los pobres, en América Latina y en otros lugares de opresión. Esa tendencia estaba latente desde el Vaticano II, pero sólo entonces se hizo dominante en el panorama teológico, expandiéndose de forma crítica y creadora en casi todos los campos de la vida eclesial y de la teología.

Esa teología más social penetró como aire fresco dentro de un contexto donde imperaba el cansancio ante el cristianismo sociológico y donde el influjo de la teología existencial de Bultmann no había llegado a ser masivo, aunque había sido muy importante. En ese momento, los temas de la secularización y muerte de Dios quedaron (al menos en parte) en un segundo plano. El evangelio parecía capaz de transformar la sociedad injusta, al menos en los pueblos de vieja tradición cristiana (católica). En España, ese cambio coincidió con la caída del franquismo. Fueron tiempos de intensa labor soteriológica: hubo que fijar el sentido de términos como salvación y redención, en perspectiva histórica, teórica y práctica, sentando las bases de la reflexión posterior. De lo que se pensó en aquellos años sigue viviendo gran parte de la teología actual.

Por vez primera, después de mucho tiempo (quizá desde el siglo XVII), la teología hispana vino a presentarse como un referente mundial, sobre todo desde América Latina. Parecía abrirse un tiempo de gran renovación cristiana, en diálogo con la problemática social, en fidelidad a las grandes tradiciones de la Iglesia, en comunión con los hermanos protestantes. Fueron los años de oro de la nueva teología hispana, con nombres como I. Ellacuría, J. Sobrino y J. I. González Faus, en diálogo con los grandes teólogos de América Latina (G. Gutiérrez y L. Boff, J. J. Segundo y E. Dussel etc.)[18].

— *Los años ochenta, tiempo de reajuste.* Pero a mediados de los años ochenta comenzó un movimiento de reajuste y división entre grupos de cristianos, un tiempo de incertidumbre y miedo en el que nos hallamos todavía. La semilla de la libertad teológica (simbolizada por Bultmann) había sido echada, y no podría ya arrancarse. También había sido fuerte la llamada del compromiso social, en línea de liberación. Habían sido muchos los intentos de vincular ambos niveles, la libertad interior (Bultmann) y la liberación social (J. Moltmann…), de manera que parecía posible una nueva Iglesia, un gesto ecuménico de comunión más intensa entre las comunidades cristianas. Pero en ese contexto se introdujo el gran repliegue de la vida de la Iglesia y de la teología, un repliegue iniciado desde Roma (el Vaticano), por miedo a los posibles riesgos de la libertad individual y social, impulsada por la teología de la liberación.

Esa situación sigue marcando todavía el panorama de la Iglesia y de la Teología católica en la actualidad (2013). Por un lado, ha crecido el deseo y nostalgia de lo antiguo, al menos en plano eclesial. Ciertos sectores de la teología y del pueblo cristiano propugnan un retorno a los viejos tiempos, a la autoridad sacral y teológica de los años pre-conciliares, como si nada hubiera cambiado, como si Vaticano II no se hubiera celebrado. Otros parecen cansados y cada vez es mayor el número de "fieles" que se van desligando de la iglesia oficial (en nuestro caso católica; en otros caos protestante),

---

[18] Cf. D. Sölle, *Teología política: confrontación con Rudolf Bultmann*, Sígueme, Salamanca 1972.

no para caer en la pura indiferencia o ateísmo, sino para buscar y cultivar un tipo de religiosidad (espiritualidad) difusa, que no está ya dirigida por la jerarquía tradicional. Entre el retorno a lo antiguo (integrismo de algunas minorías) y el abandono "religioso" de la iglesia (cada vez menos aceptada) nos movemos[19].

Entre la pasión por la libertad interior (Bultmann), la liberación social (teología de la liberación) y el integrismo de algunos grupos cristianos estamos situados, apostando por una honradez radical ante las aportaciones de la ciencia (exégesis bíblica) como quiso Bultmann, y por las exigencias de una creatividad cristiana más intensa, que no se identifica con la pasividad creyente ni con el abandono de las iglesias, sino con una nueva fidelidad al evangelio, de manera que la teología sea, como su mismo nombre indica, un logos activo desde y sobre el Dios de Jesucristo, conforme al evangelio[20].

En ese contexto debemos citar la caída del muro de Berlín, con la ruina del sistema político marxista, al menos en Europa (1989), pero los cambios cristianos y eclesiales han sido más hondos y están determinados por una crisis previa, propia de los sesenta (ruptura del sistema escolástico) y los setenta (existencialismo, surgimiento de la teología de la liberación), que había desembocado ya en una actitud de estancamiento, desencanto y búsqueda nueva al comienzo de los ochenta.

b. Grandes retos. Ha pasado un siglo desde el comienzo de la actividad teológica de Bultmann, pues sus primeros trabajos académicos son de los años 1910 y 1912 y sus primeros ensayos influyentes del año 1917. Nuestros problemas son en parte distintos (desencanto, triunfo del neo-capitalismo, aumento de la pobreza...), pero siguen en la línea de aquellos que suscitaron las dos grandes guerras del tiempo de Bultmann (1914-1918, 1939-1945).

---

[19] He ofrecido una interpretación de la teología europea del siglo XX en la *Introducción* a R. Bultmann, *Historia de la tradición sinóptica,* Sígueme, Salamanca 1999 y en la *Introducción* a Varios, *Salvador del mundo. Historia y actualidad de Jesucristo. Cristología fundamental,* Secretariado Trinitario, Salamanca 1997.

[20] Cf. E. Vilanova, *La Teología en España en los últimos 50 años*: RET 4 (1990) 385-433.

Nosotros no vivimos en un tiempo de post-guerra estricta, pero nuestra situación está marcando por una inmensa conflictividad, con un neo-capitalismo anticristiano que condena al hombre y a la muerte a casi un tercio de la humanidad. Ha terminado la división de "bloques" de los últimos años de Bultmann. Tras la caída del muro de Berlín (1989), nosotros, occidentales, miembros del "mundo desarrollado" hemos hecho muy poco por ofrecer unos espacios de estabilidad y confianza a los antiguos países comunistas y al conjunto de los pueblos de la tierra (en especial a los que habían sido colonizados por potencias europeas). Más aún, nuestro sistema económico neo-liberal se está imponiendo sobre el mundo entero, sin posible alternativa (al menos externa), causando millones de muertes de inocentes, no por defectos del sistema, sino en virtud del mismo éxito del sistema (par bien de algunos privilegiados).

En ese contexto no podemos retomar el idealismo neokantiano del primer Bultmann, ni su programa de teología dialéctica y existencial. Estamos ante un reto inmenso, que no puede resolverse sólo con la teología (ni con la misión cristiana), pero que exige una nueva y más honda reflexión teológica, como la de Bultmann al final de la primera Guerra Mundial y en el centro de la Segunda. En este contexto se sitúa sobre todo el tema de la historia[21]:

– *¿Fin de la historia?* Algunos, como F. Fukuyama[22], han pensado que, con la ruina del marxismo, la expansión de la democracia liberal y el triunfo del sistema científico, ha terminado el tiempo de los cambios, el proceso conflictivo de la historia. Por fin, los hombres han descubierto su lugar en el mundo, han llegado a la meta final. Desde esa perspectiva, se podría afirmar que la teología de

---

[21] En el tiempo de la caída del muro (1989) estaba ya en crisis la teología de la liberación (y mucho más la existencial). Habían matado a Monseñor Romero en el Salvador (1984). Asesinaron ese otoño a I. Ellacuría y a sus compañeros jesuitas en El Salvador. No fue necesaria la ruina del comunismo, pues la crisis había llegado previamente y ha seguido creciendo en nuestro tiempo. Existía desde tiempos anteriores dictadura y opresión. Sigue existiendo opresión en los años posteriores. Ciertamente, la caída del muro marxista ha significado un principio de esperanza, pero ella puede convertirse en contraproducente si olvidamos las utopías de transformación y justicia en todos los pueblos.

[22] *El fin de la historia y el último hombre*, Planeta, Barcelona 1992.

la liberación era comprensible antes de 1989, para volverse luego inútil y engañosa, pues los esquemas marxistas que se hallaban en su fondo han fracasado. No haría falta más liberación, pues ha llegado, por fin, la libertad. Ciertamente, serán necesarios algunos reajustes, habrá algunas dificultades para extender el modelo de la democracia liberal al mundo entero. Pero eso es cuestión de detalle: la humanidad ha encontrado, por fin, su sentido; la herencia judeocristiana de la libertad se ha impuesto sobre el mundo en formas de neo-capitalismo.

Bultmann habló también de un fin de la historia, pero con un sentido totalmente distinto: La historia terminaba no porque hubiera alcanzado su plenitud, ofreciendo por fin unos principios de vida para todos los hombres, sino porque ella, en sí misma, es incapaz de ofrecer la salvación. Según Bultmann, ella no acabó con la implantación el capitalismo mundial, sino con el fracaso de la Cruz de Cristo, que es un símbolo del fracaso de las utopías humana. He reconocido el valor de la propuesta de Bultmann, pero, a diferencia de él, pienso que (quedando firme el fracaso de la Cruz) los cristianos seguimos llamados a buscar y instaurar el Reino de Dios, que empieza en esta misma historia (a partir de la experiencia pascual).

– *Historia abierta, Reino de Dios*. La aportación fundamental de la teología postbulmanniana ha de situarse, como he venido diciendo, en la línea del redescubrimiento del Jesús histórico, que implica, de forma necesaria, una recuperación de la historia de la salvación, en línea comunitaria, con la instauración de la justicia. En ese sentido, la caída del marxismo y el triunfo y crisis de una democracia liberal, que se expresa en forma de neo-capitalismo, no puede entenderse ya como fin, sino como exigencia de una nueva creatividad histórica, como han puesto de relieve, por ejemplo, las obras fundamentales de A. González, vinculadas ya a los principio de la tradición anabaptista, dentro de la Reforma Protestante[23].

---

[23] Cf. *Teología de la praxis evangélica. Ensayo de una teología fundamental,* Sal Terrae, Santander 1999; *Reinado de Dios e Imperio. Ensayo de Teología social,* Sal Terrae, Santander 2003.

El problema de fondo sigue siendo la búsqueda del Reino de Dios (propuesta escatológica), inseparable de la proclamación del mensaje de Jesús y de la experiencia pascual de la primera Iglesia. Hoy ya no podemos volver al idealismo neokantiano, ni cerrarnos en la teología dialéctica ni en una interpretación existencialista del mensaje de Jesús. El evangelio exige un compromiso más intenso a favor del Reino de Dios, por encima del puro avance actual (que en parte es una "regresión", por la injusticia que implica) y superando las limitaciones de una democracia que deja el mundo en manos del mercado, con el dominio de los más fuertes.

Los grandes problemas siguen pendientes. Por eso, es normal que muchos afirmen que la historia carece de sentido y no tenga meta alguna. Han pasado (o están pasando) los años de fácil optimismo y de fe en el progreso, se sigue extendiendo la angustia y falta de sentido. Nos domina el terror de la violencia, se está cometiendo un *holocausto universal*, más sangriento que el de 1939-1945. Por eso resultan necesarios nuevos caminos, ideales y procesos nuevos que brotan del mensaje de Jesús.

Ni el puro *integrismo eclesial*, ni la evasión hacia una espiritualidad intimista resultan suficientes ni evangélicos. Para responder a los problemas suscitados por la nueva situación política y económica del mundo, tras la caída del Muro de Berlín (1989) [24] y el avance del neo-capitalismo, se vuelve necesaria una reflexión teológica más honda, con una búsqueda más decidida de la identidad cristiana, que empiece por el Jesús histórico y nos lleve al diálogo con la cultura y religiones de la tierra. El recuerdo y algunos principios del camino teológico de Bultmann pueden ayudarnos a trazar mejor el camino, en un diálogo que debe abrirse no sólo a las diversas iglesias y confesiones cristianas (católicas, ortodoxas, protestantes...), sino a las grandes tradiciones religiosas y espirituales del conjunto de la humanidad.

---

[24] Resulta sorprendente el hecho de que los cristianos no hayamos ofrecido una respuesta creativa a la caída del muro y a la nueva situación creada por la expansión del neo-capitalismo mundial. En este momento, desde la perspectiva abierta tras Bultmann, queremos que la teología sea *política*, pero no en la línea del viejo marxismo (de corte hegeliana), ni en la del neocapitalismo mundial, sino en línea de evangelio.

Bibliografía

Siglas

Utilizo las usuales en obras de exégesis y teología. En algunos casos, cuando me parecen menos menos conocidos para el lector hispano, cito por entero los títulos de las revistas y colecciones teológicas. Me limito a recordar aquí algunas, que pueden ser menos claras en el contexto del libro:

ABD: Anchor Bible Dictionary (Doubleday, New York, 1992).

ChW: Christliche Welt (órgano semioficial del Protestantismo liberal alemán: 1887-1941).

DTC: Dictionnaire de Théologie catholique (Paris, 1908 ss).

GV: Glauben und Verstehen (colección de trabajos de Bultmann).

LTK: Lexikon für Theologie und Kirche (Freiburg, 1957 ss).

KM: Kerygma und Mythos I-IV (discusión sobre la desmitoligización).

NT (N.T.): Nuevo Testament (New Testament, Neues Testament).

RGG: Religion im Geschicthe und Gegenwart (Tübingen, 1957 ss).

ThB: Theologische Blätter (Gotha, Alemania).

ThLZ : Theologische Literaturzeitung (Leipzig).

ThR: Theologische Rundschau (Tübingen).

ZdZ: Zwischen den Zeiten (órgano semioficial de la teología dialéctica).

ZNW: Zeitschrift für die Alttestamentliche Wissenschaft (Berlin).

Bibliografías de Bultmann

– Dinkler, E., *Veröffentlichungen von Rudolf Bultmann*, en *Exegética*, Mohr, Tübingen 1967, 483-503, con referencia a bibliografías anteriores (pag. 483). Ampliación en *Veröffentlichungen von Rudolf Bultmann (1967-1974): Ergänzungen zur Bibliographie*, ThR 39 (1975) 91-93.

– Kwiran, M., *Index to Literature on Barth, Bonhoeffer and Bultmann*, Theologische Zeitschrift VI (1977).

– Hauschildt, E., *Rudolf Bultmanns Predigten: existentiale Interpretation und lutherisches Erbe: mit einem neuen Verzeichnis der Veröffentlichungen Bultmanns*, Marburg, 1989, XIII-XLI.

– Valerio, C. de., *Bultmanns veröffentlichte Schriften*, en *Altes Testament und Judentum im Frühwerk Rudolf Bultmanns*, Berlin 1994, 385-441.

– Hackenberg, O. (ed.) *Bibliographie zu R. Bultmann* (2012), http://www.univie.ac.at/bultmann/links.html

Obras de Bultmann

Por comodidad de los lectores, y para facilitar la búsqueda de las citas, presento primero sus obras fundamentales, divididas por períodos, después en conjunto (primero los libros, luego otros trabajos). En las notas a pie de página he citado obras, en general, con las primeras palabras con que aparecen en esta bibliografía.

Período liberal (1908-1922).

– *Die Exegese des Theodor von Mopsuestia* (tesis habilitación inédita, Marburg 1912). Publicación póstuma por H. Feld und K. H. Schelkle, en Stuttgart-Berlin 1984).

– *Das religiose Moment in der Ethischen Unterweisung des Epiktet und das NT*: ZNW 13 (1912) 97-110, 117-191.

– *Der Stil der paulinischen Predigt und die kynisch-stoische Diatribe*, Vandenhoeck, Göttingen 1910.

– *Die Bedeutung der Eschatologie für die Religion des NT*: ZThK 27 (1917) 76-87.

– *Die Geschichte der synoptischen Tradittion*, FRLNT 29, Vandenhoeck, Göttingen 1921.

– *Ethische und mystische Religion im Urchristetum*: ChW 34 (1920) 725-731, 738-743 (cf. Moltmann, *Anfänge II*, 2947).

– *Gott in der Natur*: ChW 36 (1922) 489-491, 513-4, 553-4.

– *Religion und Kultur*: ChW, 34 (1920) 417-421, 435-439, 450-453 (cf. Moltmann, *Anfänge* II, 11-29).

– *Religion und Sozialismus*: Soz. Monatshefte 28 (1922) 442-447.

– *Unruhe und Ruhe*: ChW 36 (1922) 569-570.

– *Vom Geheimnisvollen und offenbaren Gott*: ChW 31 (1917) 352-359.

– *Vom Schicksal*: ChW 36 (1922) 609-610.

Período dialéctico (1922-1928)

– *Das Problem einer theologischen Exegese des NT*: ZdZ, 3 (1925) 334-359 (cf. Moltmann, *Anfänge II*, 47-72).

– *Die Bedeutung der dialektischen Theologie für die neutest. Wissenschaft*: ThBl 7 (1928) 57-67. (cf. GV I, 114-133).

– *Die Frage der dialektischen Theologie*: ZdZ 4 (1926) 40-60 (cf. Moltmann, *Anfänge II*, 72-92).

– *Die Liberale Theologie und die jüngste theologische Bewengung* (1924): GV I, 1-25.

– *Geschichtliche und übergeschichtliche Religion im Christetum?* (1926): GV I, 65-84.

– *Jesus*, Deutsche Bibliothek, Berlín 1926 (versión cast. *Jesús*, Sur, Buenos Aires, 1968).

– *Karl Barth: die Auferstehung der Toten* (1926): GV I, 38-64.

– *Karl Barths Römerbrief in zweiter Auflage*: ChW, 36 (1922) 320-323, 330-334, 358-361, 369-373 (cf. Moltmann, *Anfänge* I, 119-142).

– *Welchen Sinn hat es, von Gott zu reden?* (1925): GV I, 26-37.

– *Zur Frage der Christologie* (1927): GV I, 85-113.

Último período (1928 en adelante).

– *Anknüpfung und Widerspruch* (1946): GV II, 117-132.

– *Barth, K. – R. Bultmann, Briefwechsel 1922-1966*, TVZ, Zürich, 1971.

– *Colaboraciones* en TWNT: I (1933) 233-251 (verdad); I (1933) 688-719 (conocer); I (1935) 833-877 (vida); II (1935) 515-531 (esperanza); VI (1959) 174-230 (fe). Versión española de *Fe*, FAX, Madrid, 1973 y *Esperanza* FAX, Madrid, 1974 (con bibliografía de X. Pikaza).

– *Das Christologische Bekenntinis des Oekumenischen Rates*: GV II, 246-261.

– *Das Evangelium des Johannes*, KKNT, Vandenhoeck, Göttingen, 1941.

– *Das Problem der natürlichen Theologie*: GV I, 294-312.

– *Das Urchristentum im Rahmen der antiken Religionen*, Artemis, Zürich, 1949.

– *Das Verhältnis der urchristlichen Christusbotschaft zum historischen Jesus* (1960): *Exegetica* 445-469.

– *Der zweite Brief an die Korinther*, KKNT, Vandenhoeck, Göttingen, 1976.

– *Die Christologie des N. T.*, GV I, 245-267.

– *Die Frage der natürlichen Offenbarung* (1941): GV II, 79-104.

– *Die Geschichtlichkeit des Daseins und der Glaube* (1930), *Heidegger un die Theologie* Kaiser V. 1967, München 72-94.

– *Exegetica. Aufsätze sur Erforschung des Neuen Testaments*, Mohr, Tübingen, 1967 (con trabajos exegéticos publicados entre 1919 y 1964, y bibliografía, por. E. Dinkler).

– *Geschichte der Synoptischen Tradition*, FRLNT 29, Vandenhoeck & Ruprecht, Göttingen, 1921 (²1931) (versión cast. *Historia de la Tradición Sinóptica*, Sígueme, Salamanca, 2000.

– *Geschichte und Eschatologie*, Mohr, Tübingen, 1958.

– *Glauben und Verstehen. Gesammelte Aufsätze* I-IV, Mohr, Tübingen, 1933, 1952, 1960, 1965 (con trabajos publicados entre 1924 y 1965). Version cast: *Creer y Comprender* I-II, Studium, Madrid, 1974.

– *Heilsgeschichte und Geschichte* (1948), *Exegetica* 356-368

– *History and Eschatology*, Edinburgh UP, 1957 (=*The Presence of Eternity*, Harper, New York, 1957; versión cast. *Historia y escatología*, Studium, Madrid, 1974).

– Jaspers K. - R. Bultmann, "Die Frage der Entmythologisierung", en KM III, Reich, Hamburg, 1954. Versión cast. en Jaspers-Bultmann, *Jesús. La desmitologización del Nuevo Testamento*, Sur, Buenos Aires, 1968, 156-253.

– *Jesus Christ and Mythology*, Scribner's, New York, 1958. Versión cast. española: *Jesucristo y mitología*, Ariel, Barcelona, 1970; *Jesus Christus und die Mythologie*, Furche V., Hamburg, 1967.

– *Kirche und Lehre im Neuen Testament* (1929): GV I, 153-187.

– *Marburger Predigten*, Mohr, Tübingen, 1968.

– Moltmann, J. (ed.) *Anfänge der dialektischen Theologie I-II*, Kaiser, München, 1963 y 1966 (contiene trabajos filosóficos y teológicos del primer períododel Bultmann: 1920-1925).

– *Neues Testamente und Mythologie*, Beit. z. Ev. Th 7, München 1941: KM I, 15-48.

– *Theologie des Neuen Testaments*, Mohr, Tübingen, 1953 (versión cast.: *Teología del Nuevo Testamento*, Sígueme, Salamanca, 1981).

– *Urchristentum (im Rahmen der antiken Religionen)*, Rowohlt, 1969, München.

Libros (orden alfabético)

– *Briefwechsel 1922-1966* (Barth, K. y R. Bultmann), TVZ, Zürich, 1971 (con dos relatos autobiográficos de Bultmann; edición preparada y comentada por B. Jaspert).

– *Das Evangelium des Johannes*, KKNT, Vandenhoeck, Göttingen, 1941.

– *Das Urchristentum im Rahmen der antiken Religionen*, Artemis, Zürich, 1949.

– *Der Stil der paulinischen Predigt und die kynisch-stoische Diatribe*, Vandenhoeck, Göttingen 1910.

– *Der zweite Brief an die Korinther*, KKNT, Vandenhoeck, Göttingen, 1976.

– *Die Exegese des Theodor von Mopsuestia* (tesis habilitación, inédita, Marburg 1912). Publicación póstuma por H. Feld und K. H. Schelkle, Stuttgart-Berlin, 1984).

– *Die Geschichte der synoptischen Tradittion*, FRLNT 29, Vandenhoeck, Göttingen, 1921.

– *Exegetica. Aufsätze sur Erforschung des Neuen Testaments*, Mohr, Tübingen, 1967 (con trabajos exegéticos publicados entre 1919 y 1964, y bibliografía, por. E. Dinkler).

– *Geschichte der Synoptischen Tradition*, FRLNT 29, Vandenhoeck & Ruprecht, Göttingen ²1931 (versión cast. *Historia de la Tradición Sinóptica*, Sígueme, Salamanca, 2000).

– *Geschichte und Eschatologie*, Mohr, Tübingen, 1958.

– *Glauben und Verstehen. Gesammelte Aufsätze I-V*, Mohr, Tübingen, 1933, 1952,1960, 1965 y 1984 (con trabajos publicados entre 1924 y 1965; versión cast. *Creer y Comprender* I-II, Studium, Madrid, 1974.

– *History and Eschatology*, Edinburgh UP, 1957 (=*The Presence of Eternity*, Harper, New York, 1957; versión cast. *Historia y escatología*, Studium, Madrid, 1974.

– Jaspers K. - R. Bultmann, "Die Frage der Entmythologisierung", en *KM* III, Reich, Hamburg, 1954. Trad. española en Jaspers-Bultmann, *Jesús. La desmitologización del Nuevo Testamento*, Sur, Buenos Aires, 1968, 156-253.

– *Jesus Christ and Mythology*, Scribner's, New York, 1958. Trad. española: *Jesucristo y mitología*, Ariel, Barcelona, 1970.

– *Jesus Christus* und die *Mythologie*, Furche V., Hamburg, 1967.

– *Marburger Predigten*, Mohr, Tübingen, 1968.

– Moltmann, J. (ed.) *Anfänge der dialektischen Theologie I-II*, Kaiser, München, 1963 y 1966 (contiene trabajos filosóficos y teológicos del primer período: 1920-1925).

– *Neues Testamente und Mythologie*, Beit. z. Ev. Th 7, München, 1941.

– *Theologie des Neuen Testaments*, Mohr, Tübingen, 1953 (versión cast.: *Teología del Nuevo Testamento*, Sígueme, Salamanca, 1981).

– *Urchristentum (im Rahmen der antiken Religionen)*, Rowohlt, 1969, München.

Otros trabajos importantes (por orden alfabético)

– *Anknüpfung und Widerspruch* (1946):GV II, 117-132.

– Colaboraciones en TWNT: I (1933) 233-251 (verdad); I (1933) 688-719 (conocer); I (1935) 833-877 (vida); II (1935) 515-531 (esperanza); VI (1959) 174-230 (fe). Versión española de *Fe*, FAX, Madrid, 1973 y *Esperanza* FAX, Madrid 1974 (con bibliografía de X. Pikaza).

– *Das Christologische Bekenntinis des Oekumenischen Rates*: GV II, 246-261.

– *Das Problem der natürlichen Theologie*: GV I, 294-312.

– *Das Problem einer theologischen Exegese des NT*: ZdZ 3 (1925) 334-359. (cf. Moltmann, *Anfänge II*, 47-72).

– *Das religiose Moment in der Ethischen Unterweisung des Epiktet und das NT*: ZNW 13 (1912) 97-110, 117-191.

– *Das Verhältnis der urchristlichen Christusbotschaft zum historischen Jesus* (1960), *Exegetica* 445-469.

– *Die Bedeutung der dialektischen Theologie für die neutest. Wissenschaft*: ThBl 7 (1928) 57-67. (cf. GV I, 114-133).

– *Die Bedeutung der Eschatologie für die Religion des NT*: ZThK 27 (1917) 76-87.

– *Die Christologie des NT*: GV I, 245-267.

– *Die Frage der dialektischen Theologie*: ZdZ 4 (1926) 40-60 (Cf. también en Moltmann, *Anfänge II*, 72-92).

– *Die Frage der natürlichen Offenbarung* (1941): GV II, 79-104.

– *Die Geschichtlichkeit des Daseins und der Glaube* (1930): *Heidegger un die Theologie*, Kaiser V. München, 1967, 72-94.

– *Die Liberale Theologie und die jüngste theologische Bewengung* (1924): GV I, 1-25.

– *Ethische und mystische Religion im Urchristetum*: ChW 34 (1920) 725-731, 738-743 (publicado también en Moltmann, *Anfänge II*, 2947).

– *Exegetica* (colección de artículos), Mohr, Tübingen, 1967

– *Geschichtliche und übergeschichtliche Religion im Christetum?* (1926): GV I, 65-84.

– *Gott in der Natur*: ChW, 36 (1922) 489-491, 513-4, 553-4.

– *Heilsgeschichte und Geschichte* (1948): *Exegetica* 356-368.

– *Jesus*, Deutsche Bibliothek, 1926, Berlín (versión cast. Sur, Buenos Aires 1968).

– *Karl Barth: die Auferstehung der Toten* (1926): GV I, 38-64.

– *Karl Barths Römerbrief in zweiter Auflage*: ChW, 36 (1922) 320-323, 330-334, 358-361, 369-373 (cf. Moltmann, *Anfänge* I, 119-142).

– *Kirche und Lehre im Neuen Testament* (1929): GV I, 153-187.

– *Neues Testament und Mythologie* (1941): KM I, 15-48.

– *Religion und Kultur*: ChW, 34 (1920) 417-421, 435-439, 450-453 (cf. Moltmann, *Anfänge* II, 11-29).

– *Religion und Sozialismus*: Soz. Monatshefte 28 (1922) 442-447.

– *Vom Geheimnisvollen und offenbaren Gott*: ChW 31 (1917) 352-359.

– *Vom Schicksal*: ChW 36 (1922) 609-610.

– *Welchen Sinn hat es, von Gott zu reden?* (1925): GV I, 26-37.

– *Zur Frage der Christologie* (1927): GV I, 85-113.

Otras fuentes

– Barth, K.: *Der Römerbrief*, Bäschlin, Bern [1]1919 (2ª e. Kaiser, München [2]1922); *Rudolf Bultmann. Ein Versuch, ihn zu verstehen. Christus und Adam nach Röm 5*, EVZ-V., Zürich, 1952; *La Théologie Protestante au XIX Siècle*, Labor et Fides, Genève, 1969.

– Buri, F., *Entmythologisierung oder Entkerygmatisierung der Theologie*: KM II, 85-101; *Theologie und Philosophie*, Theologische Zeitschrift 8 (1952) 116-134.

– Cohen, H., *Ethik des reinen Willens* (1907), Cassirer, Berlín, 1921; *Aesthetik des reinen Gefühls* (1912), Cassirer, Berlin, 1921-1922; *Konmentar zu Kants Kritik der Reinen Vernunft* (1907), F. Meiner, Leipzig, 1920; *Der Begriff der Religion im System der Philosophie*, Töpelmann, Giessen, 1915.

– Cullmann, O., *Les récentes études sur la formation de la tradition évangélique* (1925): RHPR 5 (1925) 459-477 y 564-579; *Christ et le temps*, Delachaux et N., Neuchâtel 1966; Vorträge *und Aufsätze* (1925-1962), Mohr, Tübingen, 1965.

– Heidegger, M., *Sein und Zeit* (1927). Versión cast. *El ser y el tiempo*, FCE, México, 1942.

– Herrmann, W., *Schriften zur Grundlegung der Theologie* I-II, Kaiser, München, 1966-1967.

– Jaspers, K.: *Wahrheit und Unheil der Bultmannschen Entmythologisierung*: KM III, 9-46.

– Kant, I., *Kritik der reinen Vernunft,* Reclam, Stuttgart, 1968; *Kritik der praktischen Vernunft,* Reclam, Stuttgart, 1968; *Die Religion innerhalb der Grenzen der blossen Vernunf,* Meiner, Hamburg, 1956 (versión cast. *La religión dentro de los límites de la mera razón,* Alianza, Madrid, 1986).

– Moltmann, J. (ed.) *Anfänge der dialektischen Theologie I-II,* Kaiser, München 1963 y 1966 (contiene trabajos filosóficos y teológicos del primer período: 1920-1925).

– Natorp, P.: *Religion innerhalb der Grenzen der Humanität,* Mohr, Túbingen 1908; *Philosophie Ihr Problem und ihre Probleme* (1911) Vandenhoeck, Göttingen, 1921; *Philosophische Systematik* (1922-1923), Meiner, Hamburg, 1958.

– Ortega y Gasset, J., *Obras completas I-IX,* Rev. de Occidente, Madrid, 1957-1965.

– Schleiermacher, F., *Ueber die Religion. Reden* (1799), Meiner, Hamburg, 1958; *Der christliche Glaube nach den Grundsäzten der Evangelischen Kirche* (1821-1822), W. Gruyter, Berlín, 1960 (verión cast. *La fe cristiana expuexta coordinadamente, según los principios de la Iglesia Evangélica,* Sígueme, Salamanca, 2013).

– Schweitzer, A., *Geschichte der Leben Jesu Forschung* (1906), Siebenstern, München, 1967.

Bibliografía secundaria

– Baasland, E., *Theologie und Methode. Eine historiographische Analyse der Frühschriften Rudolf Bultmanns,* Brockhaus, Wuppertal, 1992.

– Barth, H., *Existenzphilosophie und neutestamentliche Hermeneutik,* Hauff, Basel, 1967.

– Barth, M., *Die Methode von Bultmanns „Theologie des Neuen Testaments":* Theologische Zeitschrift 11 (1955) 1-27.

- Bini, L., *L'Intervento di O. Cullmann nella discussione Bultmanniana*, An. Gregoriana 114, Gregoriana, Roma, 1961.

- Bouillard, H., *Karl Barth. Genèse et Evolution de la Theologie Dialectique*, Aubier, Lyon, 1957.

- Cobb, J. B., *Is the Later Heidegger Relevant for Theology*, en *The Later Heidegger and Theology (New Frontiers in Theology* I), Harper, New York ,1963, 177-197.

- Dembowski, H., *Barth Bultmann Bonhoeffer. Eine Einführung in ihr Lebenswerk und ihre Bedeutung für die gegenwärtige Theologie*, CMZ, Rheinbach-Merzbach, 2004.

- Dreher, M., *Rudolf Bultmann als Kritiker in seinen Rezensionen und Forschungsberichten. Kommentierende Auswertung*, BVB 11, Münster, 2005.

- Evang, M., *Rudolf Bultmann in seiner Frühzeit*, BHTh 74, Mohr, Tübingen, 1988.

- Fahrenbach, H., *Philosophische Existenzerhellung und theologische Existenzmitteilung*: Th. Rundschau 24 (1957) 77-99 y 105-135.

- Floskowski, J., *La teología de la fe en Bultmann*, Studium, Madrid, 1973.

- Gassmann, L., *Dietrich Bonhoeffer, Karl Barth, Rudolf Bultmann, Paul Tillich. Die einflussreichsten evangelischen Theologen der Neuzeit und ihre Lehren auf dem Prüfstand*, Fromm-Verlag, 2011.

- Gerber, U., *Christologie und Gotteslehre: Überlegungen zur Theologie von R. Bultmann und D. Sölle*, Zürich, 1969.

- Greshake, G., *Historie wird Geschichte: Bedeutung und Sinn der Unterscheidung von Historie und Geschichte in der Theologie Rudolf Bultmanns*, Essen, 1963.

- Hammann, K., *Rudolf Bultmann. Eine Biographie*, Mohr, Tübingen, 2009.

– Hertel, F., *Das theologische Denken Schleiermachers an der ersten Auflage seiner Reden „Ueber die Religion"*, Zwingli V., 1965, Zürich.

– Hirsch, E., *Geschichte der neuern Evangelischen Theologie*, Bertelsmann V. 1952, Gütersloh.

– Jaspert, B. (ed.): *Rudolf Bultmanns Werk und Wirkung*, Darmstadt, 1984; *Sackgassen im Streit mit Rudolf Bultmann. Hermeneutische Probleme der Bultmannrezeption in Theologie und Kirche*, St. Ottilien, 1985.

– Jaspert, B., *Rudolf Bultmanns Werk und Wirkung*, Wissenschaftliche Buchg., Darmstadt, 1984; *Sackgassen im Streit mit Rudolf Bultmann: hermeneutische Probleme der Bultmannrezeption in Theologie und Kirche*, Sankt Ottilien, 1985; Id (ed), *Fünfzig Jahre nach Rudolf Bultmanns Entmythologisierungsprogramm*, Göttingen, 1991, 74-90.

– Johnson, W. A., *On Religion: A Study of Theological Method in Schleiermacher und Nygren*, Brill, Leiden, 1964.

– Jüngel, E., *Glauben und Verstehen: zum Theologiebegriff Rudolf Bultmanns*, SHAW, Heidelberg, 1985.

– Knevels, W., *Die Wirklichkeit Gottes*, Furche V., Hamburg, 1966.

– Körner, J.: Eschatologie *und Geschichte*, H. Reich, Hamburg, 1957.

– Körtner, U. H. J.(ed.):*Glauben und Verstehen. Perspektiven Hermeneutischer Theologie.* Neukirchiner V., Neukirchen-Vluyn, 2000; *Jesus im 21. Jahrhundert. Bultmanns Jesusbuch und die heutige Jesusforschung*, Neukirchener Verl., Neukirchen-Vluyn, 2002.

– Krueger, G., *Dialektische Methode und Theologische Exegese*: Zwischen den Zeiten 5 (1927) 116-157.

– Lotz, J. B., *Mythos, Logos. Mysterion*: KM VI, 110-121.

– Löwith, K., *Meaning in History*, Univ. of Chicago Press, Chicago, 1957.

– Macquarrie, J., *An Existentialist Theology. A Comparison of Heidegger and Bultmann*, SCM, London, 1960.

– Malevez, L., *Rudolf Bultmann et la critique du langage Théologique*, en K. Barth (y otros) *Comprendre Bultmann*, Seuil, 1970, Paris, 59-89; *Les dimensions de l'histoire du salut*, Nouv. Rev. Theol. 86 (1964) 561-578.

– Marlé, R., *Bultmann y la interpretación del NT,* Desclée, Bilbao, 1970

– Ott, H., *Geschichte und Heilsgeschichte in der Theologie R. Bultmanns* Mohr, Tübingen, 1955.

– Pausch, E. M.,*Wahrheit zwischen Erschlossenheit und Verantwortung: Die Rezeption und Transformation der Wahrheitskonzeption Martin Heideggers in der Theologie Rudolf Bultmanns* (TBT 64) Berlin/New York, 1995.

– Peerlinck, F., *R. Bultmann als Prediger*, Reich, Hamburg, 1970.

– Pikaza, X., *Exégesis y Filosofía. El pensamiento de R. Bultmann y O. Cullmann*, Casa de la Biblia, Madrid, 1972; *Amor Ruibal y Bultmann*, en X. Pikaza (ed.), *Diálogos sobre Amor Ruibal*, Estudios, Madrid, 1970, 119-153; *Bultmann y Barth intentan comprenderse (Anotaciones en torno al epistolario mantenido entre Barth y Bultmann)*: Diálogo Ecuménico 27 (1972) 275-320; *La Esperanza en Bultmann y Moltmann*, en *La esperanza en la Biblia*, XXX Semana Bíblica Española, Madrid, 1972, 215-245; *Presupuestos filosóficos de la exégesis de R. Bultmann y J. Moltmann*: Estudios 28 (1972) 153-227; *El triángulo exegético: Barth, Bultmann y Cullman*: Estudios Bíblicos 31 (1972) 83-104; *Presentación* a "Teología del Nuevo Testamento", BEB 32, Sígueme, Salamanca, 1981,11-34; *Prólogo* a "Historia de la tradición sinóptica", Sígueme, Salamanca, 2000.

– Resweber, J. P., *La théologie face au défi herméneutique: Martin Heidegger, Rudolf Bultmann, Karl Rahner*, Nauwelaerts, Bruexlles, 1975.

– Ricoeur, P., *Préface a Bultmann: Jésus, Mythologie et démythologisation*, Seuil, 1968, Paris, 7-28.

– Robinson, J. M., *The German Discussion of the Later Heidegger*, en *The Later Heidegger und the Theology*, Harper, New York, 1963.

– Schlier, H.: *Das N. T. und der Mythos*, en *Exegetische Aufsätze und Vorträge*, II, Herder, Freiburg, 1964, 83-96.

– Schmilthals, W., *Die Theologie R. Bultmanns*, Mohr, Tübingen, 1967

– Schultz, W., *Schleiermacher und der Protestantismus*, Reich, Hamburg, 1957.

– Sinn, G., *Christologie und Existenz: Rudolf Bultmanns Interpretation des paulinischen Christuszeugnisses*, Tübingen, 1991.

– Sticht, F. W., *Die Bedeutung Wilhelm Herrmanns für die Theologie R. Bultmanns*, E. Reuter, Berlín, 1965.

– Timm, H., *Theorie und Praxis un der Theologie A. Ritschls und W. Herrmanns*, G. Mohn, Gütersloh, 1967.

– Vonessen, F., *Mythos und Wahrheit*, Johannes V., 1964, Einsiedeln.

– Zager, W., *Liberale Exegese des Neuen Testaments. David Friedrich Strauss - William Wrede - Albert Schweitzer - Rudolf Bultmann.* Neukirchener Verl., Neukirchen-Vluyn, 2004.

Xabier Pikaza Ibarrondo, nacido en Orozko, País Vasco (1941), ha estudiado filosofía, teología y Sagrada Escritura en Salamanca, Roma y Hamburg y ha sido religioso de la "Orden de la Merced" (1963-2003). Ha enseñado teología y Sagrada Escritura en la Universidad Pontificia de Salamanca (1973-2003) y ha impartido seminarios y cursos de especialidad en diversas universidades de Europa y América, sobre temas de Fenomenología de la Religión y Cristianismo. Está casado con M. Isabel Pérez Chaves y sigue investigando sobre historia bíblica y pensamiento cristiano.

Made in the USA
Monee, IL
02 May 2026